R. P. Augustin Berthe

Jésus-Christ,

Sa vie, Sa passion, Son triomphe

OMNIA VERITAS

R. P. Augustin Berthe

Jésus Christ,

Sa vie, Sa passion, Son triomphe

1902

Publié par
Omnia Veritas Ltd

www.omnia-veritas.com

PRÉFACE 9

LIVRE PREMIER

L'ENFANT-DIEU 13

    I. L'apparition 15
    II. La Vierge Mère 21
    III. La Visitation 26
    IV. La grotte de Bethléem 31
    VI. La présentation au temple 36
    VII. Les Rois d'Orient 40
    VIII. Fuite en Égypte 45
    IX. Nazareth 51

LIVRE SECOND

UNE VOIX DU DÉSERT 57

    I. Le prophète du Jourdain 59
    II. Les pèlerins de Béthabara 64
    III. Ambassade du sanhédrin 69
    IV. Baptême et tentation de Jésus 74
    V. Les premiers disciples 80
    VI. Les noces de Cana 85

LIVRE TROISIÈME

LE MESSIE EN ISRAËL 89

    I. Jésus à Jérusalem 91
    II. Emprisonnement de saint Jean-Baptiste 97
    III. La Samaritaine 101
    IV. Jésus en Galilée 108
    V. Le lac de Génésareth 114
    VI. Seconde excursion en Galilée 119
    VII. Discussions avec les Pharisiens 125
    VIII. Graves accusations 131

LIVRE QUATRIÈME

FONDATION DU ROYAUME 139

    I. Les douze apôtres 141
    II. Les béatitudes 146
    III. Les préceptes évangéliques 151
    IV. La loi d'amour 156
    V. Belzébul 164
    VI. Le ressuscité de Naïm 171
    VII. Les sept paraboles 180

    VIII. Le divin thaumaturge 186
    IX. Mission des apôtres 193

LIVRE CINQUIÈME

CONSPIRATION DES PHARISIENS 201

    I. Multiplication des pains 203
    II. Chez les Gentils 212
    III. Primauté de pierre 219
    IV. La transfiguration 224
    V. De capharnaüm à Jérusalem 232
    VI. La fête des tabernacles 239
    VII. L'aveugle né 249
    VIII. Hypocrites et impénitents 255
    IX. Miséricorde et justice 264
    X. Les trois conseils 273
    XI. La fête de la dédicace 280

LIVRE SIXIÈME

L'EXCOMMUNICATION ET L'HOSANNA 285

    I. Résurrection de Lazare 287
    II. Dernier voyage à Jérusalem 296
    III. L'Hosanna 303
    IV. Juifs et Gentils 309
    V. Dernières luttes 313
    VI. Malédictions 324
    VII. Ruine de Jérusalem et du monde 330
    VIII. La dernière cène 339
    IX. Le testament d'amour 348

LIVRE SEPTIÈME

PASSION ET MORT DE JÉSUS 357

    I. L'agonie et l'arrestation de Jésus 359
    II. Jésus devant Caïphe 366
    III. Le reniement de Pierre 373
    IV. Le maudit 377
    V. Jésus devant Pilate 382
    VI. Condamnation à mort 390
    VII. La voie douloureuse 398
    VIII. Le crucifiement 404

LIVRE HUITIÈME

LE TRIOMPHE 413

I. La résurrection	415
II. Les apparitions	423
III. Dernières instructions	432
IV. L'ascension	438
V. La pentecôte	444
VI. Triomphe de Jésus sur les Juifs	452
VII. Triomphe de Jésus sur les Païens	461
VIII. Triomphe de Jésus sur l'Antéchrist	473

CONCLUSION **487**

   À Jésus notre roi 489

PRÉFACE

Il y a environ deux mille ans, apparut en Judée un personnage vraiment incomparable. Par sa doctrine, il éclipsa tous les sages ; par ses prodiges, tous les thaumaturges ; par ses prédictions, tous les prophètes ; par son héroïsme, tous les saints ; par sa puissance, tous les potentats de ce monde.

Le drame de sa vie rejeta dans l'ombre les tragédies les plus émouvantes. Son berceau fut entouré de merveilles, puis l'enfant disparut subitement à tous les regards. Trente ans après, il sortit d'un petit bourg perdu dans les montagnes et jeta un tel éclat que tout un peuple ne s'occupa que de lui pendant trois années. On voulut le faire roi, mais les grands du pays, jaloux de sa gloire, le condamnèrent à mort et lui infligèrent le supplice ignominieux de la croix. Après trois jours, il sortit glorieux du tombeau, et remonta dans les cieux, d'où il était venu. De là, malgré les oppositions les plus formidables, il fit du monde entier son royaume, et courba sous son joug les peuples et les rois.

Ce personnage, qui dépasse de cent coudées tous les héros dont l'histoire nous a conservé les noms, c'est celui que nous appelons Notre-Seigneur Jésus-Christ, et dont j'entreprends, après tant d'autres, de raconter la vie ... Aussi me suis-je souvent demandé s'il ne serait pas possible, avec les seuls documents évangéliques, d'écrire une histoire du Sauveur, non seulement instructive et édifiante pour les vrais fidèles, mais encore assez intéressante pour captiver l'esprit et le cœur du public indifférent ou plus ou moins perverti. Pour répondre à cette question autant que pour donner une idée du livre que j'offre aux lecteurs, je veux consigner ici les réflexions qui me sont venues à ce sujet.

Et d'abord si l'homme moderne veut de l'extraordinaire, des récits qui piquent la curiosité, où trouvera-t-il un ensemble de faits plus merveilleux que ceux dont se compose la Vie de Jésus ? Ces faits, presque tous ignorés de la foule, sont tellement extraordinaires qu'ils dépassent l'imagination du romancier le plus inventif, tellement émouvants qu'on ne peut souvent en lire les détails sans frémir d'admiration ou d'horreur. Et l'impression qu'on éprouve est d'autant plus forte qu'il ne s'agit point ici de fictions, de légendes, de traditions douteuses, de révélations plus ou moins authentiques, mais de faits réels, certifiés par Dieu lui-même.

En second lieu, pour donner plus de charme à leurs récits, les écrivains emploient ce qu'ils appellent la couleur locale. La description des lieux, le paysage, jouent un grand rôle dans les romans. L'historien de Jésus peut peindre aussi le pays où le Sauveur a voulu naître, vivre et mourir. Et quelle terre fascine l'âme et l'attendrit comme celle qu'on appelle la Terre Sainte ? Sous les yeux du lecteur attendri passeront successivement Bethléem, Nazareth, Jérusalem ; le Thabor et le Jourdain ; les vallées et les montagnes de la Judée ; le beau lac de Génésareth ; les grottes, les routes solitaires, les rues de Sion, sanctifiées par les sueurs, les larmes, le sang d'un Dieu. Chacun de ces noms bénis attire encore aujourd'hui, après deux mille ans, des milliers de pèlerins, heureux de s'agenouiller en ces lieux que Jésus a vus de ses yeux et foulés de ses pieds sacrés. En les décrivant, l'historien doublera l'intérêt qui s'attache à ses récits.

En troisième lieu, pour qu'un livre soit vivant et toujours attrayant, des faits isolés, des épisodes, si touchants qu'ils soient, ne peuvent suffire. Il faut qu'une idée-mère les domine, les enchaîne, et les ramène tous à l'unité d'une action principale, d'un drame qui se développe depuis la première scène jusqu'au dénouement. À ce point de vue, on a trop représenté la Vie de Jésus, tirée des quatre évangélistes, comme un amas confus d'actes et de discours sans suite et sans connexion. La tâche de l'historien, c'est de dissiper cette erreur en mettant en relief la cause unique qui produisit tous les faits évangéliques et aboutit comme dénouement, à la tragédie du Calvaire.

Cette cause, c'est la révolte des Juifs contre le Messie, le Sauveur qu'ils attendaient. Jésus, en effet, le vrai Messie, le vrai Sauveur, se présente pour fonder un royaume, le royaume spirituel des âmes. Or, les Juifs réclament non un roi spirituel, mais un roi temporel ; non un sauveur d'âmes, mais un libérateur de leur nation, un vainqueur qui leur donne l'empire du monde. De là un antagonisme et des luttes sans fin. Jésus prêche le royaume de Dieu : le peuple l'applaudit, mais les chefs du peuple le poursuivent avec fureur. Jésus appuie sa doctrine par des miracles. Il prouve sa divinité : au lieu de lui répondre, les pharisiens ramassent des pierres pour le lapider. Il démasque devant la foule leur orgueil et leur hypocrisie : le tribunal suprême décrète sa mort. Quelques jours après, Jésus ressuscite Lazare, entre triomphant à Jérusalem au milieu d'un peuple enthousiaste qui veut le faire roi. Alors, il est conduit au trône qu'il était venu chercher, c'est à-dire à la croix sur laquelle il devient le Sauveur du monde et le Roi de tous les peuples. Trois jours après, il ressuscite, et remonte dans les cieux, d'où il écrase tour à tour les révoltés de tous les siècles, en attendant le jour où il viendra rendre justice à ses amis comme à ses ennemis. Tel est le fond de la sublime épopée que l'Évangile suppose toujours, et auquel se rattachent tous les incidents de la Vie de Jésus.

Enfin, après avoir relevé les divers éléments d'intérêt que présente le sujet, reste à choisir une forme littéraire qui communique à cette matière la chaleur, le mouvement et la vie.

Il me paraît que, pour répondre au goût du public, la forme doit être, comme celle des Évangiles, exclusivement narrative. Il faut de la science pour écrire la Vie de Jésus, mais cette science, répandue partout, doit se dissimuler toujours. L'historien ne doit point céder, sous prétexte de décrire une localité, à la tentation d'étaler ses connaissances géographiques ou archéologiques, encore moins d'inonder ses récits de réflexions morales ou ascétiques. Les réflexions se présenteront d'elles-mêmes et n'en auront que plus de charme pour le lecteur. Il faut éviter toute controverse sur les difficultés que présente l'Évangile, en les faisant disparaître par une explication habilement placée dans le contexte. Les écrivains sacrés procèdent toujours par affirmation : le sujet exige qu'on emploie la même méthode, sous peine de briser le récit à chaque instant, et d'en amoindrir la majesté. Ajoutons encore qu'à l'exemple des évangélistes, il faut savoir contenir ou son enthousiasme ou son indignation. Les écrivains sacrés, que personne n'égalera jamais, racontent les scènes les plus horribles avec un calme qui donne le frisson.

Quant au style proprement dit, l'historien du Christ doit aussi se rapprocher le plus possible du style évangélique, de cette simplicité majestueuse, seule digne du personnage mystérieux et divin qu'il faut faire revivre. Toute phrase prétentieuse diminuerait, en la voilant, la grande figure du Sauveur, de même qu'une parure mondaine eût rabaissé son caractère divin. Toutefois à la simplicité de la forme doit s'unir ce ton de réserve et de solennité qui exclut forcément la vulgarité et la mesquinerie des détails, comme indignes du grand Dieu dont on raconte la Vie.

LIVRE PREMIER
L'ENFANT-DIEU

I. L'APPARITION

Hérode, tyran d'Israël. - Le prêtre Zacharie. - Révélations de l'ange Gabriel. - Naissance de Jean-Baptiste. - Le Benedictus. (Luc., I, 5-25 et 57-80.)

Près de trente-cinq années s'étaient écoulées depuis que l'Iduméen Hérode tenait dans ses mains sanglantes le sceptre usurpé de Juda. Longtemps le peuple de Dieu avait espéré qu'un rejeton de ses princes l'affranchirait du joug de l'étranger ; mais, pour lui enlever toute possibilité d'une restauration nationale, le tyran ne craignait pas de verser jusqu'à la dernière goutte du sang des Macchabées. Il s'efforça même de faire oublier aux Juifs la religion de leurs pères en introduisant dans Jérusalem les mœurs et coutumes de Rome païenne. On vit s'élever sur la terre sainte de Jéhovah des théâtres impurs, des cirques où s'égorgeaient les gladiateurs, et même des temples consacrés à l'empereur Auguste, la seule divinité que respectât Hérode.

Cependant, à part la secte des hérodiens, dévoués à la fortune et aux idées du maître, le peuple restait fidèle à Dieu. En vain, pour le flatter, le tyran faisait-il reconstruire avec une magnificence sans égale le temple de Jérusalem, on pleurait sur les scandales qui désolaient la cité sainte, on évoquait en gémissant les gloires du passé, on maudissait en silence l'impie étranger, cause de tant de malheurs, on suppliait Jéhovah d'envoyer enfin le Libérateur tant de fois annoncé par les prophètes. Du reste, les docteurs expliquaient dans les synagogues que le Messie ne pouvait tarder à paraître, car des soixante-dix semaines d'années qui, d'après Daniel, devaient précéder son avènement, soixante-quatre étaient écoulées. Et de Dan jusqu'à Bersabée, les vrais Israélites répétaient les vieux chants de leurs pères : « Cieux, envoyez votre rosée, et que la terre produise enfin son Sauveur. »

Un événement singulier vint bientôt confirmer ces pressentiments. À quelques lieues de Jérusalem, vivait alors un vieux prêtre de Jéhovah, nommé Zacharie. Il appartenait à la classe sacerdotale d'Abia l'une des vingt-quatre qui remplissaient alternativement les fonctions sacrées. Sa femme, comme lui de la famille d'Aaron, s'appelait Élisabeth. Tous deux, justes devant Dieu, observaient la loi avec une scrupuleuse fidélité. Leur vie, également irrépréhensible devant les hommes, s'écoulait paisiblement au sein des montagnes de Juda, si riches en touchants et gracieux souvenirs. Et cependant un profond chagrin minait leur âme. Malgré d'ardentes supplications, leur foyer était resté désert. Trop avancés en âge pour espérer désormais que Dieu exaucerait leurs vœux, ils acceptaient, sans pouvoir se consoler, cette épreuve devenue presque un opprobre aux yeux des enfants d'Israël.

Chaque année, à différents intervalles, Zacharie se rendait dans la cité sainte pour s'acquitter au temple des fonctions de son ministère. Or, dans la trente-cinquième année d'Hérode, au mois de septembre, Zacharie étant de service, les représentants des vingt-quatre familles sacerdotales tirèrent au sort, selon l'usage, l'office particulier que chacun aurait à remplir. Le sort assigna au vieux prêtre la plus honorable fonction, qui consistait à brûler l'encens sur l'autel des parfums.

Un soir, au coucher du soleil, la trompette sacrée retentit dans toute la ville pour appeler les habitants au temple. Revêtu des ornements sacerdotaux et accompagné des prêtres et des lévites, Zacharie se dirigea vers le sanctuaire et s'avança jusqu'à l'autel des parfums. Là, un des prêtres assistants lui présenta des charbons ardents, qu'il plaça dans un vase d'or au milieu de l'autel ; puis, ayant pris des parfums autant que la main peut en contenir, Hies répandit sur le feu. À ce moment solennel, prêtres et lévites s'étant retirés, Zacharie recula de quelques pas, selon le rite accoutumé, et se prosterna devant Jéhovah, pendant que le nuage d'odorante fumée montait vers le ciel.

Alors, seul aux pieds de l'Éternel, le prêtre vénérable se ressouvint des calamités qui pesaient sur son peuple, et se faisant l'interprète de tous les Juifs fidèles, il récita, plein d'émotion, les paroles du rite sacré : « Dieu d'Israël, sauve ton peuple, et donne-nous le Libérateur promis à nos pères. » Au dehors les lévites chantaient les psaumes du soir, et la multitude assemblée dans le parvis faisait aussi monter vers Dieu l'encens de sa prière. Tout à coup Zacharie relève la tête et aperçoit, à la droite de l'autel, un ange tout brillant de gloire. Depuis longtemps Dieu n'envoyait plus aux enfants de Juda ses célestes messagers ; aussi le vieux prêtre fut-il saisi de terreur à cette apparition inattendue. L'ange le rassura : « Ne crains rien, lui dit-il, je viens t'annoncer que ta prière a été exaucée. »

Zacharie écoutait sans comprendre, mais l'ange lui révéla en ces termes l'objet de sa mission : « Ton épouse Élisabeth te donnera un fils que tu nommeras Jean. Ce sera pour toi l'enfant de la joie, et sa naissance deviendra pour beaucoup un sujet d'allégresse. Grand devant l'Éternel, il ne boira ni vin ni aucune boisson fermentée ; rempli du divin Esprit dès le sein de sa mère, il convertira les enfants d'Israël au Seigneur leur Dieu, rétablira la concorde entre les fils et leurs pères, et, ramenant les incrédules à la sagesse des justes, il préparera au Seigneur un peuple parfait. Animé de l'esprit et de la vertu d'Elie, il précédera celui qui doit venir. »

L'ange se tut. Ému jusqu'au fond de l'âme, le saint prêtre n'en pouvait croire ses oreilles. Le Libérateur va paraître, et ce sera le fils de Zacharie qui lui préparera les voies. L'ange de Dieu l'affirme, et il l'affirme en empruntant les propres paroles dont se servit le prophète Malachie, cinq siècles auparavant, pour annoncer le précurseur du Messie. Cependant comment ces promesses pourront-elles se réaliser ? Un doute traversa soudainement l'âme de Zacharie, et il ne put s'empêcher de le manifester à l'ange.

« Je suis vieux, lui dit-il, et mon épouse est aussi sur le déclin de l'âge : à quel signe reconnaîtrai-je que votre prédiction doit s'accomplir ?

- Apprends, reprit l'ange de Dieu, que je suis Gabriel, l'un des sept Esprits qui se tiennent debout devant le trône de l'Éternel. Jéhovah m'a député vers toi pour te révéler ses secrets. Parce que tu n'as pas cru simplement à ma parole, tu seras muet, sans pouvoir articuler un mot, jusqu'à l'accomplissement de ma prophétie. »

Au même instant la vision disparut, et Zacharie resta seul devant l'autel.

Cependant le peuple s'étonnait que le prêtre tardât si longtemps à sortir du sanctuaire ; il ne devait y séjourner que le temps strictement nécessaire pour rendre à Jéhovah les honneurs dus à sa majesté. Déjà des sentiments d'inquiétude agitaient l'assemblée, quand Zacharie apparut sur le seuil du temple. Son visage et son regard exprimaient en même temps l'épouvante et le bonheur. Il leva la main pour bénir les assistants prosternés devant lui, mais ses lèvres ne prononcèrent point la formule accoutumée. La bénédiction du vieillard descendit silencieuse sur la multitude, et il se retira, s'efforçant par ses gestes de faire comprendre à tous comment, à la suite d'une vision mystérieuse, il avait perdu l'usage de la parole.

La prédiction de l'ange se réalisa de point en point. Son ministère terminé, Zacharie regagna sa paisible demeure, et il arriva qu'Élisabeth conçut, selon la promesse du céleste messager. Dissimulant l'excès de sa joie, elle resta cachée dans sa maison durant cinq mois. Seule avec Dieu, elle le remerciait d'avoir daigné lever l'opprobre qui pesait sur elle. Quand arriva le moment d'enfanter, elle mit au monde un fils, selon la prédiction de l'ange. Ce fut l'occasion d'une grande joie dans la contrée : parents, amis, voisins, félicitèrent l'heureuse mère, si particulièrement favorisée des miséricordes du Très-Haut.

Le huitième jour après sa naissance, l'enfant devait être circoncis. Les parents et les alliés accoururent à la cérémonie, pour imposer, selon les prescriptions de la loi, un nom au nouveau-né. D'un commun accord la famille décida qu'on l'appellerait Zacharie comme son père, afin de perpétuer le souvenir du saint vieillard ; mais Élisabeth, instruite des volontés de Dieu, s'y opposa formellement. A toutes les instances des parents, elle répondit sans hésiter : « Non, c'est Jean qu'il faut l'appeler. »

Surpris et mécontents de ce choix que rien ne justifiait, ceux-ci lui représentèrent qu'aucun membre de la famille ne portait ce nom, et comme Élisabeth s'obstinait, ils prirent le parti de consulter le père. Le vieux prêtre, toujours muet depuis la vision du temple, demanda ses tablettes, et de la pointe de son stylet grava sur la cire ces quatre mots : « Jean est son nom. »

Cette décision, aussi prompte qu'inattendue, jeta tous les assistants dans la stupéfaction, quand tout à coup leur attention fut attirée par une scène bien autrement émouvante. Aussitôt que Zacharie eut écrit le nom de son fils, l'Esprit de Dieu s'empara de lui, délia sa langue enchaînée depuis neuf mois, et les enfants d'Israël entendirent résonner à leurs oreilles les accents inspirés d'un nouveau prophète. La main levée vers le ciel, le cœur brûlant du feu divin, le saint vieillard s'écria :

« Béni soit le Seigneur, le Dieu d'Israël, qui daigne visiter son peuple et opérer sa rédemption.

« Il va susciter un Libérateur puissant dans la maison de David, son fils de prédilection, selon la promesse renouvelée de siècle en siècle par ses prophètes, de nous arracher aux mains de nos ennemis et de tous ceux qui nous haïssent.

« Il se souvient de l'alliance jurée, du serment fait à Abraham, notre père, de nous donner cette grâce : qu'affranchis de toute crainte et libres de toute servitude, nous marchions dans les voies de la justice et de la sainteté tous les jours de notre vie.

Jusque-là, dans l'élan de la reconnaissance, le prêtre de Jéhovah n'avait pensé qu'au Sauveur dont il annonçait la venue, quand soudain ses yeux s'arrêtant sur le nouveau-né, un rayon de la lumière divine lui dévoila sa sublime mission. Alors, d'une voix tremblante d'émotion, il prophétisa en ces termes :

« Et toi, petit enfant, tu seras appelé le prophète du Très-Haut, car tu marcheras devant la face du Seigneur pour lui préparer les voies.

« Tu annonceras aux hommes la science des saints, et ce pardon des péchés que Dieu va faire jaillir des entrailles de sa miséricorde.

« Déjà je vois le divin soleil descendre des hauteurs pour illuminer ceux qui sont assis dans les ténèbres et les ombres de la mort, pour diriger nos pas dans les sentiers de la paix. »

Le vieillard cessa de parler. Une religieuse frayeur avait gagné les témoins de cette scène, et ils retournèrent chez eux en méditant sur ce qu'ils avaient vu et entendu. Bientôt le bruit de ces merveilles se répandit dans les pays voisins, et les pâtres des montagnes se disaient les uns aux autres : « Que pensez-vous de cet enfant, et que deviendra-t-il un jour ? » Quant à l'enfant mystérieux, la main de Dieu le conduisait visiblement. À mesure qu'il croissait en âge, on voyait se développer en lui les dons du ciel. À peine put-il se passer des soins maternels, qu'il disparut du milieu des hommes et s'enfonça dans les solitudes du désert. Il y vécut caché à tous les yeux, connu de Dieu seul, jusqu'au jour où il plut à l'Esprit de le manifester aux enfants d'Israël.

II. LA VIERGE MÈRE

La Vierge Marie. - Ses parents. - Sa conception immaculée. - Sa vie au temple. - Son mariage. - L'Annonciation. - L'Incarnation. (Luc., 1,26-38.)

En ce temps-là vivait à Nazareth, petit bourg de la Galilée, une jeune vierge de la tribu de Juda, proche parente d'Élisabeth et de Zacharie. On la nommait Marie.

Tout ce que les hommes savaient d'elle, c'est que, sous un extérieur simple et modeste, elle cachait une naissance distinguée. Par son père Joachim, elle appartenait à la maison royale de David, et par Anne sa mère, à la famille sacerdotale d'Aaron. Depuis la chute de l'antique dynastie, ses ancêtres, dépouillés de leur rang et de leurs biens, traqués comme des prétendants dangereux par les nouveaux maîtres de la Judée, avaient cherché le repos dans l'obscurité. Inconnus de l'ombrageux Hérode, Anne et Joachim, cachés au fond d'un vallon solitaire, y vivaient en paix du produit de leurs troupeaux, assez riches, malgré leur déchéance, pour soulager les indigents et offrir d'abondantes victimes sur l'autel de Jéhovah.

Et toutefois leurs jours s'écoulaient dans la tristesse, car le ciel refusait de bénir leur union. Comme la mère de Samuel dont elle portait le nom gracieux, Anne suppliait le Seigneur de faire cesser sa stérilité ; Joachim joignait ses supplications à celles de son épouse désolée, mais Dieu semblait prendre plaisir à exercer leur patience. Et cependant, à cause de leur parfaite justice, il les avait choisis pour mettre à exécution le dessein le plus admirable qu'il ait jamais conçu. Au moment où les deux époux perdaient tout espoir, il leur donna une fille qui devait être à jamais leur gloire et l'honneur de sa nation.

Cette créature bénie, Dieu l'avait placée dans ses décrets éternels au-dessus de toute créature, au- dessus des rois et des reines qui, dans la suite des siècles, représenteraient sa puissance ; au-dessus des saintes en qui resplendiraient avec le plus d'éclat ses perfections infinies, au-dessus même des neuf chœurs d'esprits glorieux qui entourent son trône. Ève, au paradis terrestre, lui paraissait moins pure, Esther moins aimable. Judith moins forte et moins intrépide.

En la créant, il fit un miracle dont il ne favorisa aucun autre enfant d'Adam. Bien qu'issue de la race souillée dès le commencement, il la préserva du péché d'origine. Le torrent fangeux qui roule ses flots sur tout homme venant en ce monde, s'arrêta au moment de sa conception ; et pour la première fois depuis le naufrage du genre humain, les anges découvrirent sur notre terre une créature immaculée. Aussi s'écrièrent-ils dans un saint ravissement : « Quelle est cette femme, belle comme le soleil, radieuse comme l'astre des nuits ? »

Anne et Joachim reçurent avec joie cette fille privilégiée de Dieu, dont les anges et les hommes devaient célébrer à l'envi la glorieuse Nativité. Ils ne connaissaient pas l'immensité du trésor confié à leurs soins, mais ils s'aperçurent bien vite que la céleste enfant ne ressemblait à aucun autre enfant de la terre. Avant qu'elle pût articuler une parole, la raison présidait à tous ses actes, et jusque dans ses mouvements les plus instinctifs, jamais elle n'obéissait aux passions dont le germe infecte tous les cœurs. Émerveillés des dons que Dieu avait prodigués à cet ange terrestre, Anne et Joachim promirent de consacrer son enfance au service particulier du temple.

En effet, elle terminait à peine sa troisième année en ce monde qu'ils la conduisirent dans la cité sainte pour la présenter au Seigneur. L'enfant gravit joyeusement les degrés du temple, heureuse de se renfermer dans la maison du Dieu qui seul faisait battre son cœur. Là, dans les appartements voisins du sanctuaire, entourée de ses pieuses compagnes, elle vit s'écouler trop rapidement les beaux jours de sa jeunesse. Ses occupations consistaient à méditer les saints Livres, à confectionner les ornements consacrés au service divin, et à chanter les louanges de Jéhovah. Souvent, la face tournée vers le saint des

Saints, elle empruntait à David, son aïeul, ses chants inspirés, et, avec un cœur plus brûlant que celui du saint roi, elle redisait cette parole d'amour : « Seigneur, que vos tabernacles sont aimables ! Un jour passé dans votre temple vaut mieux que mille sous les tentes des pécheurs. »

À l'heure des sacrifices, quand le prêtre immolait la victime sur l'autel des holocaustes, elle suppliait Jéhovah d'accepter pour le salut du peuple ce sang expiateur, et d'envoyer enfin le Messie promis à ses pères. Son unique désir, c'était de le voir de ses yeux et de vénérer la femme bénie qui devait le donner au monde. À la différence des filles d'Israël, dont chacune aspirait à l'honneur de devenir la mère du Libérateur, elle se croyait indigne de cet ineffable privilège. Un jour, sous l'impulsion de l'Esprit de Dieu, elle y renonça même par un vœu solennel. Oubliant qu'elle vivait dans un corps de chair, elle s'éleva jusqu'à l'ange du ciel, et promit au Seigneur de n'avoir d'autre époux que lui.

Quand vinrent les jours de l'adolescence, la jeune vierge dut quitter le temple et retourner dans sa maison de Nazareth. Son père et sa mère étaient descendus au tombeau. Âgée de quatorze ans, la pauvre orpheline se trouva seule, sans sauvegarde et sans appui. Les membres de sa parenté, parmi lesquels Élisabeth et Zacharie, lui proposèrent d'épouser un homme de sa famille, ainsi que le voulait la loi. En sa qualité d'unique héritière, elle devait prendre pour époux son plus proche parent, afin de conserver le patrimoine de ses ancêtres. S'abandonnant entièrement à la conduite de l'Esprit qui la pressait de suivre ce conseil, elle consentit, malgré son vœu, au mariage proposé.

L'époux de la jeune Vierge s'appelait Joseph. De la maison de David comme Marie, il descendit directement des rois de Juda par la branche salomonienne. Toutefois, bien que remontant à Abraham par une suite incomparable d'aïeux, la noblesse de son caractère l'emportait encore sur l'illustration de sa naissance. Juste et craignant Dieu, mais pauvre et obscur comme Marie elle-même, il exerçait à Nazareth l'humble métier de charpentier, et gagnait sa vie à la sueur de son front. Instruit du vœu qu'avait fait son épouse, il entra dans les desseins de Dieu, et se constitua le gardien de sa virginité.

Le Seigneur n'attendait que cette angélique union pour réaliser le projet dont il préparait l'exécution depuis quarante siècles. Un soir, la Vierge de Nazareth, agenouillée dans son humble demeure, répandait son âme devant Dieu avec plus de ferveur que jamais. Soudain voilà qu'une lumière céleste l'enveloppe et la tire de son recueillement. Elle tourne la tête et aperçoit un ange debout devant elle, à quelques pas du lieu qu'elle occupait. C'était le grand messager de Dieu, l'archange Gabriel, celui-là même qui, cinq cents ans auparavant, avait révélé à Daniel les temps du Messie, et venait de prédire à Zacharie la naissance de son Précurseur. Il s'inclina profondément devant la Vierge et lui dit avec l'humilité d'un sujet devant une reine : « Je vous salue, vous qui êtes pleine de grâce, le Seigneur est avec vous, vous êtes bénie entre toutes les femmes. »

Marie reconnut à l'instant un esprit céleste, aussi ne s'effrayat-elle pas de cette visite ; toutefois ces louanges, qui ne paraissaient pas devoir s'adresser à une mortelle, lui causèrent un grand trouble. À son humble contenance, à la rougeur de son front, l'ange devina le sentiment qui l'agitait : il reprit donc avec douceur, en la nommant cette fois par son nom : « Marie, vous avez trouvé grâce devant Dieu. Voici ce qu'il m'a chargé de vous annoncer : Vous concevrez et enfanterez un fils, à qui vous donnerez le nom de Jésus. Il sera grand, et on l'appellera le fils du Très-Haut. Le Seigneur lui donnera le trône de son père David : il régnera sur la maison de Jacob, et son règne n'aura point de fin. »

Il n'y avait pas à s'y tromper : le Messie attendu depuis quatre mille ans allait paraître, et ce Messie libérateur, vrai Fils de Dieu, serait en même temps fils de Marie. Écrasée sous le poids d'une pareille dignité, la Vierge resta un instant dans la stupeur ; puis, réfléchissant à son vœu de virginité qu'elle voulait garder à tout prix, elle posa cette question à l'archange :

« Comment cela se pourra-t-il faire, car je ne connais point d'homme ?

- L'Esprit-Saint surviendra en vous, répondit le céleste messager, et la vertu du Très-Haut vous couvrira de son ombre ; aussi le Saint qui naîtra de vous sera-t-il appelé Fils de Dieu. Sachez qu'Élisabeth, votre cousine, a conçu un fils dans sa vieillesse, et voilà déjà six mois que la femme stérile est devenue féconde : rien n'est impossible à Dieu. »

Marie n'avait pas besoin de cet exemple pour croire que les prodiges sont des jeux de la puissance divine. Apprenant que, par l'intervention de cette puissance, elle deviendrait mère sans cesser d'être vierge, elle s'anéantit devant son Dieu et s'écria : « Je suis la servante du Seigneur, qu'il me soit fait selon votre parole. »

Après avoir obtenu ce parfait consentement, l'ange disparut, et le Fils de l'Éternel, descendant des célestes demeures, s'incarna dans le sein virginal de la femme immaculée. À ce moment, les armées angéliques saluèrent le roi des rois et le Seigneur des Seigneurs : l'Homme-Dieu ; comme homme, fils de David, fils d'Abraham, fils d'Adam, formé du sang le plus pur de la bienheureuse Marie ; comme Dieu, engendré de toute éternité, Dieu de Dieu, lumière de lumière, vrai Dieu de vrai Dieu.

Et tel est l'adorable mystère qui ravit les anges et Dieu lui-même en cette nuit mille fois bénie : le mystère du Verbe incarné. De cette nuit la cloche rappelle le souvenir à tous les enfants des hommes, le matin, quand tout s'éveille aux premiers feux du jour ; à midi, quand l'ouvrier interrompt un instant ses labeurs, et le soir, quand le soleil à son couchant ramène le repos. Alors, quand ses joyeux tintements rediront aux champs et aux cités, aux vallées et aux montagnes : « Le Verbe s'est fait chair, et il a habité parmi nous, » tout genou fléchira, tout front s'inclinera devant l'Homme-Dieu, et de toute poitrine humaine s'échappera ce cri d'amour en l'honneur de la Vierge Mère : « Je vous salue, Marie, pleine de grâce, le Seigneur est avec vous, vous êtes bénie entre toutes les femmes. »

III. LA VISITATION

Voyage à Hébron. - La maison de Zacharie. - Rencontre de Marie et d'Élisabeth. - Sanctification de Jean. - Exclamation d'Élisabeth. - Le Magnificat, (Luc., T, 39-56. - Matth., I, 18-25.)

Dans les jours qui suivirent l'Incarnation du Verbe, Marie restait comme anéantie à la pensée que Dieu avait daigné jeter les yeux sur la pauvre orpheline de Nazareth pour en faire la mère de son Fils. Et cependant ce n'était point un rêve : les paroles de l'ange résonnaient encore à son oreille, et d'ailleurs le feu nouveau qui embrasait son cœur trahissait d'une manière irrécusable la présence du Dieu d'amour.

Plus elle roulait ces pensées dans son esprit, plus son âme se répandait en effusions de reconnaissance envers Celui qui l'avait élevée, malgré son indignité, à un tel excès d'honneur. Une seule chose lui manquait : un confident qui pût recevoir son secret et s'associer à son bonheur. Mais ce secret, il lui fallait l'ensevelir dans le plus profond de son âme jusqu'au jour où il plairait à Dieu de le révéler. Seul, l'auteur du grand mystère pouvait verser assez de lumière dans les esprits pour leur en donner l'intelligence.

Le Seigneur inspira alors à Marie la pensée d'aller rendre visite à sa cousine Élisabeth, dont l'archange lui avait appris les joies inespérées. N'était-il pas juste de l'entourer de ses soins pieux dans cette circonstance de sa vie, de se réjouir avec elle, et de l'aider à remercier le Seigneur ? Il fallait entreprendre un voyage de trente lieues dans les montagnes, à travers les déserts de Juda, mais la charité ne connaît ni difficultés ni fatigues. D'ailleurs le Dieu qui vivait en elle la poussait par des influences irrésistibles à se mettre en route.

De nombreuses caravanes se dirigeaient alors vers Jérusalem à l'occasion des fêtes de Pâques. Marie se joignit aux pèlerins, traversa en toute hâte les collines d'Éphraïm, salua en passant la ville sainte, et s'engageant dans les défilés des montagnes, elle parvint, après cinq jours de marche à la vieille cité d'Hébron.[1]

Tout était calme et silencieux dans la maison du vieux prêtre.

Depuis la vision du temple, muet et solitaire, il méditait sur les grandes destinées de l'enfant qu'Élisabeth portait dans son sein. Celle-ci, tout entière à sa joie, passait ses jours à louer le Dieu qui avait pris en pitié son délaissement et ses amertumes. Elle ne s'attendait nullement à la visite de sa jeune cousine, quand tout à coup paraissant sur le seuil de sa demeure, Marie lui adressa le salut d'usage : « Que le Seigneur soit avec vous ! »

Au son de cette voix mystique, Élisabeth, impressionnée jusqu'au fond de l'âme, sentit son enfant tressaillir dans son sein sous l'émotion d'une vive allégresse. En même temps son esprit, illuminé d'en haut, comprit clairement la cause de ce tressaillement miraculeux. L'enfant venait d'être sanctifié dans le sein de sa mère, ainsi que l'ange l'avait prédit à Zacharie. Purifié de la tache originelle, mondé de grâces, doué de l'usage de la raison, Jean, du fond de sa prison, saluait son Sauveur invisible, et, remplissant déjà son rôle de précurseur, il le révélait à sa mère.

Subitement éclairée par l'Esprit-Saint, Élisabeth ne vit plus dans sa cousine une femme ordinaire, mais une créature plus belle que les anges des cieux. Un grand cri s'échappa de sa poitrine : « Vous êtes bénie entre toutes les femmes, et le fruit de vos entrailles est béni ! » Cri d'enthousiasme et d'amour, que tous les cœurs fidèles répéteront jusqu'à la fin des siècles en l'honneur de la Vierge Mère ; puis, elle ajouta : « D'où me vient ce bonheur que la mère de mon Dieu daigne me visiter ? Ô Marie, au seul son de votre voix l'enfant que je porte a

---

[1] Saint Luc (J, 39) dit vaguement que la Vierge se dirigea vers une ville de Juda, *in civitatem Juda*. Nous croyons, avec un grand nombre d'auteurs, qu'il s'agit de la ville sacerdotale d'Hébron, bien que d'autres, d'après une tradition du moyen âge, placent la demeure de Zacharie dans le petit bourg d'Ain Karim, à deux lieues environ de Jérusalem.

tressailli d'allégresse. Bienheureuse êtes-vous d'avoir cru à la parole de Dieu, car tout ce qu'il a prédit s'accomplira. »

Jusque-là, stupéfaite de tant de merveilles, la Vierge de Nazareth gardait le silence, mais en entendant les louanges prophétiques d'Élisabeth, son cœur, comme un vase qui déborde, ne put contenir ses sentiments. Son âme s'éleva jusqu'au Dieu qui seul mérite d'être loué. Ravie au ciel, elle répondit aux félicitations de sa cousine par cet hymne sublime en l'honneur de l'Éternel :

« Mon âme glorifie le Seigneur, et mon esprit tressaille de joie en Dieu mon Sauveur.

« Il a daigné jeter un regard sur sa pauvre servante, et voilà que désormais toutes les nations m'appelleront bienheureuse.

« C'est lui qui a fait en moi de grandes choses : saint est son nom à jamais.

« C'est lui qui, d'âge en âge, étend sa miséricorde sur ceux qui le craignent ; lui qui, déployant la force de son bras, a renversé les superbes et confondu l'orgueil de leurs pensées.

« C'est lui qui a précipité les puissants de leurs trônes, pour y faire monter les petits et les humbles ; lui, qui a rassasié les affamés, et renvoyé à jeun les opulents de ce monde. »

Dans son extase, la Vierge inspirée voyait passer devant ses yeux les Pharaon, les Holopherne, les Nabuchodonosor, les Antiochus, tous ces oppresseurs d'Israël qui disparurent comme des ombres au souffle de Jéhovah. Elle contemplait ce petit peuple de Dieu toujours abaissé, mais toujours relevé par la main toute-puissante de son Seigneur. Puis, à la vision du passé succéda la vision de l'avenir. Son œil prophétique s'arrêtant sur sa patrie esclave et sur les nations asservies aux esprits de l'abîme, elle se rappela qu'elle portait dans son sein le Rédempteur d'Israël et du monde : « Jéhovah, s'écria-t-elle, se souvient de ses miséricordes : il va relever Israël, son serviteur, comme Il a promis à Abraham et à sa postérité dans tous les siècles. »

Ainsi chanta la Vierge de Nazareth, en annonçant à la terre la venue du divin Rédempteur. Ainsi durent chanter les anges, quand pour la première fois qu'ils contemplèrent la majesté du Très-Haut. Ainsi chantèrent Adam et Ève, sous les ombrages du paradis, en admirant les magnificences de la terre et des cieux. Ainsi, empruntant à la Vierge son hymne d'amour, chante ici-bas toute âme rachetée, quand, au déclin du jour, elle se rappelle les grandeurs et les miséricordes de Jésus, fils de Marie.

L'humble Vierge demeura trois mois chez sa cousine. trois mois trop vite écoulés dans de pieux et suaves entretiens. Marie prit alors congé de ses hôtes bien-aimés. Élisabeth et Zacharie versèrent des larmes au départ de celle qui emportait le Dieu de leur cœur, et Marie pleurait aussi, car un pressentiment l'avertissait qu'après ces trois mois du ciel, des jours d'épreuve allaient commencer pour elle.

De fait, son retour à Nazareth devint l'occasion de mortelles angoisses. Dès la première entrevue avec son épouse, Joseph ne put s'empêcher de remarquer les signes non équivoques de sa future maternité. Ignorant le mystère de l'Incarnation, il se demanda ce qu'il devait penser, et quel parti il lui restait à prendre. En dépit des apparences, il se refusait à croire Marie coupable d'un crime. La Vierge, pure entre toutes, ne pouvait tomber subitement des hauteurs du ciel dans un abîme de fange : mais alors comment expliquer sa situation ?

Marie lisait sur le visage de son époux les cruelles perplexités qui bouleversaient son âme. Elle souffrait de le voir souffrir, mais toutefois son front conserva son angélique sérénité. Nul sentiment d'inquiétude n'altéra la candeur de ses traits. Comme aucune parole humaine ne pouvait calmer les légitimes anxiétés de son époux, elle attendit en silence qu'il plût à Dieu de mettre fin à cette épreuve.

Le cœur brisé, Joseph prit enfin le parti qui lui parut le plus conforme à la justice. Trop soumis à la loi pour continuer de résider avec Marie avant l'explication du mystère, trop charitable pour livrer au juge une femme qu'il persistait à croire innocente, il résolut de la quitter discrètement et sans bruit. Longtemps il lutta contre lui-même avant d'exécuter son dessein, tant il lui en coûtait d'abandonner une orpheline, une parente, une épouse, dont il était l'unique protecteur. Mais enfin sans laisser en aucune manière soupçonner son projet, il fit un soir ses préparatifs de départ, et s'endormit après avoir offert à Dieu son sacrifice.

Or, pendant son sommeil, un ange du ciel lui apparut, et, d'un mot, dissipa toutes ses inquiétudes.

« Joseph, fils de David, dit-il, ne craint pas de prendre avec toi Marie, ton épouse ; le fruit qu'elle porte en elle est l'œuvre de l'Esprit-Saint. Elle enfantera un Fils que tu nommeras Jésus, car c'est lui qui sauvera son peuple de ses péchés. »

À cette révélation céleste, Joseph se réveilla complètement transfiguré. Par une illumination subite, l'Esprit lui avait fait comprendre que se réalisait en Marie la prophétie d'Isaïe : « Une Vierge concevra et enfantera un fils, lequel sera nommé Emmanuel, c'est-à-dire Dieu avec nous. » En même temps que se dévoilait à ses yeux l'auguste secret de l'incarnation, le saint patriarche comprit la mission providentielle dont Dieu l'investissait par rapport à l'Enfant et à la Mère. Jésus et Marie avaient besoin d'un gardien et d'un protecteur sur cette terre : le rôle de Joseph sera de veiller sur ces deux êtres chéris et de les suivre partout, comme l'ombre du Père qui est dans les cieux.

Délivré de ses tourments, le saint s'empressa d'obéir aux ordres du ciel. Aux tribulations des derniers jours succédèrent la joie et la paix. Les deux époux s'entretinrent avec abandon et confiance de l'œuvre divine à laquelle ils servaient d'instruments. Joseph apprit de Marie la visite de l'archange Gabriel ainsi que les prodiges opérés à Hébron. Croissant en amour à mesure qu'ils méditaient les bontés de Dieu à leur égard, les deux saints personnages adoraient le Sauveur dans son étroite prison, et hâtaient de leurs vœux l'heureux jour où ils pourraient le tenir dans leurs bras et le presser sur leur cœur.

IV. LA GROTTE DE BETHLÉEM

Prophétie de Michée. - L'empereur Auguste. - Le dénombrement de Cyrinus, - Joseph et Marie à Bethléem. - L'étable. - Naissance de l'Enfant-Dieu. - Les anges et les bergers. - Gloria in excelsis. (Luc . II, 1-21.)

En attendant la naissance du divin Enfant, Marie repassait dans sa mémoire les textes sacrés touchant l'avènement du Messie en ce monde. Initié à la connaissance des Écritures, elle n'ignorait pas la célèbre prophétie de Michée : « Bethléem Ephrata, tu es bien petite parmi les nombreuses cités de Juda, et cependant de ton sein sortira le dominateur d'Israël, Celui qui existe dès le commencement, et dont la génération remonte à l'éternité », D'après ces paroles formelles, les docteurs affirmaient unanimement que le Christ naîtrait à Bethléem, comme David son aïeul.

Mais comment la prédiction s'accomplira-t-elle, puisque Marie, domiciliée à Nazareth, n'avait aucune raison de quitter cette ville pour se rendre à Bethléem ? Un homme, à son insu, se fit l'instrument de la Providence pour résoudre cette difficulté. Et pour montrer à tous que les potentats de la terre ne sont que les exécuteurs de ses éternels décrets, Dieu voulut que cet homme soit l'empereur lui-même.

L'empereur Auguste régnait alors sur l'Orient et l'Occident.

Les nations, autrefois si fières de leur indépendance, l'Italie, l'Espagne, l'Afrique, la Grèce, l'Égypte, la Gaule, la Grande Bretagne, l'Asie Mineure, transformées en simples provinces de l'empire, subissaient la loi du vainqueur. Longtemps les peuples regimbèrent contre le joug, mais ni l'Africain protégé par la grande mer, ni le Germain caché derrière le rempart de ses impénétrables forêts, ni le Breton perdu dans l'Océan, ne purent résister aux légions de l'invincible Rome. Tous déposèrent les armes, et l'empereur, en signe de pacification universelle, ferma le temple de Janus.[2] Considéré désormais comme un dieu, on lui éleva des temples, on lui décerna des apothéoses, on l'appela « le salut du genre humain »,[3]

Or, à l'époque où devait naître la véritable « Sauveur du monde », il prit fantaisie au grand empereur de connaître exactement l'étendue de ses domaines et le nombre de ses sujets. En conséquence un édit impérial prescrivit un recensement général de la population, aussi bien dans les royaumes tributaires que chez les peuples incorporés à l'empire.

La Judée n'échappait point à cet édit, car le royaume d'Hérode simple fief révocable à volonté, dépendait du gouvernement de Syrie. Aussi, en décembre 749,[4] Cyrinus, adjoint au gouverneur Sestius Saturninus, arriva-t-il en Palestine pour résider aux opérations du dénombrement. Ordre fut donné aux chefs de famille, aux femmes et aux enfants, d'inscrire sur les registres publics leur nom, leur âge, leur famille, leur tribu, leur état de fortune, et autres détails destinés à servir de base à l'impôt de capitation. De plus, chacun devait se faire inscrire, non au lieu de son domicile, mais à la cité d'où sa famille était originaire, parce que là se conservaient les titres généalogiques établissant, avec l'ordre de descendance, le droit de propriété et d'héritage.

Cette dernière prescription obligea Joseph et Marie, tous deux de la tribu de Juda et de la famille de David, à se transporter de Nazareth à Bethléem, lieu de naissance de David, leur aïeul. En se dirigeant vers les montagnes de Juda, Marie, sur le point de devenir mère, admirait comment Dieu la conduisait lui-même là où le Messie devait naître, et comment un édit impérial mettait en mouvement les peuples de l'univers, afin qu'une prophétie, sortie de la bouche d'un Voyant

---

[2] Ce temple un des plus célèbres de Rome, fermé en temps de paix, restait ouvert en temps de guerre. Suétone fait remarquer (in *Aug.* 2) que, depuis la fondation de Rome jusqu'à Auguste, on ne le ferma que deux fois.
[3] Sur des monnaies frappées à l'effigie d'Auguste, on lisait cette exergue : *Salus generis humani* (suét, *in Aug. 53*).
[4] L'édit, daté de l'an 746, ne fut appliqué en Judée que trois ans plus tard.

d'Israël sept siècles auparavant, reçût en ces jours son accomplissement.

Les deux voyageurs arrivèrent à Bethléem, brisés de fatigue après les vingt-deux lieues qu'ils venaient de faire. Les derniers rayons du soleil illuminaient la cité de David, assise comme une reine sur le sommet d'une colline, au milieu de riants coteaux, plantés de vignes et d'oliviers. C'était bien Bethléem, la maison du pain, la ville aux abondantes moissons ; Ephrata, la fertile le pays aux gras pâturages. Sur ces hauteurs vivait la belle Noémi, quand la famine la força de s'exiler au pays de Moab ; dans les champs voisins, Ruth la Moabite ramassait les épis oubliés par les moissonneurs de Booz ; dans ces valons solitaires, le petit David faisait paître ses troupeaux quand le prophète l'envoya chercher pour le sacrer roi d'Israël. En foulant ce sol béni, les saints voyageurs évoquaient les pieux souvenirs de leur nation ou plutôt de leur famille. Des maisons de la cité, des montagnes et des vallées sortaient mille voix qui leur parlaient de leurs ancêtres, et surtout du grand roi dont ils étaient les rejetons.

Mais, à cette époque, qui connaissait la Vierge de Nazareth et Joseph le charpentier ? En entrant dans la cité, ils se trouvèrent comme perdus au milieu des étrangers qui arrivaient de tous les points du royaume pour se faire inscrire. En vain frappèrent-ils à toutes les portes, demandant un gîte pour la nuit : aucune ne s'ouvrit pour les recevoir. Chargés de parents et d'amis, les Bethléemites refusèrent de loger ces inconnus qui, du reste, paraissaient pauvres et misérables. Joseph et Marie se dirigèrent alors vers l'hôtellerie publique où les caravanes s'arrêtaient d'habitude, mais là aussi ils trouvèrent un tel encombrement de voyageurs et de bêtes de somme qu'il leur fut impossible de s'y installer.

Repoussés de tous les côtés, les deux saints personnages sortirent de la cité par la porte d'Hébron. À peine avaient-ils fait quelques pas dans cette direction qu'ils aperçurent une sombre caverne creusée dans les flancs d'un rocher. L'Esprit de Dieu leur inspira la pensée de s'y arrêter. En mettant le pied dans ce triste réduit, ils reconnurent que c'était une étable où se réfugiaient les bergers et les troupeaux. On y trouvait de la paille et une mangeoire pour les animaux. La fille de David, après ce long et pénible voyage, s'assit sur un bloc de pierre.

Bientôt tous les bruits cessèrent : un silence solennel régna sur la ville endormie. Seule, dans la grotte abandonnée, Marie veillait et répandait son cœur devant l'Éternel. Tout à coup, vers minuit, le Verbe incarné quitta miraculeusement le sein de sa mère, et, comme un rayon de soleil qui subitement éblouit le regard, il apparut à ses yeux étonnés et ravis. Elle l'adora, le prit dans ses bras, le couvrit de pauvres langes, et le pressa sur son cœur. Puis avisant la crèche où les animaux prenaient leur nourriture, elle le coucha sur un peu de paille.

Et de cette étable qui lui servait d'abri, de cette crèche devenue son berceau, sur cette paille qui blessait ses membres délicats, l'Enfant disait à son Père du ciel ; « Vous n'avez point voulu du sang des boucs et des génisses ; vous m'avez enveloppé dans cette chair que vos mains ont formée : me voici donc, ô mon Dieu, pour m'immoler à votre volonté. » Ainsi le Rédempteur offrait à la majesté divine les prémices de ses souffrances et de ses humiliations. Agenouillés près de lui, les yeux pleins de larmes, Joseph et Marie s'unissaient à son sacrifice.

Pendant cette nuit mystérieuse, des bergers gardaient leurs troupeaux dans un vallon voisin de l'étable où reposait le Fils de Dieu. Comme les pasteurs des premiers temps, Abraham, Isaac et Jacob, ils se plaisaient à méditer les divins oracles. Bien des fois, les yeux fixés au ciel, ils avaient supplié Jéhovah d'envoyer enfin ce Libérateur dont les sages d'Israël prédisaient l'avènement prochain. Le Seigneur daigna récompenser la foi de ces humbles pâtres. Déchirant la nuit épaisse qui couvrait montagnes et vallées, une clarté divine se répandit tout à coup autour d'eux, et un ange du ciel apparut à leurs yeux éblouis. À cette vue ils furent saisis de frayeur, mais l'ange les rassura : « Ne craignez pas, leur dit-il, je viens vous annoncer une grande joie, à vous et à tout le peuple. Aujourd'hui, dans la cité de David, il vous est né un Sauveur : c'est le Christ, c'est le Seigneur que vous attendez. Et voici le signe auquel vous le reconnaîtrez : c'est un petit enfant, enveloppé de langes et couché dans la crèche de l'étable. »

Quand l'ange eut fini de parler, une multitude d'esprits célestes se joignit à lui, et tous ensemble se mirent à louer le Seigneur : « Gloire à Dieu au plus haut des cieux, disaient-ils, et paix sur la terre aux hommes de bonne volonté. » Puis les voix s'éteignirent, les anges disparurent, et les célestes clartés s'évanouirent.

Restés seuls, les bergers, ravis de ce qu'ils venaient de voir et d'entendre, se dirent les uns aux autres : « Allons à Bethléem, et voyons de nos yeux le grand prodige que les anges nous ont annoncé. »

Et ils se rendirent en toute hâte à l'étable, où ils trouvèrent en effet Joseph et Marie, et l'Enfant couché dans la crèche. A cette vue, ils reconnurent le Sauveur, et, prosternés à ses pieds, ils remercièrent Dieu de les avoir appelés à l'adorer.

Les bergers quittèrent la grotte en glorifiant le Seigneur des merveilles opérées sous leurs yeux. Bientôt ils publièrent, à la grande stupéfaction de leurs compatriotes, ce qu'ils avaient vu et entendu, et l'écho des montagnes redit dans tout Juda l'écho des paroles angéliques : « Gloire à Dieu, paix à la terre ! » Et depuis ce temps, quand revient chaque année cette nuit joyeuse entre toutes, les disciples du Christ répètent avec amour le cantique des anges : Gloria in excelsis. Quant à Marie, témoin attentif des faits merveilleux par lesquels le Seigneur manifestait au monde la divinité de l'Enfant, elle gravait avec soin dans son cœur ces gracieux et touchants souvenirs.

Ainsi parut au milieu de ses sujets le Christ-Roi, quatre ans avant la fin du quatrième millénaire, l'an 479 de la fondation de Rome, la quarantième année du règne d'Auguste, et la trente sixième du gouvernement d'Hérode, roi de Judée. En ce jour, le premier des temps nouveaux, l'empereur eût été bien étonné d'apprendre que ses officiers allaient inscrire sur les registres du recensement un nom plus grand que le sien, qu'un enfant né dans une étable fonderait un royaume plus étendu que son immense empire, et qu'enfin l'humanité, soustraite à la tyrannie des Césars, daterait ses fastes glorieux, non plus de la naissance de Rome, mais de la Nativité du Christ Rédempteur.

VI. LA PRÉSENTATION AU TEMPLE

La circoncision. - Le nom de Jésus. - Prescriptions légales. - Marie au temple. - Prophétie d'Aggée. Le saint vieillard Siméon. - Nunc dimittis. - Grave prédiction. - Anne la prophétesse. - Purification et Présentation. (Luc., II, 21-38.)

Le huitième jour après sa naissance, l'Enfant fut circoncis dans la grotte de Bethléem. Joseph prononça les paroles du rit sacré : « Loué soit notre Dieu, qui a imprimé sa loi dans notre chair, et marqué ses enfants du signe de l'alliance pour les rendre participants des bénédictions d'Abraham, notre père. » Le fils de Marie devenait ainsi fils d'Abraham, l'enfant de la promesse, l'homme mystérieux que Jéhovah, pour consoler le saint patriarche, glorifiait en ces termes : « Je te donnerai un fils en qui seront bénies toutes les nations de la terre. »

Le jour de la circoncision, les parents imposaient un nom au nouveau-né. L'enfant de la crèche fut appelé Jésus, c'est-à-dire Sauveur : nom mille fois béni que l'ange avait apporté du ciel pour signifier la mission du Verbe incarné sur cette terre : nom doux à la bouche comme un rayon de miel, à l'oreille comme un chant harmonieux, au cœur comme un avant-goût du Paradis ; nom au-dessus de tout nom, qu'au ciel, sur la terre et dans les enfers, on ne prononce qu'à genoux.

Après cette cérémonie, Joseph et Marie s'établirent dans une humble maison de Bethléem, estimant que le Messie devait résider dans cette cité de David, désignée par les prophètes comme son berceau, et où l'avait conduit une circonstance providentielle. De là, le quarantième jour après la naissance de Jésus, ils se rendirent à Jérusalem pour y accomplir d'autres prescriptions légales.

Dieu avait dit à Moïse : « La femme qui aura mis un enfant au monde, s'abstiendra de paraître au temple pendant quarante jours. Le quarantième jour, elle présentera au sacrificateur un agneau d'un an et une tourterelle en offrande pour le péché. Si elle ne peut se procurer un agneau, elle offrira deux tourterelles. Le sacrificateur priera pour elle, et elle sera purifiée. » - « En outre, les premiers-nés doivent m'être consacrés. Vous les rachèterez au prix de cinq sicles d'argent. Si vos enfants vous interrogent au sujet de cette rançon, vous leur répondrez que Jéhovah vous a tirés d'Égypte en immolant tous les premiers-nés des Égyptiens, et qu'en souvenir de votre délivrance vous lui consacrez les premiers-nés de vos enfants. »

Cette double loi concernait toutes les mères excepté la Vierge Mère, et tous les premiers-nés excepté l'Enfant-Dieu. Évidemment, celle qui conçut de l'Esprit-Saint et enfanta le Saint des Saints n'avait à se purifier d'aucune souillure, celui qui naquit pour racheter le monde n'avait pas lui-même besoin de rançon, mais Dieu voulut laisser dans l'ombre de la vie commune les deux privilégiés de son cœur, et donner à la terre une leçon sublime d'obéissance et d'humilité.

Au jour fixé par la loi, la divine famille s'achemina vers la ville sainte. Marie portait l'Enfant dans ses bras ; Joseph les suivait, chargé de l'humble offrande que devait présenter la pauvre mère. Quand, après quelques heures de marche, ils entrèrent à Jérusalem, les princes, les pontifes, les docteurs ne se doutèrent point que passait sous leurs yeux ce Messie dont ils prêchaient si souvent au peuple les glorieuses destinées. Ils eussent répondu par un sourire de mépris à qui leur eût montré dans cet enfant le Libérateur d'Israël.

Marie se dirigea vers le temple, heureux abri de ses premières années. En gravissant avec Jésus les degrés du majestueux édifice, elle se rappelait involontairement la prédiction du prophète Aggée. Cinq siècles auparavant, les restes des tribus captives, revenues de Babylone, rebâtissaient la ville et le temple, et les vieillards ne pouvaient s'empêcher de verser des larmes au souvenir des magnificences disparues pour toujours. « Ne pleurez pas, s'écria le prophète, encore un peu de temps, le Désiré des nations apparaîtra et remplira cette maison de sa splendeur. La gloire du nouveau temple éclipsera celle du premier. » La prédiction s'accomplissait en ce jour : la présence du Christ glorifiait et sanctifiait la maison de Dieu, mais, comme à la crèche, il laissa les sages dans leurs ténèbres et ne se révéla qu'aux humbles.

Il y avait alors à Jérusalem un vénérable vieillard, nommé Siméon. Fidèle à Dieu, confiant en ses promesses, non seulement il attendait le consolateur d'Israël, mais un plus doux espoir tenait son cœur dans une sainte allégresse. L'Esprit divin, par ses secrètes inspirations, lui donnait l'assurance qu'il ne mourrait pas avant d'avoir vu de ses yeux le Messie de Jéhovah.

Or, ce jour-là, toujours conduit par l'Esprit de Dieu, le saint vieillard se rendit au temple. Quand Joseph et Marie pénétrèrent dans l'enceinte sacrée, Siméon aperçut l'enfant sur les bras de sa mère. Son regard s'arrêta fixement sur Jésus, ses yeux se mouillèrent de larmes ; son âme, subitement illuminée, découvrit le Fils de Dieu sous les voiles de son humanité. Aussitôt, saisi d'un saint transport, il prend l'enfant dans ses bras, le serre contre son cœur, et d'une voix tremblante d'émotion : « Seigneur, dit-il, soyez béni ! Vous avez tenu votre parole, mes yeux ont vu le Sauveur, maintenant je puis mourir en paix ! Je l'ai vu, Celui que vous envoyez à tous les peuples, la lumière des nations, la gloire d'Israël ! »

Ainsi parla l'homme de Dieu. Joseph et Marie admiraient cet hymne de louange en l'honneur du divin Enfant, quand tout à coup le front du vieillard s'obscurcit, comme si de douloureuses pensées agitaient son âme. Il bénit les deux saints personnages, puis il dit à la mère : « Cet enfant est venu pour la ruine et la résurrection d'un grand nombre en Israël. Il sera en butte à la contradiction parmi les peuples ; à son occasion, les pensées cachées au fond des cœurs éclateront au grand jour. Pour vous, ô mère, un glaive traversera votre âme ! » D'un mot, le prophète annonçait l'opposition des Juifs au règne du Messie et faisait pressentir le Golgotha. Marie comprit le martyre qui l'attendait, et ne se troubla point. Elle répondit comme autrefois à l'archange : « Que la volonté de Dieu s'accomplisse en sa servante. »

À ce moment solennel survint un nouveau témoin que l'Esprit envoyait au temple pour reconnaître et glorifier le divin Enfant : c'était Anne la prophétesse, la fille de Phanuel, de la tribu d'Aser. Restée veuve après sept années de mariage, cette femme vénérable, alors âgée de quatre-vingt-quatre ans, menait une vie toute céleste. Elle passait ses jours dans la maison de Dieu, macérait son corps par des jeûnes continuels, et la nuit comme le jour exhalait sa prière devant l'autel du Seigneur. Comme le vieillard Siméon, en voyant l'enfant, Anne reconnut le Messie promis à son peuple, et son âme éclata en actions de grâces. Transportée de joie, elle rendit témoignage à Jésus devant tous ceux qui attendaient la rédemption d'Israël.

Après ces manifestations glorieuses et sombres en même temps, Marie s'approcha du parvis des Juifs. Un sacrificateur vint à sa rencontre, reçut les deux tourterelles, présent de la pauvre mère, et récita sur elle les prières du rit sacré. Le prêtre l'introduisit alors dans le parvis intérieur pour la cérémonie de la présentation. Conjointement avec Joseph, elle déposa l'enfant dans les mains du ministre de Jéhovah ; puis, ayant payé les cinq sicles exigés pour la rançon, elle le reçut de nouveau dans ses bras. En ce moment, contrairement aux formalités légales qui lui rendaient la liberté, l'Enfant-Dieu, volontairement esclave, se consacrait tout entier à la gloire de son Père, et se dévouait, comme victime, au salut de l'humanité. Marie et Joseph, mus par le même amour, offraient à Dieu, comme sa propriété, le trésor placé entre leurs mains.

Les prescriptions de la Loi ainsi accomplies, les saints époux reprirent le chemin de Bethléem.

VII. Les Rois d'Orient

Les trois Mages. - L'étoile mystérieuse. - Le voyage. - Arrivée à Jérusalem. - Terreurs d'Hérode. - Réunion du grand Conseil. - En route vers Bethléem. - Adoration des Mages. (Matth., II, 1-12.)

Pendant que Jésus sortait de Jérusalem, ignoré de tous à l'exception d'un vieillard et d'une pauvre veuve, Dieu préparait un événement qui forcerait les docteurs, le Sanhédrin, et même le roi Hérode à s'occuper du nouveau-né.

Au-delà des frontières d'Israël, sous le beau ciel d'Orient, vivaient des peuples qui, eux aussi, attendaient un Sauveur. Perses, Arabes, Chaldéens, nourrissaient tous la même espérance. Quand les Hébreux exilés pleuraient sur les bords de l'Euphrate, les sages du pays les interrogeaient sur leurs destinées, feuilletaient avec eux les livres prophétiques, et s'initiaient ainsi aux secrets de l'avenir. Ils savaient que la venue du Messie d'Israël serait annoncée par un signe céleste, car un prophète avait dit en parlant de lui : « Je le vois, mais il n'est pas encore. Je le contemple, bien qu'il soit encore loin. Une étoile brillera sur Jacob, un sceptre s'élèvera d'Israël ! » Habitués à lire dans les phénomènes célestes le présage des grands événements, les sages gravèrent dans leur mémoire le souvenir de cette prédiction.

Un jour, trois chefs de tribus, les yeux attachés au firmament, suivaient avec attention ces étoiles qu'ils connaissaient par leurs noms, comme le jardinier connaît les fleurs arrosées par lui chaque matin. Tout à coup, ô prodige ! ils aperçurent un astre nouveau d'une grandeur extraordinaire et d'un éclat merveilleux. En même temps une voix intérieure leur fit entendre que cette étoile annonçait la naissance du grand roi attendu par les Juifs. De plus, une force étrange, surhumaine, les poussait comme irrésistiblement à se mettre à la recherche de cette divine majesté. À toutes les observations la voix intérieure répondait que la brillante étoile les guiderait sur tous les chemins qu'ils auraient à parcourir.

Fidèles à l'attrait céleste, les trois mages - c'est ainsi qu'on les appelait - se décidèrent à entreprendre un voyage dont ils ignoraient le terme. Entourés de leurs serviteurs et munis de riches présents, ils se mirent en route, les yeux fixés sur l'étoile mystérieuse. Longtemps la caravane suivit les traces d'Abraham émigrant de la Chaldée ; longtemps les montures agiles soulevèrent sous leurs pieds le sable du désert : l'étoile marchait toujours. Enfin ils arrivèrent sur les bords du Jourdain, puis sur le mont des Oliviers, en face de Jérusalem.

À l'aspect de la grande ville et du temple fameux qui présentait à leurs regards la masse imposante de ses murailles et de ses tours, les mages s'arrêtèrent, croyant avoir devant les yeux la cité du grand roi. En même temps l'étoile disparut, d'où ils conclurent qu'ils arrivaient au terme de leur pèlerinage. Ils s'empressèrent donc de descendre dans la ville sainte et posèrent aux habitants cette question toute naturelle de leur part : « Où est le roi des Juifs nouvellement né ? »

À leur grand étonnement, ceux qu'ils interpellaient, surpris et stupéfaits, répondirent qu'Hérode, le roi des Juifs, tenait le sceptre depuis trente-six ans, et qu'ils ne connaissaient aucun nouveau prince. « Cependant, s'écrièrent les trois voyageurs, nous avons vu en Orient l'étoile du nouveau roi, et nous sommes venus l'adorer. » Plus étonnés encore, les Juifs se regardaient et s'interrogeaient les uns les autres. En commentant les singulières paroles de ces étrangers, ils se demandaient avec émotion si le roi annoncé par l'étoile mystérieuse n'était pas le Messie attendu par Israël. Le vieil Hérode lui-même, instruit des questions posées par les mages, se mit à trembler dans son palais. Un roi nouvellement né ? L'usurpateur aurait-il par hasard oublié quelque rejeton des Macchabées ? ou bien ce Messie, sur qui les Juifs fondaient leurs espérances de restauration nationale, aurait-il réellement fait son apparition ? Dévoré d'inquiétude, le tyran rassembla bien vite le grand Conseil, princes des prêtres et docteurs de la Loi.

« D'après vos prophètes, leur dit-il, où donc doit naître Je Christ que vous attendez ?

- À Bethléem de Juda, » répondirent-ils unanimement. Et ils citèrent en preuve la prophétie de Michée.

Heureux de savoir où trouver son odieux rival si par hasard il existait, Hérode congédia ses conseillers ; mais, pour compléter ses renseignements, il voulut lui-même interroger les trois voyageurs sur les malencontreuses questions qui causaient son trouble. Dissimulant l'importance qu'il attachait à cet incident, il les fit venir secrètement dans son palais, s'enquit auprès d'eux de la signification de l'étoile, du moment précis de son apparition, et de toutes les circonstances qui pouvaient lui révéler l'âge de l'enfant ; puis, feignant d'entrer dans leurs pieuses intentions : « Allez à Bethléem, dit-il, c'est là que vous le trouverez. Cherchez-le bien, et dès que vous connaîtrez sa demeure, faites-le moi savoir, afin que, moi aussi, j'aille l'adorer. »

Dès ce moment, un nouveau meurtre fut décidé dans le cœur d'Hérode ; seulement, de peur d'exaspérer les Juifs, qui comptaient sur le Messie pour rompre leurs chaînes, il résolut de le faire disparaître sans bruit. Ainsi, peu d'années auparavant, il avait fait noyer son beau-frère Aristobule, puis s'était couvert de longs vêtements de deuil pour cacher son crime aux yeux de la nation.

Les mages ne pouvaient deviner les pensées d'Hérode. Pleins de confiance dans ses paroles, ils prirent sans hésiter la route de Bethléem, ce dont ils ne tardèrent pas à se féliciter, car, à peine sortis de Jérusalem, ils retrouvèrent leur guide miraculeux. Comme dans les déserts d'Orient, l'étoile marcha devant eux, les dirigeant vers la cité de David.

Les pieux étrangers s'avançaient dans un saint ravissement, quand soudain l'étoile s'arrêta. Immobile dans le ciel, elle dardait ses rayons sur un point fixe et semblait dire : Il est là, celui que vous cherchez. Or ils n'avaient devant eux ni temple, ni palais, ni tente royale, mais une chaumière,⁵ semblable à toutes les autres. Ils entrèrent néanmoins, et se trouvèrent en présence d'une femme tenant un petit enfant dans ses bras, et d'un homme, qui contemplait en silence ces deux célestes créatures.

À peine eurent-ils arrêté leurs regards sur cette sainte Famille, qu'un sentiment tout divin pénétra l'âme des trois mages. Il leur sembla que l'humble maison brillait d'un éclat si doux et si vif à la fois, qu'ils se crurent transportés au ciel. En même temps la voix intérieure qui les avait poussés à ce voyage, leur apprit que sous les pauvres langes qui recouvraient l'enfant se cachait le Fils de Dieu fait homme. Les yeux mouillés de larmes, ils se prosternèrent à ses pieds et l'adorèrent. Rois des tribus de l'Orient, ils se déclarèrent les vassaux du grand Roi, et lui firent hommage de leurs couronnes. Puis, quand les serviteurs eurent déchargé les riches fardeaux que portaient les bêtes de somme, ils offrirent de l'or à leur Roi, de l'encens à leur Dieu, et de la myrrhe au Rédempteur qui venait donner sa vie pour le salut des peuples.

Ainsi s'accomplissaient de la manière la plus inattendue les paroles du prophète : « Jérusalem, lève-toi : la gloire du Seigneur a brillé sur toi. Voici que les nations marchent à ta lumière, et les rois à l'éclat de ton soleil. Tu te verras comme inondée des chameaux et dromadaires de Madian et d'Epha. Ils viendront de Saba, portant de l'or et de l'encens, et chantant les louanges de Dieu. » Dès ce jour, Jéhovah

---

⁵ D'après la tradition populaire, les mages auraient adore l'Enfant Jésus dans l'étable de Bethléem, dix jours seulement après sa naissance, De graves, difficultés nous portent à croire, avec beaucoup d'interprètes, que la visite des mages n'eut lieu qu'après la Présentation, et dans une maison de Bethleem. D'abord comment concilier la tradition avec le texte de saint Matthieu qui montre les mages entrant, non dans une étable, mais dans une maison, *et intrantes domum ... adoraverunt eum*. Ensuite, on comprend que la sainte Famille ait passé, par nécessité, quelques jours dans l'étable de Bethléem ; On ne voit pas parfaitement pourquoi saint Joseph l'y aurait laissée des semaines entières. Enfin, si l'on admet que les mages ont conféré avec Hérode sur le nouveau roi des Juifs un mois avant la Présentation, il s'ensuivrait que, trompé par eux, le meurtrier aurait différé pendant un mois, en dépit de sa colère et de ses soupçons, le massacre des Innocents, Il s'ensuivrait aussi que Joseph el Marie auraient, malgré la fureur d'Hérode, *iratus est valde*, conduit l'Enfant à Jérusalem et au Temple, c'est-à-dire dans les mains du tyran, au lieu de le cacher à tous les yeux. Le chapitre suivant montrera mieux encore que la fuite en Égypte et le massacre des Innocents ont suivi immédiatement le départ des mages.

n'est plus le Dieu du seul Israël : il amène aux pieds de son Fils les Juifs et les Gentils, les bergers de Bethléem et les rois de l'Orient.

Enivrés des consolations divines, les étrangers désiraient prolonger leur séjour près du divin Enfant ; mais, sur un avis du ciel, ils s'éloignèrent rapidement de Bethléem. Dieu leur révéla en songe les projets homicides d'Hérode, et comme ils avaient promis au tyran de lui rendre compte de ce qu'ils apprendraient touchant le nouveau roi des Juifs, ordre leur fut donné de ne pas retourner à Jérusalem, mais de suivre une autre route pour regagner leur pays. Dociles à la voix du Seigneur, les mages prirent au midi le chemin de l'Arabie, franchirent en quelques heures les confins de la Judée, et continuèrent leur voyage en côtoyant la lisière du désert. Messagers de Dieu, ils ne manquaient pas, sur leur passage, de raconter ce qu'ils avaient vu et entendu, de sorte que, en Orient comme sur les montagnes de Juda, se répandit la bonne nouvelle : Le Christ attendu depuis de longs siècles, est né à Bethléem.

VIII. Fuite en Égypte

Projets homicides d'Hérode. - Départ de la sainte Famille pour l'Égypte. - Massacre des Innocents. Séjour de l'Enfant à Héliopolis. - Triste fin d'Hérode. - Retour des exilés. (Matth., II, 13-23.)

Hérode attendait avec impatience le retour des rois d'Orient, afin de savoir s'ils avaient trouvé à Bethléem le roi désigné par l'étoile. Ne les voyant pas reparaître, il prit aussitôt des informations sur leur compte, et apprit qu'après un très court séjour à Bethléem, ils avaient disparu. À cette nouvelle qui dérangeait tous ses plans, le tyran entra dans une violente et jura que ce nouveau-né déjà qualifié roi des Juifs ne lui ravirait pas la couronne. Ayant toujours vécu sans Dieu, l'impie ne croyait pas que le Roi du ciel pût traverser les desseins des potentats de la terre.

Or, en ce même moment, un ange apparut à Joseph pendant son sommeil, et lui dit : « Lève-toi, prends l'Enfant et sa Mère, et fuis en Égypte. Tu y séjourneras jusqu'à ce que je te donne le signal du retour, car Hérode va se mettre à la recherche de l'Enfant pour le faire mourir. »

Son message rempli, l'ange disparut sans laisser à Joseph le temps de lui adresser une question. Du reste, le saint patriarche obéissait sans discuter les ordres de son Seigneur. Il se leva aussitôt, fit en grande hâte les préparatifs du voyage ; et, s'abandonnant à la divine Providence, il se mit en route avec l'Enfant et sa Mère. Assise sur la douce monture qui l'avait amenée de Nazareth à Bethléem, la Vierge Marie portait son fils dans ses bras. Son âme se remplissait à chaque instant de tristes pensées, mais un regard sur Jésus y faisait renaître le calme et la sérénité. Silencieux et recueilli, Joseph veillait sur les deux êtres chéris confiés à sa garde, et priait les anges de Dieu de diriger leurs pas dans les chemins difficiles et dangereux qu'ils allaient suivre.

Du reste, les souvenirs que chaque cité, chaque site rappelaient à leur mémoire, étaient bien propres à remplir de confiance les pauvres exilés. Après deux heures de marche, ils atteignirent, à l'orient de Bethléem, la ville de Thécué, où David leur père trouva un abri contre les fureurs de Saül. En face, leurs regards plongeaient dans la vallée célèbre qui vit tomber l'armée de Sennachérib sous le glaive de l'ange exterminateur. Un peu plus loin, sur le sommet d'une colline, s'élève la ville de Ramah : c'est à ses pieds que le sainte Famille fit sa première halte. Après trois lieues, parcourues rapidement, et par des sentiers pierreux et accidentés, il fallut se reposer un instant et reprendre des forces.[6]

De Ramah, les saints voyageurs se dirigèrent brusquement vers le couchant. Quelques pas de plus au midi, ils atteignaient la colline d'Hébron ; mais les soldats d'Hérode étant peut-être sur leurs traces, ils se contentèrent de saluer de loin Élisabeth et Zacharie, leurs parents bien-aimés, les ossements vénérés du patriarche Abraham, et cette vallée de Mambré, toute pleine encore des communications de Dieu avec les enfants des hommes.

À Tzirrah, où ils passèrent la nuit, les montagnes de Juda s'inclinent en pente douce vers la grande mer, laissant apercevoir la riante plaine des Philistins. Ici encore tout parlait de leurs aïeux, comme eux souvent errants et fugitifs. Sur leur droite, à Gaza, Samson s'ensevelit sous les ruines du temple avec les idoles et leurs adorateurs. À gauche, la vallée de Bersabée leur rappelle Abraham fuyant la famine, et le vieux Jacob s'en allant en Égypte retrouver son fils Joseph. Les divins proscrits arrivèrent enfin à Lebhem, sur la frontière de la Judée et de l'Égypte. Ils avaient fait trente lieues en quelques jours, et mettaient le pied hors des états d'Hérode juste au moment où le persécuteur, pour faire périr l'Enfant, commettait un crime aussi barbare qu'inutile.

---

[6] Nous n'avons aucune raison de nous écarter de l'itinéraire tracé par les vieux historiens. Les stations de la sainte Famille sont parfaitement en rapport avec la distance géographique, et les monuments encore existants confirment la tradition. Il n'est pas nécessaire d'avertir nos lecteurs que les Évangélistes se taisent absolument sur toutes ces particularités du voyage en Égypte.

Fou de terreur, le vieux roi ne voyait partout que des ennemis.

Les Juifs haïssaient en lui le meurtrier de leurs rois ; son fils Antipater venait d'attenter à sa vie ; Dieu lui faisait déjà ressentir les premiers symptômes de l'horrible maladie qui le conduisît au tombeau ; et voilà qu'on le menace de proclamer un enfant roi des Juifs. Dans un accès de rage, il appelle ses gardes fidèles, des Thraces, des Scythes, des Gaulois, habitués aux exécutions sanglantes, et leur donne l'ordre d'égorger tous les enfants de Bethléem et des environs, âgés de deux ans et au-dessous. D'après les renseignements donnés par les mages, il se croyait sûr que Jésus serait compris dans ce carnage.

Les meurtriers descendent en toute hâte vers la cité de David, envahissent les maisons, saisissent dans leurs berceaux ou sur les bras de leurs mères les enfants à la mamelle, et les immolent sans pitié. En vain les femmes affolées poussent-elles des cris de terreur, en vain essaient-elles de fuir, le glaive brille partout et fauche les innocentes victimes. Comme au temps de Jérémie, des hauteurs de Rama retentirent les lamentations et les cris de désespoir. Du fond de son tombeau, Rachel s'unissait à ces mères inconsolables pour pleurer, non plus sur ses fils esclaves, mais sur des cadavres sanglants.

Pauvres mères, séchez vos larmes : vos fils ne sont plus, mais leur sang a coulé pour l'Enfant-Dieu. Jusqu'à la fin des siècles, des millions de voix chanteront leur gloire : « Salut, diront ces voix, salut, fleurs des martyrs, vous que le persécuteur a moissonnées au seuil de la vie, comme l'orage abat les fleurs naissantes. Prémices de l'immolation rédemptrice, tendre troupeau de victimes, au pied de l'autel vos âmes innocentes se jouent parmi les palmes et les couronnes ! »

Pendant qu'Hérode se livrait à cette horrible boucherie, l'Enfant qu'il voulait atteindre reposait tranquillement sur la terre d'Égypte, endormi dans les bras de sa mère. Au sortir de la Judée, Marie et Joseph entrèrent dans l'immense désert que les Israélites avaient traversé sous la conduite de Moïse. Là, dans ces plaines de sable, leurs pères avaient erré quarante années, mangé la manne du ciel, bu l'eau du rocher, et reçu la loi de Jéhovah aux pieds de ce mont Sinaï dont on apercevait les cimes à l'horizon lointain. Confiants dans le Dieu qui tira les Hébreux du désert, les saints exilés s'aventurèrent à travers ces solitudes inconnues. Après un nouveau voyage d'environ trente lieues le long de la grande mer, ils arrivèrent à Faramah, endroit où Joseph alla recevoir le vieux Jacob. Remontant alors le cours de Nil, le fleuve béni des Égyptiens, ils traversèrent la belle plaine de Tanis, témoin des nombreux prodiges accomplis par Moïse à la gloire du vrai Dieu. Leurs pieds foulaient la terre illustrée par les patriarches, surtout par l'enfant sauvé des eaux, le libérateur de son peuple et la figure vivante du Messie. Ils poursuivirent leur route jusqu'à la noble cité d'Héliopolis, où ils attendirent les ordres de Dieu.

L'Égypte, vaste temple d'idoles, servait de rendez-vous à tous les esprits de l'abîme. On y adorait des dieux à face humaine, les astres, les animaux, et jusqu'aux légumes des jardins. Héliopolis, la ville sainte, avec son temple du soleil, ses collèges de prêtres et de savants, formait comme le centre du culte idolâtrique. Et cependant c'était au sein de cette cité toute païenne que Dieu avait préparé une nouvelle patrie à la sainte Famille. Les Juifs bannis après la destruction de Jérusalem, et plus tard les proscrits d'Antiochus, s'étaient réfugiés en grand nombre à Héliopolis. Afin de se rappeler la mère-patrie et le culte de leurs ancêtres, ils y bâtirent à Jéhovah un temple, qui égalait presque en magnificence celui de Jérusalem. Joseph et Marie se retrouvèrent donc avec des compatriotes, la plupart fils de fugitifs ou exilés comme eux. Au sein de cette colonie juive, ils travaillèrent pour gagner le pain de chaque jour, vivant du reste comme à Bethléem, pauvres et inconnus. Une misérable grotte leur servait d'asile, mais Jésus y habitait avec eux, et leur cœur surabondait de joie au milieu des tribulations.

Hérode, au contraire, passait de mauvais jours dans son palais d'or de Sion. Peu de temps après le massacre de Bethléem, la vengeance de Dieu éclata contre le meurtrier, et lui donna comme un avant-goût des douleurs éternelles. Un feu intérieur le consumait, pénétrant jusqu'à la moelle des os ; aucun aliment ne pouvait apaiser la faim insatiable qui le dévorait ; des ulcères lui rongeaient les entrailles ; son corps, proie vivante des vers, exhalait l'odeur fétide du cadavre en putréfaction. Sous la tension de ses nerfs horriblement contractés et de ses membres gonflés par l'hydropisie, il poussait des hurlements de douleur qui faisaient dire à ses familiers : « La main de Dieu s'appesantit sur cet homme en punition de ses crimes ».

A bout de ressources, ses médecins le firent porter aux eaux de Callirhoë, près de Jéricho. On le plongea dans un bain d'huile et de bitume, mais à l'instant ses yeux se fermèrent, et son corps sembla se dissoudre. Le croyant mort, les Juifs poussèrent des cris de joie. Pour les punir, il fit emprisonner les membres des principales familles : « Aussitôt que j'aurai rendu l'âme, dit-il à sa digne sœur Salomé, faites-les tuer tous : ainsi je serai sûr que la Judée pleurera le jour de ma mort. » Dans son désespoir, il essaya de se percer le cœur d'un coup de couteau, et fit ensuite égorger dans sa prison son fils Antipater, accusé d'avoir voulu l'assassiner. Cinq jours après, le cruel tyran expirait lui-même,[7] couvert des malédictions du peuple et de l'éternelle malédiction de Dieu.

Pendant ce temps, la sainte Famille vivait en paix à Héliopolis. Elle y passa encore de longs mois, mangeant le pain de l'exil. Souvent Joseph et Marie tournaient leurs regards vers le pays cher à leur cœur, attendant l'ordre du retour. Un soir, l'ange du Seigneur apparut de nouveau à Joseph pendant son sommeil : « Lève-toi, lui dit-il, prends l'Enfant et sa Mère, et retourne au pays d'Israël : ils sont morts, ceux qui en voulaient à la vie de l'Enfant. »

Joseph obéit aussitôt, et les exilés reprirent le chemin qu'ils avaient suivi, le long de la mer. Arrivés aux frontières de la Judée, Joseph allait se diriger vers Bethléem, mais les événements survenus en ce pays le jetèrent dans de grandes perplexités. Il apprit qu'Archélaüs, fils et successeur d'Hérode, ne se montrait ni moins cruel ni moins hostile à la nationalité juive que le féroce Iduméen. Cinquante des principaux chefs de la Judée venaient de se rendre à Rome pour supplier l'empereur de ne pas leur imposer le joug odieux d'Archélaüs. « Hérode, dirent-ils, était moins un homme qu'une bête sauvage. Nous espérions que son fils serait plus sage, mais loin de répondre à

---

[7] Hérode mourut l'an de Rome 750, le 25 mars, un mois environ après le massacre des Innocents. Les détails que nous donnons sur sa maladie et sur sa mort sont empruntés à l'historien Josèphe. (*Antiqui* 1., XVI et XVII.)

notre attente il vient de massacrer trois mille des nôtres dans l'enceinte du temple sacré. » En conséquence, les députés demandaient l'annulation du testament d'Hérode et la réunion de la Judée à l'empire.

Cette situation ne permettait guère à Joseph de rentrer à Bethléem. Huit mois à peine s'étaient écoulés depuis la disparition de la sainte Famille ; on ne manquerait pas de signaler son retour au prince homicide dont les Juifs réclamaient la déchéance, et l'Enfant courrait de nouveaux dangers. Le saint patriarche roulait ces pensées dans son esprit, quand il reçut en songe l'avertissement de retourner directement à Nazareth. Par crainte d'Archélaüs, il gagna la Galilée par la voie maritime de Gaza, Ascalon, Joppé et Césarée.[8] Les trois saints personnages arrivèrent à Nazareth après un voyage de cent vingt-cinq lieues.

Ainsi s'accomplit la parole que le Seigneur appliquait à Israël : « J'ai tiré mon fils de l'Égypte. » Israël n'était que la figure de Jésus, son Fils bien-aimé. Pour arracher les Israélites au joug des Égyptiens, il leur ouvrit un chemin à travers la Mer Rouge ; pour sauver son Fils, exilé sur ces mêmes bords du Nil, il brise sous ses pieds un tyran sanguinaire, et, par une route qu'il trace lui-même, ramène l'Enfant au pays de ses aïeux, non plus à Bethléem, où il est né, mais à Nazareth, afin que se vérifiât cette autre prédiction : « Il sera appelé Nazaréen. » Ainsi Dieu poursuit ses desseins sur le monde, malgré la sagesse des faux sages et la force brutale des méchants.

---

[8] Des monuments très anciens rappellent les stations de la sainte Famille à son retour de l'Égypte.

IX. Nazareth

Jésus à Jérusalem. - Au milieu des docteurs. - La vie cachée. - Le règne de Dieu. - Obéissance de Jésus. - Sa pauvreté. - La Santa Casa. - Vie de travail et de prière. - Portrait de Jésus. - Mort de saint Joseph. - Vue sur l'avenir. (Luc II, 40-52.)

Située au centre de la Galilée, Nazareth ne comptait guère que trois mille habitants, tous artisans ou laboureurs. C'est dans cette humble bourgade que Jésus passa les jours de son enfance et de son adolescence. Là ses compatriotes le virent croître en sagesse et en grâce. Bien que son extérieur ne le distinguât pas des autres enfants, ses vertus précoces révélaient une âme privilégiée.

À douze ans, l'adolescent devait observer les prescriptions de la loi. Joseph et Marie conduisirent donc Jésus à Jérusalem, à l'occasion de la fête de Pâques. Ils n'avaient plus à craindre Archélaüs, alors banni de la Judée, et relégué par l'empereur dans un coin des Gaules. Ils se joignirent avec l'Enfant aux nombreuses caravanes qui se dirigeaient vers la cité sainte, et pour la première fois Jésus put assister aux sacrifices, contempler les victimes sur l'autel, et entendre les docteurs expliquant au peuple les textes sacrés.

Les solennités terminées, les caravanes s'ébranlèrent de nouveau, les routes se couvrirent de longues processions, les échos des montagnes répétèrent les chants des pèlerins. Joseph et Marie arrivèrent ainsi à la tombée de la nuit près de Béthel, première halte sur la route de Jérusalem à Nazareth. Ils cherchèrent l'Enfant parmi les jeunes gens de son âge, mais ils eurent beau parcourir tous les groupes, demander à chacun des renseignements : personne ne l'avait vu. Pleins d'angoisses, ils reprirent aussitôt la route qu'ils venaient de suivre, et franchirent de nouveau les portes de la ville sainte. Trois jours durant, ils explorèrent les rues et les maisons où, selon toute apparence, ils auraient pu le rencontrer, mais inutilement. Enfin ils montèrent au temple, espérant le trouver dans les galeries où les salles qui entouraient les saints parvis.

C'était l'heure où les docteurs célèbres donnaient leurs leçons à la grande école de la synagogue. On y entendait, à cette époque, l'illustre Hillel, qui présida le grand Conseil pendant quarante ans ; le rigide Schammaï, son émule et trop souvent son adversaire ; le docte Jonathas, qui traduisit en chaldéen les livres historiques et prophétiques, et d'autres savants très versés dans la science des Écritures. Aux pieds de ces maîtres renommés, des multitudes de disciples recueillaient avidement les paroles de sagesse qui sortaient de leurs bouches. Quelle ne fut pas la stupéfaction de Joseph et de Marie, en pénétrant dans cette enceinte, de retrouver au milieu des docteurs l'Enfant qu'ils cherchaient depuis trois jours. Plus grand encore paraissait être l'étonnement de l'assemblée. Mêlé aux disciples, Jésus avait d'abord écouté les leçons des nobles vieillards, puis il les avait interrogés à son tour, et ses questions supposaient une intelligence si vive et si profonde, que tous, maîtres et disciples, saisis d'admiration, se demandaient les uns aux autres d'où venait à cet adolescent une science qu'à cet âge il ne pouvait avoir puisée dans les livres des savants. Plus tard, quand Jésus, dans ce même temple, leur prêcha sa doctrine, ces maîtres en Israël purent se rappeler le petit Galiléen qui, à douze ans, les confondait par la prudence de ses questions et la sagesse de ses réponses.

Cependant Joseph et Marie s'approchèrent de l'Enfant, et du cœur de la pauvre mère s'échappa cette tendre plainte : « Mon fils, qu'avez-vous fait ? Voilà trois jours que votre père et moi profondément affligés, nous ne cessons de vous chercher !

- Et pourquoi me cherchiez-vous ? répondit-il avec douceur ; ne saviez-vous pas que je dois être tout entier aux choses de mon Père ? »

Marie ne comprenait point encore à cette époque tout le plan de la divine mission que Dieu avait confié à son Fils. Elle conserva cette parole dans son cœur comme une lumière venue du ciel pour l'éclairer dans sa conduite envers Jésus. Quant à l'Enfant, après avoir montré son absolue soumission aux ordres de son Père, il sortit du temple avec ses parents et retourna à Nazareth.

La nature avait fait de cette cité, où Jésus allait passer sa jeunesse, la plus profonde des solitudes. Entourée de montagnes qui l'isolent des bruits de ce monde, elle forme sur leurs flancs un vaste amphithéâtre, d'où les habitants dominent une riante vallée, couverte de figuiers et d'oliviers, de vignes et de champs cultivés. De cette vallée, le regard de l'homme, borné de tous côtés par les hauteurs, ne peut s'élever que vers le ciel. C'est là que Jésus voulut inaugurer le royaume de Dieu avant de le prêcher aux hommes.

Depuis la chute originelle, au lieu de laisser régner Dieu dans leur cœur, les enfants d'Adam se regardaient eux-mêmes comme des dieux, et ne reconnaissaient d'autres commandements que les impérieux désirs de leurs criminelles passions. Nouvel Adam, venu sur la terre pour rétablir le règne de Dieu, Jésus commença par montrer à tous dans sa personne le type accompli de l'homme entièrement soumis au Père du ciel.

Au lieu de suivre les lois de l'orgueil et de s'ériger en divinité, on le vit, lui, l'homme-Dieu, prendre la forme d'un humble serviteur et se soumettre à son Père jusqu'à n'avoir plus d'autre volonté que la sienne. Il alla plus loin encore : créateur du ciel et de la terre, il obéissait à Joseph et à Marie, ses créatures, comme à Dieu lui-même.

Et non seulement il ne commit aucune faute, mais il rompit ouvertement avec les vices qui poussent l'homme déchu à fouler aux pieds les commandements divins. Richesses et magnificences convoitées par l'avarice, dignités et voluptés poursuivies par l'ambition et la luxure, il méprisa tous ces faux dieux comme les éternels ennemis de Celui qui seul a droit de régner sur les cœurs.

Né dans une étable, il vécut à Nazareth dans une pauvre masure. L'habitation de Marie, longue de trente pieds sur douze de large, se terminait par une grotte de petite dimension, adossée à la colline et taillée dans les flancs du rocher. Jésus n'eut pas d'autre palais en ce monde. Loin de flatter son corps et de lui procurer plaisir et repos, il se souvint que Dieu commanda au premier homme de gagner son pain à la sueur de son front. De bonne heure il s'appliqua au travail sous la direction de son père nourricier. Pendant que Marie s'occupait aux soins du ménage, il suivait Joseph à l'atelier. Comme lui, ses mains divines maniaient la hache et la scie, ses épaules se courbaient sous les pesants fardeaux. Ni ses proches ni ses concitoyens ne soupçonnèrent que dans cet ouvrier, vêtu comme ses pareils et traité comme eux, les anges du ciel reconnaissaient et adoraient le Fils de Dieu.

Ainsi affranchi de la servitude des passions, le cœur de Jésus ne battait que pour Dieu et pour les enfants de Dieu, pauvres égarés qu'il voulait reconduire à leur Père. Le matin, quand tout dormait encore dans la cité, sa prière montait déjà vers le ciel ; dans la journée, l'amour divin animait toutes ses actions ; et, le soir, quand le sommeil fermait ses paupières, son cœur veillait encore. Tous les jours se ressemblaient à Nazareth, jours de travail et de contemplation, jours de paix et de bonheur, que ne troublaient pas les tempêtes de ce monde, et que le péché ne venait jamais assombrir. Heureux ceux qui, comme Jésus, font régner Dieu dans les cœurs : ils goûtent ici-bas par anticipation les joies du céleste royaume.

Telle fut la vie de Jésus à Nazareth, vie cachée à tous les hommes, prélude nécessaire de ses enseignements sur le royaume spirituel qu'il allait fonder. Un autre genre de vie en effet attendait le divin Libérateur. Avec les années son corps se développait et se fortifiait ; ses traits, mélange de douceur et de majesté, inspiraient le respect et la vénération. Comme le soleil répand progressivement la lumière. son intelligence épanchait de jour en jour avec plus d'abondance les trésors cachés que Dieu y avait renfermés. La grâce brillait sur son front, la bonté dans toutes ses paroles, la noblesse dans sa démarche et son maintien, la sérénité dans toutes ses actions : c'était bien le Maître irréprochable que Dieu envoyait aux hommes pour leur enseigner, par ses exemples plus encore que par ses paroles, la vérité et la vertu.

Ainsi s'écoulèrent dans ce paradis terrestre de Nazareth l'adolescence et la jeunesse de Jésus ; mais, hélas ! les jours orageux de la vie publique approchaient. Marie pensait, non sans tristesse, qu'il lui faudrait se séparer, au moins momentanément, du plus tendre et du plus dévoué des fils. Elle se rappelait en même temps les prédictions du saint vieillard Siméon ; il lui semblait entendre le bruit des contradictions dont Jésus serait l'objet, et déjà la pauvre mère sentait la pointe du glaive lui déchirer le cœur. Des larmes s'échappaient de ses yeux quand elle les fixait sur son Jésus.

Puis, pour préluder à cette séparation, le deuil entra dans la sainte maison de Nazareth. Le saint patriarche Joseph, ayant rempli sa mission sur la terre, allait s'endormir du sommeil des justes. Une dernière fois ses yeux se reposèrent avec amour sur le Fils de Dieu et sur la fille de David, ces deux trésors que le Père du ciel avait remis à sa garde, et pendant que Jésus le bénissait, son âme, portée sur l'aile des anges, s'envola dans le sein d'Abraham.

Resté seul avec sa mère, Jésus lui parlait avec amour de la grande mission qu'il devait remplir. Cette pensée l'occupait constamment, en attendant l'heure de se manifester au monde pour la gloire de son Père et le salut des âmes. Parfois, des montagnes qui couronnent Nazareth, son œil découvrait les villes et les bourgades qui bientôt seraient le théâtre de ses prédications, le beau lac de Galilée, le majestueux Thabor, les cimes vénérées du Carmel qui lui cachaient. à l'Occident, les nations assises à l'ombre de la mort. Son regard divin apercevait à l'horizon lointain, sur les rivages de la grande mer, les peuples nombreux qui viendraient à Jérusalem vénérer son tombeau, et sa pensée se fixait un instant sur cette Rome. future capitale de son empire, près de laquelle les anges transporteraient un jour la sainte maison de Nazareth. Alors, dévoré d'un saint zèle, il priait pour les innombrables millions d'âmes appelées à composer le royaume de Dieu, et il demandait à son Père de hâter le jour où il lui serait donné d'annoncer au monde l'Évangile du salut.

LIVRE SECOND
UNE VOIX DU DÉSERT

R. P. Augustin Berthe

I. LE PROPHÈTE DU JOURDAIN

La Judée, province romaine. - Désolation des Juifs. - Ponce-Pilate. - Prophéties de Jacob et de Daniel. - Le Précurseur. - Caractère de ses prédications. - Son baptême. (Matth., III, 1-6. - Marc., I, 1- 6. - Luc., III, 1-6.)

Depuis l'apparition de l'ange au prêtre Zacharie, trente années s'étaient écoulées, trente années de discordes et de révolutions, qui avaient anéanti le royaume de Juda et coûté bien des larmes aux vrais enfants d'Israël.

À la mort d'Hérode, son fils Archélaüs hérita de son sceptre, mais bientôt l'empereur Auguste le lui arracha des mains, et réduisit la Jusée en province romaine. Ainsi disparut la vieille royauté de Juda. L'antique peuple d'Abraham, de David, de Salomon, des Machabées, devint l'esclave des Gentils, qui, du haut de la tour Antonia, dominèrent la ville et le temple. Les Juifs conservèrent la liberté de suivre leur religion, mais seul le gouverneur romain, représentant de César, exerça désormais le droit de vie ou de mort. C'est à son tribunal que le peuple de Dieu dut comparaître ; c'est à ses exacteurs, et non plus à Jéhovah, qu'il lui fallut payer l'impôt.

Les Juifs pleurèrent amèrement la perte de leur nationalité.

Hérode et ses vils courtisans, qu'on appelait les hérodiens, avaient employé tout leur pouvoir à favoriser la domination de l'étranger, mais la masse du peuple, restée fidèle à la loi de Moïse, n'attendait qu'une occasion pour secouer le joug. Un certain Judas, natif de Galilée, se mit un jour à la tête d'une bande d'insurgés et faillit soulever tout le pays. Les Romains n'eurent raison de la sédition qu'en l'étouffant dans le sang des rebelles.

Dans ces derniers temps, la colère des patriotes devint de l'exaspération. Les quatre premiers gouverneurs de la Judée, tout en maltraitant les vaincus, respectaient au moins leur religion ; mais un cinquième, Ponce-Pilate, nouvellement investi du pouvoir, manifestait à tout propos l'intention bien arrêtée de violer les prescriptions les plus graves de la Loi mosaïque. Un matin, le peuple vit flotter au sommet de la tour Antonia les étendards des légions couverts d'emblèmes idolâtriques. Cette sacrilège profanation de la cité sainte occasionna un soulèvement général. Des milliers d'hommes, de femmes et d'enfants poursuivirent Pilate jusque dans son palais de Césarée, l'assiégèrent pendant cinq jours de leurs clameurs, et déclarèrent qu'ils mourraient tous plutôt que de revoir Jérusalem souillée par les images des faux dieux. Pilate céda enfin, mais les Juifs, désespérés, comprirent que c'en était fait de leur nation, de leur religion et de leurs lois, si Dieu n'envoyait enfin le Libérateur promis à leurs pères.

Aussi plus que jamais, la tête inclinée sur les rouleaux sacrés, les docteurs étudiaient-ils les paroles solennelles des prophètes. Dans les synagogues ils affirmaient au peuple que le Messie ne pouvait tarder à paraître. Jacob prédit que le sceptre ne sortirait pas de Juda avant l'arrivée du grand roi, le Désiré des nations que doit envoyer le Seigneur. Or, disaient les sages, le sceptre de Juda se trouvant maintenant entre les mains des Romains, le grand Roi va venir pour le ressaisir et délivrer sa nation du joug des tyrans.

Et à ceux qui demandaient si on arrivait au moment précis de la délivrance, les rabbins citaient la célèbre prédiction de Daniel : « Soixante et dix semaines passeront sur le peuple et la cité sainte avant que le péché prenne fin, que l'iniquité soit effacée, que la justice éternelle paraisse, et que le Saint des saints reçoive l'onction. Jusqu'au Christ-Roi soixante-neuf semaines s'écouleront, et au milieu de la soixante-dixième, l'oblation et le sacrifice cesseront. »[9] D'après leurs calculs, encore quelques années, on atteindrait le milieu de cette

---

[9] *Dan.*, cap. IX, 24. Il s'agit dans cette prophétie de 70 semaines d'années (490 ans) qui devaient s'écouler depuis l'édit autorisant la reconstruction du temple de Salomon jusqu'à la mort du Messie. Et en effet Jésus parut dans le cours de la soixante-dixième semaine.

soixante-dixième semaine, et par conséquent on pouvait s'attendre d'un jour à l'autre à l'apparition du Messie.

Or précisément à la date fixée par le prophète Daniel, la quinzième année de Tibère César,[10] Ponce-Pilate étant gouverneur de la Judée, Hérode Antipas tétrarque de la Galilée, et Philippe, son frère, de l'Iturée, sous le pontificat d'Anne et de Caïphe, le bruit se répandit tout à coup à Jérusalem et dans toute la Judée qu'un prophète apparaissait sur les bords du Jourdain. Au dire des foules qui couraient au désert pour le voir et l'entendre, il portait pour vêtement un cilice de poils de chameau, retenu autour de ses reins par une ceinture de cuir. Sa nourriture consistait en quelques sauterelles et un peu de miel sauvage, recueilli dans le tronc des arbres ou le creux des rochers. La nuit, il se réfugiait dans une des cavernes de la montagne, et là, pendant que les tigres et les chacals passaient et repassaient dans l'ombre, le nouvel Elie bénissait Jéhovah. Comme les Nazaréens,[11] il portait une barbe longue et majestueuse que le rasoir n'avait jamais touchée. Sa chevelure flottait négligemment sur ses épaules, et donnait une teinte plus sévère encore à ses traits amaigris par le jeûne et les veilles.

On ne savait rien de son origine ; seulement, les vieux pâtres des montagnes de Juda racontaient qu'un enfant, miraculeusement accordé au prêtre Zacharie, et né au milieu d'étranges événements, avait disparu dès ses premières années sans qu'on ait plus entendu parler de lui. Peut-être apparaissait-il de nouveau pour annoncer à ses compatriotes les volontés du Dieu d'Israël.

Le prophète dont tout le monde s'occupait n'était autre en effet que le fils d'Élisabeth et de Zacharie, l'enfant sanctifié dès le sein de sa mère, l'homme chargé par Dieu lui-même de frayer les voies au Messie. Après avoir passé de longues années dans les austérités les plus effrayantes, il se sentit appelé tout à coup à inaugurer son rôle de précurseur. Sous l'action de l'Esprit-Saint, un feu divin pénétra son âme, sa voix éclata comme la foudre, et son cœur acquit une énergie qu'aucune force humaine n'aurait pu briser, Aussitôt il quitta le désert

---
[10] La quinzième année de son association à l'empire.
[11] Secte religieuse, vénérée parmi les Juifs.

qui lui servait de refuge, et se mit à parcourir les régions des montagnes, les bords désolés du grand lac qui servit de tombeau à Sodome et à Gomorrhe, et les rives sacrées du Jourdain.

Quand il se voyait entouré d'auditeurs, Jean montait sur un tertre d'où il dominait la multitude et, de sa voix austère et vibrante, il criait à tous : « Faites pénitence, car le royaume du ciel est proche. » Saisis d'une religieuse frayeur, les foules d'interrogeaient sur sa mission : « Je suis, répondait-il, la voix qui crie dans le désert : Frayez les chemins au Seigneur, aplanissez ses sentiers. Toute vallée sera comblée, toute colline abaissée, tout chemin tortueux redressé, et alors tout homme vivant sur la terre pourra voir de ses yeux le Sauveur envoyé de Dieu. »

Et les auditeurs, familiarisés avec les symboles des Écritures, comprenaient qu'Israël recevrait bientôt son Libérateur, mais qu'il fallait lui préparer par la pénitence l'entrée des cœurs, expier les péchés du peuple, les prévarications des grands, l'ignominie des pontifes, les profanations du temple, l'indifférence et le mépris d'un grand nombre à l'égard des pratiques de la sainte Loi.

Jean ne se contentait pas de quelques signes extérieurs de repentir, il exigeait de ses disciples une conversion sincère. A ses prédications il joignait le baptême, afin de signifier aux pénitents que les taches de l'âme doivent s'effacer comme on se purifie par des ablutions des souillures corporelles. RÉmués par ses paroles enflammées, les auditeurs se frappaient la poitrine, confessaient leurs péchés, et descendaient dans le fleuve pour, recevoir le baptême. Jean les plongeait dans l'eau comme dans un bain spirituel, et le baptisé sortait du Jourdain, vraiment purifié par son repentir et sa foi au Libérateur. Par cet acte solennel, il devenait citoyen du royaume de Dieu.

Ainsi Jean préparait les voies à Celui qui venait effacer les péchés du monde. De toute la Judée, de Jérusalem, des environs du Jourdain, on accourait pour lui demander le baptême. Les nouveaux initiés s'en retournaient en répétant partout les paroles du prophète ; « Le royaume de Dieu est proche », Et plus d'un Juif, voyant déjà le royaume de Juda rétabli, regardait d'un œil sombre les soldats romains en faction près du temple, et se disait avec orgueil : « Encore quelques jours, et la cité sainte ne sera plus souillée par la présence de l'étranger. »

II. LES PÈLERINS DE BÉTHABARA

Le fleuve du Jourdain. - La secte des Pharisiens. - Opposition au prophète. - Hypocrites démasqués. - Réponse de Jean à la foule. - Aux publicains. - Aux soldats. (Matth. III, 7-10. - Luc., III, 7-14.)

Le fleuve du Jourdain arrose dans toute sa longueur la terre donnée par Dieu à son peuple. Sorti des flancs de l'Anti-Liban, il traverse le lac de Génésareth, où le bras de Dieu multipliera les merveilles. De là il creuse son lit dans une vallée profondément encaissée entre deux chaînes de montagnes et poursuit son cours de vingt-cinq lieues, à travers mille sinuosités capricieuses, jusqu'au lac désolé qu'on appelle la mer Morte. À deux lieues en deçà de cette mer, en face de Jéricho, se trouvait le gué de Béthabara, lieu de passage pour les voyageurs et les marchands qui se rendaient du pays de Galaad à la ville sainte. C'est là que Jean baptisait. Les rives du fleuve, partout ailleurs très élevées, s'inclinaient doucement en cet endroit, et facilitaient ainsi à la foule des pénitents l'immersion baptismale. Des saules, des cyprès, des acacias, s'élevaient des deux rives, et formaient au-dessus des eaux comme un dôme de feuillage. En ce lieu béni du ciel affluèrent bientôt de nombreuses caravanes venant de l'orient comme de l'occident du Jourdain.

Le mouvement religieux devint bientôt si général que les docteurs et autres personnages officiels finirent par se mêler aux pèlerins de Béthabara. Naturellement, ils se sentaient peu de sympathie pour un prédicateur qui ne sortait point de leurs écoles, et dont la rude parole flagellait sans pitié les vertus hypocrites et les vices masqués. La plupart d'entre eux, appartenant à la secte des pharisiens, faisaient profession de s'astreindre à toutes les observances légales, aux ablutions, aux jeûnes, aux traditions absurdes dont leurs rabbins imposaient au peuple le joug intolérable. Pleins d'estime pour eux-mêmes et de mépris pour les autres, rigides au dehors et vicieux au dedans, jamais ils n'avaient compris que la sainteté réside dans le cœur.

Avec de tels principes, ces hommes, qui se croyaient parfaits, ne pouvaient rien comprendre aux enseignements du prophète. Jean annonçait la venue du Messie et l'établissement prochain d'un nouveau royaume qu'il appelait le royaume des cieux ; mais tout zélé pharisien voyait dans le Messie un roi terrestre, un guerrier comme David, qui chasserait l'étranger, subjuguerait les nations et imposerait à tous la loi de Moïse. N'ayant aucune idée d'un royaume spirituel des âmes, ils se demandaient à quoi bon la pénitence, la confession des péchés, et ce baptême que prêchait l'anachorète du Jourdain. Ils imposaient des ablutions fréquentes pour laver le corps, mais ils ne se croyaient nullement obligés de laver leur âme. En cela, du reste, ils s'entendaient avec les saducéens, leurs ennemis acharnés. Ceux-ci s'inquiétaient fort peu de la loi de Moïse, encore moins des traditions pharisaïques ; ils ne croyaient pas même à l'immortalité de l'âme. Cupides, ambitieux, voluptueux, ralliés aux Romains, c'est-à-dire au parti qui distribuait les faveurs, eux aussi avaient leurs raisons pour regarder de mauvais œil le prédicateur de la pénitence.

Cependant pharisiens et saducéens devaient tenir compte de l'opinion générale. Loin de faire acte d'hostilité contre un homme qualifié de prophète par la multitude, ils crurent prudent pour le moment de dissimuler leur mépris et même de se joindre aux populations enthousiastes, sauf à discréditer secrètement le prédicateur et à trouver quelque prétexte pour l'accuser devant le Sanhédrin.

Un jour, au milieu des pèlerins venus de Jérusalem, Jean aperçut grand nombre de ces docteurs enflés de leurs mérites, pharisiens hypocrites, saducéens renégats. Après avoir écouté les exhortations de l'homme de Dieu, ils se mêlèrent à la foule attendrie et repentante, et ne rougirent pas de demander le baptême. Mais Jean lisait au fond des cœurs. Il vit en eux les dignes fils de ces Juifs endurcis qui massacraient les prophètes, et, d'une voix tonnante, il leur lança cette terrible apostrophe : « Race de vipères, qui donc vous pousse à prendre vos précautions contre la colère de Dieu et les maux qu'elle vous prépare ? » Et, au lieu de leur donner le baptême, il ajouta : « Faites de dignes fruits de pénitence. »

Au mot de pénitence, les pharisiens froncèrent les sourcils.

Est-ce que ce prétendu prophète les prenait pour des pécheurs, eux, les justes par excellence, eux, les rigides observateurs de la Loi et des traditions ? Et de quel droit ce nomade du désert accablait-il de ses invectives les descendants des patriarches, les vrais fils d'Abraham ?

Mais au lieu de baisser la tête devant ces orgueilleux, Jean flétrit avec sévérité leur fierté dédaigneuse : « C'est en vain, dit-il, que vous vous glorifiez en vous-mêmes et que vous faites sonner bien haut votre titre de fils d'Abraham ; car moi, je vous le déclare, Dieu est assez puissant pour faire de ces pierres des enfants d'Abraham. Oui déjà la cognée est à la racine de l'arbre : tout arbre qui ne porte pas de bons fruits sera coupé et jeté au feu. »

C'était d'un seul coup annoncer la réprobation des Juifs impénitents et l'admission au royaume de Dieu de tous ceux, Juifs ou Gentils, qui, jadis plus durs que les cailloux du fleuve mais dociles à la grâce, laisseraient pénétrer dans leur cœur la foi d'Abraham et le repentir de leurs péchés.

Ce coup de tonnerre aurait dû frapper d'épouvante ces hommes de mensonge et d'hypocrisie ; mais au lieu de rentrer en eux-mêmes, ils s'indignèrent de l'humiliation qu'ils venaient de subir devant la foule. Non seulement ils s'éloignèrent sans recevoir le baptême, mais dès ce jour ils devinrent les mortels ennemis du Baptiste. Les vrais Israélites, au contraire, vivement impressionnés des menaces de Jean, voyaient déjà la cognée vengeresse attaquant l'arbre de Juda, et se rappelaient les calamités qui fondirent sur la ville sainte chaque fois que ses chefs méprisèrent les prédictions des prophètes. De toutes les bouches partit ce cri, véritable expression du repentir : « Que devons-nous donc faire pour désarmer la colère de Dieu ? »

Le Précurseur eut pour tous des paroles d'indulgence ; il se souvint cependant qu'il avait pour mission d'écarter les obstacles qui empêchent le règne de Dieu dans les cœurs. Et comme l'attachement aux biens temporels dominait le Juif au point de lui faire oublier son compatriote dans le besoin, Jean fit à la question posée la réponse la plus opportune : « Si vous avez deux tuniques, dit-il, donnez-en une à celui qui n'en a pas ; si vous avez du pain, partagez-le avec celui qui en manque. »

Il y avait alors en Israël une classe d'hommes, les publicains, que tout le monde exécrait. Détestés partout en raison de leurs fonctions, ces collecteurs d'impôts l'étaient plus encore chez les Juifs, depuis que la nation payait tribut aux Romains. Les zélés patriotes soutenaient qu'un Israélite ne pouvait sans péché acquitter ce tribut de servitude : à plus forte raison réprouvait-il ceux de leurs frères qui s'avilissaient jusqu'à se faire les pourvoyeurs de l'étranger. Ces indignes, on les traitait comme des païens, on les chassait des synagogues, on les excluait des fonctions publiques. Or les prédications de Jean rÉmuaient tellement les consciences que les publicains eux-mêmes vinrent se jeter à ses pieds, et lui demandèrent le baptême. Le prophète les reçut avec bonté, et comme ils lui disaient dans leur simplicité :

« Que voulez-vous que nous fassions ? » il répondit : « Soyez justes, et n'exigez rien au-delà des taxes prescrites. » Et il les renvoya en paix après les avoir plongés dans l'eau du fleuve.

Les soldats préposés à la garde du peuple vinrent à leur tour réclamer le pardon de leurs fautes. Habitués à la licence, aux séditions, aux rixes sanglantes, aux dénonciations calomnieuses, ils le supplièrent, humiliés et repentants, de leur prescrire ce qu'ils avaient à faire pour se purifier de tant de crimes. « Vous devez, répondit simplement l'homme de Dieu, cesser toute violence, n'accuser personne injustement, et vous contenter de votre solde. » Les voyants disposés à s'amender, il leur administra le baptême.

Et dans tout Israël, petits et grands, pauvres et riches, s'entretenaient du prophète que Dieu envoyait à son peuple pour le préparer, par la rémission des péchés, à entrer dans son royaume. Ainsi s'accomplissait la prophétie de l'ange au prêtre Zacharie : « Ton fils sera grand devant le Seigneur ; il marchera devant lui avec l'esprit et la force d'Elie ; il convertira les fils d'Israël à Jéhovah leur Dieu. »

III. Ambassade du Sanhédrin

Erreur du peuple sur la personne du Précurseur. - Accusation des pharisiens. - Les ambassadeurs du grand Conseil. - Interrogatoire de l'accusé. - Ses réponses. - Confusion des pharisiens. (Joan., 1, 17- 28.)

Jean-Baptiste exerçait un tel ascendant sur ses nombreux disciples que leur admiration trop enthousiaste faillit compromettre sa mission de précurseur. Sa vie angélique, ses paroles sublimes, le baptême qu'il administrait pour la rémission des péchés, donnèrent une si haute idée de sa personne, que le peuple finit par se demander si ce grand prophète n'était pas lui-même le libérateur dont il annonçait le prochain avènement. Le Messie pourrait-il vivre plus saintement, prêcher plus éloquemment, exercer plus d'empire sur la nation que cet homme de Dieu ?

Cette erreur se propagea si rapidement que Jean crut devoir en profiter pour rendre un témoignage plus direct et plus éclatant à l'incomparable majesté du Messie attendu. Un jour que la foule l'acclamait, il s'écria : « Celui qui doit venir après moi l'emporte tellement sur moi en grandeur et en puissance, que je ne suis pas même digne de dénouer les cordons de sa chaussure. »

Quant à son baptême, il en compara la valeur à celui que donnerait le Christ : « Pour moi, je baptise dans l'eau, mais lui vous baptisera dans l'eau et dans le feu. » Et il expliqua que le baptême d'eau n'est qu'un emblème de la purification des âmes, tandis que le baptême du Christ conférera l'Esprit-Saint et embrasera les cœurs d'un feu divin.

Enfin, pour attacher les disciples au Messie et leur inspirer en même temps la crainte de l'offenser, il montra en lui le souverain Maître venant en ce monde, décidé à traiter les hommes comme le moissonneur traite les épis amoncelés dans son champ : « Le voilà, s'écria-t-il, il tient le van en main, prêt à purger son aire et à serrer le bon grain dans ses greniers. La paille, il la jettera dans un feu qui ne s'éteindra jamais. »

Jean parvint ainsi à détromper beaucoup de ses disciples, qui s'en rapportèrent à son témoignage. Ceux-là attendirent avec une sainte impatience l'arrivée de ce Messie à qui le prophète se croyait indigne de servir d'esclave. Ils aspiraient après ce baptême de feu qui devait transformer leurs âmes, espérant ainsi être admis dans le royaume de Dieu comme le bon grain dans les greniers du moissonneur. D'autres, au contraire, s'opiniâtrèrent dans leur erreur, publièrent partout que le Messie attendu n'était autre que Jean-Baptiste, et fournirent ainsi aux ennemis du prophète l'occasion de le dénoncer au Sanhédrin.

Les pharisiens ne lui pardonnaient pas d'avoir dévoilé en public l'hypocrisie de leur conduite. Le nom de vipères qu'il leur avait jeté, retentissait toujours à leurs oreilles. Apprenant que ses disciples le prenaient pour le Messie, ils s'adressèrent au grand Conseil, juge suprême des questions religieuses, et accusèrent le prophète du Jourdain de prêcher sans mission, d'inventer de nouveaux rites, et de fanatiser le peuple au point de se faire passer près d'un grand nombre pour le Christ, libérateur d'Israël.

Ainsi présentée, l'accusation paraissait grave. Il s'agissait d'une révolution religieuse qui ébranlait tout le pays. Jean-Baptiste l'avait provoquée rien qu'en annonçant l'arrivée prochaine du Messie : qu'adviendrait-il s'il se proclamait lui-même le Messie libérateur ? On pouvait craindre un soulèvement populaire et le prophète, préoccupé du royaume des cieux, ne paraissait guère disposé à prendre les armes pour relever le royaume d'Israël. L'insurrection n'aurait d'autre effet que de pousser les Romains à un nouveau carnage des patriotes. Le Conseil résolut donc de forcer le Baptiste à révéler les intentions, et comme il paraissait peu prudent, vu les dispositions du peuple, de l'amener à Jérusalem devant les juges, on décida qu'une députation, composée de prêtres et de lévites, se rendrait au Jourdain pour l'interroger sur sa personne, sur la mission qu'il s'attribuait, et sur ce baptême dont ses adeptes faisaient tant de cas. Selon les réponses qu'il ferait à ces questions, le Conseil prendrait les mesures nécessaires pour aviser aux périls de la situation.

Les ambassadeurs furent naturellement choisis parmi les représentants les plus accrédités de la secte pharisienne, qui formait alors la grande majorité du Sanhédrin. Jean allait donc subir un interrogatoire dirigé par ses mortels ennemis et calculé d'avance pour le perdre. S'il se disait le Messie, on le sommerait au nom des Écritures de relever le trône de David ; s'il refusait ce titre, on lui demanderait qui l'autorisait à bouleverser la Judée, comme il le faisait depuis six mois. De toute manière, il tomberait dans les mains du Sanhédrin.

Les Juifs comptaient sans l'Esprit de vérité qui animait Jean-Baptiste. À peine l'eurent-ils interrogé sur sa personnalité, lui demandant formellement s'il était le Christ, qu'il protesta contre une pareille supposition et répondit ingénument, comme naguère à la foule : « Non, je ne suis pas le Christ. » Cette confession humble et désintéressée désarçonna les inquisiteurs, car du coup disparaissait leur principal chef d'accusation ; mais cependant ils réfléchirent que, sans usurper le nom du Christ, Jean aurait pu prendre celui de quelque divin personnage pour justifier son rôle de prophète, et ils continuèrent de l'interroger.

A cette époque, grand nombre d'Israélites attendaient le retour du prophète Elie qui, d'après les docteurs, devait reparaître en Juda pour préparer ses compatriotes à l'avènement du Messie. Interprétant du premier avènement du Sauveur les paroles de l'Écriture qui s'appliquent au second, les rabbins concluaient que, le Messie étant proche, Elie devait déjà revivre sous le dehors de quelque personnage mystérieux. Aussi beaucoup croyaient-ils le reconnaître dans cet ermite du désert, dans ce prédicateur à la parole ardente qui, comme le Thesbite, ramenait Israël à la foi de ses pères. Soupçonnant que peut-être Jean professait à cet égard la même croyance, les députés lui posèrent cette seconde question : « Vous n'êtes pas le Christ, mais êtes-vous Elie ? »

Jean aurait pu répondre affirmativement, car, selon la parole de l'Ange à Zacharie, rempli de la force et de la vertu d'Elie, il remplissait comme lui la fonction de précurseur du Christ ; mais de son cœur ne vint à ses lèvres que la vérité simple et naïve : « Non, dit-il, je ne suis point Elie. - Mais du moins, répliquèrent les envoyés, n'êtes-vous pas quelque autre prophète, Jérémie, par exemple ? - Non, répondit Jean, je ne suis aucun des anciens prophètes. »

Cette fois, les pharisiens crurent le tenir dans leurs filets, Depuis quatre cents ans on ne voyait plus de prophète en Israël. Si Jean revendiquait personnellement le don de prophétie, on le mettrait au défi de prouver sa mission par des signes célestes. Ils s'écrièrent donc d'un ton triomphant : « Si vous n'êtes ni le Christ, ni Elie, ni aucun des anciens prophètes, dites-nous qui vous êtes, afin que nous donnions réponse à ceux qui nous ont envoyés ? que dites-vous de vous-même ? »

Jean répondit : « Je suis la voix dont a parlé le prophète Isaïe, la voix qui crie dans le désert : Préparez les voies au Seigneur, » Les ambassadeurs veulent savoir ce qu'il est : il n'est rien, rien qu'une voix, mais cette voix remplit une mission divine, une mission annoncée au monde par le prophète Isaïe. Cette voix, du reste, Dieu l'a rendue assez forte pour ébranler tout un peuple, assez puissante pour pénétrer des cœurs plus durs que l'acier.

Qui donc, après un tel prodige, osera nier que Jean-Baptiste soit le héraut du Christ prédit par Isaïe, ou tentera d'étouffer une voix dont le prophète, huit cents ans auparavant, annonçait les divins accents !

Accablés par l'évidence, les ambassadeurs se gardèrent bien de contester la mission divine du précurseur, mais ils se rabattirent sur son baptême : « De quel droit baptisez-vous, lui dirent-ils, si vous n'êtes ni le Christ, ni Elie, ni prophète ? » Jean répondit, comme il l'avait fait au peuple, que son baptême d'eau, pur symbole de la purification du cœur, n'était qu'une préparation au baptême que donnerait le Christ, lequel aurait, comme le feu, la vertu de purifier les âmes et de les embraser d'un amour tout divin. Alors, tout entier à ce Christ dont il venait de parler, et que ses interlocuteurs semblaient oublier pour ne penser qu'à son précurseur, il s'écria : « Il est au milieu de vous, ce Christ que je vous annonce, et vous ne connaissez pas ses grandeurs. Bien qu'il doive venir après moi, sachez qu'il existait avant moi : je ne suis pas même digne de dénouer les courroies de sa chaussure. »

Cette déclaration solennelle n'éveilla pas même la curiosité des ambassadeurs. Sans s'inquiéter de l'auguste personnage dont le prophète en trois mots leur faisait un si magnifique portrait, ils quittèrent la vallée du Jourdain et retournèrent à Jérusalem informer le grand Conseil des résultats de leur démarche.

Malgré leurs ressentiments contre le saint précurseur, ils furent obligés d'avouer que ses réponses démentaient les accusations portées contre lui. Le Sanhédrin se trouva donc, pour le moment, entièrement désarmé.

Quant à Jean, l'ambassade du grand Conseil ne fit qu'augmenter son prestige aux yeux du peuple, et rendre plus éclatants ses témoignages en l'honneur du Messie. Un seul désir brûlait maintenant toutes les âmes : voir enfin ce Messie que tous appelaient le libérateur d'Israël, mais dont personne ne soupçonnait ni la divine origine, ni les sublimes destinées.

IV. Baptême et tentation de Jésus

Jésus au Jourdain. - Son baptême. - Une voix du ciel. - Le Mont de la Quarantaine. - Apparition de Satan. - Les trois tentations. - Fuite du mauvais esprit. - Les anges de Dieu. (Matth., III, 13-17 ; IV, 1-11. - Marc., III c, 12-13. - Luc., III, 1-21-23 ; IV, 1-13.)

Il y avait six mois que le saint précurseur préparait les enfants d'Israël à l'arrivée du Messie. Or ce mystérieux personnage dont il dépeignait avec tant d'éloquence la divine majesté, Jean ne le connaissait que par les communications de l'Esprit-Saint : ses yeux ne l'avaient jamais vu. Vivant au désert depuis son enfance, il ignorait les merveilleux événements de Bethléem et de Nazareth. Aussi hâtait-il de tous ses vœux l'heureux moment où il lui serait donné de contempler la face du Sauveur, d'entendre sa voix, et de baiser ses pieds sacrés. Ses désirs allaient être exaucés, car, sur l'ordre de son Père, Jésus se disposait à quitter la solitude de Nazareth pour se manifester au monde.

Peu de jours après l'ambassade du Sanhédrin, Jean préparait de nombreux pénitents à recevoir le baptême, lorsque son regard s'arrêta sur un étranger, dont l'aspect le fit involontairement tressaillir. De même qu'il avait tressailli dans le sein de sa mère en présence de Jésus, une impression toute divine lui fit comprendre qu'il se trouvait en face du même Jésus. Un mouvement instinctif le porta vers lui, mais au moment où il allait se jeter à ses pieds, Jésus le prévint et, du ton d'un pécheur profondément humilié, lui demanda le baptême.

« Seigneur, s'écria Jean, d'une voix tremblante d'émotion, c'est à moi de vous demander le baptême, et vous voulez le recevoir de mes mains !

— Laisse-moi faire, lui répondit le Sauveur, il convient que nous accomplissions ainsi toute justice. »

La justice exigeait que Jésus, ayant pris sur ses épaules les iniquités du monde entier, fût traité comme un pécheur, un de ces Juifs qui descendaient dans le fleuve en se frappant la poitrine pour obtenir la rémission de leurs péchés. Jean comprit, et ne résista plus à la volonté du Maitre.

On vit alors le prophète plonger dans les eaux du Jourdain Celui qui venait effacer les péchés du monde ; mais l'œil humain ne perçut pas le mystère qui s'accomplissait en ce moment solennel. Au contact de Jésus, l'eau acquit la vertu de régénérer les âmes, de les purifier de toute tache, et de leur conférer une nouvelle vie, la vie des enfants de Dieu. Le baptême de feu, figuré par le baptême de Jean, venait d'être institué.

En sortant du fleuve, Jésus s'était mis à prier son Père, quand soudain les cieux, fermés depuis la faute du premier homme, s'ouvrirent devant le nouvel Adam ; une grande clarté illumina la nue, l'Esprit-Saint descendit sous la forme d'une colombe, et se reposa sur le nouveau baptisé. En même temps une voix d'en haut, la voix du Père céleste, fit entendre ces mémorables paroles : « Celui-ci est mon Fils bien-aimé, en qui j'ai mis toutes mes complaisances. »

Le peuple n'entendit qu'un bruit semblable aux sourds grondements du tonnerre et ne pénétra pas le sens des grandes choses qui s'opéraient sous ses yeux ; mais le saint précurseur comprit qu'en figurant à cette scène, les trois personnes de l'auguste Trinité venaient de donner au Messie l'investiture de ses sublimes fonctions. Il pouvait désormais rendre à Jésus un nouveau témoignage et dire à ses disciples : « J'ai vu le Christ, l'oint du Seigneur, et ce Christ, c'est le Fils bien-aimé du Père qui est dans les cieux. »

Le soir même de ce grand jour, sous l'impulsion de l'Esprit divin, Jésus quitta le Jourdain pour se retirer au désert et s'y préparer, par la pénitence et la prière, à sa mission de salut. À deux lieues du fleuve, au milieu du désert de Jéricho, se dresse une montagne rocheuse, dépouillée de toute végétation. Elle porte sa tête lugubre, au-dessus des collines qui l'entourent, à douze cents pieds d'élévation. On ne peut la gravir que par d'étroits sentiers serpentant au-dessus d'affreux abîmes. Sur ses flancs, à mi-côte, on rencontre plusieurs grottes assez spacieuses dont les parois sont formées par d'énormes quartiers de rocher. C'est dans une de ces grottes que l'Esprit de Dieu conduisit le Sauveur.

Pendant quarante jours et quarante nuits, Jésus resta dans cette caverne sans prendre aucune nourriture. Il vivait loin des hommes, avec les animaux sauvages, les renards, les chacals, les léopards, les seuls êtres qui animent cette nature silencieuse et morte. Dominant tous les bruits du monde, il priait pour cette humanité dont il s'était constitué le rédempteur, quand tout à coup vint troubler sa retraite un ennemi qui le guettait depuis longtemps.

C'était Satan lui-même, le prince des déchus. Depuis la catastrophe du paradis terrestre, il régnait en maître sur l'humanité avilie et dégradée, mais il tremblait pour son empire toutes les fois qu'il se rappelait la fatale prédiction de Jéhovah : « Une femme et son fils t'écraseront la tête. » Inquiet et furibond, il ne cessait d'épier les enfants des hommes, afin de reconnaître ce fils d'Adam qui devait sauver sa race, et de le perdre comme il avait perdu Adam lui-même. En voyant l'Enfant de Bethléem, les miracles de son berceau, sa sagesse précoce, ses vertus surhumaines, il conjectura que cet Enfant pourrait bien être le Messie promis. Les scènes du Jourdain changèrent presque ses soupçons en certitude, et maintenant qu'au baptême de Jésus, une voix céleste l'avait proclamé Fils de Dieu, Satan résolut de soumettre ce personnage tout à fait extraordinaire à une épreuve décisive.

Il ne savait pas qu'en s'attaquant à Jésus, il entrait dans les desseins de Dieu. Il fallait que le Sauveur de l'humanité se mesurât avec son destructeur pour que Dieu eût sa revanche, et que son adversaire payât d'une honteuse défaite la victoire de l'Eden. De plus, le nouvel Adam devait montrer à sa postérité que désormais les portes du ciel sont rouvertes, mais que nul ne les franchira sans avoir vaillamment combattu.

Satan s'insinua dans la grotte du saint solitaire comme il s'était glissé tortueusement près d'Eve sous les ombrages du paradis. Il le trouva exténué par son jeûne de quarante jours et vivement aiguillonné par la faim. Tout en feignant de compatir à sa souffrance, il s'étonna que le Messie, puisqu'on lui donnait ce titre, pût manquer de vivres : « Si tu es le Fils de Dieu, dit-il, commande donc à ces pierres de se changer en pains. » Et il montrait à Jésus les pierres arrondies en forme de pain qui jonchaient la terrasse, comme autrefois il montrait à Ève le fruit défendu. Il se disait, à part lui, que si Jésus faisait un miracle pour apaiser sa faim, il faudrait en conclure qu'il ne sauverait pas la race déchue, car un chef vulnérable du côté des sens n'aurait jamais assez d'autorité pour arracher les voluptueux aux entraînements de la gourmandise et de luxure.

D'un mot le divin Maître déjoua les calculs de son ennemi. « L'homme ne vit pas seulement de pain, lui dit-il, mais de toute parole qui sort de la bouche de Dieu, » c'est-à-dire des moyens providentiels qu'une parole de Dieu peut faire naître, à défaut de pain, pour sustenter l'homme. Le pain manquait aux Israélites dans le désert, Jéhovah leur donna pendant quarante ans la manne du ciel pour les nourrir. Le Sauveur ne fera donc pas un miracle pour apaiser sa faim : il attendra de la bonté de Dieu les aliments dont il a besoin.

Cette réponse ne satisfaisait point la curiosité de Satan. Tout ce qu'il en put déduire, c'est que son antagoniste, qu'il fût ou non le Messie, paraissait inaccessible à toute tentation sensuelle, et qu'il fallait, pour le vaincre, des armes d'une autre nature. L'orgueil de l'esprit, pensa-t-il, perdra le solitaire comme il m'a perdu, et subitement il transporta Jésus sur le pinacle du temple, au-dessus d'une vallée tellement profonde qu'on ne pouvait y plonger le regard sans être pris de vertige : « Si tu es le Fils de Dieu, lui dit-il, précipite-toi dans cette vallée, car il est écrit : « Dieu enverra ses anges pour soutenir le Messie de leurs mains, de peur que son pied ne heurte contre quelque pierre. - Il est aussi écrit, lui répondit Jésus :

« Vous ne tenterez pas le Seigneur votre Dieu » en lui demandant de vous sauver la vie par un miracle, quand vous vous exposez de gaieté de cœur à périr. Encore une fois Satan se vit battu, sans pouvoir deviner le vrai nom de son humble mais terrible vainqueur.

À bout de subterfuges, l'esprit infernal jeta le masque et tenta de faire entrer Jésus dans un complot qui ruinerait de fond en comble le plan de la Rédemption. Il savait que le Messie ne rétablirait le règne de Dieu sur la terre qu'en détachant les âmes de tout ce que convoitent les passions : richesses, dignités, jouissances sensuelles ; mais il savait aussi que les Juifs feraient la guerre à quiconque leur prêcherait ce détachement. Pour entraîner les Juifs, au lieu de prêcher le royaume de Dieu, le Messie devait se déclarer roi temporel, armer la nation contre l'étranger, réduire les Gentils sous sa domination, et former de tous les peuples un empire universel dont Jérusalem serait la capitale. Israël acclamerait un libérateur de ce genre, qui ouvrirait à ses partisans une source intarissable de richesses, de dignités et de plaisirs. Avec l'audace de l'ange qui osa lutter contre Dieu, Lucifer proposa au Messie d'abandonner l'idée d'un royaume spirituel pour réaliser l'idée juive.

Afin d'éblouir le saint solitaire, il le transporta sur une haute montagne et lui découvrit dans un immense panorama tous les royaumes de la terre et toutes leurs magnificences. Puis, croyant l'avoir réellement fasciné par ce tableau magique, il lui tînt ce langage : « Ce monde m'appartient, et je le donne à qui je veux. A toi toute cette puissance, à toi ces splendeurs, si tu consens à te prosterner devant moi et à m'adorer. » L'archange foudroyé invitait le Christ à se mettre à la tête des Juifs et à jouer avant le temps le rôle de l'antéchrist.

À cette horrible proposition, Jésus lança au tentateur un regard indigné, et d'un geste impérieux le chassa de sa présence. « Retire-toi, Satan, s'écria-t-il, car il est écrit : Tu adoreras le Seigneur ton Dieu, et ne serviras que lui seul. »

Le prince du monde s'enfuit, épouvanté. Il avait devant lui, et il n'en pouvait plus douter, ce fils de la femme qui devait ruiner son empire. Le Juste qui, s'appuyant sur trois mots de l'Écriture, venait de résister, calme et impassible, aux appâts de la sensualité, aux enivrements de l'orgueil, aux fantasmagories de l'ambition à tous les prestiges diaboliques, se montrait trop supérieur aux enfants d'Adam pour appartenir simplement à cette race déchue. Etait-ce le Fils de Dieu ? Satan ne pouvait que le conjecturer, mais il reconnaissait à coup sûr le Libérateur attendu depuis quatre mille ans. Il lui voua une haine implacable, et se promit d'armer contre lui et contre sa mission rédemptrice, non seulement les milices infernales, mais tous leurs suppôts en Judée. Avec de pareilles forces il arriverait à le vaincre. dût-il lui donner la mort.

Et pendant que le tentateur, furieux de sa défaite, allait cacher sa honte dans les enfers, la grotte de la montagne resplendissait soudain d'éblouissantes clartés. Les anges de Dieu descendaient du ciel, se rangeaient humblement autour de leur Seigneur, et lui servaient, après son long jeûne, le pain qu'il attendait de son Père. Vainqueurs de l'ennemi de Dieu comme Jésus, ils s'associaient à son triomphe et se promettaient de lui servir d'auxiliaires dans la lutte qu'il aurait à soutenir contre les esprits de l'abîme.

V. LES PREMIERS DISCIPLES

Les disciples de Jean. - « Voici l'Agneau de Dieu. » - Jean témoigne que Jésus de Nazareth est le Messie. - Premiers disciples de Jésus. - Jean et André. - Simon Pierre. - Philippe et Nathanaël. - Retour en Galilée. (Joan., ı, 29-51.)

Pendant que Jésus, retiré au désert, se préparait par la pénitence et la prière à la conquête des âmes, Jean travaillait à lui former des disciples capables de le comprendre. En effet, de généreux pénitents, pour mieux profiter des enseignements de l'anachorète et s'initier à la pratique des vertus, s'étaient placés sous sa direction. La grotte du Baptiste devint une école de sainteté.

L'austère prédicateur ne comptait, dans cette élite, ni scribes, ni docteurs, ni pharisiens, ni sadducéens. Sa doctrine effarouchait ces orgueilleux et ces amollis, plus épris du luxe païen que de la rude simplicité des patriarches. Dieu conduisait à l'école du prophète des pauvres, des ouvriers, des pêcheurs galiléens, sur lesquels il formait des desseins que nul alors ne pouvait soupçonner. On remarquait surtout parmi eux André et Simon, fils de Jonas ; Jacques et Jean, fils de Zébédée, lesquels gagnaient leur vie en tendant leurs filets sur le lac de Génésareth. Originaires de la petite ville de Bethsaïde, sur la côte septentrionale du lac, ils avaient la même foi, les mêmes goûts, les mêmes désirs, la même admiration pour le saint précurseur. Ils furent des premiers à recevoir son baptême, et se dévouèrent à lui de cœur et d'âme. Retenus par leurs occupations, ils passaient bien des jours loin de leur Maître ; mais une fois libres, ils laissaient leurs barques, leurs filets, longeaient les rives du fleuve, et arrivaient à la grotte pour recevoir les leçons de l'homme de Dieu.

Plein de tendresse pour ses disciples. Jean les élevait par degrés à la vie surnaturelle qu'il menait lui-même. Il les détachait de la terre, leur inspirait l'amour de la solitude, et tournait leur cœur vers le grand Dieu qui doit être l'unique objet de nos aspirations. Pour les aider à monter jusqu'à lui, il leur enseignait des formules de prières[12] que lui dictais l'Esprit-Saint, et qu'ils gravaient avec soin dans leur mémoire. Il leur parlait surtout avec amour du royaume de Dieu, de son établissement, et du Christ, son futur fondateur.

Un jour, le saint précurseur s'entretenait, comme de coutume, avec quelques-uns de ses privilégiés, quand tout à coup leur attention fut attirée par un voyageur qui se dirigeait vers eux. C'était Jésus qui, descendant de la montagne de la tentation, arrivait sur les bords du Jourdain. Dès qu'il l'aperçut, Jean se sentit pressé par l'Esprit de faire connaître à ses disciples ce Christ dont il leur avait tant de fois parlé. Montrant du doigt le voyageur, il s'écria dans un saint transport : « Voici l'Agneau de Dieu, voici celui qui efface les péchés du monde. » C'était clairement désigner le Messie, à qui les docteurs appliquaient ces paroles d'Isaïe : « Il a pris sur lui nos iniquités, il s'est sacrifié parce qu'il l'a voulu ; comme l'agneau muet devant celui qui le tond, il n'a pas ouvert la bouche. » Chaque jour, du reste, l'Agneau de propitiation, immolé dans le temple pour les péchés d'Israël, rappelait aux Juifs le véritable Agneau de Dieu qui, d'après le prophète, porterait un jour sur lui toutes nos iniquités.

Afin de ne laisser subsister aucun doute dans l'esprit disciples, Jean ajouta : « C'est de Jésus de Nazareth que je disais : « Il en vient un après moi qui existait avant moi. Je ne le connaissais pas, et cependant c'est pour le manifester en Israël que je suis venu donner le baptême d'eau. » En preuve de son affirmation, il raconta les faits merveilleux survenus au baptême de Jésus. « J'ai vu, dit-il, l'Esprit descendre du ciel sous la forme d'une colombe et se reposer sur lui. Or, quand il était encore un inconnu pour moi, Celui qui m'a envoyé baptiser dans

---

[12] En saint Luc (XI, 1), on lit cette parole : « Seigneur, enseignez-nous à prier comme Jean l'a appris à ses disciples. » Les disciples du saint précurseur se répandirent dans toute la Palestine, et même dans les contrées lointaines où vivaient les Juifs de la dispersion. Au livre des *Actes,* il est question d'un homme éloquent, nommé Apollo, lequel exerçait à Éphèse les fonctions de l'apostolat, ne connaissant encore que le baptême de saint Jean *(Actes,* xv III, 24). Il existe encore aujourd'hui en certaines contrées de l'Orient des *Chrétiens de saint Jean-Baptiste.* L'origine de ces sectaires paraît remonter à certains disciples de Jean qui s'attachèrent aux hérétiques des premiers siècles.

l'eau, m'avait dit : Celui sur qui tu verras l'Esprit descendre et se reposer, c'est lui qui baptise dans le Saint-Esprit. J'ai vu ce signe et c'est pourquoi je rends témoignage que Jésus est le Fils de Dieu. ».

Cette affirmation du prophète fit une profonde impression sur l'esprit des auditeurs. Stupéfaits devant cette apparition subite du Libérateur d'Israël, ils gardèrent le silence, et Jésus disparut sans qu'ils lui eussent adressé une parole. Attachés au saint précurseur, ils ne pensèrent même pas à suivre le nouveau Maître.

Le lendemain, Jean se trouvait encore avec deux de ses disciples, Jean et André, les pêcheurs de Bethsaïde, quand Jésus passa de nouveau devant eux. Comme la veille, le désignant du geste, Jean s'écria de nouveau : « Voici l'Agneau de Dieu ! » Mais cette fois son regard fut tellement expressif, son cri si plein d'amour, que les deux disciples se sentirent rÉmués jusqu'au fond de l'âme. Jésus n'eut pas besoin de dire : « Suivez-moi ! » Entraînés par une force irrésistible, ils s'élancèrent d'eux-mêmes sur ses pas.

Jésus continuait sa route le long du Jourdain. S'étant aperçu qu'on le suivait, il se retourna vers les deux jeunes gens et leur dit avec bonté :

« Que cherchez-vous ?

- Maître, répondirent-ils, où donc se trouve votre habitation ? » montrant assez qu'ils voulaient s'entretenir longuement avec lui.

- Venez et voyez », dit-il. Et il les conduisit à la grotte qui lui servait d'asile depuis quelques jours.

C'était alors la dixième heure, et le soir approchait. L'entretien se prolongea bien avant dans la nuit ; les deux jeunes gens épanchèrent leur cœur dans celui de Jésus, et quand ils le quittèrent, non seulement ils l'avaient pris pour maître, mais ils brûlaient de lui recruter des disciples.

Simon, frère d'André, se trouvait aussi dans ces parages.

André courut vers lui en toute hâte, et lui dit avec joie : « Nous avons trouvé le Messie. » A l'instant, Simon quitta tout et suivit son frère. A peine furent-ils arrivés près de Jésus, que celui-ci fixant son regard sur le nouveau venu, lui dit : « Tu es Simon, fils de Jonas, désormais tu t'appelleras Céphas, c'est-à-dire Pierre. » Simon le pêcheur ne comprit pas ce que signifiait ce changement ; mais en lui donnant ce nom nouveau, le Maître signalait déjà dans cet homme la pierre fondamentale de l'édifice qu'il voulait construire.

Le jour suivant, Jésus, suivi de ses trois compagnons, se dirigea vers la Galilée. Sur la route, ils rencontrèrent un certain Philippe, natif de Bethsaïde, comme Pierre et André. « Suis-moi », lui dit Jésus, et ce seul mot, pénétrant dans son cœur comme un trait de flamme, y alluma le zèle le plus ardent.

Philippe avait un ami, nommé Nathanaël : il courut aussitôt lui annoncer la bonne nouvelle. Nathanaël, assis sous un figuier, méditait en ce moment sur des grandes choses qui s'accomplissaient en Israël. Du plus loin qu'il l'aperçut, Philippe lui cria :

« Nous avons trouvé Celui qu'ont annoncé Moïse et les prophètes : c'est le fils de Joseph, le charpentier de Nazareth.

- De Nazareth ? répondit Nathanaël en souriant. Que peut-il venir de bon de ce bourg galiléen ?

- Viens avec moi, reprit Philippe, et tu verras toi-même. »

Nathanaël suivit son ami. En le voyant venir à lui, Jésus lui tendit les bras :

« Voici, dit-il, un vrai Israélite, simple et sans artifice.

- Seigneur, observa Nathanaël, comment pouvez-vous savoir ?

- Avant que Philippe t'appelât, répondit Jésus, je t'ai vu sous le figuier. »,

À ce mot, Nathanaël comprit qu'il avait devant lui Celui qui voit tout. Ne pouvant contenir son émotion, il poussa ce cri de foi et d'amour :

« Maître, vous êtes vraiment le Fils de Dieu, le roi d'Israël.

- Tu crois en moi, repartit Jésus, parce que tu viens de m'entendre dire que je t'ai vu sous le figuier : tu seras témoin de prodiges plus étonnants. En vérité, en vérité, je vous le dis à tous : Vous verrez les cieux s'ouvrir, et les anges monter et descendre sur le Fils de l'homme. »

Trois jours après, ils arrivèrent en Galilée où, par son premier acte, Jésus montra aux cinq disciples qu'il disposait, non pas seulement des anges, mais même de la puissance de Dieu.

VI. LES NOCES DE CANA

Cana. - Les noces et les invités. - Pourquoi le vin manquait. - Intervention de Marie. - Réponse de Jésus. - L'eau changée en vin. - L'époux et le maître du festin. - Pouvoir de Marie sur son Fils. - Satan et la Femme prédite au paradis. (Joan., II, 1-12.)

Nathanaël était de Cana, petite ville assise sur le bord d'un vallon, à deux lieues de Nazareth. Jésus y avait aussi des parents et des amis, entre autres Simon, fils de Cléophas, qui devint plus tard un de ses apôtres. Les six voyageurs, conduits par la Providence, s'arrêtèrent dans cette bourgade.

Or, ce jour-là, on célébrait des noces dans une famille amie, et Marie, la mère de Jésus, se trouvait au nombre des invités. Bien que vivant habituellement cachée dans sa retraite de Nazareth, elle avait voulu honorer les époux de sa présence. D'ailleurs l'Esprit qui la guidait lui révéla que Dieu la désirait à Cana pour une œuvre de sa gloire.

Vers le soir, ayant appris le retour de Jésus de sa longue excursion en Judée, les époux s'empressèrent de le convier au festin avec ses compagnons. Bien que les docteurs n'apparussent pas d'ordinaire dans les banquets, on faisait exception pour les fêtes des fiançailles et des noces, à cause du caractère particulièrement religieux que revêtaient ces cérémonies. Jésus accepta donc l'invitation des nouveaux mariés. Il consacrait ainsi par présence l'existence et la sainteté du mariage, qu'il se proposait d'élever bientôt à la dignité de sacrement. D'ailleurs, un dessin providentiel réunissait, dans l'humble demeure des époux de Cana, la Vierge Marie, son Fils bien-aimé, et les premiers disciples dont il avait fait choix.

La famille peu fortunée dans laquelle se trouvait le divin Maître n'avait préparé pour le festin que les provisions nécessaires. Or, par suite de l'arrivée imprévue de Jésus et de ses disciples, le nombre des convives étant plus considérable qu'on ne s'y attendait, on s'aperçut au milieu du repas que le vin allait manquer. C'eût été une grande confusion pour les jeunes époux, surtout dans fête solennelle des noces, où l'on n'épargnait rien pour accueillir dignement les parents et les amis de la famille.

Voyant les serviteurs confus et consternés, la Mère de Jésus comprit bientôt la cause de leur embarras. Pleine de compassion pour ses hôtes, elle se sentit poussée à leur venir en aide ; mais quel moyen employer ? Marie se pencha vers son Fils et lui dit à l'oreille : « Ils n'ont plus de vin. - Femme, répondit Jésus, que voulez-vous que je fasse ? Mon heure n'est pas encore venue. »

Marie désirait, et son regard suppliant le disait assez, que Jésus usât de sa puissance souveraine pour tirer les époux de la cruelle position où ils se trouvaient ; mais ne convenait-il pas, semblait dire Jésus, d'ajourner l'exercice du pouvoir divin jusqu'au temps où le miracle serait nécessaire pour prouver sa mission et accréditer sa doctrine ?

Bien que cette réponse pût être considérée comme un refus, Marie compta sur l'intervention de son Fils. L'acte que ne réclamait pas encore son ministère, il l'accomplirait pour l'amour d'elle, et à cause de sa prière. Jésus avait-il jamais refusé quelque chose à sa Mère ? S'approchant des serviteurs, elle leur dit :

« Faites tout ce qu'il vous commandera. »

Il y avait là six grandes amphores ou vases de pierre qui servaient aux ablutions, si fréquentes chez les Juifs. Ces vases pouvaient contenir de deux à trois mesures. Jésus commanda aux serviteurs de les remplir d'eau jusqu'aux bords. Puis, quand l'ordre fut exécuté, sans dire un mot, sans faire un geste, par un acte de sa volonté, il changea l'eau en vin. « Puisez maintenant dans ces urnes, dit-il aux serviteurs, et portez à boire au maître du festin. »

– Le maitre du festin présidait au banquet, goûtait les vins et les distribuait aux convives, Dès qu'il eut gouté de ce vin, dont Il ignorait la provenance, il le trouva excellent, et s'imagina que l'époux avait voulu ménager une surprise à ses invités. Il le prit à part et ne put s'empêcher de le féliciter. « Partout ailleurs, dit-il, on attend qu'à la fin du repas, le palais des convives soit un peu blasé, pour servir les vins de moindre qualité. Vous avez fait absolument le contraire : vous servez en dernier lieu le vin le plus exquis et le plus délicat. »

L'époux protesta qu'il ne comprenait rien à ce mystère. On interrogea les serviteurs qui avaient rempli d'eau les six amphores, et ils racontèrent le grand miracle que Jésus venait d'opérer à la prière de Marie.[13] C'en fut assez pour manifester à tous les compatriotes du Sauveur l'extraordinaire pouvoir dont Dieu l'avait investi, et dès ce moment les disciples qui l'avaient suivi sur la parole de Jean, s'attachèrent à lui avec une foi pleine et entière.

On vit aussi dans cette circonstance mémorable l'union intime qui existait entre la Mère et le Fils, et comment la prière de Marie, prévue dans les décrets éternels, obtenait de Jésus des actes qu'il n'eût point faits sans cette puissante intercession. De même qu'il attendit son consentement pour s'incarner dans son sein, il attendit sa demande pour changer l'eau en vin, et c'est encore à sa prière que, dans la suite des siècles, par un miracle constamment renouvelé, il transformera en enfants de Dieu les fils déchus du vieil Adam.

En ce jour, Satan comprit parfaitement que le Solitaire de la montagne avait refusé de changer les pierres en pains, non par défaut de pouvoir, mais pour ne pas lui révéler ses titres divins. De plus, en voyant Marie exercer sur son Fils un ascendant qui la rendait toute-puissante, il reconnut en elle la créature mystérieuse dont Dieu l'avait menacé dès le commencement par parole : « Cette femme un jour t'écrasera la tête. » Et il lui voua une haine éternelle ainsi qu'à son Fils.

---

[13] Les pèlerins qui vont à Nazareth ne manquent pas de visiter Cana. C'est aujourd'hui un village de 800 habitants musulmans et grecs schismatiques. On y voit encore les ruines de la magnifique église que sainte Hélène fit construire sur l'emplacement même de la maison où eut lieu le miracle. La fontaine où fut puisée l'eau, la seule de l'endroit. coule au bas du village, au milieu des figuiers et des grenadiers.

Dès lors, les jours paisibles de la solitude touchaient à leur terme. Après trente années d'une vie cachée aux hommes, Il allait se manifester au monde. Le séjour de Nazareth ne pouvant désormais convenir à ses travaux, il dit un dernier adieu à cette douce retraite, et, suivi de sa Mère, de ses parents et de ses disciples, il descendit à Capharnaüm, qui devint dès lors sa résidence habituelle et le centre de son ministère évangélique.

LIVRE TROISIÈME
LE MESSIE EN ISRAËL

I. JÉSUS À JÉRUSALEM

Le Messie et les Juifs. - La fête de Pâque. - Les vendeurs chassés du temple. - Le pharisien Nicodème. - Son entretien nocturne avec Jésus. - Le baptême et la rédemption. (Joan., II. 13-25 ; III, 1-21.)

En inaugurant sa mission de salut au milieu des hommes, Jésus savait parfaitement qu'il allait au-devant de la contradiction, et que la plupart de ses compatriotes refuseraient de le recevoir.

Il devait se présenter à eux comme le Fils de Dieu, le Verbe fait chair, la Lumière qui éclaire tout homme venant en ce monde, et les Juifs ne voyaient en lui qu'un ouvrier de Nazareth, fils du charpentier Joseph.

Jean-Baptiste avait frayé les voies au Messie et annoncé son avènement, mais à part les quelques Galiléens éclairés par le prédicateur du Jourdain, personne ne soupçonnait que Jésus de Nazareth pût être ce Messie si hautement glorifié.

D'ailleurs la doctrine du nouveau prophète allait contrarier toutes les idées et les espérances des Juifs. Ils attendaient le libérateur d'Israël, et Jésus venait à eux comme le Sauveur du monde entier. Sa mission ne consistait pas à restaurer le royaume de David, mais à fonder un empire nouveau dans lequel entreraient tous les peuples. Et cet empire universel s'appellerait le royaume de Dieu, parce que le Dieu de justice et d'amour y régnerait sur toutes les âmes, sur cette terre d'abord, et plus tard dans les cieux.

Ce secret divin, Jésus voulait le révéler à tous, avec assez de clarté pour attirer à lui les hommes de bonne foi, assez d'ombre et de mystère pour éloigner ceux qui ferment volontairement les yeux à la lumière. Vu les préjugés d'Israël et les passions des sectaires, il devait naturellement s'attendre aux mépris, aux contradictions, aux violences, à la mort même, mais tout cela entrait dans le plan qu'il avait conçu pour opérer le salut du monde.

Pressé de réaliser ce plan d'amour, il ne demeura que peu de jours à Capharnaüm, assez de temps cependant pour s'assurer par des prodiges le respect et la vénération des habitants. Alors, pour entrer en communication avec tout le peuple, il résolut de visiter, dans une campagne rapide, la capitale et les provinces.

La fête de Pâques approchait : de tous côtés les pèlerins se rendaient à la ville sainte pour y offrir les sacrifices accoutumés. Jésus se joignit aux caravanes avec ses disciples. En arrivant à Jérusalem, il la trouva encombrée d'un million d'étrangers qui se préparaient aux solennités pascales. Les uns se livraient aux purifications légales ; les autres établissaient leurs tentes sur les hauteurs ; les chefs de famille se procuraient les agneaux qu'on devait immoler et manger en mémoire de la sortie d'Égypte. Nul ne se doutait que le véritable Agneau, dont le sang les délivrerait d'une captivité plus terrible que celle de l'Égypte, vivait au milieu d'eux et participerait à la fête.

Cependant un acte étrange de Jésus attira bientôt sur lui l'attention des foules. Il y avait dans le temple une première enceinte, qu'on appelait le parvis des Gentils. Là se réunissaient, à l'heure des sacrifices, les païens et les prosélytes venus à Jérusalem pour adorer le Dieu des Juifs. Or, des coutumes abusives et vraiment sacrilèges avaient, grâce à la complicité des prêtres, transformé ce parvis en véritable marché. On y vendait le vin, l'huile, le sel, les colombes, les agneaux, et tous les objets requis pour les sacrifices. Installés à leurs comptoirs, des changeurs procuraient aux étrangers la monnaie juive, seule en usage dans le temple. On conversait et discutait dans ce lieu saint comme sur une place publique.

Indigné de voir ainsi profaner la maison de Dieu, Jésus s'approcha des marchands et leur reprocha vivement ce scandaleux trafic, qui outrageait la majesté de Jéhovah en même temps qu'il troublait le recueillement des pèlerins. Il les somma sans retard de se retirer hors du parvis sacré ; mais ceux-ci, s'autorisant de la coutume, refusèrent d'obéir à ses injonctions. Alors, enflammé d'une sainte colère, il se fit un fouet avec des cordes, chassa devant lui les bœufs et les brebis avec leurs maîtres, renversa les tables et les comptoirs sur lesquels s'étalaient les marchandises et l'argent des changeurs, puis, s'adressant à ceux qui vendaient des colombes, il leur cria d'un ton qui ne souffrait point de réplique : « Enlevez tout cela d'ici, et ne faites pas de la maison de mon Père un marché où l'on trafique. »

Un feu divin brillait dans son regard ; la majesté d'un Dieu resplendissait sur sa face ; sa parole avait l'accent de l'autorité suprême, et l'on sentait que dans ce temple, qu'il appelait la maison de son Père, il était vraiment chez lui. Aussi les marchands, épouvantés, disparurent-ils à l'instant sans faire aucune opposition. Les disciples eux-mêmes, fascinés et stupéfaits, se rappelaient la parole de David : « Le zèle de votre maison me dévore », et instinctivement l'appliquaient à leur Maître.

Le peuple applaudit à cet acte d'énergie et de justice, mais les pharisiens, prêtres et docteurs, se demandèrent de quel droit cet audacieux Galiléen commandait dans le temple et se permettait de condamner des usages autorisés par le Sanhédrin. N'osant blâmer devant la foule la répression d'un abus qui indignait les vrais Israélites, ils reprochèrent à Jésus d'usurper un mandat dont personne ne l'avait officiellement investi.

« Si vous vous croyez chargé d'une mission extraordinaire, lui dirent-ils, par quel signe authentique prouvez-vous cette mission d'en haut ? »

C'étaient ces orgueilleux pharisiens qui grinçaient des dents aux prédications de Jean-Baptiste. Jésus connaissait leur mauvais vouloir et leurs desseins homicides. Ils lui demandaient de prouver sa mission par un prodige ; il leur répondit par une allusion au déicide qu'ils allaient commettre et au miracle de la résurrection :

« Détruisez ce temple, dit-il en parlant du temple de son corps, et je le rebâtirai en trois jours.

– Comment ! s'écrièrent-ils, on a mis quarante-six ans à reconstruire cet édifice, et vous parlez de le rebâtir en trois jours ! »

Ils se méprenaient sur la pensée du Maître, mais ils la comprendront plus tard à la lumière des événements. Pour le moment, ils le quittèrent en jetant sur lui des regards de haine et de vengeance. Le défi jeté aux Juifs par le Sauveur resta également une énigme pour les disciples, mais quand Jésus crucifié ressuscita d'entre les morts ils se rappelèrent cette prédiction. et crurent d'autant plus au grand miracle que leur Maître l'avait prophétisé.

Jésus demeura dans la ville sainte durant les huit jours des fêtes pascales, et il y opéra devant tout le peuple des prodiges si éclatants que beaucoup reconnurent en lui le Messie promis à Israël. Mais il appréciait trop bien les passions et les préjugés des Juifs pour croire que ces premières impressions seraient durables.

Toutefois certains chefs de la synagogue, captivés par ce puissant thaumaturge, désiraient vivement se renseigner sur sa personne et sa doctrine. L'un d'eux, nommé Nicodème, pharisien, docteur, membre du grand Conseil, personnage très considéré à Jérusalem à cause de sa position autant que de son savoir, cherchait l'occasion de s'entretenir avec l'homme de Dieu ; mais n'osant, par crainte de ses collègues, se rendre ostensiblement près de lui, il alla le trouver pendant la nuit. Ayant entendu parler du royaume de Dieu que le Messie devait rétablir, il pria le nouveau prophète de le renseigner sur la nature de ce royaume et sur les conditions requises pour y être admis.

« Maître, dit-il, veuillez m'éclairer, car nous savons que vous venez de la part de Dieu : nul en effet ne peut opérer les prodiges que vous opérez si Dieu ne lui communique sa puissance.

– En vérité, en vérité. je vous le dis, nul ne peut entrer dans le royaume de Dieu, s'il ne naît une seconde fois.

– Naître une seconde fois ! dit le docteur en souriant, est-ce qu'un vieillard doit rentrer dans le sein de sa mère pour en sortir de nouveau ?

En vérité, en vérité, répéta Jésus, nul ne peut entrer dans le royaume de Dieu, s'il ne renaît de l'eau et de l'Esprit. »

Et il expliqua au Juif qu'il s'agissait d'une naissance spirituelle. Dépouillée de la vie divine par le péché d'origine, l'âme renaît à la vie par la grâce de l'Esprit-Saint et la vertu de l'eau baptismale. « L'homme né de l'homme ne possède que la vie naturelle : l'âme, pénétrée de l'Esprit de Dieu, possède une vie spirituelle et divine. Donc, ajouta-t-il, ne vous étonnez pas de m'entendre dire qu'il faut naître une seconde fois. »

Écrasé par cette sublime révélation, Nicodème aurait voulu comprendre comment l'Esprit-Saint agit sur les âmes.

- « Comme le vent souffle où bon lui plaît et signale sa présence par ses bruissements, sans que vous sachiez ni d'où il vient ni où il va ; de même l'Esprit transforme l'âme, sans que vous perceviez sa mystérieuse influence.

- Mais enfin, demanda Nicodème, cette régénération de l'âme par l'Esprit, est-elle possible ?

- Comment ! répliqua Jésus, vous êtes maître en Israël, et vous ignorez cette merveille, tant de fois prédite par les prophètes ? Vous n'avez pas lu dans Ézéchiel cette prédiction formelle : « Je répandrai sur vous une eau purifiante qui vous lavera de toutes vos souillures ; je vous donnerai un cœur nouveau et je répandrai mon Esprit en vous. - En vérité, en vérité, je vous l'affirme, ajouta le Sauveur, nous vous disons ce que nous savons de science certaine, nous attestons ce que nous avons vu de nos yeux. Si vous n'ajoutez pas foi à mon témoignage quand je vous parle du mystère des âmes, comment pourrez-vous me croire quand je vous révélerai les mystères de Dieu ? »

Subjugué par l'autorité du Maître, Nicodème cessa de discuter, prêt à recevoir docilement les oracles qui allaient sortir de sa bouche. Avant de commencer, le Sauveur lui fit observer que seul le Fils de l'homme, descendu du ciel, peut connaître et communiquer à l'homme les secrets de Dieu ; puis il lui découvrit tout le plan de la rédemption.

« Quand les Israélites erraient au désert, dit-il, pour guérir les morsures des serpents, Moïse éleva dans les airs le serpent d'airain : ainsi faut-il que le Fils de l'homme soit élevé entre ciel et terre pour guérir la blessure du péché. Tous ceux qui jetteront sur lui un regard de foi ne périront pas mais posséderont la vie éternelle. Dieu a tellement aimé le monde qu'il lui a donné son Fils unique, précisément afin que ceux qui croiront en lui ne périssent pas, mais jouissent de la vie éternelle. Dieu n'a pas envoyé son Fils dans le monde pour juger le monde, mais pour le sauver.

Celui qui croit au Fils unique de Dieu, n'a donc pas à craindre son jugement, mais celui qui refuse de croire en lui se condamne lui-même, car s'il rejette la lumière et lui préfère les ténèbres, c'est parce que ses œuvres sont mauvaises. Le malfaiteur hait la lumière et fuit l'éclat de ses rayons, parce que la lumière met au jour ses iniquités. L'homme de bien, au contraire, aime la lumière, parce que la lumière fait resplendir des œuvres dont il n'a point à rougir devant Dieu. »

Nicodème écoutait dans un saint ravissement le prophète de Nazareth lui révélant la vérité sur sa personne divine, sur son œuvre rédemptrice, sur le salut du monde. Sans comprendre encore toute la portée de ces célestes communications, il voyait déjà comme l'ombre de la croix se dessiner dans le lointain, et le Fils de l'homme, qui lui parlait, guérir du haut de cette croix les victimes du serpent infernal. Dès ce moment il considéra Jésus comme le Maître suprême, et il lui resta fidèle. Il était de ceux qui font le bien, et n'ont aucun intérêt à fuir la lumière. Quand les hommes de ténèbres conspireront contre le Sauveur, Nicodème se souviendra de la nuit mémorable passée près du Fils de l'homme, et ne craindra pas de se proclamer ouvertement son disciple et son défenseur.

II. Emprisonnement
de saint Jean-Baptiste

Jésus en Judée. - Les disciples de Jean. - Son dernier témoignage. - Hérode et Hérodiade. - Non licet. - Le cachot de Machéronte. (Joan., III, 22-36.)

Après les fêtes de Pâques, Jésus sortit de Jérusalem et se dirigea vers le Jourdain. Durant plusieurs mois il parcourut avec ses disciples les campagnes de l'ancienne tribu de Juda. Attirées par les éloges dont Jean-Baptiste avait comblé le nouveau prophète, les foules accouraient pour l'entendre et recevoir son baptême. Et il administrait ce sacrement de l'eau et de l'Esprit à tous ceux qui voulaient entrer dans le royaume de Dieu.

Jean continuait néanmoins son rôle de précurseur. Ayant quitté la station de Béthabara, il baptisait sur l'autre rive du Jourdain, dans un endroit appelé Ennon. Fidèle à sa mission, il ne cessait de pousser ses disciples et ses nombreux auditeurs vers Jésus, le vrai Messie d'Israël, dont il n'était, lui, que l'humble serviteur. Naturellement les multitudes suivirent ses recommandations et s'attachèrent au nouveau Maître.

Certains amis passionnés du saint précurseur ne purent supporter qu'on l'abandonnât pour suivre le prophète de Nazareth. Ils se prirent un jour de querelle avec les disciples de Jésus au sujet de l'excellence respective des deux baptêmes. Pour trancher le différend, ils s'adressèrent à Jean lui-même, et lui dénoncèrent le Sauveur comme un rival, un usurpateur de sa gloire et de ses droits.

« Maître, dirent-ils, cet homme qui se trouvait avec vous au-delà du Jourdain, et à qui vous rendiez de si beaux témoignages, voilà qu'il baptise maintenant comme vous et entraîne tout le peuple à sa suite. »

Mais l'homme sanctifié dès avant sa naissance ne connaissait ni l'envie ni la vaine gloire. Il fit à ses disciples cette admirable réponse :

« La créature n'a en propre et ne doit réclamer pour elle que ce que Dieu lui a donné. Or ne vous ai-je pas dit que je ne suis pas le Christ, mais simplement le précurseur chargé de lui préparer les voies ? »

Et comme les disciples paraissaient étonnés de le voir se réjouir en apprenant les succès de Jésus, il leur ouvrit son noble cœur :

« Le Christ, c'est l'époux, dit-il ; cette foule qui s'empresse autour de lui, c'est son épouse. Or, au jour des noces, l'ami de l'époux se tient à ses côtés, exécute ses ordres, et se réjouit en le voyant heureux. Voilà pourquoi ma joie est aujourd'hui complète. Du reste, ajouta-t-il, mon rôle est fini. Il faut qu'il grandisse et que je diminue. Celui qui vient du ciel est au-dessus de tous. Le témoin de la terre répète dans un langage terrestre ce qu'on lui a communiqué ; le témoin venu du ciel atteste avec une autorité sans égale ce qu'il a vu et entendu. »

Jean ne pouvait mieux dire pour décider ses obstinés disciples à le quitter pour s'attacher à Jésus, le Maître descendu du ciel pour enseigner des vérités puisées dans le sein de Dieu. « On ne croit pas en lui ! s'écria-t-il, et cependant croire en lui c'est rendre hommage à la véracité divine, car, venant de Dieu, il ne peut parler que le langage de Dieu. Dieu ne lui a pas communiqué son Esprit avec mesure, mais dans toute sa plénitude. » En terminant son discours, Jean appela Jésus le Fils bien-aimé du Père et déclara qu'il avait reçu du Père un pouvoir absolu. Par conséquent, dit-il « celui qui croit au Fils, a la vie éternelle ; l'incrédule, au contraire, non seulement n'aura pas la vie, mais la colère de Dieu planera éternellement sur lui ».

Tels furent les derniers accents de cette grande voix qui, depuis un an, retentissait sur les bords du Jourdain, annonçant le Sauveur. Sa mission remplie, Jean disparut tout à coup par suite d'un crime. Dieu voulut qu'après avoir introduit son Fils dans le monde, le saint précurseur lui montrât le chemin par lequel il devait en sortir.

En ce temps-là, le tétrarque de la Galilée et de la Pérée, Hérode Antipas, révoltait tous ses sujets par les scandales de sa conduite. Fils d'Hérode le Grand, il avait hérité de sa politique astucieuse et de ses ignobles passions. L'année précédente, dans un voyage à Rome, entrepris pour capter les bonnes grâces de l'empereur Tibère, il s'était arrêté quelque temps chez Philippe, un de ses frères qui, exclu de l'héritage paternel, vivait dans la retraite avec sa femme Hérodiade. Bien que celle-ci fût sa nièce, Hérode se laissa captiver par les charmes de son esprit et de sa beauté, et lui promit de l'épouser après avoir répudié sa femme légitime. Hérodiade, ne trouvant pas dans son obscurité de quoi satisfaire son ambition, consentit à ce pacte infâme.

A Rome, le tétrarque courtisan n'eut pas de peine à conquérir les faveurs impériales. Il fit hommage à Tibère d'une ville magnifique qu'il construisait sur les bords du lac de Galilée, et que le vil flatteur proposa d'appeler Tibériade. Sûr de la protection de l'empereur, il revint alors dans sa capitale et se disposait à renvoyer son épouse pour faire place à la criminelle Hérodiade, quand l'épouse sacrifiée, mise au courant de l'intrigue, s'enfuit chez son père, le roi Arétas, dont la principauté touchait à celle d'Hérode.

Débarrassée de sa victime, le roi de Galilée fit venir Hérodiade à la cour et l'épousa publiquement, au mépris de toutes les lois et au grand scandale des Juifs. On vit les époux adultères affronter les regards du public à la dédicace solennelle de Tibériade, puis traverser la Pérée pour célébrer, au château de Machéronte, de nouvelles fêtes à l'occasion de leur mariage.

Jean-Baptiste se trouvait alors à Ennon. Il ne put voir la loi de Dieu outrageusement violée devant tout le peuple sans frémir d'indignation. En vrai prophète du Seigneur, sans s'inquiéter des colères d'Hérode il se présenta comme Elie devant le prince adultère et lui reprocha en face son crime et ses scandales ; « Roi, lui dit-il, il ne vous est point permis de prendre la femme de votre frère. »

Incapable de maîtriser ses passions, Hérode chercha le moyen d'imposer silence à cet audacieux censeur, dont il craignait l'ascendant sur le peuple. Comme les pharisiens de Jérusalem détestaient Jean-

Baptiste, méprisaient son baptême et le qualifiaient même de démoniaque, le prince débauché s'entendit avec certains d'entre eux pour faire disparaître leur ennemi commun. On l'accusa de troubler tout le pays, de soulever le peuple contre les princes et les docteurs ; puis des hommes apostés par Hérode et ses complices pharisiens, se saisirent du prophète sur le territoire juif où il s'était réfugié, le transportèrent au-delà du Jourdain et le livrèrent au roi, qui le fit incarcérer dans son château de Machéronte.

Ainsi disparut le fidèle précurseur de Jésus : après l'avoir précédé dans sa mission de salut, il le précéda en prison, et bientôt au martyre.

III. LA SAMARITAINE

Jésus en Samarie. - Le puits de Jacob. - Une femme de Sichem. - Son entretien avec Jésus. - Sa conversion. - Semeurs et moissonneurs. - Les gens de Sichem. (Joan., IV, 1-42.)

Depuis plusieurs mois, Jésus évangélisait avec succès les campagnes de la Judée, de sorte que les pharisiens apprirent, non sans irritation, que le prophète de Nazareth remplaçait sur les bords du Jourdain le prisonnier d'Hérode, et comptait plus de disciples que Jean lui-même. Cédant à leur basse jalousie, les scribes de Jérusalem complotaient déjà en secret contre le Sauveur, mais comme son heure n'était point venue, Jésus résolut d'éviter leurs embûches en regagnant la Galilée.

Deux routes s'ouvraient devant lui : l'une suivait la rive gauche du Jourdain, l'autre traversait la Samarie. Pour éviter tout contact avec les Samaritains, les Juifs prenaient ordinairement la première ; Jésus, au contraire, se dirigea vers la Samarie, car l'Esprit lui montrait dans cette province des âmes préparées à recevoir la bonne nouvelle.

Le territoire de la Samarie s'étendait de la Méditerranée au Jourdain et séparait ainsi la Judée de la Galilée : contrée magnifique où l'œil n'apercevait que des montagnes couvertes de forêts, des coteaux plantés de vignes et d'oliviers, des vallons pleins d'ombrages, des champs et des prairies d'une merveilleuse fertilité. Malheureusement ce beau pays était depuis mille ans le théâtre du schisme et de l'idolâtrie. Quand Jéroboam sépara de Juda les dix tribus rebelles, la Samarie devint le centre du royaume schismatique d'Israël. Le peuple cessa d'aller à Jérusalem offrir des sacrifices à Jéhovah ; les rois élevèrent même des autels aux plus abominables idoles, jusqu'au jour où les Assyriens, conduits par un Dieu vengeur, dévastèrent le pays et en transportèrent les habitants sur les rives de l'Euphrate. Les colons étrangers qui vinrent repeupler la Samarie mêlèrent leurs superstitions aux rites mosaïques et rejetèrent, avec les traditions nationales des Juifs, tous les écrits des prophètes sauf le livre de Moïse.

Depuis ce temps, le Juif fidèle évitait toute relation avec les Samaritains. La race d'Abraham ne pouvait pactiser avec les restes de l'idolâtrie étrangère. Quand un homme de Juda devait se rendre en Galilée, il suivait la route beaucoup plus longue du Jourdain, pour n'avoir point à traverser les villes et villages des Samaritains. S'il se voyait forcé de mettre le pied sur le territoire maudit, jamais il ne réclamait l'hospitalité ni le plus léger service de ces faux frères, qu'il fuyait à l'égal des lépreux ou des pestiférés.

Étranger aux préjugés de ses compatriotes, Jésus rejoignit avec quelques-uns de ses disciples la grande route de Jérusalem à Nazareth par la Samarie. Bientôt il arriva à Béthel, là où Jéhovah promit à Jacob de multiplier sa race comme le sable de la mer. Quelques heures plus tard, il passa près de Silo, où l'arche d'alliance, figure du Messie, demeura pendant trois siècles. Enfin, après une nouvelle étape de quatre lieues, il s'arrêta dans une vallée que l'Écriture appelle la Vallée illustre. C'est dans cette vallée des grands souvenirs que le patriarche Abraham, venant de Mésopotamie, planta sa tente et dressa le premier autel à Jéhovah ; c'est là que lui et ses fils conduisaient leurs troupeaux. Le champ que foulait le Sauveur s'appelait encore le champ de Jacob.

Or sur cette terre des patriarches, d'où Jésus pouvait voir la ville de Sichem et le temple schismatique du mont Garizim, se trouvait un puits creusé par Jacob pour les besoins de sa famille et de ses troupeaux. Le divin Maitre, fatigué par une longue marche sous les rayons d'un soleil brûlant, s'assit sur la margelle de ce puits, pour prendre un peu de repos pendant que ses disciples allaient à Sichem acheter des vivres. Il était alors midi, et il attendait, en priant son Père, le retour de ses compagnons, quand une femme sortit d'une habitation voisine et vint puiser de l'eau à la fontaine.

Or c'était pour cette femme étrangère que Jésus, conduit par le divin Esprit, traversait, contrairement aux usages de sa nation, les terres des Samaritains. L'inconnue arrêta un instant son regard sur l'étranger, et le reconnaissant aussitôt pour un habitant de la Judée, elle se mît en devoir de remplir son vase sans prononcer une seule parole. Mais Jésus lui parla le premier :

« Femme, dit-il, donnez-moi à boire.

– Comment ! répondit-elle avec surprise, vous êtes Juif, et vous me demandez à boire, à moi qui suis Samaritaine ! Vous avez donc oublié que les Juifs ne veulent avoir aucune relation avec les Samaritains ? »

Au lieu de la suivre sur ce terrain épineux, d'une voix douce et véritablement inspirée, Jésus la transporta dans la région surnaturelle dont il désirait lui faire connaître les merveilles.

« O femme, si vous connaissiez le don que Dieu veut faire aux hommes, et quel est celui qui vous demande à boire, sans nul doute vous lui feriez la même demande, et il vous donnerait, lui, de l'eau vive.

– Seigneur, vous n'avez point de vase pour puiser de l'eau, et vous voyez que ce puits est profond : d'où tirerez-vous, je vous prie, cette eau vive dont vous parlez ? Seriez-vous plus grand que notre père Jacob, qui nous a donné ce puits après s'y être désaltéré avec ses fils et ses troupeaux ?

– Femme, continua Jésus, planant toujours au-dessus des idées matérielles, celui qui boit de l'eau de ce puits aura encore soif ; mais celui qui boira de l'eau que je lui donnerai sera désaltéré pour toujours. Cette eau sera en lui comme une source éternellement jaillissante. »

La Samaritaine écoutait, sans en comprendre la portée, les paroles étranges qui frappaient son oreille ; cependant l'attitude, la dignité, l'autorité surhumaine de l'étranger, faisaient sur elle une impression dont elle ne pouvait se rendre compte. Cédant au désir de posséder cette eau que Jésus avait appelée un don de Dieu, elle s'écria :

« Seigneur, donnez-moi donc de cette eau, afin que je n'aie plus soif, et que je ne vienne plus puiser à cette fontaine. »

Le moment était venu de frapper un grand coup. Feignant de vouloir communiquer ses dons à tous ceux qu'elle aimait, Jésus lui dit :

« Allez chercher votre mari, et ramenez-le-moi.

- Seigneur, répondit-elle, je n'ai point de mari.

- Vous dites bien, répliqua Jésus d'un ton grave, vous n'avez point de mari ; vous en avez eu cinq, et l'homme avec qui vous vivez maintenant n'est point votre mari.

- Seigneur, s'écria la Samaritaine éperdue, je vois clairement que vous êtes un prophète ! »

Au lieu de s'irriter contre l'étranger qui lisait ainsi dans son âme des secrets qui la faisaient rougir, la pauvre pécheresse s'éprit pour lui d'un vif sentiment d'admiration. Ses yeux s'ouvraient à la lumière ; aussi, devinant dans son mystérieux interlocuteur un homme inspiré de Dieu, s'empressa-t-elle de le consulter sur la question capitale qui divisait depuis des siècles les Juifs et les Samaritains :

« Nos pères, dit-elle, en étendant les mains vers le Garizim, ont toujours adoré Jéhovah sur cette montagne, et vous dites, vous autres Juifs, que Jérusalem est la ville sainte de l'adoration et du sacrifice.

- Femme, répondit Jésus, croyez-moi, voici que l'heure va sonner où vous n'adorerez le Père ni sur cette montagne ni dans le temple de Jérusalem. Jusqu'ici vous adoriez un Dieu que vous ne connaissiez pas ; nous, nous connaissons Jéhovah et le culte qu'il faut lui rendre. Il est très vrai que des Juifs viendra le salut ; mais, je vous le répète, bientôt aussi viendra le jour, ou plutôt il est déjà venu, où les vrais adorateurs adoreront le Père en esprit et en vérité. C'est là ce que veut le Père, car Dieu est Esprit, et il veut qu'on l'adore en esprit et en vérité. »

Cette parole, dite par le Christ à une pauvre femme de Sichem, contenait toute la révolution religieuse qu'il allait opérer dans le monde. Jusque-là, Juifs et Samaritains n'avaient guère connu que le culte extérieur, l'immolation des brebis et des bœufs. Au culte extérieur Jésus allait ajouter le culte intérieur, le culte de l'amour, la vraie religion des enfants de Dieu. Désormais ce ne sera ni sur le Moriah, ni sur le Garizim, ni à Héliopolis, ni à Delphes, que se trouvera l'autel du sacrifice. Dieu est le Père de tous les hommes, et sur toute la surface de la terre il aura des temples et des autels. Il n'y aura plus ni Juifs ni Gentils, mais un seul peuple, le peuple de l'alliance nouvelle ; un seul royaume, le royaume du Christ, que ne limiteront ni les fleuves, ni les montagnes, ni les siècles.

En présence de l'avenir que le prophète déroulait à ses yeux, la Samaritaine se reporta tout naturellement vers le Rédempteur, dont ses compatriotes, aussi bien que les Juifs, attendaient le prochain avènement.

« Je sais, dit-elle, que le Messie, celui qu'on appelle le Christ, doit paraître bientôt. Lorsqu'il sera venu, il nous enseignera toutes choses.

- Femme, lui répondit Jésus, le Messie que vous attendez, c'est celui qui vous parle. »

À ce mot, la pauvre pécheresse se sentit toute tremblante. La grâce illumina son âme : elle crut en Jésus et comprit qu'il avait droit à son amour et à son adoration.

À ce moment les disciples revenaient de la ville, apportant des provisions. Ils furent tout étonnés de voir Jésus converser avec une femme, car les sages d'Israël prétendaient qu'il vaut mieux brûler la loi que de l'expliquer à une femme. D'après les traditions pharisaïques, on ne doit ni saluer la femme, ni lui adresser la parole, ni s'entretenir publiquement avec elle. Cependant le respect qu'ils portaient à leur Maître les empêcha de lui poser une question à ce sujet. Ils apprendront plus tard que Jésus, en élevant sa Mère au-dessus de toute créature, a ennobli la femme, jusque-là si méprisée, et que, du reste, il communique plus volontiers ses dons à l'humble pécheresse qu'à l'orgueilleux pharisien.

Quant à la Samaritaine, ravie à la pensée qu'elle avait trouvé le Messie, elle laissa son urne près du puits, et courut bien vite à la ville pour porter la bonne nouvelle à ses compatriotes. « Venez voir, leur dit-elle, un homme qui m'a dit tout ce que j'ai fait en ma vie. Ne pensez-vous pas que c'est le Christ, le Messie que nous attendons ? » Les Samaritains connaissaient cette femme à la conduite plus que légère. La voyant si vivement émue, ils sortirent en foule de Sichem pour se rendre auprès de Jésus.

Pendant ce temps les disciples prenaient leur repas, tandis que Jésus paraissait absorbé dans une profonde méditation. Et comme on le pressait de manger, il répondit : « Je me nourris d'un mets que vous ne connaissez pas. » Là-dessus ils se demandaient les uns aux autres si quelqu'un lui avait apporté à manger pendant leur absence. Jésus leur dit alors : « Ma nourriture, c'est de faire la volonté de Celui qui m'a envoyé, c'est d'accomplir son œuvre. Vous connaissez le proverbe : Il y a quatre mois des semailles à la moisson ; eh bien, moi je vous dis : levez les yeux, et voyez dans les champs les moissons déjà jaunissantes. » Et les disciples levèrent les yeux du côté de Sichem, et ils aperçurent une foule d'hommes, de femmes et d'enfants qui accouraient en toute hâte. La semence, déposée dans le cœur d'une pauvre femme, avait déjà fait mûrir une riche moisson.

Jésus expliqua aux disciples le phénomène de cette maturité hâtive, et l'heureuse destinée qui leur était réservée. Sur cette terre avaient passé avant eux ces semeurs qu'on appelle les patriarches et les prophètes. Ils avaient ensemencé le champ du père de famille en déposant dans tous les cœurs l'attente du Libérateur. A son tour, le Christ allait traverser l'héritage de ses pères, semant partout son Évangile et préparant la récolte : « Pour vous, ajouta le divin Maître, va se réaliser le proverbe : Autre est le semeur, autre le moissonneur. Je vais vous envoyer moissonner là où vous n'avez pas travaillé. D'autres ont eu la peine : vous n'aurez qu'à recueillir le fruit de leurs labeurs. Et le moissonneur recevra sa récompense, et la moisson dans l'éternité réjouira son cœur et le cœur de ceux qui ont déposé dans la terre la semence bénie. »

Pendant que Jésus parlait, les Samaritains se pressaient en foule autour de lui. Ils croyaient vraiment à sa mission divine, depuis que la femme leur avait attesté que, sans la connaître en aucune manière, il lui avait fait toute l'histoire de sa vie. Ils venaient maintenant le prier de demeurer avec eux. Le Sauveur reçut avec bonté ces hommes à la foi candide, et, se rendant à leurs désirs, il les suivit dans leur cité, où il séjourna deux jours entiers. Il leur parla du royaume de Dieu qu'il venait fonder en ce monde, et les confirma dans l'opinion qu'ils avaient de lui. « Maintenant, disaient-ils à la Samaritaine, ce n'est plus sur votre témoignage que nous croyons en lui : nous l'avons entendu de nos propres oreilles, et nous savons qu'il est vraiment le Sauveur du monde ! »[14]

Ainsi parlaient ces Samaritains. Plus heureux que les Juifs, ils n'avaient point de lettrés jaloux et superbes pour corrompre la simplicité de leur cœur et mettre obstacle au travail de la grâce divine. C'est comme avec regret que Jésus les quitta pour reprendre le chemin de la Galilée.

---

[14] Le Martyrologe romain fixe au 20 mars la fête de sainte Photine, la Samaritain de l'Évangile. D'après diverses traditions, elle se serait retirée à Carthage avec l'un de ses fils, y aurai prêché Jésus-Christ et serait morte en prison pour la foi sous le regne de Néron. Comme l'avait annoncé le Sauveur, les apôtres firent une bonne moisson en Samarie. Cette province devint le centre de chrétientés florissantes. Le célèbre philosophe Justin, natif de Sichem, se convertit au christianisme, le défendit dans d'éloquentes apologies, et fut martyrisé sous Marc-Aurèle. Le puits de Jacob. près duquel Notre- Seigneur se reposa en attendant la Samaritaine. devint bientôt un lieu de pèlerinage. On bâtit près de ce puits une magnifique église dont saint Jérôme fait mention. Parlant de l'illustre Romaine. sainte Paule, il dit : ., Elle traversa Sichem et entra dans une église bâtie près du puits où Notre-Seigneur, ayant faim et soif, se donna pour nourriture la foi de la Samaritaine, *Samarirana fide sasiatus est* . »

IV. Jésus en Galilée

Le Sauveur à Nazareth. - Son portrait. - Discours à la synagogue. - Incrédulité des Nazarétains. - « Nul n'est prophète dans son pays. » - Le Mont de la Précipitation. - Excursion en Galilée. - Une guérison miraculeuse. (Luc., IV, 14.30. - Joan., IV, 43.54.)

Il tardait à Jésus d'évangéliser la Galilée, ce pays cher à son cœur, et surtout le petit bourg de Nazareth, qui lui rappelait de si doux souvenirs. Ce n'est pas sans émotion qu'il revit l'humble demeure où s'écoula son heureuse jeunesse, près de sa mère Marie et de Joseph son père nourricier. Bien que ses compatriotes doutassent grandement de sa mission divine, on racontait de lui tant de merveilles qu'ils désiraient vivement le voir et l'entendre. Aussi quand, le jour du sabbat, Jésus se rendit à la synagogue, les Nazarétains encombraient la vaste enceinte.

Ils retrouvèrent le fils du charpentier, comme ils l'appelaient, tel qu'ils l'avaient connu. Vêtu d'une longue tunique, ceint d'une simple courroie, enveloppé dans un modeste manteau : rien n'était changé dans son extérieur. Tous reconnurent l'homme au visage austère, à l'œil ardent, aux longs cheveux flottant sur les épaules, à la physionomie douce et triste, qui inspirait, même aux enfants, le respect et l'affection.

Le service religieux commença. Après le chant des psaumes, le ministre désigna les officiers, qui, selon la coutume, montèrent tour à tour dans la chaire, au signal du chef de la synagogue, et donnèrent lecture des livres de la Loi. Puis il tira du Sacrarium le Livre des prophètes, et comme Jésus appartenait par sa vie passée à la congrégation de Nazareth, il lui mit en main les rouleaux sacrés. Jésus monta sur l'estrade, ouvrit le livre à l'endroit où l'on en était resté, et lut ces paroles du prophète Isaïe : « L'Esprit de Dieu est sur moi, car il m'a consacré par l'onction sainte. Il m'a envoyé prêcher l'Évangile aux pauvres, guérir les cœurs brisés, annoncer aux captifs la délivrance, aux aveugles la lumière, aux opprimés un allègement à leurs peines, à toute l'année sainte, le jubilé du Seigneur et le jour des solennelles rétributions. » Ayant ensuite roulé les feuillets du livre, Jésus le rendit au ministre, et s'assit pour expliquer les prophéties.

Tous les assistants avaient les yeux fixés sur lui ; tous se demandaient avec un intérêt mêlé d'anxiété comment allait parler ce docteur sorti de l'atelier. Élevant la voix, Jésus prononça ce mot bien simple, mais qui répondait à toutes les préoccupations de l'assemblée au sujet de sa mission : « La prophétie que vous venez d'entendre se réalise aujourd'hui au milieu de vous. »

Et reprenant une à une les paroles du texte sacré, il montra qu'elles avaient pour objet, non le prophète Isaïe ni la délivrance des Israélites captifs à Babylone, mais le grand Libérateur qui devait délivrer le monde de la vraie captivité. Aujourd'hui les figures disparaissent devant la réalité, l'Esprit de Dieu s'est répandu sur Celui qui doit annoncer la bonne nouvelle. Aujourd'hui les pauvres qui savent s'humilier dans leur néant vont recevoir l'abondance des grâces divines ; les âmes brisées par la douleur de leurs fautes, vont être purifiées ; les hommes que l'esprit mauvais tient dans ses fers, vont retrouver la liberté ; les aveugles spirituels verront resplendir la lumière de la vérité. L'année sainte commence, la trompette du jubilé des peuples s'est fait entendre, le Messie est venu, et le royaume de Dieu va s'établir. Telles furent les idées que développa Jésus, mais avec tant de charme et d'onction que tous ses auditeurs témoignaient, par leur attitude et leurs applaudissements, l'impression profonde qu'ils éprouvaient à chaque parole de l'orateur. Cependant un grand combat se livrait dans leur âme. Cet homme qui leur parlait avec une autorité toute divine, qui venait implicitement de se donner pour le Messie, n'était après tout qu'un pauvre illettré, natif du petit bourg où tout le monde l'avait vu maniant la scie et le rabot. Et ils se disaient les uns aux autres : « N'est-ce pas le fils du charpentier Joseph ? D'où aurait-il tiré cette sagesse et cette puissance qu'on lui attribue, lui qui n'a fréquenté aucune école ? D'ailleurs, que ne fait-il des prodiges, comme il en a fait à Capharnaüm, pour appuyer ses prétentions ? »

Jésus connaissait les pensées qui s'agitaient au fond de leur âme. « Je sais, dit-il, que vous m'appliquez le proverbe : Médecin, guéris-toi toi-même. Opère dans ton propre pays les guérisons miraculeuses dont tu viens, à ce que l'on dit, de favoriser Capharnaüm. En vérité, je vous le dis, nul prophète n'est bien reçu dans son pays. Quant à faire des miracles, souvenez-vous qu'il y avait beaucoup de veuves en Israël, aux jours d'Elie, alors que le ciel resta fermé pendant trois ans et demi, et qu'une horrible famine désola tout le pays : cependant le prophète ne fut envoyé à aucune d'elles, mais à la femme de Sarepta, au pays de Sidon, au milieu d'un peuple idolâtre. De même il ne manquait pas de lépreux en Israël au temps du prophète Elisée ; et cependant aucun d'eux ne fut guéri, si c'est n'est Naaman le Syrien. »

Ainsi Jésus ne voulait pas faire un miracle en faveur de ses compatriotes, murmuraient les Nazarétains. Sans doute il leur préférait ces idolâtres, ces habitants de Sidon dont il venait de parler. Au lieu de rentrer en eux-mêmes et de se reprocher leur orgueil et leur incrédulité, ils se crurent odieusement méprisés. Bientôt leur ressentiment devint de la rage. Dans leur exaltation, s'animant les uns les autres, excités par les esprits de l'abîme, ils chassèrent Jésus de la synagogue et le traînèrent hors de la ville, au milieu des imprécations et des blasphèmes, jusqu'au sommet de la montagne au pied de laquelle sont disséminées les maisons de Nazareth.[15]

À cet endroit se trouve une roche abrupte, qui domine un précipice affreux. C'est de cette cime, haute de quatre-vingts pieds, que ces forcenés voulaient lancer leur victime sur les rochers qui bordent la montagne. Mais l'heure du sacrifice n'avait pas sonné. Au moment où ils mettaient la main sur le Sauveur pour consommer leur forfait, une puissance supérieure paralysa leurs bras. Et pendant qu'immobiles et

---

[15] Les pèlerins ne manquent pas de visiter cette montagne qu'on appelle le *Mont de* la *Précipitation*. « Bien que je me trouvasse, dit le père de Géramb, derrière quelques pierres qui forment une sorte de parapet, quand j'abaissai mes regards sur le précipice, son aspect me fit frissonner. Au pied du rocher est un autel sur lequel les pères franciscains vont, à un jour fixé, célébrer une messe dont l'Évangile est le texte de saint Luc rapportant le fait qui s'est passé en ce lieu. »

muets, ils se regardaient les uns les autres, Jésus, tranquille et calme, passa au milieu d'eux et s'en alla porter la bonne nouvelle à des populations plus hospitalières.

Loin d'imiter les habitants de Nazareth, les Galiléens accueillirent Jésus avec empressement et faveur. Aux dernières fêtes de Pâques, ils avaient admiré les prodiges opérés à Jérusalem, et surtout le courage tout surnaturel de leur compatriote lors de l'expulsion des vendeurs. Ils se réjouissaient de revoir ce thaumaturge au bras vigoureux, qui parlait en maître aux marchands et aux docteurs.

Les Galiléens se distinguaient par leur bravoure et leur fidélité. Ils n'avaient pu, sans frémir, voir Jérusalem captive, et les Romains commander aux fils d'Abraham. Cependant, bien que zélés observateurs de la loi mosaïque, on les méprisait en Judée à cause de leurs rapports avec les Gentils, Grecs, Syriens, Arabes, Romains, dispersés dans leur pays. De plus, appliqués tout le jour aux travaux des champs, ces rudes laboureurs s'inquiétaient assez peu des controverses soulevées par les scribes et les pharisiens. Cette indifférence, jointe à leur accent peu distingué, leur enlevait toute considération aux yeux des lettrés. Aussi n'était-ce point de la Galilée que les Juifs attendaient le salut d'Israël.

Mais cette simplicité que dédaignaient les docteurs de Jérusalem, était précisément la qualité que Jésus exigeait des âmes pour leur prodiguer ses faveurs. Pendant plusieurs mois, comme il l'avait fait en Judée, il sema dans ce pays la divine vérité. Il allait par la ville et les villages, rassemblant le peuple dans la synagogue. « Les temps sont accomplis, disait-il, faites pénitence, et croyez à l'Évangile que je vous annonce. » La prédication de Jean-Baptiste retentissait de nouveau aux oreilles du peuple, mais avec plus d'empire et de douceur.

Et quand les âmes étaient préparées à recevoir les secrets divins, il leur montrait en quoi consiste le royaume de Dieu, et comment l'âme, purifiée par la pénitence, devient comme un trône où règne Dieu, son seul Maître et Seigneur.

Il prêchait ainsi aux pauvres, aux affligés, aux malades, uniquement préoccupé de les sauver tous. Privé de toute ressource comme le dernier des indigents, il s'asseyait à la table de ceux qui l'invitaient, et prenait son repos là où on lui offrait un abri. Souvent, la nuit venue, il se retirait dans un lieu solitaire, et priait son Père du ciel pour les pauvres âmes qu'il venait appeler au salut.

Bientôt toute la Galilée s'entretint avec admiration du prophète de Nazareth et de ses prédications. Ses nombreux disciples répandirent partout le bruit de son nom et des merveilles qu'il opérait, ce qui donna au Sauveur une nouvelle occasion de montrer sa puissance.

Il arrivait à la petite ville de Cana, théâtre de son premier miracle, quand un officier royal de Capharnaüm, accablé de douleur, vint se jeter à ses pieds. Son fils souffrait depuis longtemps d'une fièvre violente, et l'on avait perdu tout espoir de le sauver. Le malheureux père se tourmentait et se désespérait, quand il ouï dire que Jésus, le nouveau prophète dont tout le public s'occupait, se trouvait à Cana. À cette nouvelle, il se reprit à espérer, et, laissant le malade dans les angoisses de l'agonie, il se mit à la poursuite du seul médecin qui, disait-on, pouvait le guérir.

Arrivé à Cana, il se présenta aussitôt devant le Sauveur, et le supplia de vouloir bien descendre à Capharnaüm pour sauver son enfant. « Hâtons-nous, disait-il avec larmes, car il se débat avec la mort. »

Jésus apprécia d'un coup d'œil les dispositions intérieures de cet officier. Habitué à la vie des camps, cet homme s'inquiétait assez peu du royaume du ciel que prêchait le divin Maître. On lui avait vanté la puissance du prophète de Nazareth, et il venait à tout hasard lui demander la guérison de son fils. C'était du reste la disposition générale des esprits. On admirait les actes du Sauveur, on ne le saluait pas comme le Messie. Jésus ne put s'empêcher de faire ressortir ce manque de foi : « Il faudra donc, dit-il, multiplier les signes et les prodiges pour vous décider à me croire ? »

Mais le pauvre père, tout entier à sa terrible préoccupation, ne comprit pas même ce reproche. Il se contenta d'accentuer son désir et sa confiance, en s'écriant avec insistance : « Venez, Seigneur, venez avant que l'enfant exhale le dernier soupir. »

Compatissant à sa douleur, Jésus voulut bien exaucer sa prière ; mais, afin de lui faire comprendre que le Maître de la vie et de la mort n'a pas besoin de toucher un malade pour le guérir, il se leva solennellement et dit à l'officier : « Allez, votre fils est plein de vie. »

L'heureux père s'en retournait en toute hâte à Capharnaüm quand, sur le chemin, plusieurs serviteurs de sa maison se présentèrent à lui. Ils accouraient tout joyeux à sa rencontre pour lui annoncer la parfaite guérison du malade.

« Et à quelle heure s'est-il trouvé mieux ? demanda l'officier, stupéfait.

- A la septième heure la fièvre l'a quitté, » répondirent les serviteurs.

C'était précisément à la septième heure que Jésus avait dit : « Allez, votre fils est plein de vie. » Le brave officier crut en lui, ainsi que toute sa famille.

De Cana Jésus reprit le chemin de Capharnaüm. Depuis six mois, il avait parcouru les trois provinces de la Palestine, semant partout la bonne nouvelle. Les pluies d'hiver commençaient à détremper les chemins, ce qui rendait les courses difficiles. Il rentra donc dans la cité qu'il avait choisie pour le lieu de son repos entre deux voyages.

V. Le lac de Génésareth

Capharnaüm. - Le lac. - La vallée de Gennésar. - La Galilée des nations. - Le tétrarque Philippe. - Prophétie d'Isaïe. - Jésus à Bethsaïde, - La pêche miraculeuse. - Quatre vocations. (Matth., IV, 13·22. - Marc., I, 16·20. - Luc., V, 11-17.)

Capharnaüm, capitale de cette partie de la Galilée qu'on appelait la Galilée des nations, comptait de quinze à vingt mille habitants, auxquels il faut ajouter les nombreux étrangers qui, attirés par son doux climat et ses sites pittoresques, y passaient une partie de l'année.

Ce n'est pas sans raison qu'elle portait le nom de belle cité.

À ses pieds, sur six lieues en longueur et trois en largeur, le lac de Génésareth étendait ses eaux plus limpides et plus fraîches que celles des fontaines. Des multitudes de poissons se jouaient alors dans cette nappe de cristal, pendant que toutes sortes d'oiseaux au plumage varié voltigeaient à sa surface. Plus de cinq cents barques, sortant chaque jour des bourgades du littoral, répandaient partout l'animation et la vie.

Sur la rive occidentale, où s'élevait la capitale, le délicieux vallon de Gennésar, dont le nom signifie jardin d'abondance, se développait sur une longueur de plusieurs lieues. Encaissé dans les montagnes qui entourent le lac, traversé par des ruisseaux qui le sillonnent en tous sens, il formait une oasis de merveilleuse fécondité. On y rencontrait les productions de tous les climats, le noyer des pays froids et le palmier dont les fruits ne mûrissent que sous un soleil brûlant. La vigne y projetait ses rameaux chargés de grappes jusqu'à une hauteur de trente pieds. Partout des bouquets d'oliviers et de figuiers encadraient les villas et les jardins, tandis qu'à la faveur d'un printemps presque perpétuel, les fruits et les fleurs se succédaient sans interruption. Pour peindre d'un mot cette riche et magnifique vallée, les Juifs l'avaient appelée le nouvel Éden.[16]

Naturellement une population considérable occupait ce beau pays. Au milieu des buissons de myrtes et de lauriers roses qui bordaient les rives du lac, florissaient alors des bourgades à jamais célèbres : Bethsaïde, Corozaïn, Magdala, Dalmanutha, et cette Tibériade, la nouvelle capitale du roi Hérode. C'était là, dans un superbe château, que le tétrarque tenait de temps en temps sa cour, au milieu des splendeurs d'une civilisation toute païenne.

Dieu avait préparé cet Éden au nouvel Adam pour faciliter sa mission sur cette terre. De toutes les contrées que Jésus venait de parcourir, aucune ne lui offrait les mêmes avantages. Les Galiléens du lac, malgré le contact de milliers d'étrangers, avaient conservé la simplicité de leurs pères. Vivant tranquillement du produit de leur pêche, ils attendaient le royaume nouveau prêché par Jean-Baptiste. La parole de Dieu sera mieux accueillie dans les synagogues de la Galilée qu'au temple de Jérusalem. Les sectaires de Tibériade n'ont pas encore perverti les paysans de Gennésar et les bateliers du lac.

À un autre point de vue, Capharnaüm offrait à Jésus un centre incomparable d'action. Sans sortir de la cité, il trouvait à instruire, non seulement ses concitoyens, mais une foule d'étrangers de toute nation. Située à l'embouchure du Jourdain, cette ville formait le point de jonction de plusieurs routes célèbres qui conduisaient de la Syrie et de la Phénicie à Sichem et à Jérusalem. Là s'arrêtaient les marchands de l'Arménie, les caravanes de Damas et de Babylone apportant les produits de l'Orient, les garnisons romaines qui se rendaient à Samarie ou en Judée, les multitudes de pèlerins qui, aux jours de fêtes, montaient à la Ville Sainte. Ces marchands, ces soldats, ces païens, ces pèlerins entoureront Jésus sur les bords du lac et recueilleront, en passant, ses divins enseignements.

---

[16] Les divers éléments de cette description sont empruntés à J'historien Josèphe. *(Bellum judaicum*, II. III. *passim.)*

De plus, vu la jalouse inimitié des sectaires, Jésus avait besoin d'une cité de refuge pour remplir son ministère sans s'exposer à tomber entre leurs mains avant le temps marqué par son Père. On pouvait prévoir que les pharisiens ne le toléreraient pas en Judée plus qu'ils n'avaient toléré Jean-Baptiste, et qu'Hérode ne reculerait pas devant un crime pour se défaire d'un nouveau censeur. Or, au-delà du Jourdain, à quelques lieues de Capharnaüm, régnait le tétrarque de l'Iturée, Philippe, frère d'Hérode, prince ami de la paix, dont toute la politique consistait à ne mécontenter ni les Romains ni ses propres sujets. Si donc Jésus se trouvait en butte aux persécutions d'Hérode ou des pharisiens, il éviterait tout danger en se réfugiant sur les terres de Philippe.

Pour toutes ces raisons Dieu assigna Capharnaüm, ce rendez-vous des peuples, comme demeure au

« Désiré des nations ». Ainsi s'accomplissaient les destinées de cette contrée bénie entre toutes, destinées prédites par Isaïe sept siècles avant la naissance du Sauveur. « La terre de Zabulon et de Nephtali, s'écriait le prophète, la voie de la mer au-delà du Jourdain, la Galilée des nations, le peuple assis dans les ténèbres, a vu briller une grande lumière ; le jour s'est levé sur ces régions ensevelies à l'ombre de la mort. » Et il ajoutait : « Un petit enfant nous est né qu'on appellera l'Admirable, le Dieu fort, le Père du siècle futur, le Prince de la paix. Il s'assiéra sur le trône de David, et son empire pacifique n'aura point de fin. » Heureuse terre de Galilée, si elle sait rejeter ses ténèbres et marcher à la lumière qui va l'inonder de ses célestes clartés !

Quelques jours après son retour à Capharnaüm, Jésus errait le long du lac, en méditant sur cet empire pacifique qui devait embrasser tout l'univers et s'étendre jusqu'à la fin des siècles. En passant sur la terre, il ne pouvait qu'en poser les bases et promulguer les lois. Il s'agissait donc, non pas seulement de multiplier les disciples, mais de choisir des auxiliaires généreux qui, formés par lui, perpétueraient son œuvre au milieu du monde. Dans le dessein de recruter immédiatement quelques-uns de ces futurs conquérants, il se dirigea vers le petit bourg de Bethsaïde, où vivaient des hommes selon son cœur : Simon, fils de Jonas, que, dans une première rencontre, il avait surnommé

Pierre ; André, son frère, et les deux fils de Zébédée, tous disciples de Jean-Baptiste, et tous sincèrement attachés à Celui que Jean désignait comme le Messie.

Après avoir suivi quelque temps ce nouveau Maitre, les quatre pêcheurs étaient retournés à leurs filets, attendant les grandes choses que le Libérateur devait opérer pour le salut d'Israël. Ils travaillaient en commun, Zébédée sur sa barque, et Pierre sur la sienne. André, Jacques et Jean manœuvraient sous leurs ordres, aidés par des mercenaires. La nuit on jetait les filets, et le jour on rattachait les mailles rompues. Occupés à cette dure besogne, ces rudes bateliers ne pensaient guère à étudier les lettres. Ils parlaient grossièrement le syro-chaldéen, la langue en usage depuis la captivité, et hasardaient parfois quelques locutions d'un grec à demi barbare, puisées dans leurs rapports avec les étrangers. En revanche, ils connaissaient la loi de Jéhovah, transmise au peuple par Moïse et les prophètes, et cette loi ils l'observaient avec un religieux respect.

À peine arrivé à Bethsaïde, Jésus vit tout le peuple accourir vers lui. On brûlait de voir et d'entendre ce prophète de Nazareth, dont la renommée grandissait de jour en jour. Pierre et André, ainsi que les fils de Zébédée, accoururent aussi pour saluer leur Maître, et bientôt le rassemblement devint si considérable qu'il fut impossible au Sauveur de se mouvoir ou de parler à la foule qui le pressait de toutes parts. À visant alors deux barques amarrées au rivage, il monta dans l'une d'elles, qui appartenait à Simon Pierre, et pria celui-ci de l'éloigner un peu de la terre. Puis s'étant assis, il enseigna la multitude, sans toutefois oublier le projet qui l'avait amené à Bethsaïde.

L'instruction terminée, il dit à Pierre : « Avancez en mer, et jetez vos filets. » En donnant cet ordre, Jésus savait qu'il mettait à l'épreuve la foi de son disciple. - « Maître, répondit Pierre, nous avons travaillé toute la nuit sans rien prendre : néanmoins, sur votre parole, je jetterai le filet. »

Avec l'aide de son frère, il poussa la barque en pleine mer, et prit une telle quantité de poissons que les mailles des filets se rompaient. Ils firent signe à leurs compagnons de venir leur prêter assistance.

Jacques et Jean accoururent, et les deux barques se remplirent de poissons à tel point qu'elles faillirent couler au fond de l'eau.

En présence d'un pareil prodige, Pierre se sentit indigne de paraître devant Jésus : « Seigneur, dit-il en tombant à ses pieds, éloignez-vous de moi car je ne suis qu'un misérable pécheur. » Comme lui, Jacques et Jean, et tous ceux qui étaient dans la barque, restaient frappés de stupeur à la vue de cette pêche miraculeuse.

Jésus tendit la main à son disciple, et lui dit avec douceur :

« Ne crains rien : désormais ce sont des hommes que tu prendras dans tes filets. » Déjà le Sauveur voyait sur la mer du monde la barque de son Église. Depuis quatre mille ans les patriarches et les prophètes avaient jeté leurs filets dans la nuit sombre du paganisme, et travaillé sans succès. Mais une fois sur la barque avec ses compagnons, Pierre, soutenu par la grâce divine, tirerait de l'abîme et conduirait au port l'innombrable multitude des enfants de Dieu.

Le moment était venu de dévoiler aux quatre pêcheurs le projet qu'il avait formé. S'approchant de Pierre et d'André, il leur dit simplement : « Suivez-moi, et je ferai de vous des pêcheurs d'hommes ». Entraînés par un charme invincible, ils laissèrent aussitôt barque et filets, et le suivirent. Jacques et Jean avaient regagné l'autre barque et commençaient, en compagnie de Zébédée, à raccommoder leurs filets. Jésus se dirigea de ce côté, et dit également aux deux jeunes gens : « Suivez-moi ! » À l'instant ils laissèrent leurs filets et leur père, et se rangèrent près du Maître avec leurs compagnons. Resté dans la barque avec les mercenaires, Zébédée vit sans peine s'éloigner ses deux fils, car une voix du ciel murmurait à son oreille que tous deux seraient grands dans le royaume des cieux.

Et Jésus s'achemina vers Capharnaüm, emmenant avec lui, comme premiers fondements de son œuvre, les quatre bateliers de Bethsaïde.

VI. SECONDE EXCURSION EN GALILÉE

Le démoniaque de Capharnaüm. - La belle- mère de Pierre. - Enthousiasme des Caphamaïtes. - Excursion. - Les synagogues. - Prédications de Jésus. - Guérison d'un lépreux, (Matth., VIII, 14-23. - Marc., 1, 2145. -Luc., IV, 31-44 ; IV, 12·16.)

Les jours de sabbat, Jésus se rendait à la synagogue de Capharnaüm et y donnait son enseignement au peuple. On l'écoutait avec avidité cette parole d'autorité qui ne ressemblait à aucune autre ; on ne se laissait point d'exalter ce nouveau docteur dont le caractère, les vertus, l'attitude modeste et l'air inspiré faisaient penser aux anges du ciel. Les auditeurs se disaient bien que ce prédicateur de la pénitence n'avait guère l'apparence du guerrier puissant annoncé par les prophètes comme libérateur d'Israël ; mais, d'un autre côté, des actes prodigieux leur montraient dans cet homme doux et pacifique une force qui déroutait toutes les suppositions.

Il y avait à Capharnaüm un homme possédé de l'esprit impur, dont le démon se servait pour manifester sa puissance surhumaine et terrifier les habitants du pays. Un jour de sabbat, le possédé vint à la synagogue et se mêla au peuple qui écoutait Jésus avec une religieuse attention. Frémissant de rage, le démon reconnut aussitôt l'envoyé de Dieu et se mît à pousser des cris lamentables.

« Jésus de Nazareth, hurlait-il, laisse-nous en paix. Qu'avonsnous à démêler avec toi ? Viens-tu ici briser notre pouvoir ? Je te connais : tu es le Saint de Dieu ...

- Tais-toi, lui répondit Jésus d'un ton menaçant, et sors de cet homme. »

L'esprit infernal obéit, mais se vengea sur le possédé, qui entra aussitôt en convulsions. Après l'avoir violemment secoué, le démon le jeta par terre au milieu de l'assemblée, et sortit de ce corps jusque-là son esclave, en poussant un cri d'épouvante qui glaça de terreur tous les assistants. Délivré de son tyran, le démoniaque se releva sain et sauf.

Les témoins de cette scène ne savaient comment exprimer leur admiration. Sans doute David avait calmé par ses chants l'esprit mauvais qui tourmentait Saül ; les Juifs réussissaient aussi par leurs exorcismes à empêcher les violences des démons ; mais qui connaissait un homme assez fort pour commander souverainement aux esprits de l'abîme ? « A-t-on jamais rien vu de semblable ? s'écriaient les Capharnaïtes. D'où vient cette nouvelle doctrine, et en vertu de quelle autorité ce prophète force-t-il les démons à lui obéir ? »

La renommée de Jésus se répandit bientôt dans tout le pays, d'autant plus qu'en sortant de la synagogue il opéra un nouveau miracle. La belle-mère de Pierre gisait sur son lit, en proie à une fièvre violente. Après le service religieux, le Sauveur se rendit près d'elle avec ses disciples. Aussitôt s'approchant de la malade, il la prit par la main, la souleva doucement sur sa couche, et, d'une voix à qui rien ne résiste, il commanda à la fièvre de la quitter. La fièvre disparut à l'instant, et si complètement, que la belle-mère de Pierre, pleine de force et de vigueur, sortit aussitôt de son lit et se mit à préparer le repas. C'était l'heure où, les jours de sabbat, les parents s'assemblaient autour de la table du festin, plus somptueux que d'ordinaire en ce jour de fête. Jésus y prit part avec ses disciples.

Cette guérison émut toute la ville. Les malades et les infirmes voulurent avoir leur part des bienfaits dont le prophète se montrait si prodigue. Au coucher du soleil, quand on n'eut plus à craindre de violer le repos sabbatique, une véritable procession de suppliants lui amena sur des brancards tous les infirmes de la cité, et un grand nombre de possédés. La population entière stationnait devant la porte. Jésus imposa les mains à tous ceux qu'on lui présentait, et leur rendit la santé. Ainsi s'accomplissait cette parole d'Isaïe : « Il a pris sur lui les infirmités, et nous a guéris de nos langueurs. »

D'un mot il chassa les démons des corps qu'ils avaient envahis. Ceux-ci fuyaient en grand nombre en criant pour se venger : « Nous savons que tu es le Fils de Dieu. » Mais Jésus leur défendit de lui donner ces titres de Christ et de Fils de Dieu, titres divins qui, proclamés prématurément, l'eussent fait arrêter comme blasphémateur avant d'avoir rempli sa mission. Divin soleil, le Sauveur voulait éclairer le monde, mais en tempérant la lumière selon la force ou la faiblesse des esprits.

Le lendemain de grand matin, Jésus gravit une colline qui dominait la ville, et se retira dans un lieu solitaire pour y prier son Père, avant d'entreprendre une nouvelle excursion à travers les contrées de la Galilée qu'il n'avait pas encore visitées. Or, pendant qu'il priait, les Caphamaïtes, toujours sous l'impression des événements de la veille, entourèrent la maison d'où il venait de sortir, réclamant à grands cris leur insigne bienfaiteur. Pierre et ses compagnons se mirent à sa recherche, et l'ayant découvert, ils lui dirent : « La foule est là qui vous attend. - Allons. répondit-il, dans les villes et bourgades voisines, car il faut que j'y prêche aussi la bonne nouvelle. C'est pour la prêcher que je suis venu en ce monde. »

Il parlait encore que les gens de Capharnaüm avaient, dans leur impatience, franchi la colline et faisaient cercle autour de lui ; mais il leur répéta ce qu'il avait dit aux disciples. Depuis plusieurs mois il leur annonçait la parole de Dieu, et maintenant il devait, selon la mission qu'il avait reçue de son Père, porter l'Évangile du royaume aux autres cités de la Galilée. En vain s'efforcèrent-ils par leurs cris et par leurs larmes de le retenir au milieu d'eux, il s'arracha pour ainsi dire de leurs bras et il se mit en route avec ses disciples.

C'est le moment favorable aux courses évangéliques. Les pluies de l'hiver qui rendaient les chemins presque impraticables, avaient entièrement cessé ; et l'on pouvait, sans trop de difficulté, arriver jusqu'aux moindres villages. De plus, on attendait partout l'envoyé de Dieu. Le bruit des prédications et des prodiges de Capharnaüm avaient retenti, d'échos en échos, jusque par-delà les frontières du pays.

Rien de plus facile, du reste, que d'évangéliser en peu de temps de nombreuses localités. Partout où se rencontraient dix hommes zélés pour le service de Dieu, l'on bâtissait une synagogue, et la bourgade prenait le nom de cité. Quand la cité comptait une population nombreuse, on multipliait les centres de prière. Tibériade renfermait plus de trente synagogues, et Jérusalem plus de quatre cents. Les autres localités portaient le nom de villages, et leurs habitants devaient se rendre aux villes voisines les jours de sabbat. « La majesté de Jéhovah, disaient les sages, n'habite que là où se trouvent au moins dix hommes rassemblés. »

Le jour du repos, les foules se réunissaient sous les yeux de Jéhovah. On priait le Dieu tout-puissant de répandre ses bénédictions sur la cité, on chantait à sa gloire les psaumes du Prophète, puis le lecteur lisait quelques versets de la sainte Loi, qu'un prêtre ou tout autre interprète autorisé expliquait au peuple. Si quelqu'un dans l'assemblée se sentait animé du souffle prophétique, il pouvait demander la parole à ses risques et périls, mais il restait soumis au Sanhédrin qui jugeait et condamnait les faux docteurs.

Quand du toit de la synagogue retentissait la trompette sacrée qui annonçait aux habitants des villes l'office sabbatique, Jésus se rendait à l'assemblée, entouré d'une foule de Galiléens, qui se faisaient une fête d'entendre enfin ce prophète dont on racontait tant de faits merveilleux. Personne ne pensait à lui demander de quel droit, simple particulier, pauvre artisan d'une bourgade voisine, il prenait la parole au milieu du peuple.

Ses prédications avaient pour objet le royaume de Dieu qu'il venait fonder en ce monde. Comme Jean-Baptiste, il appelait tous ses auditeurs à en faire partie. Le moyen c'était de s'humilier devant Jéhovah, d'expier par la pénitence les péchés commis, d'acquérir une nouvelle vie par le baptême, vie d'amour envers Dieu notre Père, et de charité envers les hommes, qui sont nos frères. Les auditeurs courbaient la tête devant cette doctrine magistrale qui se justifiait par elle-même et s'imposait à tous. On avait entendu des scribes éloquents, des interprètes habiles de la Sainte Écriture, mais Jésus ne dissertait pas comme ces savants. Il commandait en maître qui parle à des sujets, en législateur qui dicte ses volontés.

En même temps que résonnait à leurs oreilles cette voix forte et douce, les auditeurs ne pouvaient s'empêcher de contempler la figure céleste du prophète. On y voyait rayonner une bonté plus qu'humaine, qui captivait et ravissait tous les cœurs.

Non moins que sa doctrine, le pouvoir de Jésus enthousiasmait les populations. Comme à Capharnaüm, il guérissait les infirmes et chassait les démons. Il approchait un jour des portes d'une cité, quand tout à coup on entendit une voix sauvage et rauque pousser le cri d'alarme bien connu des Juifs : « Voici l'immonde, voici l'immonde. » C'était un lépreux qui voulait écarter la foule pour demander à

Jésus de le guérir. La foule s'arrêta, glacée d'effroi à la vue de ce spectre, couvert d'ulcères dégoûtants. Les lépreux, en effet, présentaient l'image d'un cadavre en dissolution. Leur contact, leur souffle même communiquait la hideuse maladie. D'après la loi de Moïse, un tribunal de prêtres, siégeant à Jérusalem, examinait soigneusement les malheureux qui en paraissaient atteints. La lèpre officiellement constatée, le lépreux, banni de la société, vivait seul dans les campagnes ou le voisinage des cités. Les vêtements déchirés, la tête rasée, la bouche couverte d'un voile afin de ne pas souiller l'air de son haleine fétide, il ne marchait qu'en agitant une cloche pour signaler sa présence, et en criant aux voyageurs : « Fuyez, voici l'immonde, voici le lépreux ! »

Tel apparut aux Galiléens éperdus l'infortune qui se traînait vers Jésus. Chacun se demandait ce qu'allait faire le prophète, quand on le vit s'avancer, seul, vers le lépreux et s'approcher de lui sans aucune crainte. Celui-ci, se jetant à ses pieds, se prosterna dans la poussière, et s'écria d'une voix suppliante : « Seigneur, si vous le voulez, vous pouvez me guérir. » Jésus ne put entendre ce cri de foi vraiment sublime sans se sentir ému jusqu'au fond de l'âme. Il étendit les mains vers le lépreux, toucha ses plaies livides, et répondit à sa confiance par cette parole qu'un Dieu seul pouvait prononcer : « Je le veux, soyez guéri. »

À l'instant même la lèpre disparut. Se sentant subitement transformé, le lépreux, fou de joie, allait crier au peuple, resté à l'écart, sa miraculeuse guérison ; mais Jésus lui imposa silence : « Ne parlez à personne, lui dit-il, de ce qui vous est arrivé, mais allez de ce pas vous montrer aux prêtres, et offrez en reconnaissance les victimes prescrites par la loi de Moïse. » En cela Jésus se conformait aux ordonnances légales. Les prêtres seuls avaient le droit de constater la guérison d'un lépreux et de lever l'interdit qui pesait sur lui. Des deux agneaux que le lépreux purifié offrait en action de grâces, les prêtres immolaient l'un en sacrifice de propitiation, et brûlaient l'autre sur l'autel des holocaustes. Alors seulement, le banni, déclaré pur, pouvait rentrer dans sa famille et dans la cité.

Jésus avait prescrit au lépreux de se conformer à toutes les exigences de la Loi avant de manifester sa guérison, mais celui-ci ne put résister au besoin qu'il éprouvait d'exalter son bienfaiteur. À peine l'eut-il quitté qu'il publia partout, à la gloire du prophète, la grâce insigne qu'il en avait reçue. Il en résulta ce que le Sauveur avait prévu. Sa renommée grandit tellement, et les foules s'amassèrent en si grand nombre autour de lui, qu'il lui devint impossible d'entrer ostensiblement dans les cités. En terminant ses courses en Galilée, il fut obligé de se tenir dans les campagnes, au milieu de vastes plaines, où de toutes parts affluaient à ses prédications les habitants des villes et villages voisins.

VII. Discussions avec les Pharisiens

Les espions pharisiens. - Un discours interrompu. - Guérison d'un paralytique. - Vocation du publicain Matthieu. - Scandale pharisaïque. - Réponse de Jésus aux : censeurs. (Matth., IX, 1-17. - Marc., II, 1·22. - Luc., V, 17·39.)

La popularité toujours croissante de Jésus commençait à inquiéter les pharisiens. Ses enseignements sur le royaume de Dieu contrariaient leurs idées et leurs espérances. Ils attendaient un Messie, mais un Messie qui établirait, au lieu du règne de Dieu, leur propre règne. Le prophète de Nazareth leur apparaissait donc comme un ennemi dangereux dont il fallait se débarrasser au plus vite. Depuis un an on le rencontrait partout, en Judée, en Galilée, dans les villages comme dans les cités, sur les montagnes et dans les vallées, et partout il fanatisait le peuple, trompé par sa séduisante parole et ses prétendus miracles. Il était plus que temps de l'arrêter dans cette voie, et de le livrer, sous un prétexte quelconque, à la justice du Sanhédrin. A cet effet, des émissaires zélés reçurent l'ordre de le suivre et de contrôler ses paroles et ses actes.

Après sa seconde course en Galilée, Jésus, de retour à Capharnaüm, reprit ses prédications aux habitants de la cité. Heureux de le revoir après cette absence du plusieurs mois, ceux-ci ne cessaient d'assiéger sa demeure. Un jour, la foule s'y pressait tellement qu'elle débordait sur les places voisines. Aux premiers rangs on remarquait, non sans étonnement, certains personnages étrangers, des scribes, des docteurs de la Loi, des pharisiens de haut rang, venus de Jérusalem et d'autres cités juives, avec l'intention bien évidente de surveiller le prédicateur.

Une circonstance imprévue leur fournit bientôt un motif de critique. Pendant que Jésus, assis devant son auditoire, enseignait comme de coutume, quatre hommes arrivèrent devant la maison, portant sur une litière un pauvre paralytique. En vain cherchèrent-ils à percer la foule qui encombrait tous les abords, il leur fut impossible de pénétrer jusqu'à la porte ; sans se décourager, ils montèrent par l'escalier du dehors sur le toit[17] de la maison, agrandirent l'ouverture qui menait à l'intérieur, et descendant le paralytique sur sa litière, ils le déposèrent aux pieds de Jésus.

L'audace de ces hommes choqua les pharisiens. Ils s'étonnaient qu'un sage permît à ces rustres d'interrompre son discours et de troubler des savants venus de loin pour l'écouter. Le Sauveur, au contraire, doux et compatissant, admirait la foi du paralytique et l'intrépide dévouement des amis qui l'avaient amené. De son œil pénétrant, il fixait le pauvre infirme, et voyait que son âme n'était pas moins malade que son corps. Il résolut aussitôt de le délivrer de sa misère spirituelle, principe trop souvent d'où proviennent les infirmités corporelles. Un regard d'amour fit naître dans le cœur de ce malheureux le repentir de ses fautes, puis Jésus lui dit avec douceur : « Confiance, mon fils, tes péchés te sont remis. »

À ces mots un grand murmure éclata dans la salle. Scribes et pharisiens, scandalisés, se regardaient en fronçant le sourcil : « Oh ! Blasphémateur ! pensaient-ils, remettre les péchés ! Mais il n'y a que Dieu qui puisse remettre les péchés ! » Évidemment il ne restait plus qu'à dénoncer au grand Conseil ce sacrilège usurpateur des attributs de Jéhovah.

D'un mot, Jésus rompit la trame qu'ils ourdissaient dans leur cœur. Sans proclamer ouvertement sa divinité, ce qui l'eût fait condamner à la lapidation, il les mit dans l'impossibilité de nier son pouvoir divin. « Pourquoi donc, leur dit-il, roulez-vous en vous-mêmes de coupables pensées ? Répondez-moi : lequel des deux est le plus facile, de dire au paralytique : Tes péchés te sont remis, ou de lui dire : Lève- toi, prends ton grabat, et marche ? » L'un n'était pas plus facile que l'autre, car ces deux actes dépassaient également les forces de l'homme. Aussi les pharisiens, confus et décontenancés, attendirent- ils en silence qu'il

---

[17] En Orient, une plate-forme en terre battue sert de toit aux maisons.

plût à Jésus d'expliquer sa pensée. « Vous vous taisez, reprit-il, eh bien ! Afin que vous sachiez que le Fils de l'homme a sur la terre le pouvoir de remettre les péchés, écoutez et voyez. »

S'adressant au paralytique, il s'écria d'une voix forte : « Je te le commande, lève-toi, prends ton lit, et va- t'en dans ta maison. » A l'instant, une commotion violente secoua tous les membres de l'infirme ; il se leva, prit son lit et s'en alla chez lui en glorifiant le Seigneur.

Frappés d'étonnement, les assistants glorifiaient aussi le Dieu qui investit l'homme d'une puissance aussi prodigieuse. « Jamais, nous n'avons vu merveille semblable, » s'écriaient-ils. Quant aux pharisiens, humiliés mais non convertis, ils continuèrent à espionner Jésus, et trouvèrent quelques jours après l'occasion de lui susciter une nouvelle querelle.

Il y avait près du port de Capharnaüm des bureaux ou comptoirs, occupés par des collecteurs d'impôts et d'autres préposés du fisc, qu'on désignait généralement sous le nom de publicains. Odieux à tous à cause de leurs exactions, et plus encore comme agents des Romains, on les traitait en pécheurs publics avec lesquels il n'est permis d'entretenir aucune relation.

Or, parmi ces publicains méprisés, plusieurs écoutaient avec attention la parole du Maître. De même qu'on en avait vu sur les bords du Jourdain recevoir avec piété le baptême de Jean, on en rencontrait le long du lac qui désiraient avec ardeur faire partie du royaume de Dieu. Un certain Matthieu, fils d'Alphée, se faisait surtout remarquer par son assiduité aux prédications. Un jour, en passant sur le quai, Jésus l'aperçut au bureau de péage, et, le fixant avec bonté, lui dit ces trois mots : « Matthieu, suis moi ! »

Le publicain admirait le prophète, sa doctrine, sa puissance, son affabilité surtout avec les pauvres et les pécheurs, mais il n'avait jamais pensé qu'il pourrait devenir, lui qu'on regardait à peine, un de ses disciples privilégiés. Cependant, à cet appel aussi subit qu'inattendu, il se sentit entraîné vers le bon Maître, se leva de son siège sans mot dire, et quitta tout pour le suivre.

Naturellement, cette étrange vocation fit grand bruit et choqua fortement les pharisiens. Ceux qui passaient et repassaient devant le comptoir de ce publicain sans daigner lui adresser même un regard, exprimaient leur profond mépris pour le docteur de bas étage qui ne se trouvait bien que dans la société des bateliers et d'hommes plus vils encore. Mais Jésus leur ménageait d'autres surprises.

Avant de quitter définitivement son office, Matthieu voulut célébrer par un festin solennel la grâce qu'il venait de recevoir. Il invita à sa table le Maître et ses disciples, ainsi qu'un certain nombre de publicains, ses collègues et amis. Jésus se rendit à l'invitation de Matthieu, et prit place au milieu de ces convives, que les pharisiens qualifiaient ouvertement de pécheurs et de voleurs.

Ce fut un vrai scandale. La salle étant, selon l'usage, ouverte à tout venant, les censeurs ne manquèrent pas de s'y faire voir pour témoigner publiquement leur indignation. Cependant, afin de ne pas s'attirer une de ces répliques qui les couvraient de confusion, ils se contentèrent de murmurer à l'oreille des disciples leurs reproches envenimés. « Expliquez-nous donc, disaient-ils, comment vous et votre Maître, vous vous permettez de manger et de boire avec ces publicains et ces pécheurs ? »

Informé de leurs propos malveillants, Jésus leur fit cette admirable réponse : « Ce ne sont pas les bien portants, mais les malades qui ont besoin de médecin. Je ne suis pas venu appeler les justes à la pénitence, mais les pécheurs. » Il y avait dans ces paroles une ironie qui dut faire rougir les pharisiens. Eux qui se prétendaient justes, Jésus n'avait rien à faire avec eux ; mais pourquoi lui reprochaient-ils de se mettre en rapport avec les pécheurs, qu'il avait précisément mission de convertir ? Et pour confondre leur hypocrite orgueil, il ajouta : « Allez, et tâchez de comprendre cette parole de Dieu : La miséricorde l'emporte à mes yeux sur le sacrifice. » La leçon frappait au cœur ces rigoristes qui se croyaient justifiés par l'offrande de quelques victimes, et n'avaient pas même l'ombre de cette miséricordieuse charité, sans laquelle on ne peut plaire à Dieu.

Cette apostrophe bien méritée mit les pharisiens en déroute ; mais afin d'embarrasser Jésus, ils avisèrent, en quittant la salle, certains disciples de Jean-Baptiste, et leur firent remarquer que la conduite du nouveau prophète contrastait singulièrement avec celle de leur maître. « Jean vous a ordonné de jeûner fréquemment, disaient-ils, et celui-ci n'impose aucun jeûne à ses disciples. » Toujours un peu piqués de voir la foule suivre Jésus, les mécontents se joignirent à certains scribes, et vinrent lui poser cette question : « Les disciples de Jean et ceux des pharisiens se soumettent à des jeûnes fréquents : pourquoi, vous et les vôtres, ne jeûnez-vous pas comme eux ? »

Il s'agissait, non des jeûnes légaux, que tous les Juifs fidèles observaient, mais des jeûnes multipliés que les pharisiens surajoutaient aux préceptes, et dans lesquels ils faisaient consister la justice et la sainteté. Jésus répondit aux disciples de Jean par la comparaison dont s'était servi leur maître dans une autre circonstance : « Les amis de l'époux, dit-il, peuvent-ils jeûner et porter le deuil pendant que l'époux est avec eux ? » Puis, faisant allusion à sa mort prochaine, il ajouta : « Viendra bientôt le jour où l'époux leur sera ravi, et alors ce sera pour eux le temps du jeûne et des larmes. »

Une autre raison pour laquelle Jésus ne formait pas ses disciples à la loi de crainte, c'est qu'il voulait lui substituer la loi d'amour. Les rites figuratifs du culte mosaïque devaient disparaître devant les réalités de l'Évangile, comme les ombres devant la lumière. Cette vérité, que les Juifs, attachés aux anciennes observances, ne pouvaient encore supporter, Jésus l'annonça, mais en la voilant sous des images qui la laissaient à peine entrevoir. « On ne coud pas, dit-il, une pièce de drap neuf à un vieil habit : le neuf emporte le vieux et le déchire. De même on ne met pas du vin nouveau dans de vieilles outres : le vin nouveau romprait les outres, et l'on perdrait ainsi et le vin et les outres. Mettez le vin nouveau dans des outres neuves, et le tout se conservera. » Les disciples de Jean, encore pénétrés de l'esprit ancien, ne pouvaient guère goûter les maximes de l'Évangile : aussi le divin Maître, continuant la comparaison, termina-t-il l'entretien par cette réflexion : « L'homme qui boit du vin vieux ne s'habitue pas vite au nouveau, car il trouve que le vieux est plus agréable au palais. »

Ainsi Jésus avait à lutter, non seulement contre les sectaires pharisiens, mais aussi contre les fidèles les plus attachés au culte mosaïque. Signe de contradiction parmi les hommes, il ne peut faire un pas sans rencontrer une erreur, un préjugé, une passion, qui prétendent lui barrer le chemin. Il avance néanmoins, parce que nul n'est assez fort pour barrer le chemin au Fils de Dieu.

VIII. Graves accusations

La piscine probatique. - Guérison d'un paralytique le jour du sabbat. - Indignation des pharisiens. - Jésus accusé de blasphème. - Il prouve sa divinité. - Incrédulité des Juifs. — Les épis rompus. - La main desséchée. - Complot des pharisiens. (Matth. XII, 1·14. - Marc., II, 23-28 ; III, 1·6. - Luc., VI, 1-11. - Joan., V 1·47.)

Une fois la lutte engagée entre le pharisaïsme et l'Évangile, Jésus savait que les docteurs juifs, blessés dans leur orgueil, la pousseraient avec la plus vive animosité. Cependant, à l'occasion de la fête de Pâques, il n'en résolut pas moins de se rendre à Jérusalem, au risque de provoquer par sa présence de sérieuses hostilités. Si ses ennemis l'attaquaient, ce serait une excellente occasion de les confondre devant ces flots d'étrangers dont la ville sainte regorgeait pendant les solennités.

Dès sa première visite au temple, un incident singulier provoqua la colère des pharisiens. Près de la muraille septentrionale de l'édifice sacré, se trouvait une vaste piscine, appelée la piscine probatique, ou des brebis, parce qu'on y purifiait les troupeaux destinés aux sacrifices. On la nommait aussi Béthesda, maison de grâce, parce que Dieu avait qualifié ses eaux d'une vertu miraculeuse. À certains jours, un ange descendait dans la piscine, en rEmuait les eaux, et le premier malade qui s'y plongeait après le passage de l'ange, en sortait guéri, quelle que fût son infirmité. Aussi des multitudes d'incurables, aveugles, boiteux, paralytiques, remplissaient-ils les cinq portiques de la piscine, attendant le passage de l'ange.

Or, parmi ces infirmes, gisait sur son grabat un pauvre paralysé qui, depuis trente-huit ans, n'avait fait usage de ses membres. Comme il restait là immobile, et que personne ne compatissait à sa misère, Jésus s'approcha de lui, et l'interpellant avec douceur :

« Veux-tu être guéri ? dit-il.

- Oui, Seigneur, répondit l'infirme, mais je n'ai personne qui veuille me descendre dans la piscine au moment propice ; quand je fais effort pour m'y traîner, un autre y descend avant moi.

- Lève-toi, reprit Jésus avec autorité, prends ton grabat, et marche. »

À l'instant même, le paralytique se sentit guéri. Obéissant au commandement qu'il venait de recevoir, il chargea son grabat sur ses épaules et se mit à marcher, à la grande stupéfaction des assistants. C'était un jour de sabbat, jour de repos que les Juifs, selon les préceptes du Seigneur, gardaient religieusement. Mais les pharisiens avaient ajouté à la loi sabbatique des prohibitions sans nombre, plus absurdes les unes que les autres. D'après eux, on ne pouvait sans crime porter en ce jour le plus léger fardeau, écrire de suite deux lettres de l'alphabet, ou poursuivre une route le vendredi soir, fût-on exposé aux intempéries de la saison ou aux attaques des brigands.

Il arriva donc que certains pharisiens rencontrèrent le paralytique qui s'en retournait joyeusement chez lui, son grabat sur les épaules. Ils l'arrêtèrent et lui reprochèrent sévèrement sa scandaleuse conduite :

« C'est aujourd'hui le jour du sabbat, lui dirent-ils, il ne t'est pas permis d'emporter ton lit.

- Celui qui m'a guéri, répondit-il, me l'a commandé, et j'obéis. »

Intrigués de cette réponse, ils le questionnèrent au sujet du téméraire qui lui avait donné pareil ordre, mais il ne put les renseigner, car Jésus avait disparu de la foule, aussitôt le miracle accompli. Un peu plus tard, le Sauveur ayant rencontré cet homme dans le temple, lui dit à l'oreille : « Te voilà guéri, maintenant ne pèche plus, de peur qu'il ne t'arrive quelque chose de pire. » Aussitôt celui-ci, joyeux et reconnaissant, publia partout qu'il devait sa guérison au prophète de Nazareth.

Il n'en fallut pas davantage pour ameuter les pharisiens contre Jésus. Ils se rendirent au temple, et l'ayant trouvé au milieu du peuple, ils lui demandèrent d'un ton menaçant de quel droit il se permettait de guérir les malades et de faire porter des fardeaux un jour de sabbat, alors que tout homme doit imiter le repos de Jéhovah après la création.

« Mon Père ne se repose pas, répondit Jésus : comme lui je ne cesse d'agir. » En effet, Dieu donne et conserve la vie les jours de sabbat comme les autres jours. Condamner Jésus pour avoir agi comme Dieu, n'était-ce pas condamner Dieu lui-même ?

Au lieu d'apaiser les Juifs, ces trois mots les mirent en fureur. « Il appelle Dieu son Père, s'écrièrent-ils, il se proclame l'égal de Dieu, il s'arroge le droit souverain de violer le sabbat. Ce n'est pas seulement un contempteur de la loi de Moïse, c'est un insigne blasphémateur. » Et déjà ils pensaient à ramasser des pierres pour le lapider.

Jésus restait calme au milieu de ces forcenés. Au lieu d'atténuer une déclaration qui contenait, ainsi que les Juifs l'avaient très bien compris, une affirmation de sa divinité, il prit à tâche de la justifier. Jamais débat plus grave ne fut soulevé devant un auditoire plus passionné ; mais le discours s'éleva à une telle hauteur que tous l'écoutèrent sans oser l'interrompre.

« En vérité, en vérité, je vous le dis, s'écria Jésus, le Fils ne fait rien de lui-même, il agit toujours conjointement avec le père. Celui-ci l'aime d'un tel amour qu'il l'associe à tous ses actes, de sorte que les œuvres du Fils sont vraiment les œuvres du Père. Ces œuvres du fils vous étonnent, mais il en opérera d'autres, plus prodigieuses encore, qui vous jetteront dans la stupéfaction. »

L'assemblée redoubla d'attention : après les miracles semés sur sa route, qu'allait donc faire le puissant thaumaturge ?

« De même, reprit Jésus, que le père tire les morts du tombeau, le Fils donne, quand il le veut, la vie aux âmes. Ce pouvoir de juger et de vivifier les âmes, le Père l'a remis entre les mains du Fils, afin que tous l'honorent comme ils l'honorent lui-même. Refuser d'honorer le Fils, c'est refuser d'honorer le Père qui l'a envoyé. C'est pourquoi, je vous le dis en vérité, celui-là passera de la mort à la vie, celui-là possédera la vie éternelle, qui recevra ma parole et croira que ma mission procède du Père.

« Oui, je vous l'affirme de nouveau, l'heure vient, ou plutôt elle est déjà venue, où les âmes mortes entendront la voix du Fils de Dieu, et celles qui l'accepteront vivront. Le Père, principe et source de vie, a donné au Fils d'avoir également la vie en lui-même, et de la communiquer ou de la refuser à tous ceux qu'en sa qualité de Fils de l'homme il a mission de juger. Et ce jugement, sachez-le bien, n'est qu'un prélude : bientôt sonnera l'heure où tous ceux qui dorment au fond des tombeaux entendront la voix du Fils de Dieu. Tous alors ressusciteront, ceux qui ont fait le bien, pour la gloire éternelle ; ceux qui ont fait le mal pour l'éternelle damnation ».

Tel était l'ascendant de Jésus, même sur ses ennemis, qu'il put ainsi s'approprier tous les attributs divins, sans que personne lui demandât la preuve de ses affirmations. Mais comme nul n'est juge dans sa propre cause, il souleva lui-même l'objection :

« En vous parlant de moi, dit-il, je ne suis que l'écho du Père, je ne cherche qu'à faire sa volonté. Cependant si j'étais seul à me rendre témoignage, vous pourriez me récuser, mais vous en connaissez un autre qui témoigne en ma faveur, et nul ne conteste la véracité de Jean-Baptiste. Vous l'avez consulté à mon sujet, et il vous a répondu en témoin fidèle de la vérité. Jean vous paraissait alors un flambeau d'un éclat sans pareil ; vous vous réjouissiez de marcher à sa lumière. Si je vous le rappelle, c'est pour votre salut, car je n'ai nullement besoin du témoignage de l'homme. J'ai des témoins plus autorisés que le Baptiste ; ce sont les œuvres que mon Père m'a donné d'accomplir, et par lesquelles il vous a prouvé que ma mission vient de lui ; mais vous ne voulez ni entendre cette voix puissante, ni écouter la parole intérieure qui sollicite votre foi. Les Écritures que vous scrutez avec raison pour y trouver les paroles de la vie éternelle, me rendent aussi témoignage, et vous ne voulez pas venir à moi pour recevoir cette vie qui vous manque ! »

En terminant, Jésus déclara aux Juifs que leur incrédulité, fruit de l'orgueil, serait la cause de leur réprobation. « Je vous parle ainsi, non pour ma gloire, mais parce que, je le sais, l'amour de Dieu ne réside point en vous. Je viens à vous au nom du Père, et vous me rejetez ; qu'un autre vienne en son propre nom flatter vos passions, vous le recevrez. Vous cherchez la gloire qui vient des hommes, et non celle que Dieu seul peut donner : voilà pourquoi vous ne pouvez croire en moi Toutefois, soyez-en sûrs, votre grand accusateur auprès du Père, ce ne sera pas moi, ce sera Moïse, en qui vous placez vos espérances. Si, en effet, vous ajoutiez foi aux paroles de Moïse, vous croiriez en moi, car c'est de moi qu'il a prophétisé. Que si vous ne croyez pas à Moïse, comment croiriez- vous en moi ? »

Moïse avait en effet consigné dans ses écrits cette promesse de Jéhovah : « Je susciterai au milieu du peuple un prophète semblable à toi, et je mettrai mes paroles sur ses lèvres. Si quelqu'un refuse de croire aux oracles qui sortiront de sa bouche, c'est moi qui le vengerai. » Toujours on appliquait cette parole au Messie, mais les Juifs, aveuglés par Satan, ne comprenaient plus rien aux Écritures. Sourds à toutes les voix du ciel comme aux cris de leur conscience, ils se retirèrent silencieux, d'autant plus résolus à perdre Jésus qu'ils ne trouvaient rien à lui répondre.

Dès lors, les pharisiens l'accusèrent à tout propos de violer la loi sabbatique. Après les fêtes pascales, il retournait à Capharnaüm avec ses disciples, quand ceux-ci, traversant un champ de blé, cueillirent quelques épis le jour du sabbat et les froissèrent dans leurs mains pour s'en faire une nourriture. Des espions pharisiens ne manquèrent pas de crier au scandale, car, d'après le code pharisaïque, ramasser des grains de blé de la valeur d'une figue, c'était en quelque sorte moissonner. « Voyez, dirent-ils à Jésus, comme vos disciples violent ouvertement la loi du sabbat ! » Et leurs regards haineux s'arrêtaient sur lui comme sur un criminel pris en flagrant délit.

« Vous n'avez donc pas lu, leur répondit-il, que David, pressé par la faim, entra dans la maison de Dieu sous le pontificat d'Abiathar, et que lui et les siens mangèrent les pains de Proposition, bien que, d'après la loi, les prêtres seuls eussent le droit d'en manger ? N'avez-vous point lu que, dans le temple, les sacrificateurs violent la loi du repos sans commettre aucune faute ? Or il y a ici quelqu'un de plus sacré que le temple, et ceux qui le servent sont dispensés des lois sabbatiques à meilleur titre que les prêtres sacrificateurs. D'ailleurs, ajouta-t-il, si vous compreniez le sens de cette parole : La miséricorde l'emporte sur le sacrifice, vous n'eussiez pas condamné des innocents. Sachez que le sabbat est fait pour l'homme, et non pas l'homme pour le sabbat. Sachez aussi que le Fils de l'homme, maître de toutes choses, « l'est aussi du sabbat. »

Les espions s'en allèrent couverts de confusion, mais pleins d'aigreur et de colère contre ce docteur dont la supériorité écrasait leur orgueil. Huit jours après, ils revinrent à la charge. Dans une synagogue où Jésus venait d'entrer, survint un malheureux dont la main droite, complètement desséchée, restait inerte et sans mouvement. Les pharisiens se demandèrent s'il leur fournirait, en le guérissant, un nouveau sujet d'accusation. Croyant l'embarrasser, ils lui posèrent cette question : « Maître, est-il permis d'opérer une guérison le jour du sabbat ? »

Au lieu de leur répondre, Jésus dit à l'infirme : « Lève-toi, et tiens-toi debout au milieu de la synagogue. » L'homme se leva et se tint debout au milieu des assistants. « Je vous demande à mon tour, s'écria Jésus, s'il est permis de faire du bien ou du mal, de sauver la vie à quelqu'un ou de le laisser périr, un jour de sabbat ? En répondant négativement, ils condamnaient leurs propres docteurs qui permettaient de violer le sabbat pour sauver la vie au prochain. Si, au contraire, ils se prononçaient pour l'affirmative, ils légitimaient à l'avance l'acte de charité que le Sauveur allait accomplir. Pour ne pas se compromettre, ils gardèrent le silence.

Alors, jetant sur ces endurcis un regard où la pitié se mêlait à l'indignation : « Qui de vous, demanda Jésus, si l'une de vos brebis tombe dans une fosse, un jour de sabbat, ne va la prendre et la retirer de l'eau ? Est-ce qu'un homme vaut moins qu'une brebis ? Ne craignez donc pas d'avouer qu'il est permis de faire du bien le jour du sabbat ? » Et sans plus s'occuper de ces hypocrites : « Étends la main, » dit-il à l'infirme. L'infirme étendit la main, qui se trouva parfaitement guérie, aussi saine et aussi ferme que l'autre main.

Cette scène mit le comble à l'exaspération des pharisiens. Fous de colère, ils tinrent conseil au sortir de la synagogue sur les moyens à prendre pour se défaire de leur ennemi. Sachant que le Sanhédrin ne pouvait le saisir sur le territoire galiléen sans l'agrément du roi Hérode, ils s'abouchèrent avec les hérodiens pour les décider à favoriser leurs complots. Ils espéraient qu'à l'instigation de ses courtisans, Hérode s'emparerait de Jésus et l'enverrait gémir avec Jean-Baptiste dans les cachots de Machëronte.

Comme son heure n'était pas encore venue, le Sauveur regagna les rives du lac, pour continuer, au milieu de ses chers Galiléens, le cours de ses prédications, sauf à se retirer momentanément sur les terres du tétrarque Philippe si les conspirateurs mettaient en danger sa vie ou sa liberté.

LIVRE QUATRIÈME
FONDATION DU ROYAUME

I. LES DOUZE APÔTRES

Seconde année du ministère de Jésus. - Royaume spirituel et royaume temporel. - Le mont des Béatitudes. - Fondation de l Église. - Élection des douze apôtres. - L œuvre et les ouvriers. - Le colosse et la petite pierre. (Matth., XII ; 15.21, x, 2.4. - Marc., Ill, 7-19. - Luc., VI, 12-19.)

Il y avait une année que le Messie se révélait en Israël. Les provinces de la Palestine, Judée, Samarie, Galilée, l'avaient vu passer, prêchant à tout le royaume de Dieu, et prouvant sa mission par des prodiges. Même des pays étrangers, les foules, accourant pour l'entendre, mêlaient leurs acclamations à celles des Israélites. Les infirmes, les malades, les possédés, lui faisaient cortège, certains d'être guéris s'ils parvenaient à l'approcher. Par sa doctrine toute céleste, sa sublime charité, sa douceur inaltérable, Jésus ressemblait trait pour trait au Messie dépeint par Isaïe : « Voici mon serviteur, l'élu en qui j'ai mis mes complaisances. Je lui communiquerai mon Esprit : il annoncera aux peuples la justice ; il ne disputera point, il ne criera point. nul n'entendra sa voix sur les places publiques ; il ne rompra point le roseau à demi brisé, il n'éteindra point la mèche encore fumante. Toutes les nations espéreront en lui. »

Et cependant le peuple, tout en l'acclamant, restait dans une certaine indécision à son égard. Cédant aux préjugés de la nation sur le caractère du libérateur attendu, il se demandait si cet Agneau de Dieu, glorifié par Jean-Baptiste, deviendrait un jour le lion de Juda, célébré par les prophètes. Jésus parlait d'établir le royaume de Dieu, mais entendait-il par là le rétablissement du royaume de David, le règne d'Israël sur le monde, ou simplement le règne de Dieu sur les âmes ? D'ailleurs, un simple artisan de Nazareth acquerrait-il jamais assez de prestige et de puissance pour vaincre et chasser du pays les envahisseurs romains ? Sans doute il appelait Dieu son Père ; il se croyait, en qualité de Fils de Dieu, investi d'une autorité divine ; il manifestait son pouvoir par d'incroyables prodiges ; mais les docteurs et les chefs de la nation, au lieu de reconnaître les titres qu'il se donnait, ne voyaient en lui qu'un misérable blasphémateur, un violateur des lois de Moïse, et l'accusaient de conspirer ouvertement contre la religion trois fois sainte du peuple de Dieu.

Jésus comptait donc dans le peuple de fervents disciples et de nombreux admirateurs, dont la plupart malheureusement, trompés par l'enseignement et les intrigues criminelles des faux docteurs, hésitaient à reconnaître en lui le Messie promis. Il s'agissait en conséquence, non plus de soulever les masses, mais de les éclairer sur le rôle spirituel du libérateur que Dieu envoyait à toutes les nations aussi bien qu'au peuple juif. C'était affronter plus que jamais la colère des pharisiens, mais le prophète Siméon n'avait-il pas prédit que Jésus serait un objet de contradiction au milieu du monde, et pour beaucoup une occasion de ruine ou de résurrection ?

Afin de faire savoir à tous ce qu'il fallait entendre par ce royaume de Dieu qu'il venait fonder, le Sauveur résolut d'en jeter immédiatement les bases, en nommant ceux qui devaient l'établir dans le monde entier, puis de promulguer les lois auxquelles devraient s'assujettir les fidèles sujets de ce divin royaume.

A quelques stades du lac, entre Capharnaüm et Tibériade, s'élève une montagne, désormais célèbre sous le nom de montagne des Béatitudes. Quelques jours après son retour de Jérusalem, Jésus gravit avec ses disciples ce mont solitaire. Le soir, pendant que ceux-ci prenaient leur repos, il se retira sur un pic plus élevé pour y converser avec son Père. C'est ainsi qu'il avait l'habitude de passer la nuit en oraison, à la veille d'événements qui devaient intéresser au plus haut point la gloire de Celui qui l'avait envoyé.

Cette fois, il ne s'agissait de rien moins que d'asseoir les fondements de l'empire universel et éternel que Daniel avait prédit en ces termes : « Le Dieu du ciel va susciter un royaume nouveau qui n'aura point de fin et ne passera point à un autre peuple. Ce royaume brisera et réduira en poussière tous les empires, et subsistera lui-même jusqu'à la fin des siècles. » En ce moment, le plus solennel de l'histoire, un nouveau monde allait commencer. Sur les ruines des vieilles sociétés païennes, du vieux culte mosaïque, du sacerdoce figuratif d'Aaron, le Pontife éternel selon l'ordre de Melchisédech se disposait à constituer la société divine des enfants de Dieu, cette Église catholique qui devait porter le nom béni du Sauveur jusqu' aux extrémités du monde. Jésus disait naguère à quelques-uns des siens : « Je ferai de vous des pêcheurs d'hommes. » L'heure était venue de tenir sa promesse.

Quand le jour fut venu, il rassembla ses disciplines, et dans le nombre il en choisit douze, auxquels il donna le nom d'apôtres, c'est-à-dire d'envoyés. Par ce titre, il les désignait comme ses messagers au milieu des peuples, les prédicateurs de son Évangile, les lieutenants de son royaume. En même temps, il leur communiqua le pouvoir de guérir les malades et de chasser les démons. A ce signe, les peuples reconnaîtraient en eux les représentants de Dieu et les dépositaires de son autorité.

Les douze apôtres figuraient les douze tribus d'Israël, lesquelles représentaient elles-mêmes les nations du monde entier. Sur ces douze colonnes devait s'élever l'Église de Dieu.

Or, voici les noms des douze privilégiés dont Jésus composa le collège apostolique.

Simon, fils de Jonas, surnommé Pierre, fut le premier élu. Simple pêcheur du lac de Génésareth, il s'était attaché au divin Maître dès le commencement de sa prédication, et depuis, n'écoutant que son ardeur et sa générosité, sur un simple appel de Jésus, il avait tout quitté pour le suivre, avec la ferme résolution de ne jamais s'en séparer.

André, son frère, fixa ensuite le choix du Maître. Ce fut lui qui, le premier, s'écria sur les bords du Jourdain : « Nous avons trouvé le Messie. » Homme à la foi vive, au cœur ardent, il aurait volontiers donné sa vie pour le Sauveur.

Après eux furent appelés leurs compagnons de pêche, Jacques et Jean, les deux fils de Zébédée. Eux aussi avaient quitté leur père et leurs filets pour suivre le prophète de Nazareth. Jacques, l'aîné, l'écoutait avec enthousiasme et désirait passionnément l'établissement du nouveau royaume. Jean sortait à peine de l'adolescence, mais son cœur innocent et pur se sentit entraîné, dès qu'il l'aperçut, vers Celui que le saint précurseur appelait l'Agneau de Dieu.

Le cinquième élu, Philippe, natif de Behtsaïde comme les précédents, fut aussi l'un des premiers disciples. Un regard du Sauveur suffit pour le déterminer, non seulement à le suivre, mais à lui recruter des adhérents. Il lui avait amené Nathanaël, que Jésus qualifia de bon Israélite, au cœur droit et sans artifice. Ce même Nathanaël, appelé aussi Barthélemy, du nom de son père, devint le sixième apôtre.

Le septième élu fut Matthieu, le publicain que le Maître prit à son comptoir des bords du lac pour l'enrôler parmi ses disciples.

Le huitième s'appelait Thomas : homme d'un esprit sérieux et d'un cœur droit ; lent à croire, mais fermement attaché à la vérité, les enseignements de Jésus l'avaient captivé.

Vinrent ensuite deux proches parents du Sauveur, les fils de Marie et de Cléophas, Jacques et Jude. Jacques, surnommé le Mineur pour le distinguer du fils de Zébédée, porta aussi le nom de Juste à cause de ses grandes vertus. Jude, appelé aussi Thaddée, se distinguait par son zèle et son activité. Tous deux, élevés avec Jésus depuis leur enfance, hésitaient à le reconnaître pour le Messie, mais le Sauveur savait avec quelle foi et quel amour ils travailleraient à l'établissement du royaume de Dieu.

Le onzième élu, Simon de Cana, s'était fait surnommer le zélateur par son attachement à la Loi et sa haine des impies. Admirateur du Maître et de sa doctrine, il devient un de ses fervents disciples, et se dévoua sans réserve à lui gagner des cœurs.

Ces onze premiers apôtres appartenaient à la Galilée. Le douzième, Judas de Kérioth, le seul Juif du collège apostolique, suivit Jésus par intérêt et finit par le vendre. Homme cupide et sans cœur, il savait que le Sauveur voulait fonder un royaume, et il se mit au nombre de ses partisans, persuadé qu'une fois sur le trône, le nouveau roi comblerait ses amis de biens et de faveurs. Déçu dans son espoir, il ne recula pas devant la plus infâme des trahisons.

C'est avec ces pauvres gens, ces bateliers, ces paysans illettrés, ces hommes grossiers, dont quelques-uns croyaient à peine en lui et ne soupçonnaient pas même la nature de son œuvre, que Jésus entreprenait de fonder son empire universel. De pareils ouvriers, il ne pouvait naturellement rien attendre, mais il convenait à ses desseins de choisir les faibles, pour abattre les forts ; les insensés, pour confondre les sages ; ce qui n'est pas, pour détruire ce qui est, afin que nul ne pût se glorifier devant le Seigneur.

Ce choix des apôtres éloigna de plus en plus du Sauveur les pharisiens et les chefs du peuple. Était-ce là le grand roi, le fils de David, celui qui s'entourait de pareils ministres ? Pensait-il, avec de semblables guerriers, relever Israël de sa déchéance et lui assujettir le monde ? S'ils n'eussent été frappés de cécité, ces docteurs si versés dans les Écritures se fussent rappelé la prophétie de Daniel sur le royaume du Messie. Pour abattre le colosse formidable, à la tête d'or, aux bras d'airain, aux jambes de fer, figure des grands empires, il suffit d'une petite pierre détachée de la montagne par une main invisible. Au choc de la petite pierre le colosse s'écroula, et, sur ses ruines, la petite pierre, symbole de l'Église naissante, devient une montagne qui couvrit toute la terre. Mais les sages, aveuglés par l'esprit d'orgueil, avaient perdu l'intelligence des Écritures. Ils ne pouvaient comprendre ni le royaume de Dieu prédit par les prophètes, ni les instruments choisis pour l'établir, ni surtout la législation que Jésus allait imposer aux sujets du nouvel empire.

II. LES BÉATITUDES

Discours sur la montagne. - Les fausses divinités. - Hymne de leurs adorateurs. - Les huit béatitudes. - Impression des pharisiens. - Les anathèmes. -Recommandations aux apôtres. - L'Église indéfectible. (Matth., V, 16. -Luc., VI, 20-26.)

La montagne où Jésus choisit les apôtres, se termine par deux pics d'inégale hauteur. Entre ces deux sommets à quelques centaines de pas au-dessus de la route, s'étend un assez vaste plateau ou plaine champêtre, qu'une foule immense avait envahi pendant que Jésus s'entretenait avec les douze. C'étaient des pèlerins de pays divers, des Galiléens, des Juifs, des docteurs de Jérusalem, des habitants de la Décapole et autres contrées d'au-delà du Jourdain, des païens venus de l'Idumée, de Tyr et de Sidon. Tous attendaient le prophète dont la sagesse refoulait dans l'ombre les rabbins les plus renommés.

Jésus, entouré de ses apôtres, descendit dans la plaine où se trouvait rassemblée cette multitude. Debout sur ces hauteurs, il contempla ces flots de peuple accourus de tous les points de l'horizon pour lui demander de les introduire dans le royaume de Dieu. Il gémit sur ces âmes encore ensevelies dans les ténèbres, et résolut de leur faire connaître à tous la société spirituelle qu'il venait fonder pour procurer à Dieu la gloire et aux hommes la paix. Tous pourraient faire partie de cette société, à la condition de devenir les vrais enfants du Père qui est dans les cieux.

Quinze siècles auparavant, du sommet d'une autre montagne, Jéhovah avait lui-même dicté le précepte fondamental qu'il imposait au peuple, et dont il faisait la condition essentielle de son alliance. Les échos du désert répétaient encore les solennelles paroles tombées alors du Sinaï : « Ecoute, ô Israël, je suis le Seigneur ton Dieu, c'est moi qui t'ai tiré de la servitude d'Égypte. Tu n'auras pas d'autre Dieu devant ma face, car je suis le Seigneur ton Dieu, le Dieu fort et jaloux. »

Or, en jetant les yeux sur le monde, Jésus voyait que tous les peuples, Juifs et Gentils, adoraient en face du vrai Dieu de fausses divinités, honteuses personnifications des vices qui souillaient leur cœur. Leurs dieux ou leurs déesses, c'étaient l'orgueil, l'avarice, la luxure, l'envie, la colère, la gourmandise et la paresse. Au lieu de chercher les bénédictions de Jéhovah, le Juif lui-même croyait trouver le bonheur dans l'assouvissement de ses passions. Le pharisien s'enivrait de gloire humaine, le sadducéen d'ignobles voluptés, tous aimaient l'or et l'argent plus que la Loi, plus que Dieu même. Et telle était la perversion de la nature humaine qu'au moment de rétablir le règne de Dieu, Jésus entendait retentir partout, à l'Orient comme à l'Occident, à Jérusalem comme à Rome, le chant des idolâtres :

« Heureux les riches, qui disposent à leur gré des biens de ce monde.

« Heureux les puissants, qui règnent sur des milliers d'esclaves.

« Heureux ceux qui ne connaissent point les larmes, mais dont les jours s'écoulent dans les plaisirs et les divertissements.

« Heureux l'ambitieux, qui peut se rassasier de dignités et d'honneurs.

« Heureux l'homme de plaisir, saturé de festins et de voluptés.

« Heureux l'homme sans pitié, qui peut satisfaire sa vengeance en écrasant ses ennemis.

« Heureux l'homme de guerre et de carnage, qui broie sous ses pieds les peuples vaincus.

« Heureux le tyran, qui opprime le juste ici-bas et détruit sur cette terre le règne du vrai Dieu. » Ainsi chantaient depuis des siècles les fils du vieil Adam.

Les multitudes rassemblées sur la montagne ne connaissaient guère d'autres principes sur le bonheur, et beaucoup se demandaient depuis longtemps si ces maximes avaient cours dans le royaume dont Jésus se disait le fondateur. On attendait avec impatience qu'il s'expliquât enfin clairement sur les dispositions requises pour faire partie de ses vrais disciples. Assis sur un tertre d'où il dominait la foule, ses apôtres autour de lui, et le peuple formant cercle autour d'eux, le Sauveur prit la parole, et ne craignit pas d'opposer aux prétendues félicités de l'homme déchu, ces divines béatitudes qu'aucune bouche humaine n'avait encore proclamées :

« Bienheureux les pauvres vraiment détachés des biens de ce monde, car le royaume du ciel est à eux.

« Bienheureux ceux qui pleurent, car ils seront consolés.

« Bienheureux ceux qui sont doux à l'égard de leurs semblables, car ils posséderont la terre des élus.

« Bienheureux ceux qui ont faim et soif de la justice, car ils seront rassasiés.

« Bienheureux les miséricordieux, car il leur sera fait miséricorde.

« Bienheureux les cœurs purs, car ils verront Dieu.

« Bienheureux les pacifiques, parce qu'ils seront appelés les enfants de Dieu.

« Bienheureux ceux qui souffrent persécution pour la justice, parce que le royaume du ciel est à eux.

« Oui, vous serez heureux lorsque les hommes vous maudiront et vous persécuteront, quand ils diront faussement toute sorte de mal contre vous, à cause de moi.

« Réjouissez- vous alors et tressaillez d'allégresse, car votre récompense sera grande dans les cieux.

« Souvenez-vous d'ailleurs qu'ainsi furent traités les prophètes qui ont vécu avant vous. »

Par ces maximes étranges, Jésus, en véritable Sauveur du monde, déclarait aux hommes vicieux que, pour entrer dans son royaume et retrouver la vraie félicité, il fallait réinstaller dans leur cœur le Dieu qu'ils en avaient chassé, et déclarer la guerre aux fausses divinités, c'est-à-dire aux sept passions, sources de tous nos malheurs. Il prêchait aux avares la pauvreté, aux orgueilleux la douceur, aux voluptueux la chasteté, aux hommes de paresse et de plaisir le travail et les larmes de la pénitence, aux envieux la charité, aux vindicatifs la miséricorde, aux persécutés les joies du martyre. C'est par le sacrifice de ses instincts mauvais que l'âme passe de la mort à la vie, rétablit en elle le règne de Dieu, et commence à goûter ici-bas la béatitude du royaume des cieux.

Pendant que Jésus parlait, la plupart des auditeurs étaient émerveillés devant ces béatitudes, qualifiées jusque-là de malédictions. Ils cherchaient à surprendre dans la physionomie du prédicateur le sens de son discours ; mais son visage restait calme comme la vérité, sa voix douce et pénétrante ne trahissait aucune émotion. Il s'adressait à une nouvelle race d'hommes, plus noble que celle des patriarches, plus sainte que celle de Moïse, à la race née du souffle de l'Esprit divin. Ceux-là seuls le comprenaient qu'une lumière céleste élevait à l'intelligence de ces mystérieux enseignements.

Quant aux pharisiens orgueilleux et cupides, ils s'excluaient volontiers d'un royaume ouvert seulement aux âmes assez éprises de Dieu pour mépriser les biens de ce monde, les honneurs terrestres et les plaisirs charnels. Ils s'irritaient contre ce rêveur qui condamnait toutes les actions de leur vie et toutes les aspirations de leur cœur.

Mais Jésus, devinant leurs pensées criminelles, lança contre eux et leurs adeptes ces terribles anathèmes :

« Malheur à vous, riches insatiables, car vous trouvez ici-bas vos délices ! Malheur à vous, repus de voluptés : vous souffrirez un jour les horreurs de la faim ! Malheur à vous, éternels rieurs : bientôt vous pleurerez et gémirez ! Malheur à vous qui méritez l'encens des mondains : leurs pères encensaient également les faux prophètes. »

Se tournant alors vers les apôtres, chargés d'étendre son royaume, il leur annonça que les enfants du siècle et leurs faux docteurs ne cesseraient de faire la guerre aux ministres de Dieu, c'est-à-dire à tous ceux qui prêcheront et pratiqueront les vertus enseignées sur la montagne ; mais ceux-ci, ambassadeurs du Père qui est dans les cieux, trahiraient leur vocation s'ils se taisaient par crainte des méchants, et laissaient ainsi les âmes s'ensevelir dans les ténèbres et la corruption.

« Vous êtes le sel de la terre, leur dit-il. Si le sel s'affadit, qui lui donnera de la saveur ? Il n'est bon qu'à être jeté dehors et foulé sous les pieds des passants. Vous êtes la lumière du monde. On ne bâtit point une ville sur une montagne pour la soustraire aux regards, et l'on n'allume point une lampe pour la mettre sous le boisseau, mais sur un candélabre, afin qu'elle éclaire tous ceux qui sont dans la maison. Que votre lumière luise donc devant les hommes, afin qu'ils voient vos bonnes œuvres, et glorifient le Père qui est dans les cieux. »

Ainsi parla Jésus à l'Église naissante. Et toujours l'Église, fidèle à son chef, restera le sel qui ne s'affadit point, le phare qui brille dans la nuit ténébreuse. Jusqu'à la fin des siècles, on l'entendra prêcher les béatitudes de la montagne, et jusqu'à la fin des siècles se formeront à sa voix des légions de pauvres volontaires, de vierges et de pénitents, de confesseurs et de martyrs, heureux de souffrir persécution pour la justice, heureux de mourir pour ce Jésus qui daigna, par sa mort, leur ouvrir les portes de son royaume.

III. LES PRÉCEPTES ÉVANGÉLIQUES

Loi ancienne et Loi nouvelle. - L'esprit et la lettre. - Interprétations pharisaïques, - l'homicide, - l'adultère. - le divorce, - le parjure, - la peine du talion, - l'amour des ennemis. - Perfection de la loi évangélique. (Matth., V, 17-48. - Luc., VI, 27-36.)

Le simple énoncé des béatitudes supposait un peuple nouveau. Les disciples de Jésus, régénérés par la grâce, devaient sortir du tombeau des vices originels pour vivre d'une nouvelle vie, la vie dont le Sauveur se montrait le divin exemplaire. Les fils d'Adam, devenus les enfants de Dieu, composaient une nouvelle société, qui commençait sur cette terre et se continuait dans les cieux.

Or, ce royaume spirituel paraissait aux Juifs une œuvre absolument contraire à celle que devait accomplir le Messie libérateur. Les scribes et les pharisiens dénonçaient Jésus comme un novateur décidé à rompre la vieille alliance de Jéhovah avec son peuple, un révolutionnaire conspirant contre la loi de Moïse, un fanatique capable de bouleverser le pays pour faire prévaloir ses idées personnelles sur l'enseignement officiel des docteurs. Ces accusations, sans cesse répétées, impressionnaient d'autant plus les Juifs fidèles, que les accusateurs se montraient en toute circonstance zélateurs ardents de la Loi mosaïque. C'est pourquoi, dans le discours sur la Montagne, après l'exposition des vertus sublimes auxquelles devaient aspirer les sujets du royaume, Jésus promulgua la Loi nouvelle qu'il imposait aux hommes pour les former à la perfection de ces mêmes vertus. Il lui suffit d'en mettre les prescriptions sous les yeux des auditeurs, non seulement pour réfuter ses ennemis, mais pour montrer que ces zélés défenseurs de la Loi mosaïque n'en comprenaient ni le sens ni la portée.

« Ne vous imaginez pas, dit-il, que je sois venu abolir la Loi et les prophètes : je ne suis pas venu les abolir, mais les perfectionner. Le ciel et la terre passeront, avant que cesse d'obliger un seul iota, un seul point de la Loi. Celui qui violera le moindre de ses préceptes ou permettra de les violer, sera exclu du royaume des cieux ; celui, au contraire, qui la gardera et enseignera, sera grand dans le royaume des cieux. »

On ne pouvait démentir plus formellement l'accusation de conspirer contre la Loi mosaïque. Jésus alla plus loin : il accusa lui-même ses ennemis de violer l'esprit de la Loi, et de se croire justes en s'abstenant des actes matériels prohibés par la Loi, tout en commettant ces mêmes actes dans leur cœur. Et il osa dire à son auditoire : « Si vous vous contentez de la justice, telle que l'entendent les scribes et les pharisiens, vous n'entrerez pas dans le royaume des cieux. » À l'appui de son assertion, il prouva, par des exemples, que la Loi réprouve, non seulement les actes extérieurs, mais aussi les pensées et les sentiments.

« Vous savez, dit-il, qu'on a donné à vos pères ce commandement : Vous ne tuerez point ; celui qui commettra un homicide sera condamné par le tribunal. Mais moi je vous dis : Quiconque se mettra en colère contre son frère, sera condamné par le tribunal ; quiconque l'injuriera gravement, sera condamné par le grand Conseil ; quiconque le traitera d'impie en délire, sera jeté dans la géhenne de feu. » Ainsi, non seulement le meurtre, mais tous les sévices graves en paroles ou en actes, dont ne parlaient pas les pharisiens, seront condamnés au jugement de Dieu et punis du feu de l'enfer, figuré par la géhenne.

Jésus rattache également au précepte les sentiments de rancune et de haine qui, sans être des meurtres, arment trop souvent le bras des meurtriers. « En présentant votre don à l'autel, dit-il si vous vous rappelez que votre frère a quelque chose contre vous, laissez là votre don et allez d'abord vous réconcilier avec votre frère : vous viendrez ensuite présenter à Dieu votre offrande. De même entrez en conciliation avec votre créancier avant d'arriver au tribunal : autrement le plaignant vous livrera au juge, le juge à l'exécuteur, et vous serez jeté en prison, d'où vous ne sortirez qu'après avoir acquitté votre dette jusqu'à la dernière obole. »

Jamais les docteurs juifs n'avaient tiré du cinquième précepte des déductions si étendues et pourtant si légitimes. Sur le sixième, Jésus leur reprocha également de prohiber les actes immoraux, sans réprouver l'impureté du cœur. « Vous connaissez, dit-il, le commandement donné aux anciens : Vous ne commettrez point d'adultère. Mais moi je vous dis : Quiconque regarde une femme avec un mauvais désir a déjà commis l'adultère dans son cœur. » Il enseigna de plus l'obligation de fuir toute personne qui deviendrait une occasion de chute, cette personne nous fût-elle aussi chère que notre œil ou notre main :

« Si votre œil vous scandalise, arrachez-le, et jetez- le loin de vous ; si votre main vous scandalise, coupez-la, et jetez-la loin de vous : il vaut mieux perdre votre œil ou votre main que de tomber avec tous vos membres dans la géhenne de feu. »

Après avoir établi que les pharisiens méconnaissaient l'esprit de la Loi, Jésus prouva qu'ils poussaient l'audace jusqu'à fausser matériellement le texte sacré par les interprétations les plus fantaisistes et les plus immorales. Ainsi, par exemple, bien que le mariage soit, de sa nature, indissoluble, Moïse, eu égard aux instincts grossiers du peuple, avait toléré le divorce, mais pour des motifs graves qui devaient figurer dans l'acte de répudiation. Les pharisiens inventèrent mille raisons de séparation, toutes plus futiles les unes que les autres, de sorte que la rupture du lien sacré dépendait du caprice des époux. Jésus ne craignit pas, en condamnant absolument le divorce, de rendre au mariage sa sainteté primitive. « On vous a dit, s'écria-t-il, quiconque renverra sa femme, devra lui donner un acte authentique de répudiation. Et moi, je vous dis : Quiconque renvoie sa femme, hors le cas d'adultère, la rend adultère ; et quiconque épouse la femme renvoyée commet également un adultère. » Jésus autorise, le cas échéant, la séparation des époux, mais non le divorce, qui permet de contracter de nouveaux liens. Autre exemple de l'interprétation frauduleuse des préceptes sacrés. La loi de Moïse condamnait le parjure et défendait même de prendre le nom de Dieu en vain. Pour favoriser leurs rapines, les pharisiens multipliaient les serments dans leurs transactions avec les païens, puis ils les violaient audacieusement, sous prétexte qu'ils avaient juré par les créatures, par la terre, par le ciel, par leur tête, par Jérusalem, et non par Jéhovah. Jésus s'éleva contre cette duplicité sacrilège et réprouva tout serment inutile.

« Vous savez, observa-t-il, qu'il a été dit aux anciens : Vous ne vous parjurerez pas, mais vous tiendrez les serments faits au Seigneur. Et moi, je vous dis : Vous ne jurerez en aucune façon, ni par le ciel, parce que c'est le trône de Dieu ; ni par la terre, parce que c'est l'escabeau de ses pieds ; ni par Jérusalem, parce que c'est la cité du grand Roi ; ni par votre tête, parce que vous ne pouvez rendre un seul de vos cheveux blanc ou noir. Dans vos contestations vous direz simplement : Cela est, cela n'est pas. Le surplus vient du Mauvais. » Ainsi les pharisiens péchaient doublement contra la Loi, d'abord en faisant des serments sans raison, et en violant les serments faits au nom des créatures, puisque les créatures dépendent absolument de Dieu, leur auteur.

Le code mosaïque renfermait la dure loi du talion, qui permettait d'infliger au coupable le traitement qu'il avait fait subir au prochain. Sans attendre l'application de cette pleine, que la justice se réservait, les pharisiens s'autorisaient de la Loi pour se venger cruellement de leurs ennemis. Jésus leur opposa la loi de charité dans ce qu'elle a de plus sublime : « Vous savez qu'il a été dit : Œil pour œil et dent pour dent. Et moi je vous dis : Ne résistez point au méchant ; mais si quelqu'un vous frappe sur la joue droite, présentez-lui encore la gauche. Et à celui qui veut vous appeler en justice pour vous enlever votre tunique, donnez encore votre manteau. Et si quelqu'un veut vous contraindre à faire avec lui mille pas, faites-en deux autres mille. Donnez à qui vous demande, et ne vous détournez pas de celui qui veut emprunter de vous. »

C'est le talion à rebours que conseille le divin Maître. Sans doute les enfants de Dieu doivent user de ces conseils avec discrétion, pour ne pas provoquer les méchants à de nouvelles injustices ; mais ils les auront toujours devant les yeux pour étouffer dans leur cœur tout sentiment de vengeance.

Les pharisiens ne considéraient pas l'étranger comme leur frère, ni l'ennemi comme leur prochain. Selon eux, on pouvait sans crime détester ou maltraiter ces êtres inférieurs. Membres de la nation choisie, les Juifs se croyaient en droit de haïr le genre humain. Aussi ne fut-ce pas sans stupeur qu'ils entendirent Jésus proclamer les lois de la divine fraternité : « Vous savez qu'il a été dit : Tu aimeras ton prochain, mais tu haïras ton ennemi. Et moi, je vous dis : Faites du bien à ceux qui vous haïssent, et priez pour ceux qui vous persécutent et vous calomnient. Ainsi vous serez les enfants de votre Père céleste, car il fait lever son soleil sur les bons et sur les méchants, et descendre la pluie sur les justes et sur les injustes. Si vous n'aimez que ceux qui vous aiment, quelle récompense méritez-vous ? Les publicains n'en font-ils pas autant ? Et si vous ne saluez que vos frères, en quoi vous distinguez-vous des autres ? Les païens n'en font-ils pas autant ? Pour vous, soyez parfaits comme votre Père céleste est parfait. »

Ainsi le divin Maître, tout en promulguant les préceptes et les conseils de la Loi nouvelle, prouva clairement qu'il n'entendait en aucune manière, comme l'affirmaient ses ennemis, abolir la loi de Moïse. S'il y touchait sur certains points, ce n'était point en pharisien, pour la déformer au profit des passions, mais en législateur trois fois saint pour la purifier de ses taches et en faire la règle sainte et immaculée des enfants de Dieu. Quant aux lois purement rituelles de l'antique Alliance, il allait les accomplir aussi d'une manière suréminente, en donnant au monde les augustes réalités dont les rites mosaïques n'offraient que de pâles emblèmes.

Le discours de la Montagne touchait à sa fin. Il ne restait à Jésus, pour achever d'instruire les enfants de Dieu, qu'à leur révéler le grand principe qui domine toute la Loi nouvelle, et sans lequel le plus fidèle observateur des préceptes ne saurait plaire au Père qui est dans les cieux.

IV. LA LOI D'AMOUR

La crainte et l'amour. - Intention pure et gloriole. - Le Pater. - Dieu et Mammon. - La Providence. Ne pas juger. - La poutre et la paille. - Prière persévérante. - Les faux docteurs. - La porte étroite. - Ecouter et pratiquer. - Fin du sermon sur la Montagne. (Matth.. VI, 1·3 ; VII, 1·23. - Luc . VI, 37·49.)

Dieu avait donné à son peuple les dix préceptes de la Loi au milieu des foudres et des éclairs, le menaçant des plus terribles châtiments s'il osait les transgresser. Cependant il l'avertit qu'un motif plus noble que la crainte devait l'empêcher de violer les commandements. Israël, comblé des bienfaits de Jéhovah, devait aimer son Dieu et lui témoigner son amour par sa fidélité. « Écoute, ô Israël, dit-il à son peuple, tu aimeras le Seigneur ton Dieu de tout ton cœur, de toute ton âme et de toutes tes forces. Ce commandement, tu le graveras dans ton cœur, tu le méditeras jour et nuit, dans ta maison et sur les routes ; tu l'inscriras sur ton bras et sur ton front, sur le seuil et sur la porte de ta demeure, afin que tu ne l'oublies jamais. » Et il ajouta, ce Dieu de bonté, Père de la grande famille humaine : « Tu aimeras ton prochain comme toi-même ».[18]

Mais, sauf les âmes que l'Esprit animait, Israël méditait peu sur l'amour qu'il devait à Dieu. Il obéissait à Jéhovah dans l'espoir d'obtenir certaines récompenses temporelles ou par la crainte des malédictions suspendues sur la tête des pécheurs ; et trop souvent, vaincu par les passions, il foulait aux pieds des lois que l'amour seul aurait pu faire observer. Sans cœur et sans pitié, les pharisiens en étaient venus à tronquer et à défigurer tous les préceptes. Livrés à tous les vices, ils se couvraient du masque de la piété, de la libéralité, du rigorisme le plus outré dans les observances extérieures, uniquement

---

[18] *Levit.*, XIX, 12.

par amour-propre, pour obtenir les louanges et les applaudissements d'un peuple qu'ils entraînaient avec eux à la perdition.

Après avoir rétabli et perfectionné la Loi mosaïque, Jésus ne pouvait terminer son discours sans rappeler que les œuvres de la Loi ne sont d'aucun prix aux yeux de Dieu si l'on oublie les commandements d'où dérivent tous les autres : « Vous aimerez le Seigneur, votre Dieu, et votre prochain comme vous-même. » L'enfant de Dieu doit aimer son Père, se dévouer à son service, s'abstenir de toute faute et pratiquer les œuvres commandées par la Loi, non pour se faire valoir, mais pour plaire au Dieu de toute bonté et de toute pureté. Jésus ne craignit pas, pour détromper le peuple, de flétrir les vicieux qui se couvraient des apparences de la vertu.

« Prenez garde, dit-il à ses auditeurs, à ne pas faire vos bonnes œuvres devant les hommes, afin d'être vus d'eux : autrement vous ne recevrez aucune récompense de votre Père qui est dans les cieux.

« Quand vous faites l'aumône, ne sonnez pas de la trompette devant vous, comme font les hypocrites dans les rues et les synagogues, afin d'être honorés des hommes. En vérité, je vous le dis, ils ont reçu leur récompense.

« Pour vous, quand vous faites l'aumône, que votre main gauche ignore ce que fait la droite, afin que votre aumône reste secrète, et votre Père, qui voit dans le secret, vous en tiendra compte.

« Et lorsque vous priez, vous ne ferez point comme les hypocrites, qui aiment à prier debout dans la synagogue et aux angles des places publiques, afin d'être vus des hommes. Je vous le dis en vérité, ceux-là ont reçu leur récompense. Pour vous, quand vous priez, entrez dans votre chambre, fermez-en la porte, et priez votre Père dans le secret. Votre Père, qui voit dans le secret, vous en tiendra compte.

« De même, ne multipliez pas les paroles en priant, comme font les païens : ils s'imaginent qu'avec des flots de paroles, ils forceront leurs dieux à les exaucer. Ne les imitez pas : votre Père sait ce dont vous avez besoin, avant que vous le lui demandiez. Vous prierez donc de la sorte :

« Notre Père qui êtes dans les cieux, que votre nom soit sanctifié, que votre règne arrive, que votre volonté soit faite sur la terre comme dans le ciel. Donnez-nous aujourd'hui notre pain de chaque jour. Remettez-nous nos dettes comme nous les remettons à nos débiteurs. Ne nous induisez point en tentation, mais délivrez-nous du mal. Ainsi soit-il.

« Car si vous remettez aux hommes leurs offenses, votre Père céleste vous remettra les vôtres ; mais si vous ne pardonnez pas aux autres, votre Père céleste ne vous pardonnera point.

« Lorsque vous jeûnez, ne soyez point tristes, comme les hypocrites qui s'exténuent le visage afin de paraître avoir jeûné. Je vous le dis en vérité, ils ont reçu leur récompense. Pour vous, quand vous jeûnez, parfumez votre tête et lavez-vous le visage, afin que votre jeûne reste secret pour tous, excepté pour votre Père. Et votre Père, qui voit dans le secret, saura bien vous récompenser. »

Jésus cherchait ainsi à susciter de vrais enfants de Dieu, qui, dans toutes leurs actions, n'auraient d'autre intention que de lui prouver leur amour, ni d'autre aspiration dans leurs prières que de glorifier son saint nom, de propager son règne, et d'accomplir sa volonté sur la terre comme on l'accomplit dans le ciel. Mais pour s'élever à cette hauteur, il faut des âmes qui n'aient dans le cœur d'autre Dieu que le vrai Dieu, et c'est pourquoi les Juifs ne pouvaient comprendre cette doctrine. Jésus voyait sa nation, surtout les chefs et les docteurs du peuple, possédés par l'idole de la cupidité, piller les étrangers, pressurer les malheureux, amasser des monceaux d'or et les enfouir pour les dérober aux regards des Romains. Il leur reprocha de préférer ainsi des biens d'un jour à leurs intérêts éternels.

« N'amassez donc pas, dit-il au peuple, des trésors que la rouille et les vers rongeront, et que les voleurs, en fouillant dans la terre, peuvent vous enlever. Thésaurisez dans le ciel des biens que ni la rouille ni les vers ne rongeront, et que les voleurs ne vous déroberont pas.

« Là où est votre trésor, ajouta-t-il, là est aussi votre cœur. » Si votre trésor est sur terre, votre âme sera terrestre ; si votre trésor est au ciel, votre âme deviendra toute céleste. « Notre œil, comme une lampe, éclaire tout notre corps. Si l'œil est pur, sa lumière se répand sur tous nos membres ; s'il est vicié, tout le corps est ténébreux. » De même, si l'œil de l'âme est obscurci, qu'attendre d'elle sinon des œuvres de ténèbres ?

« Nul ne peut servir deux maîtres. On ne peut aimer l'un sans haïr l'autre ; s'attacher à l'un sans mépriser l'autre. Vous ne pouvez donc servir en même temps Dieu et Mammon. »

À ces exhortations contre l'amour immodéré des richesses, le Juif insatiable opposait les nécessités de la vie ; mais Jésus prit occasion de ces préoccupations temporelles pour donner à tous une admirable leçon sur la Providence du Père qui est dans les cieux.

« Ne vous inquiétez pas, dit-il, au sujet de votre corps, comment vous le nourrirez et comment vous le vêtirez.

« La vie » que vous tenez de Dieu « n'est-elle pas plus que la nourriture, et le corps plus que le vêtement ?

« Regardez les oiseaux du ciel : ils ne sèment, ni ne moissonnent, ni n'amassent en des greniers, et votre Père céleste les nourrit. Ne valez-vous pas plus que l'oiseau ? D'ailleurs, qui d'entre vous pourrait, en y mettant tout son savoir, ajouter une ligne à sa taille ?

« Et du vêtement, pourquoi vous en inquiéter ? Voyez les lys des champs, comme ils croissent : ils ne travaillent ni ne filent. Or, je vous le dis, Salomon dans toute sa gloire n'était pas vêtu comme l'un d'eux. Que, si à l'herbe des champs, qui est aujourd'hui et sera jetée demain dans la fournaise, Dieu donne sa belle parure, oubliera-t-il de vous vêtir, hommes de peu de foi ?

« Ne vous tourmentez donc pas, disant : Que mangerons-nous, que boirons-nous et comment nous vêtirons-nous ? Laissez ces inquiétudes aux païens : quant à vous, votre Père céleste sait que vous en avez besoin.

« Cherchez premièrement le royaume de Dieu et sa justice, et le reste vous sera donné par surcroît.

N'ayez point souci du lendemain ; demain aura soin de lui-même ; à chaque jour suffit son mal. »

Telle est la grande loi du royaume des cieux : Aimer Dieu de tout son cœur, faire le bien par amour pour lui, et quant à tout le reste, se confier dans la Providence qui ne fera jamais défaut aux vrais enfants de Dieu. Mais quiconque aime le Père aime aussi ses fils, comme nous membres de la famille céleste. À l'amour de Dieu il faut donc joindre l'amour du prochain, c'est-à-dire de tous les hommes, ce que ne comprenaient pas les Juifs. Plusieurs fois dans ce discours, Jésus avait reproché aux pharisiens leur manque de charité, leur dureté, et les mauvais traitements, tant en actes qu'en paroles, dont ils se rendaient coupables envers leurs frères. Il y revient encore pour flétrir ces censeurs inexorables qui, le cœur rongé de vices, ne toléraient pas dans les autres le moindre défaut.

« Ne jugez point, dit-il, et vous ne serez pas jugés ; ne condamnez pas, et vous ne serez pas condamnés. On vous jugera comme vous aurez jugé les autres, et vous serez mesurés comme vous aurez mesuré les autres.

« Pourquoi voyez-vous un fétu dans l'œil de votre frère, et n'apercevez-vous point une poutre dans votre œil ? Comment osez-vous dire : Laissez-moi ôter le fétu de votre œil, pendant que vous avez une poutre dans le vôtre ! Hypocrites, ôtez d'abord la poutre de votre œil, et vous songerez ensuite à enlever la paille de l'œil de votre frère. »

Toutefois, s'il faut juger les autres avec charité, la discrétion commande de ne pas agir avec les méchants comme avec les bons.

« Ne jetez pas aux chiens les choses saintes, dit Jésus, et ne répandez pas vos perles devant les pourceaux, de peur qu'ils ne les foulent aux pieds, et ne se tournent ensuite contre vous pour vous mettre en pièces. »

Et après cet avertissement, donné surtout aux prédicateurs de l'Évangile, le divin Maître résume ses enseignements sur la charité fraternelle par ce grand principe : « Tout ce que vous voulez qu'on vous fasse à vous-mêmes, faites-le aux autres. Cette parole renferme la Loi et les prophètes. »

En montrant aux hommes la route qui conduit au royaume de cieux, Jésus savait l'impuissance de la nature humaine à marcher vers le Père si le Père lui-même ne la conduit. Il enseigna donc au peuple à demander toujours à Celui qui ne refuse jamais de nous aider, la force nécessaire pour marcher sans faiblir. Sa voix, toujours si douce, trouva des accents d'une tendresse infinie.

« Demandez, dit-il, et vous recevrez ; cherchez, et vous trouverez ; frappez, et l'on vous ouvrira. Car celui qui demande reçoit ; et qui cherche, trouve ; et l'on ouvre à celui qui frappe. Si votre fils vous demande du pain, lui donnerez-vous une pierre ? et s'il vous demande un poisson, lui donnerez-vous un serpent ? Or si vous, qui êtes mauvais, savez donner à vos enfants des choses bonnes, combien plus votre Père qui est dans les cieux donnera-t-il les vrais biens à ceux qui les lui demanderont. »

Ainsi rassurés sur le secours d'en haut ; il les engagea à entrer résolument dans la voie sainte, mais difficile, qui mène au royaume des cieux. « Entrez par la porte étroite, dit-il, car la porte large et la voie spacieuse mènent à la perdition, et nombreux sont ceux qui la suivent. Au contraire, qu'étroite est la porte et resserrée la voie qui conduit à la vie, et combien peu savent les trouver ! »

Aux difficultés d'observer les préceptes, joignez les séductions des docteurs de mensonge. « Défiez-vous des faux prophètes, qui viennent à vous sous des vêtements de brebis, et ne sont au fond que des loups rapaces. Vous les connaîtrez à leurs fruits : cueille-t-on du raisin sur des épines, ou des figues sur des ronces ? L'arbre bon porte de bons fruits, et l'arbre mauvais de mauvais fruits. Jamais un bon arbre n'a produit de mauvais fruits, ni un mauvais n'en a produit de bons. Le mauvais n'est bon qu'à être coupé et jeté au feu.

« Donc vous distinguerez les vrais d'avec les faux docteurs par leurs fruits », c'est-à-dire par leurs actes. « Tous ceux qui crient : Seigneur, Seigneur, n'entreront pas pour cela dans le royaume des cieux, mais celui qui fait la volonté de mon Père entrera dans le royaume des cieux. Plusieurs me diront au jour du jugement : Seigneur, n'avons-nous pas prophétisé en votre nom, chassé les démons en votre nom, et opéré en votre nom beaucoup de prodiges ? Et je leur répondrai : Je ne vous connais pas, artisans d'iniquité, retirez-vous de moi. »

La foule avait écouté dans un religieux silence ces divins enseignements ; mais, en finissant, Jésus avertit les auditeurs que, pour se sauver, il ne suffit pas de connaître les lois qui conduisent au royaume des cieux : il faut en faire la règle de sa conduite, avec la volonté bien déterminée de braver, pour rester fidèle à Dieu, les tempêtes du monde et les orages des passions.

« Quiconque, dit-il, entend mes paroles et les met en pratique, ressemble à l'homme sage qui a bâti sa maison sur le roc. Et la pluie est tombée, et les fleuves ont débordé, et les vents ont soufflé et sont venus fondre sur sa maison, et elle n'a point été ébranlée, parce qu'elle était fondée sur le roc.

« Mais quiconque entend ces paroles sans les mettre en pratique ressemble à l'insensé qui bâtit sa maison sur le sable. Et la pluie est tombée, et les fleuves ont débordé, et les vents ont soufflé et sont venus fondre sur sa maison, et elle s'est écroulée, et grande a été la ruine. »

Telle fut la conclusion du discours sur la Montagne. De la bouche divine de Jésus, comme d'une source pure, avaient coulé des paroles de vie. Tous ceux qui venaient de les entendre restaient muets d'admiration, car on sentait qu'Il parlait en vertu de son autorité souveraine, et non comme les scribes et les pharisiens.

Et tous ces peuples de la Judée, de la Galilée, de la Décapole et de la Phénicie, s'en retournèrent dans leur pays, racontant à leurs compatriotes les oracles sortis de la bouche du Prophète. Et les docteurs eux-mêmes s'accordaient à reconnaître que, des maîtres les plus renommés pour leur science, aucun n'avait trouvé des paroles aussi sublimes. Ni les prêtres de l'Orient, ni les sages de la Grèce, ni les philosophes de Rome, n'avaient dévoilé, comme Jésus, les lois mystérieuses qui relient l'homme à Dieu et la terre au ciel.

Seuls, les pontifes de Jérusalem, les scribes et les pharisiens, frémissaient de colère en constatant l'enthousiasme du peuple et le triomphe de leur ennemi. Quand arrivaient à leurs oreilles les échos du sermon sur la Montagne, ils y reconnaissaient une lumière plus brillante que celle du Sinaï, et ils se demandaient comment ils parviendraient à l'éteindre.

V. Belzébul

Fureur des Juifs. - Le centurion romain. - Délivrance d'un possédé. - Le dieu Belzébul. - Accusation des pharisiens. - Réponse de Jésus. - Péché contre le Saint-Esprit. - Le signe de Jonas. - Les Ninivites, - La reine de Saba. - Les ruses du démon. - Les vrais amis de Jésus. (Matth., VIII, 5·13 ; XII, 22-50. - Marc., III, 20-30. -Luc., VII, 1·10 ; XI, 14·26.)

Les discours du prophète, applaudis par le peuple, excitèrent dans le cœur des pharisiens une véritable rage. Jésus n'avait pas craint de traiter publiquement ces hypocrites de faux prophètes et de prévaricateurs. Pour se venger, ils l'accusèrent d'avoir attaqué dans son discours l'autorité de Moïse, le divin législateur de la nation juive. Non seulement il s'arrogeait le droit d'interpréter le code mosaïque contrairement à l'enseignement officiel, mais il s'attribuait le pouvoir de le réformer à sa manière. Il poussait même l'audace sacrilège jusqu'à prétendre amender et perfectionner les lois saintes, dictées par Jéhovah sur le Sinaï. Or, sous ce fallacieux prétexte de réforme, il commençait par détruire le dogme fondamental de la nation, c'est-à-dire par renverser le mur qui séparait Israël des nations étrangères. Pour lui il n'y avait ni Juif ni Gentil ; il enseignait qu'il faut aimer tous les hommes sans distinction, étrangers ou compatriotes, amis ou ennemis, fidèles ou infidèles. Les descendants d'Abraham, d'Isaac et de Jacob ne constituaient point à ses yeux un peuple privilégié, le vrai peuple de Dieu, à l'exclusion de tous les autres. Comment donc les vrais patriotes pourraient-ils voir, dans cet ami de l'étranger, le Messie libérateur envoyé par Dieu pour délivrer la nation du joug de l'étranger ?

Ce commentaire perfide du discours de Jésus fut précisément suivi d'un incident qui mit en relief cet amour des étrangers que les Juifs reprochaient au Sauveur.

En descendant de la montagne, Jésus revint à Capharnaüm avec ses apôtres. Or, parmi les officiers de la garnison, se trouvait un centurion romain, très aimé des habitants, parce qu'il n'oubliait pas le respect dû aux vaincus. Il s'intéressait même aux espérances religieuses du peuple et partageait son enthousiasme pour le prophète de Nazareth. Un de ses plus fidèles serviteurs ayant été frappé de paralysie et réduit en quelques jours à l'agonie, le noble soldat, mû par un instinct secret, se dit que Jésus viendrait à son secours. Seulement, en sa qualité d'étranger, il crut prudent de recourir à des intercesseurs pour le décider à user de sa puissance en faveur du mourant. À sa prière, des anciens de la cité conjurèrent le Sauveur d'avoir pitié du centurion : « Il est digne d'intérêt, lui dirent-ils, car il aime notre nation ; il nous a même bâti à ses frais une nouvelle synagogue. »

Cédant à leurs instances, Jésus se dirigeait avec eux vers la demeure de centurion, quand des envoyés lui apportèrent un message de cet officier. « Seigneur, disait-il, ne vous donnez pas la peine de venir jusque chez moi. Je ne suis vraiment pas digne que vous entriez sous mon toit ni de paraître en votre présence, et c'est pourquoi je ne suis pas allé vous trouver moi-même. Dites seulement une parole, et mon serviteur sera guéri. Simple officier subalterne, je n'ai qu'à dire à mes soldats : Allez là, et ils y vont ; faites ceci, et ils le font. Vous êtes tout-puissant, commandez à la maladie, et elle obéira. »

En comparant l'humble foi de cet étranger avec l'incrédulité orgueilleuse et haineuse de ses compatriotes, Jésus ne put retenir un cri d'admiration. « En vérité, je vous le dis, s'écria-t-il, je n'ai pas trouvé pareille foi en Israël. Aussi je vous déclare que beaucoup viendront de l'Orient et de l'Occident, et s'assoiront avec Abraham, Isaac et Jacob au festin du royaume des cieux, tandis que les héritiers naturels du royaume seront jetés dehors, là où il y a des pleurs et des grincements de dents. » Et déjà la foi du centurion avait reçu sa récompense : quand les messagers rentrèrent à la maison, ils trouvèrent le moribond parfaitement guéri.

Insensibles à la bonté compatissante du Sauveur autant qu'à sa divine puissance, les pharisiens ne virent dans cette guérison qu'une nouvelle preuve de sa partialité envers les étrangers. Non contents de mettre sur un pied d'égalité les Juifs et les Gentils, il affichait ses préférences pour les nations idolâtres, même pour ces Romains exécrés qui tenaient Israël dans les fers. Qu'ils viennent de l'Orient ou de l'Occident, il leur donnait une place dans son prétendu royaume, mais il en excluait le peuple chéri de Jéhovah. Dans leur haine contre Jésus, ces sectaires essayèrent bien de faire goûter au peuple le poison que distillaient leurs lèvres ; mais, au lieu de les écouter, le peuple battit des mains en apprenant le nouveau miracle de Jésus.

C'était à désespérer les pharisiens : les calomnies les mieux imaginées pour tromper les simples et ruiner l'influence du prophète échouaient contre le miracle. Quand on croyait l'avoir perdu dans l'opinion, un prodige plus éclatant que tous les autres ravivait l'enthousiasme, et les foules saluaient dans l'incomparable thaumaturge un envoyé de Dieu. Il ne restait donc aux faux docteurs qu'un moyen d'isoler et d'abattre leur ennemi, c'était de pervertir le bon sens populaire en insinuant que le miracle ne prouvait nullement la mission divine du prophète. Les pharisiens ne reculèrent pas devant cet artifice satanique. Comme les prodiges de Jésus dépassaient évidemment les forces de l'homme, ils convinrent de les attribuer aux esprits mauvais, lesquels sont intéressés à perdre la nation en lui faisant accepter un faux Messie. Ils ruinaient ainsi du même coup l'autorité et la sainteté du Christ, car celui-là est mauvais qui opère par la puissance du Mauvais.

Quelques jours après, Jésus leur fournit une magnifique occasion d'employer contre lui leur infernale tactique. Il se trouvait dans une maison amie, entouré d'une foule immense qui ne lui laissait, ni à lui ni à ses apôtres, le temps de prendre un peu de nourriture. Ses proches, craignant qu'il ne tombât en défaillance, s'efforçaient en vain de fendre la presse pour arriver jusqu'à lui et l'emmener, quand tout à coup on lui présenta un possédé, que le démon avait rendu sourd et muet. À l'instant, le Sauveur chassa l'esprit mauvais. Les yeux du possédé s'ouvrirent, sa langue se délia, ses mouvements redevinrent libres et réguliers. Voyant cet homme radicalement guéri, le peuple se mit à pousser des acclamations en l'honneur du prophète : « N'est-ce point vraiment le fils de David ? » s'écriait-on de toutes parts.

A ce nom de fils de David, qui désignait le Messie, les scribes et les pharisiens s'empressèrent de réaliser le pernicieux dessein qu'ils avaient conçu. Les Juifs avaient en horreur les idoles des païens, vains simulacres sous lesquels les démons se faisaient adorer. Or, parmi ces idoles, ils exécraient surtout celle que les Philistins, leurs ennemis jurés, adoraient sous le nom de Belzébul. Jéhovah punissait rigoureusement tout Juif qui donnait à cette idole, dont on faisait sa rivale, une marque quelconque de vénération. Pour l'avoir consultée dans un cas de maladie, Ochozias fut condamné à rester sur sa couche jusqu'à son dernier soupir. Aussi Belzébul passait-il pour le chef des mauvais esprits, et l'on n'en parlait en Judée que dans les termes les plus méprisants.

Connaissant les sentiments de leurs compatriotes, les pharisiens ne trouvèrent rien de mieux, pour rendre odieux les miracles de Jésus, que de les attribuer aux prestiges de cette idole immonde. S'insinuant dans les groupes qui applaudissaient hautement le grand thaumaturge, ils disaient mystérieusement et d'un air entendu : « Vous savez qu'un esprit mauvais le possède. C'est par la puissance de Béelzébud, le prince des démons, et non par une autre, qu'il chasse les démons. » Ils espéraient, en semant silencieusement dans le peuple cette noire calomnie, tourner les cœurs contre Jésus, sans entrer en discussion avec lui ; mais quel ne fut pas leur étonnement d'entendre le Sauveur dévoiler leur trame et les confondre honteusement. Sans se départir de son calme divin, il posa une simple question de bon sens à ces pervertisseurs du peuple :

« Tout royaume divisé par la guerre civile, dit-il, court à sa ruine ; toute cité, toute maison livrée à des dissensions intestines doit nécessairement périr. Si donc, comme vous le prétendez, un démon chasse un autre démon, Satan se fait la guerre à lui-même, et, dans ce cas, comment son royaume pourra-t-il subsister ? »

Et son regard interrogateur demandait une réponse, mais les pharisiens gardèrent un profond silence. Il leur posa alors une seconde question, qui mit en relief leur mauvaise foi. Faisant allusion aux exorcistes juifs qui délivraient les possédés au nom de Jéhovah :

« Si c'est par Belzébul que je chasse les démons, demanda Jésus, par qui vos enfants les chassent-ils ? » Et comme les pharisiens restaient muets, il ajouta d'un ton sévère : « Vos enfants seront eux-mêmes vos juges au tribunal de Dieu. »

Alors profitant de leur déconvenue, il les terrassa par cet argument : « Si ce n'est point par Belzébul que je chasse les démons », et vous en convenez par votre silence, « c'est donc par l'Esprit de Dieu. Mais si c'est par l'Esprit de Dieu, le royaume de Dieu est donc au milieu de vous. » En d'autres termes : le Messie est devant vos yeux, et c'est lui qui commence à établir le règne de Dieu sur les ruines de l'empire satanique. « Lorsqu'un homme fort et bien armé, continua Jésus, garde l'entrée de sa maison, ses possessions sont en sûreté ; mais s'il survient un plus fort que lui, celui-ci le renverse à ses pieds, lui enlève les armes dans lesquelles il se confiait, et s'empare de ses dépouilles. Or, pour entrer dans la maison de ce fort armé et le dépouiller de ses biens, ne faut-il pas commencer par l'enchaîner lui-même ? » Ainsi fait le libérateur promis : il chasse d'abord le prince du monde et l'enchaîne au fond des enfers, puis il établira son règne sur le monde affranchi de la servitude des démons.

Jésus avait non seulement réfuté la calomnie des pharisiens, mais établi clairement son empire sur les démons et sa mission de Sauveur du monde. Et les pharisiens, convaincus de perfidie, n'en persistaient pas moins dans le dessein d'entraver son action, bien qu'ils fussent obligés de voir en lui l'envoyé de Dieu. L'obstination dans le mal de ces grands criminels força le Sauveur à les condamner devant le peuple, afin de les empêcher de nuire. « Quiconque n'est pas avec moi, dit-il, est contre moi, et celui qui ne moissonne pas avec moi disperse le bon grain. » Le peuple doit donc se séparer de ces pervertisseurs. Quant au crime qu'ils viennent de commettre en attribuant à l'esprit du mal les miracles de l'Esprit divin, il dépasse toute mesure. « Tout blasphème contre le Fils de l'homme pourra être remis aux coupables ; mais le blasphème contre l'Esprit-Saint ne sera remis ni en ce monde ni en l'autre. » Un miracle seul pourrait ouvrir les yeux de ces hardis contempteurs de l'Esprit-Saint, mais l'impiété satanique ne doit pas compter sur un miracle.

Et s'adressant directement à ces hommes de péché, il leur reprocha leur malice opiniâtre et toute gratuite : « Si les fruits, dit-il, c'est-à-dire mes actes, sont bons, dites que l'arbre est bon ; si les fruits sont mauvais, dites que l'arbre est mauvais, car aux fruits on reconnaît l'arbre. Mais non, race de vipères, race au cœur mauvais, vous ne pouvez proférer que de mauvais propos, car la bouche parle de l'abondance du cœur. L'homme vraiment bon tire le bien du trésor de sa bonté ; l'homme mauvais tire le mal de son amas d'iniquité. Mais rappelez-vous qu'au jour du jugement les hommes rendront compte même d'une parole oiseuse. Si les paroles servent à justifier, elles servent aussi à condamner. »

Ne voulant pas rester sous le coup de cette humiliante défaite et de ses reproches de mauvaise foi, les scribes et les pharisiens lui demandèrent de prouver sa mission par quelque prodige dans le ciel, alléguant pour prétexte que les prodiges opérés sur un objet terrestre n'étaient pas au-dessus des forces diaboliques ; mais il ne répondit pas même à ces hypocrites. « Cette race incrédule et adultère, dit-il à la foule, demande un signe céleste. Il ne lui sera donné d'autre signe que celui du prophète Jonas. De même que le prophète Jonas demeura trois jours et trois nuits dans le ventre de la baleine, le Fils de l'homme restera trois jours et trois nuits enseveli dans le sein de la terre. » Sa résurrection leur dira ce qu'est le Fils de l'homme. « Les Ninivites se lèveront au jour du jugement pour condamner cette génération, car ils ont fait pénitence à la voix de Jonas, et il y a ici plus que Jonas. La reine du Midi se lèvera au dernier jour pour condamner cette génération, car des confins de la terre elle vint écouter la sagesse de Salomon : or, il y a ici plus que Salomon. »

Montrant alors le possédé qu'il venait de délivrer, il traça d'un mot l'histoire de la nation juive, qui échappa un instant au démon de l'idolâtrie, et se courba ensuite sous le joug d'un autre démon, l'incrédulité pharisaïque. « Quand l'esprit immonde, dit-il, est sorti d'un homme, il rôde dans les lieux arides, cherchant du repos ; mais, n'en trouvant pas, il dit : Je retournerai dans la maison dont je suis sorti, et il la trouve libre, purifiée et ornée. Alors il va prendre sept autres démons plus méchants que lui, et ils entrent dans la maison. Ils y fixent leur demeure, et l'état de cet homme devient pire que le premier. Ainsi en sera-t-il de cette génération criminelle. » Et en effet, le démon de l'incrédulité règne toujours sur la race déicide.

Cette discussion tourna une fois encore à la gloire de Jésus et à la confusion de ses ennemis. La foule applaudit aux réponses victorieuses du prophète. Une femme s'écria dans un saint transport : « Bienheureuses les entrailles qui vous ont porté, et les mamelles qui vous ont allaité ! - Heureux plutôt, répondit le Sauveur, ceux qui entendent la parole de Dieu et la mettent en pratique. »

En ce moment, sa Mère et ses proches qui, pendant toute cette scène, avaient dû rester au dernier rang des auditeurs, firent effort pour arriver jusqu'à lui. « Voici votre Mère et vos proches qui vous cherchent », lui fit observer un des assistants. Mais Jésus, embrassant d'un regard la foule de ses disciples et les désignant de la main, lui répondit : « Ma mère, mes frères, les voilà ! Celui qui fait la volonté de mon Père qui est dans les cieux, celui-là est pour moi un frère, une sœur, une mère ! »

Venu sur la terre pour remplir sa mission de Sauveur, Jésus n'avait qu'une pensée dans l'esprit, un désir dans le cœur : glorifier son Père en étendant son règne sur les hommes, et sauver les hommes en les attachant à la volonté de son Père. S'il combattait les pharisiens, c'est parce qu'ils mettaient obstacle à sa mission, en détournant de lui ceux qui ne pouvaient se sauver que par lui.

VI. LE RESSUSCITÉ DE NAÏM

Naïm. - Résurrection d'un mort. - Les disciples de Jean. - Singulière question. - Réponse inattendue. - Prophétie accomplie. - Eloge de Jean-Baptiste, (Luc., VII, 15-50. - Matth., XI, 2-19.)

La renommée de Jésus grandissait de jour en jour. En dépit des préjugés et des calomnies, le peuple commençait à croire que le prophète réaliserait les espérances de la nation. Après avoir fait régner Dieu dans les cœurs, il ferait régner Israël sur le monde. Ses miracles prouvaient la divinité de sa mission, et les pharisiens le comprenaient si bien qu'ils avaient tenté d'anéantir cette preuve en attribuant au démon les guérisons miraculeuses, et même l'expulsion des démons, ce qui est le comble de l'absurdité.

Un événement plus extraordinaire que tous les autres vint alors attirer sur le prophète l'attention de tout le pays et forcer pour ainsi dire la population à reconnaître le Messie. Vers le temps de la Pentecôte, Jésus, suivi de ses apôtres, quitta Capharnaüm pour évangéliser la basse Galilée. De nombreux pèlerins qui se rendaient à Jérusalem lui faisaient cortège. Ceux-ci accompagnaient volontiers le Maître dans ses excursions, afin de recueillir les paroles de salut qu'il semait le long des routes, comme le laboureur jette le blé dans ses sillons.

Après avoir côtoyé le lac, traversé Bethsaïde et Magdala, longé les contours verdoyants du Thabor, ils découvrirent sur les versants de l'Hermon la belle cité de Naïm. Et déjà ils montaient l'étroit sentier qui conduit à la ville, quand un convoi funèbre, se dirigeant vers le cimetière, les força de s'arrêter. Devant le cadavre porté sur une litière, un chœur de musiciens jouait des airs lugubres. Des femmes en pleurs les accompagnaient de leurs funèbres lamentations. A la suite de ce cortège venait une pauvre veuve, dont les larmes et les sanglots accusaient l'inconsolable douleur. Celui qu'on portait en terre était son unique enfant. Toute la ville, touchée de compassion, entourait cette malheureuse mère, maintenant seule au monde.

Jésus arrêta un instant son regard sur le jeune homme étendu sur le brancard, la tête découverte, le visage aussi pâle que le linceul jeté sur son corps, puis ses yeux se portèrent sur la femme éplorée qui suivait le cadavre. Son cœur s'émut de pitié : « Femme, dit-il à la pauvre mère, cessez de pleurer. » Et s'approchant du mort, il posa la main sur la litière. À ce geste, les porteurs s'arrêtèrent, le convoi suspendit sa marche, et tous les assistants, silencieux, les yeux fixés sur le prophète, se demandaient ce qui allait arriver, quand tout à coup, étendant la main vers le cadavre, Jésus s'écria d'une voix forte :

« Jeune homme, je te le commande, lève-toi ! »

À l'instant, le mort se leva et se mit à parler. Jésus le prit par la main et le rendit à sa mère, devant toute la foule muette de stupeur. Chacun restait comme pétrifié à la vue d'un pareil prodige, mais bientôt à cette espèce d'épouvante succéda l'admiration poussée jusqu'au délire. Des acclamations sans fin retentirent jusqu'aux montagnes voisines en l'honneur du grand Dieu qui donne la mort et ressuscite : « Un grand prophète a surgi parmi nous, s'écriait-on de toutes parts, et Dieu enfin a visité son peuple. »

En ce jour il ne se rencontra ni scribe ni pharisien pour attribuer à Satan la gloire de cette résurrection. Le malheureux qui l'eût osé se serait fait lapider sur place comme un affreux blasphémateur. Celui que la multitude qualifiait de « grand prophète » éclipsait en effet par sa puissance tous les prophètes d'Israël.

Pendant le séjour du Sauveur dans la basse Galilée, Naïm devint tout naturellement son centre d'action. De toutes parts on accourait à ses prédications, car le bruit de l'incomparable prodige se répandit dans toute la Judée et les régions circonvoisines. Il parvint même jusqu'à Jean-Baptiste dans la prison de Machéronte, où il languissait depuis plus d'une année.

Selon sa devise, Jean n'avait plus qu'à décroître pour laisser grandir le Messie d'Israël. Ses disciples, au contraire, toujours envieux, lui racontèrent d'un ton d'aigreur les merveilleux succès de Jésus, et particulièrement comment le peuple saluait en lui le Messie depuis la résurrection de Naïm.

Pour eux, ajoutèrent-ils, jamais ils ne le reconnaîtraient pour le libérateur promis à leurs pères, car jamais il n'avait pris en main la cause de la nation opprimée.

Désespérant de vaincre leurs préjugés, Jean compta, pour les convertir, sur la divine influence du Sauveur. « Allez, dit-il à deux d'entre eux, trouver de ma part le prophète de Nazareth, et posez-lui cette question : Êtes-vous Celui qui doit venir, ou devons-nous en attendre un autre ? »

Les deux envoyés arrivèrent à Naïm, où ils rencontrèrent Jésus au milieu de nombreux auditeurs. « Jean-Baptiste, répétèrent-ils naïvement, nous envoie vers vous pour vous demander si vous êtes Celui qui doit venir, ou si nous devons en attendre un autre ? » Et ils attendirent la réponse.

Il y avait en ce moment autour du Sauveur de nombreux malades implorant sa pitié, des infirmes, des paralytiques, des personnes couvertes de plaies, des sourds, des aveugles, des boiteux, des possédés. Jésus les guérit tous ; puis, s'adressant aux deux disciples de Jean : « Allez dire à votre maître, s'écria-t-il, ce que vous avez vu et entendu. Les aveugles voient, les boiteux marchent, les lépreux sont guéris, les sourds entendent, les morts ressuscitent, les pauvres sont évangélisés. »

Or ces faits miraculeux qu'énumérait le Sauveur, sont précisément, d'après Isaïe, les signes caractéristiques du Messie promis à Israël, « Il va venir, s'écrie le prophète, le Dieu qui doit vous sauver. Alors les yeux des aveugles s'ouvriront à la lumière, et les oreilles des sourds au son de sa voix. Alors le boiteux bondira comme le cerf, et la langue des muets se déliera. Les pauvres et les affligés tressailliront d'allégresse à la parole du Saint d'Israël. » Une illumination subite transforma l'esprit des deux disciples, et ils virent clairement, en se rappelant la célèbre prophétie, que Jésus venait de la réaliser sous leurs yeux et de leur donner par cet acte la preuve authentique de sa mission. Leur cœur se remplit d'une joie toute divine, et ils s'empressèrent de retourner à Machéronte pour raconter à leur maître comment le prophète de Nazareth les avait convertis.

La question des deux disciples aurait pu faire croire aux malintentionnés que la foi du prisonnier d'Hérode commençait à faiblir, ce qui provoqua de la part de Jésus un admirable éloge de son saint précurseur. S'adressant aux Galiléens, il leur rappela l'enthousiasme qu'excitait dans tous les cœurs l'intrépidité et l'austérité de Jean-Baptiste. « Qu'alliez-vous donc voir au désert ? s'écria-t-il. Un roseau qui plie au moindre souffle des vents ? Un courtisan aux vêtements efféminés ? Les courtisans, on les rencontre, non au désert, mais dans le palais des rois. Qu'alliez- vous donc voir ? Un prophète, sans doute ? Oui, je vous le dis, et plus qu'un prophète, car c'est de Jean qu'il est écrit : Voici que j'envoie mon ange devant ta face pour te préparer les voies. En vérité, je vous l'affirme, de tous les enfants des hommes, il n'en est point de plus grand que Jean-Baptiste, et cependant le plus petit dans le royaume des cieux le surpasse en dignité. » Si grand qu'il soit, Jean appartient à l'ancienne alliance. Il n'a pu qu'annoncer le royaume nouveau des enfants de Dieu, « mais depuis qu'il a parlé, la foule se presse pour y entrer, et les courageux le prennent d'assaut ».

En rappelant aux Juifs le rôle du précurseur, Jésus se donnait clairement comme le Messie attendu.

« La Loi et les prophètes, ajouta-t-il, l'ont annoncé et préfiguré : Jean lui a ouvert la voie marchant devant lui, comme Elie marchera devant le Seigneur à la fin des temps. Entendez et comprenez, vous qui avez des oreilles pour entendre. »

Les gens du peuple et les publicains, baptisés par Jean-Baptiste, comprirent la leçon du Sauveur et glorifièrent le Dieu de miséricorde, tandis que les pharisiens et les docteurs méprisèrent les appels de Jésus comme ils avaient méprisé le baptême du précurseur. Satisfaits d'eux-mêmes, ces orgueilleux censeurs ne trouvaient chez les autres que des vices à flétrir, des scandales à condamner. Jésus les démasqua devant toute l'assemblée.

« Savez-vous, dit-il, à qui ressemblent certains hommes de cette génération ? A des enfants assis sur la place, et jouant, comme ils disent, aux noces ou aux funérailles. " Nous avons joué de la flûte, crient-ils à leurs compagnons, et vous n'avez pas dansé ; nous avons chanté des chants lugubres, et vous n'avez pas pleuré. " Jean est venu, ne mangeant ni ne buvant, et ils disent : C'est un possédé du démon. Le Fils de l'homme mange et boit comme les autres, et ils disent : C'est un homme de bonne chère, un buveur de vin, un ami des publicains et des pécheurs. »

Ainsi jugent les fous et les pervers ; mais, conclut le Sauveur, les fils de la sagesse la comprennent et la glorifient : vérité d'expérience qu'une scène de sublime simplicité vint aussitôt justifier.

Parmi les pharisiens, on en rencontrait qui, moins passionnés que les autres, suspendaient leur jugement au sujet de Jésus de Nazareth. Sa doctrine contrariait leurs idées et leurs sentiments, mais ils ne pouvaient s'empêcher de reconnaître que, dans toutes les discussions, cet étrange docteur fermait la bouche à ses ennemis. D'ailleurs, ses nombreux miracles leur paraissaient mériter une certaine attention : il est difficile de passer indifférent à côté d'un homme qui ressuscite les morts. C'était l'opinion d'un riche pharisien, nommé Simon. Désireux de connaître à fond ce Jésus, acclamé par le peuple comme un prophète, vilipendé par les docteurs comme un détracteur de Moïse, il l'engagea un jour à dîner chez lui.

Toujours à la recherche des pécheurs, Jésus saisissait volontiers l'occasion de les éclairer et de les convertir. Il accepta de bonne grâce l'invitation du pharisien Simon, comme il avait accepté celle du publicain Matthieu.

Simon l'accueillit poliment, mais froidement, en homme qui connaît son importance, et ne pourrait sans rougir se familiariser avec un inférieur, un compagnon des bateliers du lac, un ami des publicains et autres gens de rien. Aucun serviteur ne se présenta pour laver les pieds de l'invité, ou parfumer ses cheveux. Simon omit même de lui donner le baiser traditionnel avec lequel on saluait les hôtes de distinction. Ce manque d'égards n'échappa point au Sauveur, mais, toujours calme et digne, il se mît à table avec les autres convives.

Pendant le repas, les conversations commençaient à s'animer, quand un incident inattendu attira l'attention des invités et des curieux qui, selon la coutume de l'Orient, circulaient dans la salle du banquet.

En ce temps-là vivait, aux environs de Naïm, une femme juive que ses désordres rendaient tristement célèbre. On l'appelait Marie, mais elle portait généralement le surnom de Madeleine, du nom de Magdala, la riante bourgade qu'elle habitait sur les bords du lac. Originaire de Béthanie, en Judée, elle y demeurait d'abord avec son frère Lazare et sa sœur Marthe ; mais, cédant à l'entraînement des passions, elle les avait quittés pour se mettre à l'abri de leurs reproches. Jésus connaissait la conduite de la pécheresse car, lors de ses pèlerinages au temple, il recevait l'hospitalité à Béthanie, dans la maison de Lazare et de Marthe. Souvent il avait gémi avec eux sur les égarements de leur pauvre sœur, et néanmoins il leur disait d'espérer. Un jour, la malheureuse, tourmentée par de mauvais esprits, se mêla aux foules qui entouraient Jésus. A peine l'eût-elle aperçu que son âme subit une transformation complète. Sept démons qui la possédaient s'enfuirent loin d'elle, et de tous les sentiments qui l'agitaient depuis longtemps, il ne resta dans son cœur qu'un vif et profond repentir.

Depuis ce moment, Marie brûlait du désir de se jeter aux pieds du divin Maître, de lui témoigner sa reconnaissance et d'implorer le pardon de ses fautes. Apprenant qu'il dînait chez le pharisien Simon, elle ne craignit pas de pénétrer dans la salle du festin. Tout à coup les convives, stupéfaits, virent apparaître la pécheresse de Magdala, non plus la fière et orgueilleuse Marie, mais une humble pénitente, les yeux pleins de larmes. Elle s'avançait, tenant en main un vase d'albâtre, rempli de parfums précieux.

Tous les yeux se fixèrent sur elle, et chacun se demandait ce que venait faire cette courtisane dans la maison de l'austère pharisien.

Marie se dirigea vers Jésus, et se jeta, en sanglotant, aux pieds de son libérateur. Longtemps elle les tint embrassés et les arrosa de ses larmes ; puis, les ayant essuyés de ses cheveux, elle les oignit des parfums odoriférants qu'elle avait apportés. Tout entière à son acte d'amour, elle ne pensait nullement aux personnes qui l'entouraient, ni aux pensées que pouvait suggérer l'étrangeté de sa conduite.

Cependant les convives contemplaient cette scène avec un étonnement qui ne cherchait point à se dissimuler. Quant à Simon, un sourire de mépris errait sur ses lèvres « Si cet homme était un prophète, disait-il, il saurait que la femme qui le touche n'est qu'une indigne pécheresse ; » et, s'il le sait, ignore-t-il que nos Livres sacrés comparent à la boue ces créatures souillées ?

À peine le rigide pharisien eut-il conçu ces pensées dans son esprit que Jésus l'interpella :

« Simon, j'ai quelque chose à vous dire.

Maître, parlez.

- Un créancier avait deux débiteurs : l'un lui devait cinq cents deniers, l'autre cinquante. Comme ils n'avaient pas de quoi payer, il remit à chacun sa dette. À votre avis, lequel des deux l'aimera davantage ?

- Celui-là, je pense, répondit Simon, à qui l'on a remis la plus forte somme.

- Vous avez bien jugé. Maintenant, Simon, reprit Jésus, voyez cette femme, - et de la main il désignait la pécheresse. - Quand je suis entré dans votre maison, vous ne m'avez point lavé les pieds ; elle, au contraire, les a lavés de ses larmes, et essuyés avec ses cheveux. Vous ne m'avez pas donné le baiser de paix ; elle, depuis son entrée dans cette salle, n'a cessé d'embrasser mes pieds. Vous ne m'avez point parfumé la tête : elle a répandu sur mes pieds des parfums précieux. »

Simon, un peu vexé de ce parallèle peu flatteur pour lui, se demandait où le prophète voulait en venir. Jésus lui appliqua l'apologue des deux débiteurs et du créancier. Marie a beaucoup péché sans doute, mais elle a tant pleuré ses fautes que ses larmes de repentir et d'amour lui ont obtenu la remise de sa dette. « Ses péchés, dit-il, lui ont été remis, parce qu'elle a beaucoup aimé » celui qu'elle avait offensé. Le pharisien ne doit donc pas se scandaliser de la voir aux pieds de Jésus : c'est la débitrice qui vient remercier son créancier. Il n'est pas étonnant, d'ailleurs, que la pécheresse Marie manifeste à celui-ci des sentiments d'affection que n'éprouve pas le juste Simon, car celui qui se croit sans péché n'a point à remercier d'un pardon dont il pense n'avoir nullement besoin.

Jésus forçait ainsi l'orgueilleux pharisien à reconnaître qu'il avait moins d'amour pour Dieu que la pauvre pécheresse de Magdala. Celle-ci, bien que purifiée par ses larmes, implorait toujours son pardon. Se tournant vers elle, il lui dit avec bonté : « Vos péchés vous sont remis. »

Les convives, muets d'étonnement, se regardaient les uns les autres. « Quel est donc cet homme, se disaient-ils en eux-mêmes, qui s'arroge même le pouvoir de remettre les péchés ? » Ils savaient bien que Dieu seul peut remettre les péchés, mais aucun d'eux n'eut le courage ou d'accuser Jésus de blasphème, ou de confesser sa divinité.

Quand à l'humble pénitente, il la congédia par ces paroles qui la firent tressaillir d'une sainte joie :

« Allez en paix, votre foi vous a sauvée. » La foi avait allumé l'amour dans son cœur ; l'amour lui inspira la résolution de se consacrer entièrement au service du bon Maître. Des femmes généreuses, Jeanne, femme de Chusa, intendant d'Hérode, Suzanne et plusieurs autres qui devaient à Jésus leur guérison ou la délivrance du mauvais esprit, le suivaient dans ses voyages et pourvoyaient à tous ses besoins. Marie s'unit à ces servantes dévouées, trop heureuse de s'attacher aux pas de Celui qu'elle suivra désormais jusqu'au Calvaire. Et de siècle en siècle, entraînées par l'exemple de Marie de Magdala, des millions d'âmes déchues iront, comme elle, implorer aux pieds de

Jésus le pardon de leurs fautes. La pénitence, comme l'innocence, peuplera le royaume des cieux.

Après les incidents de Naïm, le Sauveur reprit sa course évangélique à travers la Galilée. Pendant plusieurs mois il parcourut les villes et les villages, prêchant partout le royaume de Dieu, jusqu'au moment où les chaleurs de l'été l'obligèrent de rentrer à Capharnaüm.

VII. Les sept paraboles

Le royaume des cieux et les paraboles. - Le champ et la semence. - Le froment et l'ivraie. - Le grain de sénevé. - Le levain et la pâte. - Le trésor caché. - La perle précieuse. - Le filet et les poissons. (Matth., XIII, 1-53. - Marc., IV, 1·34. - Luc .. VIII, 4·15 ; XIII, 18·21.)

À son retour, Jésus trouva les populations des bords du lac plus préoccupées de leurs affaires que du royaume des cieux. Il eut pitié de ce peuple, enthousiaste mais inconstant, et plus encore de ses apôtres, qui auraient pu se rebuter en voyant la difficulté de poursuivre l'œuvre commencée. Afin de les élever à la hauteur de leur tâche, il résolut de leur montrer que, vu les passions des hommes et la rage des démons, le royaume de Dieu ne s'établirait ici-bas que lentement et péniblement, mais que cependant, presque invisible d'abord, il finirait par embrasser tout l'univers. Et afin que ces vérités ne révoltassent point les cœurs mal disposés, Il les enveloppa dans des figures qu'il expliquait aux siens quand ceux-ci n'en comprenaient pas d'eux-mêmes le sens ou la portée.

À l'automne, il quitta donc avec eux la maison de Capharnaüm pour reprendre ses prédications. Un jour qu'il se reposait sur les bords du lac, il se trouva bientôt, comme de coutume, entouré d'une foule immense, accourue des villes voisines. Afin de se faire entendre plus facilement, il monta sur une barque, en face du peuple assis sur le rivage. Au-delà de l'auditoire, s'inclinaient vers le lac des champs fertiles, des buissons d'épines, des rochers dépouillés de toute verdure. Jésus prit occasion de ce spectacle pour enseigner sur le royaume des cieux des vérités que les apôtres et leurs disciples devront éternellement étudier. « Écoutez, dit-il, cette parabole :

« Le semeur s'en alla ensemencer son champ. Or une partie de la semence qui s'échappait de sa main, tomba sur un chemin battu, où elle fut foulée aux pieds des passants et mangée par les oiseaux du ciel. Une autre partie tomba sur un terrain pierreux, recouvert d'une légère couche de terre : elle germa aussitôt ; mais, n'ayant point de racines, elle se dessécha aux premiers feux du soleil. Une troisième tomba parmi les épines qui, en grandissant, l'étouffèrent. Enfin la quatrième partie tomba dans une bonne terre et fructifia si heureusement que les grains produisirent trente, cinquante et même cent pour un. Comprenez, si vous savez comprendre. »

Jésus laissa aux auditeurs le soin d'interpréter la parabole, selon l'usage des docteurs, qui souvent proposaient leur enseignement au peuple sous une forme allégorique. Mais bien qu'il fût assez facile de saisir les vérités cachées sous ces emblèmes, les apôtres eux-mêmes ne purent y parvenir. Se rapprochant de leur Maître, ils lui demandèrent ce que signifiait cette parabole, et pourquoi il se servait de ce langage énigmatique pour instruire le peuple.

« Il vous est donné à vous, répondit-il, et non à ceux-ci, de pénétrer les mystères cachés du royaume des cieux. On donne abondamment à celui qui a su s'enrichir, mais on ôte au dissipateur le peu qui lui reste. Si je parle à ce peuple en paraboles, c'est afin qu'il voie sans voir, et qu'il entende sans comprendre, ainsi que l'a prédit le prophète Isaïe. Et cela, parce qu'il a volontairement endurci son cœur, bouché ses oreilles, fermé ses yeux, de peur de voir, d'entendre, de comprendre, de se convertir et d'accepter le salut que je suis venu lui offrir.

Quant à vous, bénis sont vos yeux, parce qu'ils voient ; bénies vos oreilles, parce qu'elles entendent. Des prophètes, des justes nombreux, je vous le dis en vérité, ont désiré voir ce que vous voyez, entendre ce que vous entendez, et cette faveur ne leur a pas été donnée. À vous donc il m'est permis d'expliquer la parabole du semeur.

« La semence, c'est la parole de Dieu. Le divin semeur la sème dans le cœur de l'homme. Elle tombe dans un chemin battu, quand on l'entend sans la comprendre : le démon l'enlève aussitôt. Elle tombe sur un terrain pierreux, quand l'auditeur la reçoit d'abord avec joie, mais ne lui laisse pas le temps de prendre racine : trop faible pour supporter la tribulation ou résister à la persécution qu'on lui suscite, il cesse de croire à la divine parole aussitôt qu'on l'attaque. Elle tombe au milieu des épines, quand le cœur qui l'a reçue, absorbé par les soucis de ce monde, l'appât trompeur des richesses et l'amour des voluptés, l'étouffe et l'empêche de produire. Enfin la divine parole tombe dans une bonne terre, quand l'auditeur la reçoit dans un cœur excellent, où il la conserve avec soin et, par un travail patient, la fait rendre au centuple.

« Et une fois la semence déposée dans une bonne terre, il importe peu que le laboureur dorme ou veille : elle germe et croît sans qu'il y songe. Spontanément elle produit son fruit, brin d'herbe d'abord, puis épi, puis grains multiples enfermés dans l'épi. Il ne lui reste qu'à prendre la faux, quand le fruit est mûr, pour faire la moisson. Ainsi fait le divin semeur : sa parole fructifiera dans les âmes de bonne volonté et produira une riche moisson de saints pour le royaume des cieux.

Cette parabole fit comprendre aux apôtres pourquoi Jésus avait tant d'auditeurs et si peu de disciples, et les difficultés qu'ils rencontreraient eux-mêmes au milieu de ce monde mauvais qu'ils étaient appelés à évangéliser. Une seconde parabole, également tirée des champs de blé qu'ils avaient sous les yeux, compléta leur instruction sur ce point. S'adressant à la foule, Jésus continua de lui parler en énigmes, que les simples pouvaient comprendre, mais dont le sens échappait aux esprits préoccupés.

« Un homme avait semé, dit-il, du bon grain dans son champ. La nuit, quand tout le monde donnait, son ennemi vint semer de l'ivraie sur les grains de froment, et s'en alla. On ne s'en aperçut pas quand l'herbe sortit de terre, mais quand de la tige sortit l'épi de froment, l'ivraie parut aussi. Étonnés, les serviteurs du père de famille accoururent vers lui : « Maître, s'écrièrent-ils, n'avez-vous pas semé du bon grain dans votre champ : d'où vient qu'il y a de l'ivraie ? - C'est mon ennemi, répondit-il, qui a commis ce méfait. - Voulez-vous, reprirent-ils, que nous allions arracher l'ivraie ? - Non, répliqua le maître, car en arrachant l'ivraie vous pourriez déraciner le froment.

Laissez-les croître ensemble jusqu'à la moisson, et je dirai alors aux moissonneurs : Arrachez d'abord l'ivraie, et faites-en des gerbes que vous jetterez au feu ; puis, le froment recueilli, vous le déposerez dans mon grenier. »

Bien que transparente, l'allégorie ne fut pas comprise des apôtres. Quand ils furent seuls avec Jésus, ils lui en demandèrent l'explication. Condescendant à leur faiblesse, il leur révéla en quelques mots l'histoire du royaume de Dieu, depuis sa fondation sur la terre jusqu'à sa consommation dans le ciel.

« Celui qui sème le bon grain, dit-il, c'est le Fils de J'homme.

Le champ, c'est le monde. Le froment, ce sont les enfants du royaume ; l'ivraie, ce sont les suppôts du Mauvais. L'ennemi qui sème l'ivraie, c'est Satan. La moisson se fera à la fin des temps ; les moissonneurs seront les anges. Et de même qu'on ramasse l'ivraie pour la jeter au feu, à la fin des siècles le Fils de l'homme enverra ses anges qui enlèveront de son royaume tous les semeurs de scandales et tous les artisans d'iniquité pour les plonger dans la fournaise de feu, là où il y aura des pleurs et des grincements de dents. Quant aux justes, ils brilleront comme des soleils dans le royaume de leur Père. Ouvrez les oreilles de votre esprit, et comprenez. »

Cette fois, la révélation était complète. Les apôtres avaient sous les yeux l'Église de la terre, militante ici-bas, triomphante dans le ciel. Mais plus Jésus répandait de lumière sur son œuvre, plus grands apparaissaient les obstacles qui devaient s'opposer à son établissement. Les passions des hommes allaient étouffer une grande partie du bon grain répandu dans le monde par les semeurs de la divine parole, et voilà que le démon lui-même s'apprêtait à semer l'ivraie au milieu des grains, assez rares, dont on pouvait attendre des fruits. Dans de semblables conditions, le royaume de Dieu s'étendrait-il jamais dans ce vaste champ qui s'appelle le monde ?

Jésus l'affirma par deux autres paraboles qu'il proposa au peuple comme à ses apôtres : « Le royaume des cieux, dit-il, est semblable à un grain de sénevé qu'un homme dépose dans son jardin. Cette semence, plus petite que toutes les semences, prend de tels accroissements qu'elle dépasse bientôt tous les arbustes, devient un grand arbre, et finit par étendre tellement ses rameaux que les oiseaux du ciel viennent s'y reposer. »

Nulle image ne pouvait donner une idée plus saisissante de l'Église. Mais comment expliquer ses progrès mystérieux au milieu d'un monde rebelle, livré aux passions et au démon ? « Le royaume des cieux, répond Jésus, est semblable au levain qu'une femme mêle à trois mesures de farine, et dont la vertu fait fermenter toute la pâte. » Une vertu mystérieuse, attachée à la divine parole, fera tressaillir l'humanité couchée dans le tombeau de ses vices, et transformera en enfants de Dieu ces fils dégénérés du vieil Adam.

Après ces instructions sur le royaume de Dieu, Jésus congédia la foule, et rentra dans sa maison avec les apôtres. Au peuple il avait exposé son enseignement sous le voile de l'allégorie pour ne pas heurter de front les préventions de ses compatriotes, mais à ses familiers il révélait la vérité tout entière, afin qu'ils pussent, en temps opportun, porter partout la lumière. « On n'allume pas une lampe, disait le Sauveur, pour la mettre sous le boisseau : on la pose sur un chandelier, afin qu'en entrant dans la maison, tous soient éclairés. Ce que je vous dis à l'oreille, vous devrez le répéter en public, et les mystères, aujourd'hui cachés, seront par vous dévoilés et exposés au grand jour. »

Et afin de les engager à se consacrer tout entier à la fondation du royaume, il s'efforça par une double comparaison de leur en démontrer l'excellence. « Le royaume de Dieu, dit-il, on peut le comparer à un trésor caché dans un champ. L'homme qui le trouve garde le secret sur sa découverte. Dans l'excès de sa joie, il court bien vite vendre tout ce qu'il possède, et achète le champ qui renferme son trésor. - On peut le comparer encore à une perle précieuse qu'un marchand découvre par hasard. Vite il s'en retourne chez lui, vend tout ce qu'il a, et achète la perle précieuse. » Ainsi les hommes doivent, au prix des plus grands sacrifices, entrer dans le royaume de Dieu. L'apôtre emploiera tout son zèle à leur procurer ce trésor caché.

Ici-bas le royaume de Dieu sera toujours mélangé de bons et de méchants, mais cela ne doit pas arrêter les prédicateurs de l'Évangile. « Le filet, traîné dans les flots, ramasse toutes sortes de poissons. Or que font les pêcheurs ? Le filet rempli, ils le tirent hors de l'eau ; puis, assis sur la grève, ils font le tri des poissons. Ils recueillent les bons dans des vases, et rejettent les mauvais. Ainsi en sera-t-il à la fin des siècles : les anges sépareront les justes des pécheurs, et jetteront ces derniers dans la fournaise de feu, où il y aura des pleurs et des grincements de dents. »

Ayant achevé ces paraboles sur la fondation, la croissance et la consommation de son royaume, Jésus dit aux apôtres : « Avez-vous compris mes enseignements ? » Et comme ils répondaient affirmativement, il ajouta : « Instruits comme vous l'êtes des mystères du royaume, vous ressemblerez au père de famille qui trouve dans ses provisions, anciennes ou nouvelles, la nourriture appropriée aux besoins de ses enfants. » Ainsi le bon Maitre préparait ses apôtres aux missions qu'il allait bientôt leur confier.

VIII. LE DIVIN THAUMATURGE

La tempête apaisée. - Le possédé de Gérasa. - Une légion de démons. - Destruction d'un troupeau - L'hémorroïsse. - La fille de Jaïre. - Effervescence du peuple. (Matth., VIII, 8·34 ; IX, 18.34. - Marc., IV, 35-40 ; V, 1-43. - Luc., VIII, 22·56.)

Après avoir instruit les apôtres des difficultés de leur mission, Jésus voulut les encourager en leur prouvant, par une série de prodiges extraordinaires, qu'aucune puissance sur la terre n'empêcherait ses envoyés de poursuivre jusqu'à la fin leur œuvre de salut. Un soir, après avoir congédié le peuple, il dit aux douze ; « Passons de l'autre côté du lac. » Ils le suivirent et montèrent avec lui dans une barque, qu'ils entourèrent bientôt d'autres nacelles portant de nombreux disciples. Peu à peu les ténèbres se répandirent sur le lac, et, pendant que les embarcations glissaient doucement sur les flots, Jésus, brisé de fatigue, s'endormit d'un profond sommeil.

Soudain une violente tempête se déchaîna sur le lac. Les vents soufflaient si furieusement que les vagues, lancées sur la barque, menaçaient à chaque instant de l'engloutir. Jésus dormait tranquillement, la tête appuyée sur un oreiller. Croyant leur dernière heure venue, les apôtres le réveillent brusquement :

« Maître, sauvez-nous, s'écrient-ils, nous allons périr ! » Mais ni leurs cris d'effroi, ni les mugissements de la tempête, n'altérèrent son imperturbable sérénité. « Hommes de peu de foi, dit-il en se réveillant, pourquoi craignez-vous ? » Et se levant, il étendit avec majesté son bras sur les flots : « Tais-toi, dit-il à la mer, et vous, ô vents, cessez de souffler. » Et les vents cessèrent de souffler, les vagues s'apaisèrent, et sur toute l'étendue du lac il se fit un grand calme. Stupéfaits et terrifiés, apôtres, disciples et matelots, se disaient les uns aux autres : « Qu'est-ce donc que cet homme à qui la mer et les vents obéissent ? »

Les apôtres et leurs successeurs se souviendront de la leçon.

Quand viendront les tempêtes, ils ne trembleront plus ; mais, pleins de confiance, ils s'écrieront : « Nous sommes les serviteurs de Celui à qui la mer et les vents obéissent. »

Jésus et les siens abordèrent sur la rive orientale du lac, au pays des Géraséniens. Cette contrée, presque entièrement habitée par des colons grecs ou romains, s'appelait le Décapole, à cause des dix villes importantes qui s'y trouvaient disséminées. Le Sauveur passait au milieu de ce peuple païen pour le préparer de loin à entrer dans le royaume de Dieu.

À peine eut-il gagné le rivage que deux démoniaques, l'épouvante de tout le pays, sortirent des tombeaux où ils s'abritaient, et accoururent, en grondant, à sa rencontre. L'un de ces possédés, plus féroce que son compagnon, subissait depuis nombre d'années l'esclavage du démon. Sans vêtement et sans logement, il errait jour et nuit dans les cavernes et sur les montagnes, poussant des hurlements et se déchirant à coups de pierres les bras et la poitrine. Si parfois on parvenait à l'enchaîner, il rompait les chaînes qui lui liaient les mains et brisait les fers rivés à ses pieds.

Du plus loin qu'il aperçut Jésus, ce malheureux que personne ne pouvait dompter se précipita vers lui et se jeta à ses pieds. « Sors de cet homme, esprit immonde », commanda Jésus. À cette voix, le démon se prit à trembler et à implorer la pitié du Sauveur. Il poussait des cris lamentables, comme si on l'entraînait de sa demeure dans un cachot infect.

« Jésus, Fils du Dieu Très-Haut, disait-il, pourquoi viens-tu m'attaquer ? Pourquoi me torturer ainsi avant la fin de mon règne ? Je t'adjure au nom du Dieu vivant cesse de me tourmenter.

- Quel est ton nom ? lui demanda Jésus.

- Je m'appelle Légion, car nous sommes ici en grand nombre.

En effet toute une légion de démons possédait cet homme. Et tous se mirent de nouveau à supplier le Sauveur de ne point les refouler dans les abîmes, mais de les laisser habiter ce pays, devenu leur refuge.

Or sur une montagne voisine paissait un grand troupeau de porcs. On en comptait au moins deux mille. Ils appartenaient aux habitants de Gérasa, lesquels, en leur qualité de païens, usaient sans scrupule de la viande de porc, malgré les prohibitions de la loi mosaïque. Forcés de quitter le corps du possédé, les esprits mauvais demandèrent qu'il leur fût au moins permis d'entrer dans le corps de ces animaux. Ayant obtenu cette permission, ils sortirent du possédé et entrèrent dans les porcs. Aussitôt le troupeau, d'une course impétueuse, se précipita de la montagne dans le lac, et s'y noya. Mus par leurs instincts pervers, les démons se dirent qu'en détruisant le bien des Géraséniens ils feraient naître dans le pays des préventions contre Jésus et sa mission de salut.

En effet, saisis de terreur, les gardiens du troupeau s'enfuirent, racontant aux gens de la ville et de la campagne les faits dont ils venaient d'être témoins. Immédiatement la foule accourut pour se renseigner sur ces étranges événements. Arrivés près de Jésus, les habitants de Gérasa restèrent muets de surprise en voyant assis aux pieds du Sauveur sain de corps et d'esprit, le terrible démoniaque. On leur expliqua comment une légion de démons, chassés du corps de cet homme, s'étaient précipités sur les porcs et les avaient entraînés dans le lac. Les Géraséniens admirèrent la puissance du thaumaturge, mais plus sensibles à la perte de leurs troupeaux qu'aux biens spirituels dispensés par Jésus, ils le prièrent de s'éloigner de leur pays.

Voyant les dispositions de ce peuple païen, Jésus allait se rembarquer quand le possédé reconnaissant lui demanda la permission de le suivre ; mais le divin Maître avait d'autres vues sur cet homme. « Au lieu de m'accompagner, lui dit-il, rentre dans ta maison et raconte à tes parents et à tes compatriotes ce que le Seigneur, dans sa miséricorde, a fait pour toi. » Le jeune homme obéit. Devenu l'apôtre de son pays, il parcourut le Décapole, publiant partout le prodige opéré en sa faveur. À ce récit merveilleux, ces peuples éprouvèrent un vif désir de voir et d'entendre l'incomparable prophète de la Galilée. Ainsi le Sauveur travaillait à l'avance cette terre encore inculte, et la préparait à recevoir la semence qu'il déposera bientôt dans son sein.

En quittant Gérasa, la barque qui portait Jésus se dirigea vers la rive occidentale du lac. Une foule immense y attendait le Maître, et l'accueillit avec de grandes démonstrations de joie en apprenant comment il avait calmé la tempête, et chassé du corps d'un possédé toute une légion de démons. Mais Dieu voulait que cette excursion fût semée de prodiges plus éclatants les uns que les autres. Pendant que le Sauveur conversait avec le peuple, arrive en grande hâte un certain Jaïre, chef d'une des synagogues de Capharnaüm, lequel tombe en sanglotant aux pieds de Jésus : « Seigneur, dit-il, je n'ai qu'une fille, une enfant de douze ans, et elle est mourante. Venez, je vous en supplie, lui imposer les mains, venez lui rendre la vie. » Le bon Maître ne pouvait résister aux prières de cet homme de foi. Il se leva aussitôt, et le suivit en compagnie de ses apôtres. Curieuse de voir ce qui allait arriver, la foule lui fit escorte jusqu'à la maison du chef de la synagogue.

Or, voici que pendant le trajet une femme, affligée depuis douze ans d'une perte de sang, aperçut le Sauveur au milieu de ce nombreux cortège. Elle avait consulté de nombreux médecins, dépensé tout son bien en médicaments, et loin d'éprouver quelque soulagement, son état s'aggravait de jour en jour. Soudain, à la vue du prophète, il lui vient en pensée que, si elle parvenait à toucher son vêtement, elle serait guérie. Sans perdre de temps, elle se glisse dans la foule, s'approche du Sauveur, et effleure légèrement de la main la frange de sa robe. A l'instant même le flux de sang s'arrêta.

La pauvre femme se félicitait de sa pieuse ruse, quand Jésus, se retournant vers la foule amassée derrière lui, demanda d'un ton sévère qui avait touché son vêtement. Comme tous s'en défendaient, Pierre et les autres disciples s'étonnèrent d'une pareille question.

« Maître, lui dirent-ils, le peuple vous presse et vous serre de tous côtés, et vous demandez qui vous a touché ?

– Quelqu'un, répéta Jésus, m'a touché avec intention, car je sais qu'une vertu est sortie de moi. »

Et en disant ces mots, ses yeux se promenaient sur ceux qui l'entouraient, comme pour découvrir le coupable. La pauvre femme, toute tremblante, voyant que le Sauveur savait ce qui venait de se passer, se jeta à ses pieds et confessa devant tout le peuple pourquoi elle avait voulu toucher son vêtement, et comment, à ce contact, elle s'était trouvée subitement guérie.

Loin de lui reprocher sa hardiesse, le bon Maître lui dit avec douceur : « Ayez confiance, ma fille, votre foi vous a sauvée. Allez en paix : vous ne souffrirez plus désormais de votre infirmité. »

Cependant on arrivait à la maison de Jaïre, lorsque plusieurs de ses serviteurs, venant à sa rencontre, lui apprirent que sa fille était morte, et que, par conséquent, le prophète ne pouvait plus rien pour elle. À cette nouvelle, le père entra dans un véritable désespoir, mais Jésus lui dit : « Ne craignez pas, croyez seulement, et votre fille sera sauvée. »

Ayant dit ces mots, il entra dans la maison, mais ne permit à personne de le suivre, sauf à ses trois apôtres privilégiés, Pierre, Jacques et Jean. À l'intérieur, ils trouvèrent toute la famille en deuil. Déjà les joueurs de flute, avertis du trépas, faisaient entendre leurs airs plaintifs ; les femmes poussaient leurs gémissements accoutumés ; les amis et les voisins, accourus en tumulte, venaient présenter leurs condoléances aux parents de la défunte, lorsque, en passant au milieu d'eux, Jésus leur dit d'un ton de reproche ; « Pourquoi ces cris et ces lamentations ? Sortez d'ici : cette fille n'est pas morte, elle n'est qu'endormie. »

L'assemblée se mit à le railler, car tous savaient que l'enfant avait réellement rendu le dernier soupir. Il les obligea néanmoins à quitter la maison ; puis, prenant avec lui le père et la mère, ainsi que ses trois disciples, il entra dans la chambre où gisait le cadavre. Il toucha la main glacée de la morte, et d'un ton élevé prononça en syriaque ces deux mots : « Talitha cumi, » ce qui signifie : « Jeune fille, lève-toi. »

Aussitôt l'âme de l'enfant revint animer son corps. Elle se leva et se mit à marcher. Sur l'ordre de Jésus on lui présenta de la nourriture, et elle commença à manger. Les parents n'en pouvaient croire leurs yeux, et ils allaient éclater en cris d'admiration, mais il leur commanda le silence le plus absolu sur tout ce qui venait de se passer. Bientôt cependant le bruit de cette résurrection se répandit dans toute la contrée.

Au moment où il sortait de la maison de Jaïre, deux aveugles le suivirent en criant : « Jésus, fils de David ayez pitié de nous. » Il continua son chemin jusqu'à sa propre demeure, mais ils ne cessèrent de répéter leurs supplications. Il leur dit alors :

« Croyez-vous que je puisse vous rendre la vue ? - Nous le croyons fermement, répondirent-ils.

- Qu'il soit fait selon votre foi, » reprit-il en leur touchant les yeux.

À l'instant, les yeux des deux aveugles s'ouvrirent. Ils allaient signaler à tous ce nouveau prodige, mais il leur recommanda sévèrement de garder le secret sur l'auteur de leur guérison, ce qui n'empêcha pas les deux aveugles de publier bientôt, à la gloire de leur bienfaiteur, le miracle opéré en leur faveur.

En voyant la toute-puissance de Jésus, les Galiléens reconnaissaient le Messie promis à leurs pères ; mais s'ils l'acclamaient avec enthousiasme, ils n'étaient que trop disposés à interpréter son prodigieux pouvoir en faveur de leurs préjugés. Maître absolu de la nature, pensaient-ils, Jésus sera le roi, le libérateur d'Israël. Celui qui commande aux maladies, aux démons de l'enfer, aux tempêtes de la mer, à la mort même, n'a qu'à vouloir pour délivrer notre nation de la tyrannie des Romains. De là leurs ovations triomphales au Fils de David, quand Jésus opérait un prodige nouveau. Et c'est pourquoi, tout en multipliant les miracles pour confirmer sa mission et sa doctrine, le Sauveur en empêchait parfois la divulgation, surtout dans les nombreuses assemblées, afin de ne pas surexciter les patriotes exaltés. Il savait ceux-ci disposés à profiter d'une occasion pour le proclamer roi des Juifs, en dépit d'Hérode et des Romains, ce qui eût compromis son ministère évangélique et déchaîné contre lui, avant l'heure marquée par son Père, les colères des princes et des pontifes d'Israël.

IX. MISSION DES APÔTRES

Avant le départ. - Instruction de Jésus. - Travaux des apôtres. - Hérode et Jean-Baptiste, - Fête au palais de Marchéronte. - Hérodiade et Salomé, sa fille. - Le prix d'une danse. - Décollation de Jean- Baptiste, - Hérode et Jésus. - Retour des apôtres. - Au pays de Philippe. (Matth . X, 1-42 ; XIV, 1-12 - Marc., VI, 7-29. - Luc., IX, 3-9.)

Jésus n'avait que peu de temps à passer sur la terre, et cependant il voulait, avant de la quitter, que le royaume de Dieu fût prêché à tous les enfants d'Israël. Au retour du printemps, il convoqua les douze apôtres avec l'intention de les associer directement à ses travaux. Formés par ses instructions et ses exemples, affermis dans la foi par ses nombreux miracles, ils devaient aller deux à deux dans les villes et les villages, répétant aux peuples les paroles de salut sorties de la bouche du Maître, et opérant comme lui toutes sortes de prodiges. A cet effet, il leur conféra le pouvoir de chasser les esprits impurs, et de guérir toute maladie et toute infirmité.

Avant leur départ, il leur traça la route à suivre et la conduite à tenir selon l'accueil bon ou mauvais des populations. Toujours et partout il serait leur guide et leur soutien.

« N'allez point, dit-il, vers les Gentils, et n'entrez point dans les villes des Samaritains, mais cherchez plutôt les brebis perdues de la maison d'Israël. Allez et enseignez-les, disant : Le royaume de Dieu approche. Puis guérissez les malades, ressuscitez les morts, purifiez les lépreux, chassez les démons.

« Vous avez reçu gratuitement, donnez gratuitement. N'ayez en votre possession ni or, ni argent, ni monnaie dans vos ceintures, ni sac pour la route, ni deux tuniques, ni chaussure, ni bâton, car l'ouvrier a droit à la nourriture.

« En quelque ville ou village que vous entriez, enquérez-vous du plus digne, et demeurez chez lui jusqu'à votre départ. Et en entrant dans sa maison, saluez-la en disant : Paix à cette maison. Si la maison en est digne, votre paix descendra sur elle ; sinon, votre paix reviendra sur vous.

« Que si nul ne vous reçoit et n'écoute votre parole, sortez de cette maison ou de cette ville, en secouant la poussière de vos pieds contre ces infidèles. En vérité je vous le dis, au jour du jugement, Sodome et Gomorrhe seront traitées moins rigoureusement que cette ville-là. »

En prononçant ces paroles, le Fils de Dieu voyait passer sous son regard, non seulement les cités d'Israël vers lesquelles il envoyait ses apôtres, mais toutes les villes du monde que leurs successeurs ne cesseraient de parcourir jusqu'à la fin des siècles, les luttes qu'il leur faudrait engager, les persécutions dont ils seraient victimes.

« Voilà que je vous envoie, s'écria-t-il, comme des brebis au milieu des loups. Soyez donc prudents comme des serpents, et simples comme des colombes.

« Gardez-vous des hommes, car ils vous livreront à leurs tribunaux et vous flagelleront dans leurs synagogues ; ils vous conduiront, en haine de moi, devant leurs gouverneurs et leurs rois, et vous aurez à me rendre témoignage devant eux et les Gentils.

« Mais lorsqu'ils vous livreront aux juges, ne cherchez point d'avance comment vous parlerez, ni ce que vous direz. Ce que vous devrez dire vous sera donné à l'heure même, car ce n'est pas vous qui parlerez, mais l'Esprit du Père parlera en vous.

« Le frère livrera son frère à la mort, et le père son fils ; les enfants s'élèveront contre leurs parents et les mettront à mort. Vous serez en haine à tous à cause de mon nom ; mais qui persévérera jusqu'à la fin, sera sauvé !

« Lorsqu'on vous persécutera dans une ville, fuyez dans une autre. Je vous le dis en vérité, vous n'aurez pas évangélisé toutes les villes d'Israël, que déjà le Fils de l'homme aura visité les persécuteurs. »

Cette prophétie, les apôtres en verront l'accomplissement à la lueur de l'incendie qui dévorera Jérusalem, et leurs successeurs se la rappelleront quand, au dernier jour du monde, le Sauveur descendra des cieux pour juger tous les hommes. En attendant, comme le Christ lui-même, ils devaient s'attendre à la contradiction.

« Le disciple n'est pas au-dessus du Maître, ni le serviteur au-dessus de son Seigneur. Il doit suffire au serviteur d'être traité comme son Maître, et au disciple comme son Seigneur. S'ils ont appelé Belzébul le père de famille, quel nom donneront-ils à ses serviteurs ?

« Ne les craignez point et ne cachez pas la vérité. Il n'y a rien de caché qui ne doive être révélé, rien de secret qui ne doive être dévoilé. Ce que je vous dis dans les ténèbres, dites-le à la lumière, et ce que je vous murmure à l'oreille, prêchez-le sur les toits.

« Et ne craignez pas ceux qui peuvent tuer le corps, mais ne peuvent tuer l'âme : craignez plutôt ceux qui peuvent jeter l'âme et le corps dans la géhenne.

« Du reste deux passereaux ne se vendent-ils pas une obole ? et cependant pas un ne tombe sur terre sans la permission de votre Père. De même les cheveux de votre tête sont tous comptés. Ne craignez donc point : vous valez plus que mille passereaux.

« Celui qui m'aura confessé devant les hommes, moi aussi je le reconnaîtrai devant mon Père qui est dans les cieux. Et quiconque m'aura renié devant les hommes, je le renierai devant mon Père qui est dans les cieux. « Et puis, ne pensez pas que je sois venu apporter la paix sur la terre ; je ne suis pas venu apporter la paix, mais le glaive. Je suis venu séparer l'homme de son père, la fille de sa mère, la bru de sa belle-mère. L'homme trouvera des ennemis jusque dans ses serviteurs.

« Qui donc aime son père ou sa mère plus que moi, n'est pas digne de moi. Qui n'est pas prêt à porter sa croix et à me suivre, n'est pas digne de moi. Qui cherche la vie du temps, perdra l'éternelle ; et qui perd la vie à cause de moi, la retrouvera.

« Allez donc : qui vous reçoit me reçoit, et qui me reçoit reçoit Celui qui m'a envoyé ! Quiconque reçoit un prophète en qualité de prophète, recevra la récompense du prophète ; quiconque reçoit un juste en qualité de juste, reçoit la récompense du juste ; et quiconque donnera seulement à l'un de mes derniers disciples un verre d'eau froide à boire, je vous le dis en vérité, ne perdra point sa récompense. »

Ces chaleureuses exhortations triomphèrent de la timidité naturelle des apôtres. Sans doute ils trouveraient des ennemis sur leur chemin, mais Celui qui les envoyait combattre pour sa gloire saurait bien les défendre. Ils n'avaient pas oublié qu'hier encore il apaisait la tempête du lac, chassait toute une légion d'esprits mauvais, et ressuscitait un mort. Confiants dans la protection du Maître, ils s'en allèrent donc par les bourgs et les villages, annonçant partout le royaume de Dieu, et opérant de nombreuses guérisons. Comme Jésus, ils prêchaient la pénitence, délivraient les possédés, faisaient des onctions sur les malades et leur rendaient la santé. Partout où ils passaient, on exaltait le prophète de Nazareth, au nom de qui s'accomplissaient tous ces prodiges.

Resté seul, Jésus continuait ses instructions aux riverains du lac, quand la nouvelle d'un tragique événement se répandit dans la Judée et la Galilée. Hérode venait de faire décapiter Jean-Baptiste dans sa prison. Des disciples du saint précurseur, après avoir enseveli son corps, vinrent eux-mêmes raconter au Sauveur les détails de sa mort.

Hérode ne pouvait s'empêcher de vénérer son prisonnier, mais il craignait la sainte liberté de son langage. Quelquefois, pour se débarrasser de ses censures, il lui prenait envie de le livrer aux bourreaux. Toujours il reculait devant les cris de sa conscience et la peur d'un soulèvement populaire, quand sa complice, l'infâme

Hérodiade, au moyen d'un piège habilement tendu, parvint à vaincre ses hésitations.

Le jour anniversaire de sa naissance, le roi fit un grand festin auquel il convia ses courtisans, les officiers militaires et les principaux de la Galilée. De son côté, Hérodiade donna un banquet à ses dames d'honneur dans un appartement voisin de celui du tétrarque. Selon les mœurs des Grecs, adoptées par les Romains, le festin devait se terminer par une danse mimique, représentant une scène tirée d'un drame quelconque. Hérodiade profita de cette coutume pour ourdir sa trame criminelle.

Quand toutes les têtes furent échauffées par le vin, Salomé, sa digne fille, alors âgée de dix-huit ans, parut tout à coup dans la salle du festin. Elle était pompeusement parée : sa mère n'avait rien oublié de ce qui pouvait, en relevant ses charmes, captiver le cœur du voluptueux Hérode.

La jeune fille, sans respect comme sans pudeur, ne rougit pas de se donner en spectacle comme une vile courtisane, et d'exécuter une de ces danses lascives que Rome applaudissait, mais dont s'offensait la gravité de l'Orient. Tous les yeux des convives étaient fixés sur la danseuse ; Hérode s'extasiait devant sa grâce et sa beauté.

La scène terminée, Salomé salua les spectateurs. Ce fut alors dans toute la salle un concert d'applaudissements ; Hérode, que la passion transportait, se mit à parler comme un insensé : « Jeune fille, demande-moi tout ce que tu voudras, et je te le donnerai. Oui, reprit-il, j'en fais le serment, tout ce que tu voudras, fût-ce la moitié de mon royaume ! »

Salomé s'inclina et sortit pour aller consulter sa mère. Lui ayant raconté ce que venait de lui dire le monarque :

« Que demanderai-je ? lui dit-elle.

- Demande-lui, répondit l'exécrable femme, la tête de Jean-Baptiste ».

Et elle lui ordonna de retourner immédiatement dans la salle du festin pour présenter sa requête au roi, afin de ne pas lui laisser le temps de la réflexion. La jeune fille obéit, et parut de nouveau devant les convives, tenant un bassin à la main : « Je veux, dit-elle en s'approchant d'Hérode, que vous me donniez, dans ce bassin, la tête de Jean-Baptiste. »

Le roi fut extrêmement contristé de cette demande, mais il fit taire sa conscience en se disant qu'il était lié par son serment, et que d'ailleurs il ne pouvait, devant ses convives, manquer à sa parole. Il commanda à l'un de ses gardes d'aller couper la tête de Jean-Baptiste et de l'apporter dans le bassin que lui tendit la jeune fille.

Le garde notifia au saint précurseur l'ordre qu'il venait de recevoir. Sans dire une parole, Jean inclina la tête sur le billot. Le soldat la lui trancha d'un coup de sabre, la plaça toute sanglante dans le bassin, et l'apporta au roi Hérode, qui la remit à la danseuse.

Et le roi et les convives continuèrent à boire. Salomé, munie de son trophée, se présenta devant la sauvage Hérodiade. Un sourire infernal erra un instant sur les lèvres de cette furie, puis la colère troublant son cerveau au souvenir des paroles du saint, elle détacha l'aiguille d'or qui retenait sa chevelure, prit dans ses mains la tête ensanglantée, et lui perça la langue. Elle ne voulait pas même que le saint martyr fût enseveli, mais les disciples de Jean accoururent en toute hâte, recueillirent pieusement son cadavre, et le déposèrent dans un tombeau.

Ainsi mourut Jean-Baptiste dans le silence d'une prison, par la main du bourreau, et sur l'ordre d'un roi débauché. Précurseur du divin Maître par ses prédications, il prophétisa encore par son martyre le sort que les suppôts de Satan réservaient au Fils de Dieu.

Quant à Hérode, il faillit, après la mort de Jean, ordonner des perquisitions contre Jésus. Le spectre de sa victime troublait ses jours et ses nuits, au point de lui persuader que Jean, ressuscité, apparaissait sous une nouvelle forme. Or un jour qu'on lui dépeignait les vertus et les prodiges de Jésus de Nazareth, il s'écria tout tremblant : « C'est lui.

C'est Jean-Baptiste sorti du tombeau ! » Et comme ses familiers lui répondaient que c'était plutôt Elie ou quelqu'un des anciens prophètes, il reprit : « Si ce n'est pas ce Jean-Baptiste à qui j'ai fait trancher la tête, il faut absolument savoir quel est ce prophète dont on raconte des choses si étranges. » Et l'ombrageux tyran désirait vivement qu'on lui ménageât une entrevue avec le Sauveur ; mais Jésus, sachant qu'il pouvait tout craindre de ce roi fourbe et cruel résolut de quitter momentanément le territoire de la Galilée.

LIVRE CINQUIÈME

CONSPIRATION DES PHARISIENS

I. Multiplication des pains

Le désert de Bethsaïde. - Multiplication des pains. - Complot des patriotes. - Jésus marche sur les eaux. - Discours à Capharnaüm. - Le pain de vie. - Débats violents. - Incrédulité des disciples. - Fidélité des apôtres. - Judas. (Matth., XlV, 13-36. - Marc., VI, 30-56. -Luc., IX, 10-17. - Joan., VI, 1-72.)

Comme la Pâque était proche, les apôtres revinrent à Capharnaüm rendre compte à leur Maître de leurs travaux évangéliques. Au lieu de les entretenir du voyage ordinaire à la cité sainte, Jésus leur dit :

« Ici le monde ne vous laissera pas le temps de respirer. Venez avec moi dans une retraite solitaire, où vous pourrez vous reposer de vos fatigues. » Et montant avec eux dans une barque, il aborda, au nord du lac, près de Bethsaïde,[19] dans les états de Philippe.

Ainsi commença la troisième année du ministère de Jésus.

L'année précédente, l'année des ovations triomphales, avait abouti à une situation pleine de dangers. Les pharisiens poursuivaient le Sauveur avec acharnement, décidés à le livrer à Hérode ou à l'accuser devant le Sanhédrin. D'un autre côté, l'enthousiasme aveugle du peuple pouvait conduire aux excès les plus compromettants. On ne cessait de proclamer Jésus fils de David et roi d'Israël. Des milliers de patriotes attendaient le moment où on lui mettrait la couronne sur la tête. C'était pour échapper à ces exaltés autant que pour éviter les embûches de ses ennemis que Jésus fuyait au désert.

---

[19] L'autre Bethsaïde, patrie de Pierre et des fils de Zébédée, se trouvait sur la côte occidentale du lac.

Mais les foules ne pouvaient plus se passer du grand thaumaturge. On avait deviné par la direction que prenait la barque l'endroit où Jésus s'arrêterait. Bientôt des milliers de personnes, habitants du pays, pèlerins se rendant à Jérusalem, côtoyèrent le lac et remplirent les plaines de Bethsaïde, de sorte que, en mettant pied à terre, le Sauveur et ses apôtres aperçurent devant eux une multitude innombrable qui les attendait. Le bon Maître eut pitié de ces âmes abandonnées comme des brebis sans pasteur. Il parcourut les différents groupes, guérit les malades, et parla longtemps du royaume de Dieu avec tant de charme et d'onction que les auditeurs, ravis, ne s'apercevaient pas que le soleil commençait à se cacher derrière les montagnes voisines.

Les apôtres firent observer à Jésus qu'il était plus que temps de congédier le peuple. « Nous sommes ici dans un désert, lui dirent-ils : dites-leur de regagner les bourgades et les villages d'alentour, où ils se procureront de quoi manger.

- Cela n'est pas nécessaire, répondit-il, donnez-leur vous-mêmes la nourriture dont ils ont besoin.

- Maître, observa Philippe, vous achèteriez pour deux cents deniers de pain que chacun d'eux n'en aurait qu'une bouchée.

- Et combien de pains avez-vous ?

- Maître, reprit André qui venait de parcourir les rangs, j'ai vu dans les mains d'un jeune homme cinq pains d'orge et deux poissons. Mais qu'est-ce que cela pour tant de monde ?

- N'importe, apportez-les-moi, et faites asseoir ce peuple par groupes de cinquante et de cent personnes. »

Cinq mille hommes, sans compter les femmes et les enfants, s'assirent sur le tapis de verdure. Alors, levant les yeux au ciel, Jésus bénit les cinq pains et les deux poissons, les divisa par fragments, et les remit aux disciples pour les distribuer aux différents groupes. Les pains et les poissons se multiplièrent si bien entre ses mains que tous mangèrent et furent rassasiés. Le repas terminé, il dit aux apôtres :

« Maintenant ramassez les morceaux qui restent, car il ne faut pas qu'ils se perdent. » Et de ces fragments ils emplirent douze corbeilles, pendant qu'un cri, sortant de toutes les bouches, acclamait le libérateur d'Israël. « C'est bien lui, s'écriait-on de toutes parts, c'est le grand prophète que Dieu doit envoyer au monde. »

Pour un certain nombre de patriotes, c'était le cri précurseur d'une révolution. Persuadés que Jésus, en sa qualité de Messie, pouvait et devait relever Israël de ses abaissements, ils jugèrent que jamais plus magnifique occasion ne se présenterait pour lui offrir le sceptre et la couronne. A la nuit tombante, on s'emparerait du prophète et, bon gré mal gré, on le forcerait d'accepter la royauté. Il y avait là toute une armée prête à soutenir sa cause, la cause de la patrie.

Mais le divin Maître lisait les pensées qui s'agitaient au fond de leurs cœurs. Il résolut de déjouer une tentative de sédition qui n'aurait pas manqué d'armer contre lui les Romains et les tétrarques. Et comme ses apôtres, imbus des préjugés de leur nation, se seraient sans doute associés à ceux qui voulaient le faire roi, il leur enjoignit de reprendre la mer et de gagner la côte occidentale, pendant qu'il renverrait le peuple. En effet, ils remontèrent dans la barque qui les avait amenés, et prirent le large. Pour lui, ayant pris congé de la foule, il se retira sur une colline pour y prier dans le silence et la solitude. La masse des assistants s'écoula peu à peu, mais les conspirateurs restèrent au désert, bien décidés à ne pas laisser échapper le prophète.

Pendant ce temps, les apôtres voguaient paisiblement vers Capharnaüm ; mais voilà que tout à coup un vent contraire soufflant avec violence, ils durent lutter à force de rames contre les vagues en furie. La barque, ballottée sur les flots, avançait si lentement qu'en six heures ils avaient fait à peine vingt-cinq à trente stades. Ils regrettaient amèrement de n'avoir pas leur Maître avec eux, quand, à l'heure de la quatrième veille, ils aperçurent comme un spectre qui s'avançait à grands pas sur les eaux, et semblait même vouloir les dépasser. C'était Jésus qui venait à leur secours au moment du danger. Bien qu'ils le reconnussent, ils furent tellement effrayés qu'ils le prirent pour un fantôme et poussèrent des cris de frayeur. Il leur dit alors ;

« Ne craignez pas, mais ayez confiance, c'est moi.

- Si c'est vous, Seigneur, s'écria Pierre tout hors de lui, commandez donc que j'aille vous rejoindre en marchant, comme vous, sur les flots.

- Viens ! » lui dit Jésus.

Pierre descendit du navire avec confiance et posa son pied sur les eaux, mais un coup de vent souleva les vagues autour de lui, et le fit frissonner. Son cœur faiblit, et à l'instant il se sentit enfoncer dans les flots. Alors, étendant les bras vers Jésus, il poussa un long cri de détresse : « Seigneur, sauvez-moi ! » Jésus saisit de la main l'apôtre tremblant : « Homme de peu de foi, dit-il, pourquoi as-tu douté ? » À la prière des disciples, le Sauveur monta dans la barque, et à l'instant le vent cessa de souffler.

Pierre et ses compagnons se jetèrent à ses pieds en s'écriant : « Vous êtes vraiment le Fils de Dieu. » Nourris d'un pain miraculeux quelques heures auparavant, mais aveuglés par leurs vaines espérances, ils n'avaient vu en lui qu'un roi de la terre. Il leur fallut cette apparition céleste, au milieu d'une nuit d'angoisses, pour reconnaître le Fils de Dieu.

Voguant tranquillement sur le lac, la barque aborda bientôt sur le territoire de Gennésar, au point de la côte que Jésus avait désigné. De là il suivit le littoral jusqu'à Capharnaüm, traversant villes et villages, et guérissant, par le seul attouchement de son manteau, tous les malades qu'on lui présentait.

Cependant les conspirateurs, restés au nord du lac, attendaient que Jésus descendît de la montagne pour mettre leur complot à exécution. Le jour venu, grand fut leur désappointement en constatant que le prophète avait disparu. Debout sur le rivage, ils se demandaient comment expliquer ce mystère, puisque les apôtres s'en étaient allés sans leur Maître, et sur l'unique barque qui se trouvait à la côte. Pendant qu'ils délibéraient sur le parti à prendre pour arriver à leurs fins, des embarcations venues de Tibériade leur offrirent le moyen de regagner Capharnaüm, où ils espéraient retrouver le fugitif. Ils le rencontrèrent en effet à la synagogue, au milieu d'une nombreuse assemblée, et lui racontèrent comment ils le cherchaient depuis le matin, ne l'ayant plus trouvé au désert. « Maître, ajoutèrent-ils, comment donc vous êtes-vous transporté ici ? »

Sachant dans quel but ces hommes le poursuivaient, Jésus se décida à heurter de front leurs idées terrestres, au risque de les détacher de sa personne. Le temps était venu de révéler clairement aux enfants d'Israël que la mission du Messie consistait, non à procurer aux Juifs des avantages temporels, mais à donner au monde la vie éternelle. Au lieu de leur expliquer par quelle route mystérieuse il avait regagné Capharnaüm, il leur montra qu'il comprenait parfaitement pourquoi eux-mêmes y accouraient avec tant d'empressement.

« Vous me cherchez, leur dit-il, non point parce que vous croyez à une mission de salut dont je vous ai donné tant de preuves, mais à cause des pains que j'ai multipliés et dont vous avez mangé à satiété. Travaillez donc à vous procurer, non le pain qui périt, mais l'aliment incorruptible de vie éternelle que le Fils de l'homme vous donnera, comme le Père vous l'atteste en le marquant du sceau de sa puissance,

- Et que faut-il faire pour que Dieu nous dispense ce pain qui ne périt point ?

- Une seule chose : Croyez en Celui qu'il vous a envoyé. » Frustré dans ses espérances temporelles, l'auditoire se révolta.

Jésus se donnait comme le Messie envoyé de Dieu, et, contrairement à l'attente générale, il ne promettait à ses compatriotes pour prix de leur foi qu'une certaine nourriture qui ne disait rien à leurs sens. Était-ce là le Messie attendu par la nation ?

« Après tout, lui demandèrent-ils avec audace, quels prodiges extraordinaires opérez-vous pour nous forcer à croire que vous êtes le Messie ? Vous nous avez donné du pain d'orge à manger ; mais, sans être le Messie, Moïse a fait plus : au désert, nos pères ont mangé la manne, un pain descendu du ciel

– En vérité, en vérité, je vous l'affirme, répondit Jésus, Moïse ne vous a pas donné le pain du ciel : le vrai pain du ciel, c'est mon Père qui vous le donne. Celui-là, c'est vraiment le pain de Dieu, le pain descendu du ciel, le pain qui donne la vie au monde. »

La joie rayonna sur tous les visages. La foule s'imagina que le Sauveur parlait d'un pain matériel, mais plus excellent et plus abondant que cette manne légère dont les Hébreux s'étaient nourris au désert pendant quarante ans. Avec cet aliment d'une nature vraiment céleste, ils allaient jouir du paradis sur la terre. « Seigneur, s'écria-t-on de toutes parts, donnez-nous de ce pain, donnez-nous-en toujours. »

Alors, laissant toute figure, Jésus leur dit d'un ton solennel : « Le pain de vie dont je vous parle, c'est moi. Celui qui vient à moi n'aura plus faim, et celui qui croit en moi n'aura plus soif. Mais, hélas ! vous avez vu mes œuvres, et vous ne croyez pas en moi. Ceux-là viendront à moi que le Père m'a donnés, et tous ceux qui viendront à moi je les accueillerai avec amour. Car je suis descendu du ciel pour faire la volonté du Père qui m'a envoyé. Or sa volonté, c'est que je ne laisse périr aucun de ceux qu'il m'a donnés, mais que je les ressuscite au dernier jour. Telle est donc la volonté de mon Père : tout homme qui connaît le Fils et croit en lui, aura la vie éternelle, et je le ressusciterai au dernier jour. »

Cette déclaration de Jésus : « C'est moi qui suis le pain de vie, » fut accueillie par de violents murmures. Trop aveugles pour faire un acte de foi, trop grossiers pour discerner le Dieu caché sous l'enveloppe de l'homme, ils se répandirent en exclamations de mépris : « Lui, le pain descendu du ciel ! disaient-ils en ricanant. Mais n'est-ce pas le fils de Joseph ? Est-ce que nous ne connaissons pas son père et sa mère ? Comment ose-t-il dire qu'il est descendu du ciel ? »

– Cessez donc vos murmures, » répondit Jésus à ces insensés.

Et sans leur dévoiler le mystère de son origine, il se contenta de leur reprocher leur coupable incrédulité. « Nul ne peut venir à moi, leur dit-il, si mon Père ne l'attire par sa grâce, mais les prophètes nous avertissent qu'il faut suivre avec docilité l'attrait du Père. Quiconque écoute le Père avec docilité, vient à moi. Sans doute personne n'a vu le Père, mais le Fils de Dieu l'a vu, il vous parle en son nom. En vérité, en vérité, je vous le répète : Celui qui croit en moi, a la vie éternelle. »

Jusqu'ici Jésus se présentait à ses auditeurs comme le pain descendu du ciel pour nourrir spirituellement et doter d'une vie sans fin tous ceux qui s'uniraient à lui par la foi à sa parole et la pratique de ses enseignements. Mais ce n'était là que le prélude des révélations extraordinaires qui devaient signaler cette journée. Sans tenir compte des dispositions hostiles des Capharnaïtes, il leur enseigna le mystère eucharistique, et comment ses disciples trouveraient la vraie vie, non plus seulement en s'unissant à lui par la foi, mais en ne faisant qu'un avec lui par la manducation d'un pain devenu sa chair et son sang.

« Oui, je suis le pain de vie, s'écria-t-il de nouveau. La manne du désert n'a pas empêché vos pères de mourir, mais le pain descendu du ciel, quiconque en mange, ne meurt pas. Je suis, moi, le pain vivant descendu du ciel, et par conséquent, qui mange de ce pain, vivra éternellement. Or, sachez-le, ce pain, c'est ma chair que je donnerai pour le salut du monde. »

À ce dernier mot, les murmures se changèrent en tumulte. Les auditeurs prenaient parti pour ou contre Jésus, mais la plupart manifestaient bruyamment leurs sentiments d'incrédulité. « Comment fera-t-il, criait-on de toutes parts, pour nous donner sa chair à manger ? » Et déjà leurs imaginations grossières se le représentaient tout sanglant et mis en pièces.

Ils avaient donc parfaitement compris que Jésus voulait leur donner sa chair à manger. Afin de les confirmer dans cette croyance, il fit de la manducation de sa chair la condition de la vie et du salut éternel. « En vérité, en vérité, je vous le dis, si vous ne mangez la chair du Fils de l'homme et si vous ne buvez son sang, vous n'aurez point la vie en vous. Celui qui mange ma chair et qui boit mon sang, a la vie éternelle, et je le ressusciterai au dernier jour. Car ma chair est une nourriture et mon sang un breuvage. Qui mange ma chair et boit mon sang, demeure en moi, et moi en lui, et de même que je vis par mon Père, celui-là vivra par moi. Encore une fois, voici le vrai pain descendu du ciel : vos pères ont mangé la manne, et sont morts ; mais celui qui mangera de ce pain vivra éternellement. »

Des cris d'indignation éclatèrent à la fin de ce discours. « C'est insupportable, disait-on. Qui peut écouter de sang-froid des propos aussi révoltants ? » Ses disciples eux-mêmes réprouvaient une doctrine qui leur paraissait absurde. Jésus le savait, aussi vint-il charitablement à leur secours. « Mes paroles vous scandalisent, leur dit-il, mais vous les comprendrez quand vous verrez le Fils de l'homme remonter au ciel d'où il est venu. Vous saurez alors que la chair, sans le Dieu qui la vivifie, ne servirait de rien. Mes paroles sont esprit et vie, mais hélas ! il y a des incroyants parmi vous. » Il y en avait même un qui s'apprêtait à le trahir, et Jésus, qui voit le fond des cœurs, connaissait parfaitement les sentiments d'hostilité dont certains étaient animés. « Rappelez-vous, ajouta-t-il en finissant, ce que je vous ai dit : Nul ne vient à moi, s'il n'y est conduit par mon Père. » Dieu les avait conduits au Sauveur, mais en punition de leur résistance à ce même Sauveur, il les laissait s'égarer, loin de lui, dans la voie des ténèbres et de la perdition.

À partir de ce jour, la masse des disciples, déçue dans ses convoitises, cessa de le suivre. Ainsi abandonné de ceux qui l'aimaient, Jésus dit aux douze qu'il avait choisis :

« Et vous, voulez-vous aussi me quitter ?

- Seigneur, répondit Pierre, à qui donc irions-nous ? Vous avez les paroles de la vie éternelle. Nous croyons et nous savons que vous êtes le Christ, le Fils du Dieu vivant. »

Le Sauveur connaissait le cœur de chacun de ses apôtres. S'il avait provoqué cette profession de foi de Simon Pierre, c'était pour faire rentrer en lui-même l'un des douze, qui ne croyait plus. Judas Iscariote cessa de croire en son Maître, le jour où Jésus refusa la royauté. La foi du Juif s'évanouit avec ses rêves d'avarice et d'ambition, et il résolut de quitter à la première occasion un homme puissant, il est vrai, mais dont il n'attendait plus rien. La noble protestation de Pierre et de ses compagnons ne fit aucune impression sur lui. Il resta silencieux et impassible, mais Jésus lui fit savoir qu'il n'y avait rien de caché pour lui : « Ne vous ai-je pas choisis tous les douze ? dit-il avec tristesse, et l'un de vous est un démon. » Judas feignit de ne pas comprendre, mais depuis lors, devenu l'ennemi de son Maître, il ouvrit son cœur à toutes les suggestions de l'enfer.

Les mauvais jours approchent : à l'enthousiasme des Galiléens succède l'incrédulité ; le pain matériel fait oublier les miracles et le royaume de Dieu ; les disciples abandonnent le Maître, et si les apôtres restent fidèles, l'un d'eux embrasse déjà la cause des déserteurs.

II. Chez les Gentils

Les ablutions pharisaïques. - La Phénicie. - La Cananéenne. - Dans la Décapole. - Un sourd-muet, Seconde multiplication des pains. - On demande un signe céleste. - Le levain des pharisiens. (Matth., xv, 1-39 ; XVI, 1-12. - Marc., VII, 1-37 ; VIII, 1-21.)

Pendant que les Galiléens se séparaient violemment de ce prophète qu'ils acclamaient depuis deux ans comme le libérateur d'Israël, à Jérusalem on le cherchait pour le livrer aux juges. Ne l'ayant point trouvé au temple durant les fêtes pascales, les sectaires résolurent de l'attaquer sur son terrain, dans cette Galilée, où ils espéraient maintenant soulever le peuple contre lui. Des scribes et des pharisiens descendirent exprès de Jérusalem, à Capharnaüm pour lui tendre des pièges et susciter un motif d'accusation.

À force d'épier sa conduite et d'observer minutieusement les actions de ses disciples, ils finirent par remarquer que ceux-ci se mettaient à table sans se laver les mains. Aux yeux des pharisiens, c'était un crime impardonnable. Jamais ils ne prenaient un repas sans faire auparavant de nombreuses ablutions. En revenant de la ville ou du forum, ils se lavaient de la tête aux pieds. Ils purifiaient les coupes, les vases de terre, les lits du festin ; pendant le repas, ils affectaient de se mouiller souvent le bout des doigts ; en sortant de table, ils plongeaient les mains dans l'eau jusqu'au poignet. D'après leurs traditions ridicules, mépriser ces rites, c'était encourir la peine de l'excommunication ; au contraire, en mangeant son pain avec des mains toujours pures, on se rendait digne de participer au banquet du siècle futur. Avec de pareilles idées, les pharisiens, naturellement, s'indignèrent de la conduite des disciples et rendirent le Sauveur responsable du scandale que les siens donnaient au peuple.

« Pourquoi, lui dirent-ils, vos disciples, au mépris de nos anciennes traditions, osent-ils manger avec des mains non purifiées ?

– Et pourquoi vous-mêmes, leur demanda Jésus, au nom de prétendues traditions, vous permettez-vous de transgresser les lois de Dieu les plus formelles ? Dieu commande d'honorer son père et sa mère, il menace de mort l'homme qui manque à ce devoir, et vous ne rougissez pas d'enseigner que si un père et une mère tombent dans l'indigence, il suffit de leur dire : « J'ai voué mon bien à Dieu, il vous aidera, » pour être dispensé de leur donner même une obole. Vous invalidez les commandements de Dieu au nom de traditions dont vous recueillez le profit. Hypocrites, Isaïe parlait de vous quand il s'écriait : « Ce peuple-là m'honore du bout des lèvres, mais son cœur est loin de moi. Ils affectent un grand zèle pour mon culte, et tout ce qu'ils enseignent, maximes et pratiques, purifications de coupes et de vases, et autres observances semblables, est de pure invention humaine. »

Déconcertés par cette virulente apostrophe, les sectaires ne trouvaient rien à répondre. Non contents de leur avoir fermé la bouche, Jésus appela le peuple qui de loin assistait à ces débats, et ruina d'un mot toute la théologie des pharisiens. « Écoutez tous, dit-il, ce n'est pas ce qui entre dans la bouche qui souille l'homme, mais ce qui en sort. Comprenez, si vous avez un peu d'intelligence. » Et il se retira sans autre explication.

D'après les pharisiens, la souillure des mains se communiquait aux aliments, et par les aliments à l'homme tout entier. Donc prétendre que la souillure des mains ne peut souiller l'homme, c'était détruire l'autorité des docteurs, et enlever aux hypocrites leur vernis de sainteté, dû tout entier à l'observance rigide des pratiques extérieures. La parole de Jésus les mit dans une telle surexcitation que les apôtres commencèrent à craindre pour leur Maître.

« Savez-vous, lui dirent-ils, que vos paroles ont grandement scandalisé les pharisiens ?

– Ne les craignez pas, leur répondit-il, toute plante que mon Père n'a pas mise en terre, sera déracinée. Laissez-les, ce sont des aveugles qui conduisent d'autres aveugles ; ils tomberont tous ensemble dans la même fosse. »

Mais les apôtres eux-mêmes n'avaient pas compris la réponse de Jésus aux pharisiens. Ils lui demandèrent de la leur expliquer. « Comment ? dit-il, vous n'avez pas assez de sens pour comprendre que ce qui entre dans le corps ne peut souiller l'homme ? La nourriture entre dans l'estomac, d'où par un travail secret elle est expulsée au dehors : elle ne pénètre pas dans l'âme. Au contraire, les paroles que la bouche profère viennent de l'âme, et c'est là ce qui souille l'homme. C'est du cœur en effet que sortent les mauvaises pensées, les mauvais désirs, les mauvaises actions, les homicides, les vols, les faux témoignages, l'avarice, la fraude, l'impureté, les blasphèmes, en un mot, toutes les extravagances et toutes les méchancetés. Voilà ce qui souille l'homme, et non point de manger sans se laver les mains. »

Ces dernières luttes contre les Galiléens et contre les Juifs de Jérusalem déterminèrent Jésus à fuir pour un temps la rencontre de ses ennemis. Les pharisiens allaient mettre à exécution leurs projets de vengeance, et il ne voulait pas tomber dans leurs mains, parce que son heure n'était pas encore venue. Il quitta donc Capharnaüm avec ses apôtres, traversa les montagnes de Zabulon et de Nephtali, et s'achemina jusqu'en Phénicie, sur les confins de Tyr et de Sidon. Comme autrefois le prophète Élie, persécuté par les tyrans d'Israël, le Sauveur dut chercher un refuge à l'étranger. Durant cet exil, qui dura presque six mois, il s'occupa moins de prêcher aux Gentils, que d'instruire ses apôtres, car sa mission consistait à porter la lumière aux enfants d'Israël, et par eux aux nations païennes. Souvent donc il vivait dans la solitude, et passait inaperçu au milieu des populations.

Toutefois les habitants de Tyr et de Sidon savaient qu'un grand prophète parcourait la Galilée et mettait en émoi tout Israël. Plusieurs même avaient entendu le sermon sur la montagne et vu de leurs yeux des guérisons miraculeuses. De temps en temps, un indice quelconque trahissait sa présence et attirait sur lui les regards.

Une femme d'origine cananéenne vint un jour implorer son assistance. « Seigneur, fils de David, disait-elle toute en larmes, ayez pitié de moi : ma fille est horriblement tourmentée par le démon. » Comme Jésus restait sourd à ses supplications et que la pauvre mère redoublait en vain ses instances, les apôtres intervinrent en sa faveur.

« Maître, lui dirent-ils, ne pouvez-vous pas exaucer sa prière ? elle ne cesse de se lamenter dernière nous.

- Je ne suis envoyé, répondit-il, qu'aux brebis perdues de la maison d'Israël.

- Seigneur, Seigneur, s'écria la Cananéenne en se jetant à ses pieds, venez à mon aide.

- Il n'est pas bon, reprit le Sauveur, de prendre le pain des enfants pour le jeter aux chiens.

- C'est vrai, Seigneur, mais les petits chiens se nourrissent des miettes qui tombent de la table des enfants. »

À cette répartie d'une humilité si touchante et si confiante, Jésus dut s'avouer vaincu. « O femme, s'écria-t-il, que votre foi est grande ! Allez, et qu'il soit fait comme vous voulez : votre fille est délivrée. » En rentrant chez elle, la Cananéenne trouva l'enfant sur son lit, en bonne santé : le démon qui la tourmentait, avait fui au commandement du Sauveur.

Après un long séjour en Phénicie, Jésus quitta les environs de Tyr, continua son voyage le long de la mer jusqu'à Sidon ; puis, traversant la montagne du Liban, il revint par les villes de la Décapole jusqu'à la côte orientale du lac de Galilée. Peu fréquenté par les Juifs, ce pays lui offrait une retraite sûre au milieu des rares Israélites dispersés dans ces régions païennes. Tout en leur portant la bonne nouvelle du salut, il aurait voulu, pour ne pas attirer ses ennemis, éviter les rassemblements ; mais le souvenir du possédé de Gérasa attira vers lui nombre de malades et d'infirmes.

On lui amena un jour, sur la colline où il instruisait le peuple, un homme sourd et muet. Ceux qui le conduisaient, supplièrent Jésus de lui imposer les mains. Afin d'éviter les acclamations, il conduisit l'infirme hors de la foule. Là, il lui mit les doigts dans les oreilles et un peu de salive sur la langue ; puis, levant les yeux au ciel, il poussa un soupir en pensant à la profonde misère de l'homme déchu, et prononça ce mot : « Ephpheta, ce qui veut dire : Ouvrez-vous. » À l'instant les oreilles du sourd s'ouvrirent, sa langue se délia, et il se mit à parler sans difficulté. Jésus imposa silence aux témoins de ce prodige, mais plus il leur défendait d'en parler, plus ils s'empressaient de le raconter à tout venant. Et tous s'écriaient, ravis d'admiration : « Il fait bien toutes choses, il fait entendre les sourds et parler les muets. »

Dès lors, les foules vinrent à lui, amenant de toutes parts des infirmes, des boiteux, des sourds, des muets, et d'autres malades qu'on étendait à ses pieds. Et il rendait la santé à tous, si bien que les païens de la Décapole eux-mêmes, témoins de ces faits miraculeux, glorifiaient à haute voix le Dieu d'Israël.

Et le nombre des pèlerins croissait toujours. Hommes femmes et enfants s'attachaient à Jésus, sans penser que leurs provisions s'épuisaient, et que dans ces solitudes ils ne trouveraient rien pour se nourrir. Comme au désert de Bethsaïde, le Sauveur fut obligé de pourvoir à leur subsistance. « J'ai pitié de cette foule, dit-il aux apôtres, voilà trois jours qu'ils demeurent ici près de moi, et ils n'ont plus rien à manger. Si je les renvoie à jeun, ils tomberont en défaillance sur le chemin, car plusieurs sont venus de loin. » Les apôtres lui firent observer qu'on ne pourrait se procurer assez de pains dans ce désert pour nourrir une pareille multitude. « Combien de pains avez-vous ? demanda-t-il. - Sept, et quelques petits poissons. » À cette réponse, il fit asseoir le peuple sur le gazon, et prenant en main les pains et les poissons, il les bénit, les rompit, et les donna aux disciples, qui les distribuèrent aux assistants. Quatre mille hommes, sans compter les femmes et les enfants, mangèrent de ce pain miraculeux, et furent rassasiés. Des fragments qui restèrent après le repas, on emplit sept corbeilles.

Alors Jésus congédia les nombreux visiteurs de la Décapole, et désirant revoir, après cette longue absence, sa chère mais infidèle Galilée, il monta dans une barque qui le transporta sur la rive opposée du lac. Pour ne pas attirer l'attention, il se retira dans la petite bourgade de Dalmanutha, située, dans les montagnes, entre Tibériade et Magdala ; mais ses ennemis, qui guettaient son retour eurent bientôt découvert l'asile où il se tenait caché. Des docteurs sadducéens s'unirent aux pharisiens pour lui tendre de nouveaux pièges. Les sadducéens, hommes de plaisir, faisaient aussi peu de cas des traditions pharisaïques que des enseignements de Jésus sur le royaume des cieux, mais ils en voulaient à ce prophète qui ne craignait pas de condamner leur vie toute païenne. Ils vinrent donc à Dalmanutha, en compagnie des pharisiens, sommer Jésus de justifier ses prétentions. Il opérait des prodiges sur terre, disaient-ils, mais tout le monde savait que des phénomènes de ce genre n'excédaient pas le pouvoir des démons. On ne croirait à sa mission que s'il l'appuyait sur des signes célestes, mais on le défiait d'imiter en cela les vrais envoyés de Dieu.

Comme il l'avait fait déjà, le Sauveur refusa de se soumettre aux exigences ridicules de ces hypocrites, qui fermaient volontairement les yeux à la lumière. « À l'heure du crépuscule, leur dit-il, en voyant la teinte rouge du ciel, vous annoncez un beau jour pour le lendemain ; si le ciel est sombre ou couleur de feu, vous pronostiquez une tempête. Vous comprenez les signes du ciel, et vous ignorez les signes des temps ? » Vous avez vu le sceptre sortir de Juda, les soixante-dix semaines de Daniel s'écouler l'une après l'autre, Jean-Baptiste annoncer le Messie, les morts ressusciter, et quand ces signes du Christ, prédits par les prophètes, vous crèvent les yeux, vous demandez des signes célestes ! « Génération perverse et adultère, vous n'aurez désormais d'autre signe que celui du prophète Jonas. »

Devant cette accusation de mauvaise foi, prouvée par des faits évidents, pharisiens et sadducéens disparurent les uns après les autres. Cependant, afin de se soustraire à leurs complots, Jésus s'empressa de quitter de nouveau les états d'Hérode, et de chercher un refuge, au nord du lac, dans la tétrarchie de Philippe. Pendant la traversée, les apôtres s'aperçurent qu'ils avaient oublié des vivres. Ils regardaient avec inquiétude l'unique pain qui se trouvait sur la barque, quand tout à coup Jésus leur dit : « Défiez- vous du levain des pharisiens et des hérodiens. » Ils comprirent que le Maître, les voyant sans pain, leur défendait de s'en procurer chez des ennemis qui en voulaient à sa vie. Le Sauveur prit occasion de cette méprise pour leur reprocher leur manque de confiance : « Hommes de peu de foi, dit-il, toujours préoccupés du pain matériel, aurez-vous donc toujours des yeux pour ne pas voir, des oreilles pour ne pas entendre, et une mémoire pour tout oublier ? Quand j'ai divisé cinq pains entre cinq mille bommes, combien avez-vous rempli de corbeilles avec les restes ? - Douze, répondirent-ils. - Et quand j'ai nourri quatre mille hommes avec sept pains, vous avez, avec les restes, rempli combien de corbeilles ? - Sept. - Et vous avez pu croire que je m'occupais du pain matériel quand je vous disais : Prenez garde au levain des pharisiens et des sadducéens ? »

Les apôtres comprirent alors que, par le levain des pharisiens, il fallait entendre les doctrines de ces sectaires, qui, jetées dans les esprits comme le levain dans la pâte, corrompaient la masse du peuple.

Et c'est pourquoi les Galiléens, trompés par de faux docteurs, forçaient Jésus, leur ami, leur bienfaiteur, leur Sauveur, à s'exiler d'un pays qui fut pendant deux ans le théâtre habituel de ses prédications et de ses miracles. Pierre et ses compagnons apprirent aussi, par cette parole du bon Maître, que les apôtres du royaume pourraient ici-bas se voir réduits à l'indigence, mais qu'ils ne mourraient pas de faim aussi longtemps qu'ils resteraient les serviteurs fidèles de Celui qui multiplia les pains au désert.

III. Primauté de Pierre

Bethsaïde-Julias. - Guérison d'un aveugle. - Césarée de Philippe. - Confession de Simon Pierre.- Tu es Petrus. - Jésus prédit sa mort. - Réflexions téméraires de Pierre. - Sur la croix et le renoncement. (Matth., XV, 13-19 ; XVI, 20-28. - Marc., VIII, 22-39. - Luc., IX, 18-27.)

Jésus débarqua au nord du lac, sur la rive gauche du Jourdain.

En remontant le fleuve, il arriva en quelques heures à Bethsaïde-Julias, près du désert où il avait une première fois multiplié les pains. Malgré son désir de passer inaperçu, des gens du bourg le reconnurent et lui amenèrent un homme frappé de cécité, en le priant de lui vendre la vue. Il prit la main de l'aveugle, et le conduisit dans un endroit écarté. Afin d'exciter peu à peu la foi dans le cœur de cet homme, il ne lui ouvrit les yeux que graduellement. Lui ayant imposé les mains, il lui demanda ce qu'il voyait. L'aveugle n'apercevait les objets que d'une manière confuse. « Je vois des hommes, dit-il, mais ils me font l'effet d'arbres qui se mettraient à marcher. » Et il attendait, heureux et confiant, que le prophète achevât son œuvre. Une seconde fois Jésus lui mit la main sur les yeux, et il vit aussi distinctement qu'avant sa cécité. « Retourne dans ta maison, lui dit le Sauveur, et, si tu entres dans le bourg, ne parle à personne de celui qui t'a guéri. » Il se voyait obligé de cacher sa puissance pour ne pas attirer les foules et réveiller la haine de ses ennemis.

Suivi de ses seuls apôtres, Jésus quitta Bethsaïde, remonta le cours du Jourdain, et arriva bientôt aux sources de ce fleuve. Là s'élevait l'antique ville de Panéas, que le tétrarque Philippe venait d'agrandir considérablement pour en faire la capitale de ses États. Tibère étant alors assis sur le trône des Césars, il avait appelé cette nouvelle capitale Césarée, afin de se ménager par cette flatterie les bonnes grâces du tout-puissant empereur. Pour la même raison, la splendide cité bâtie par Hérode sur les bords du lac de Galilée, portait le nom de Tibériade. La Terre Sainte se couvrait de villes et de monuments qui constataient à chaque pas la déchéance du peuple de Dieu.

Et ce peuple rejetait obstinément Celui qui venait le sauver.

Jésus passait comme un fugitif au milieu de ces cités. Les Galiléens l'abandonnaient, les Juifs le poursuivaient de leurs ressentiments implacables, Hérode se faisait leur complice, et si Philippe, son frère, se montrait plus tolérant, c'est que, plus occupé de son royaume que du royaume des cieux, il ne s'inquiétait nullement du prophète de Nazareth.

Ce spectacle était bien propre à décourager les apôtres. En s'attachant à Jésus, ils avaient compté qu'il fonderait réellement un royaume nouveau et délivrerait Israël. Et voilà qu'après avoir parcouru les provinces en vrai libérateur, rassemblé de nombreux disciples par l'éclat de sa parole et de ses miracles, confondu ses ennemis aux applaudissements des multitudes, sa gloire s'éclipse tout à coup, sa puissance semble paralysée, sa parole sans influence sur les esprits. Si parfois il guérit encore un infirme, c'est en cachette, pour ne pas attirer l'attention de ces pharisiens, qu'il bravait autrefois ; et s'il continue à prêcher son royaume, ce n'est plus aux foules, sur les places publiques, mais dans l'intimité, aux apôtres qui le suivent dans ses pérégrinations à l'étranger.

La foi des douze résisterait-elle à cette rude épreuve ? Lors de l'abandon des disciples, Pierre, au nom de ses compagnons, avait protesté que jamais ils ne délaisseraient leur Maître : restaient-ils dans les mêmes dispositions ? Jésus voyait le fond de leur cœur, mais il voulut leur fournir l'occasion de manifester leurs sentiments à son égard. Arrivé dans les environs de Césarée, ils s'arrêtèrent pour prendre un peu de repos. Le Sauveur se retira pour prier son Père, comme il le faisait avant tout acte de grande importance ; puis, retournant près de ses apôtres, il leur posa cette question :

« Que dit-on dans le monde du Fils de l'homme ?

- Les uns, répondirent-ils, voient en lui Jean-Baptiste, d'autres Elie, d'autres Jérémie, ou quelqu'un des prophètes.

- Et vous, qui dites-vous que je suis ?

- Qui vous êtes ! répondit Pierre sans hésiter un instant : VOUS ETES LE CHRIST, LE FILS DU DIEU VIVANT. »

Pierre n'avait jamais cessé de croire en Jésus. Le jour où sur les bords du Jourdain il le prit pour Maître, il le considéra comme le Messie promis ; quand les disciples, scandalisés, l'abandonnèrent, Pierre s'écria : « Vous êtes le Messie, le Fils de Dieu. » Aujourd'hui qu'Israël repousse le libérateur annoncé par les prophètes, Pierre, inébranlable dans sa foi, proclame hautement, contre tout Israël, que Jésus est le Christ, le Fils de Dieu.

L'intrépide apôtre venait de justifier le nom de Pierre que le Sauveur lui avait imposé quand il le vit pour la première fois. C'était l'heure de dévoiler au pêcheur galiléen, à ses collègues et au monde entier, la raison mystérieuse de ce surnom significatif. Elevant la voix à son tour, Jésus répondit à la confession de sa divinité par cette promesse qu'un Dieu seul pouvait faire :

« Tu es bienheureux, Simon, fils de Jonas, car ni la chair ni le sang ne t'ont révélé ce que je suis, mais mon Père qui est dans les cieux. ET MOI, JE TE DIS QUE TU ES PIERRE, ET SUR CETTE PIERRE JE BATIRAI MON ÉGLISE, ET LES PORTES DE L'ENFER NE PREVAUDRONT JAMAIS CONTRE ELLE. Je te donnerai les clefs du royaume des cieux, et tout ce que tu lieras sur la terre sera lié dans le ciel, et tout ce que tu délieras sur la terre sera délié dans le ciel. »

En ce jour mémorable, pour récompenser la foi de Simon Pierre, Jésus fit de lui le fondement de l'Église, son royaume ici-bas. et le dépositaire de son autorité jusqu'à la fin des siècles. Et il promit que cette Église, bâtie sur ce roc indestructible resterait debout malgré toutes les puissances de l'enfer conjurées contre elle. Cette assurance fut donnée par Jésus à Pierre, le pêcheur du lac, un jour qu'ils cheminaient aux alentours de Césarée de Philippe. Et bien des ruines se sont amoncelées depuis que ces paroles ont été dites. Philippe et sa principauté, Tibère et son empire, ne sont plus que souvenirs. La fameuse Césarée a disparu sans laisser de traces : c'est à peine si quelques pierres, enfoncées dans le sable du désert rappellent au passant que là s'élevait autrefois la capitale d'un royaume. De siècle en siècle, les empires se sont écroulés les uns sur les autres : seul, le royaume de Pierre subsiste avec son chef en vertu de cette promesse : « Les portes de l'enfer ne prévaudront jamais contre elle. »

Cette prédiction du Sauveur réconforta les apôtres qui depuis plusieurs mois, gémissaient des humiliations de leur Maître. Ne venait-il pas de s'avouer le Messie, le Fils de Dieu, le fondateur d'un royaume qui subsisterait toujours ? Comment s'établirait ce royaume, il ne l'avait pas expliqué, mais ses miracles répondaient de sa puissance souveraine. À cette pensée, tous se réjouissaient, et Pierre plus que les autres, car il devait jouer un rôle prépondérant dans la fondation de ce royaume. Mais cette joie, trop humaine, ne fut pas de longue durée. De nouvelles révélations vinrent bientôt assombrir ces belles perspectives.

Jusqu'ici le mystère de la rédemption par l'effusion du sang rédempteur restait pour eux profondément caché. Si Jésus eût montré dès le principe sa croix sanglante, ils se seraient enfuis épouvantés. Aujourd'hui que le sacrifice se préparait, il était de leur faire pressentir le prochain et terrible avenir qui les attendait. Jésus commença par leur défendre de communiquer à qui que ce fût les révélations qu'il venait de faire sur sa personne et sur son royaume. et cela pour ne pas ameuter ses ennemis contre lui avant l'heure marquée par son Père. Mais il leur déclara que cette heure sonnerait bientôt. « Il fallait que le Fils de l'homme allât à Jérusalem, où il aurait beaucoup à souffrir. Condamné par les anciens du peuple, les princes des prêtres, les scribes, il serait mis à mort, mais il ressusciterait le troisième jour. »

Jésus parla de sa mort sans leur dépeindre les horreurs de son supplice ; mais cette sinistre prophétie ne les jeta pas moins dans une véritable consternation. Bien que leur Maître se fût exprimé très clairement, ils se demandaient s'ils avaient bien compris le sens de ses paroles. Avec sa franchise ordinaire, Pierre le prit à part et le conjura, puisque, après tout, il était le plus fort, de ne pas se livrer à ses ennemis. « Seigneur, s'écria-t-il vivement, cela ne sera pas vous ne pouvez pas vous laisser traiter de la sorte ! »

A cette parole téméraire, Jésus se retourna vers son apôtre et lui lança cette menaçante apostrophe :

« Retire-toi, Satan, tu veux m'induire en tentation : tu juges des choses, non selon Dieu mais selon tes vues humaines. » Pierre baissa la tête ; ni lui ni ses compagnons ne purent comprendre pourquoi Jésus devait souffrir et mourir. Pour les initier d'une certaine manière à la nécessité du sacrifice, il donna en ce moment à tous ceux qui voudrai et le suivre une admirable leçon, et comme cette leçon convenait au peuple aussi bien qu'aux apôtres, il appela la foule des curieux, qui s'était amassée à quelque distance. Élevant alors voix, il dit à tous :

« Si quelqu'un veut me suivre, qu'il se renonce lui-même et porte chaque jour sa croix. Quiconque voudra sauver sa vie, la perdra et quiconque la sacrifiera pour moi et pour l'Évangile que je prêche, la sauvera. Or que sert à l'homme de gagner tout l'univers, s'il perd son âme ! Et que donnera-t-il en échange de cette âme ? Si quelqu'un rougit de moi devant cette génération infidèle et dépravée, le Fils de l'homme rougira de lui, lorsqu'il viendra dans la gloire de son Père, au milieu de ses anges, pour rendre à chacun selon ses œuvres. »

Et pour montrer à tous que Dieu n'attendrait pas même le dernier jugement pour punir la nation juive de sa rébellion contre le Messie, il ajouta : « Je vous le dis en vérité, il y en a parmi vous qui ne descendront pas au tombeau avant d'avoir vu le Fils de l'homme visiter son royaume, armé de sa toute- puissance. » Quarante ans plus tard, les survivants de cette génération purent voir les Romains saccager la Judée, incendier Jérusalem, et répandre de tels flots de sang que l'on crut assister aux préludes de la dernière catastrophe : c'était Jésus, qui passait au milieu de ses ennemis, frayant les voies aux fondateurs de son royaume.

IV. LA TRANSFIGURATION

Le Thabor. - Transfiguration du Sauveur. - Seconde prédiction de la Passion. - Sur l'avènement d'Elie. - L'enfant possédé. - Scène de la délivrance. - Retour à Capharnaüm. - Les apôtres et la préséance. Correction fraternelle. - Pardon des offenses. - Le créancier et le débiteur. (Matth., XVII, XVlll. - Marc., IX. - Luc., IX, 28-49.)

La prédiction de la Passion jeta les apôtres dans une douloureuse perplexité. Par respect pour leur Maître, ils s'abstinrent de toute réflexion, mais sans pouvoir s'expliquer comment le Messie, envoyé par Dieu pour régner sur le monde, rencontrerait en ce monde des ennemis qui lui disputeraient l'empire, et même le mettraient à mort. Le nuage qui cachait le Fils de Dieu sous le Fils de l'homme s'épaississait de plus en plus. Le Sauveur devait à leur faiblesse de lever un coin du voile.

Six jours après la révélation de Césarée, Jésus quitta les états de Philippe pour rentrer en Galilée. L'heure des grands combats allait sonner. Après avoir franchi le Jourdain, il descendit avec ses apôtres jusqu'à la partie méridionale du lac. Le second jour du voyage, il arriva, vers le soir, au pied du mont Thabor. Laissant ses autres compagnons se reposer dans la plaine, il prit avec lui ses trois privilégiés, Pierre, Jacques et Jean, et gravit avec eux les flancs escarpés de la montagne. Arrivé au sommet, il se mit, comme d'habitude, à prier son Père, pendant que les trois apôtres, brisés de fatigue, s'endormaient d'un profond sommeil.

Tout à coup, une scène du ciel éclaira ces hauteurs. Le Fils de Dieu laissa percer, à travers son humanité, un rayon de cette gloire qu'un miracle incessant empêchait d'éclater au dehors. Aussitôt il apparut complètement transfiguré : son visage brillait comme le soleil ; ses vêtements, d'une blancheur inimitable, resplendissaient comme la neige. Réveillés par les clartés éblouissantes de cette divine lumière, les apôtres se crurent subitement transportés dans un monde inconnu. Bientôt deux personnages, pleins de majesté, surgirent du fond lumineux et se placèrent aux côtés de Jésus. Pierre et ses compagnons reconnurent Moïse, l'auteur de la Loi, et Elie, le restaurateur de cette même Loi. Tous deux, représentants de l'antique alliance, venaient s'incliner devant l'auteur du Testament nouveau. Ils s'entretenaient avec le Sauveur de sa sortie du monde, qui devait bientôt s'accomplir à Jérusalem.

Le regard fixé sur la triple apparition, les apôtres restaient muets, dans une jubilation extatique. Au moment où les deux prophètes se disposèrent à quitter le Sauveur, Pierre, hors de lui, ne put s'empêcher de s'écrier : « Seigneur, qu'il nous serait bon de demeurer ici ! Si vous le voulez, nous construirons trois tentes, une pour vous, une pour Moïse, une pour Elie. » Tout entier à la vision qui l'absorbait, il ne se rendait pas compte de ce qu'il disait, quand soudain une nuée lumineuse enveloppa Jésus et ses deux interlocuteurs, pendant qu'une voix, perçant la nue, fit entendre distinctement ces paroles : « Celui-ci est mon Fils bienaimé, dans lequel j'ai mis toutes mes complaisances : écoutez le. » A ces mots, les trois apôtres, tremblants de frayeur, tombèrent la face contre terre. Mais déjà Jésus était près d'eux : « Levez- vous, dit-il en les touchant de la main, et soyez sans crainte. » Ils se levèrent alors, regardèrent tout autour d'eux, et ne virent plus que leur Maître, resté seul avec eux sur la montagne.

Bientôt, sur une autre montagne, ces trois mêmes apôtres assisteront à l'agonie douloureuse du Sauveur. La glorieuse apparition du Thabor soutiendra leur foi quand, au jardin des Oliviers, leur Maître succombera sous le poids des douleurs. Aussi, en descendant de la montagne, Jésus leur recommandat-il de garder le silence sur cette vision dont il les avait spécialement favorisés, « et de n'en parler à personne jusqu'à ce que le Fils de l'homme fût ressuscité d'entre les morts ». Ils obéirent, mais ils se demandaient ce qu'ils devaient entendre par la « résurrection du Fils de l'homme. » Ces mots, mort et résurrection, appliqués au Messie, leur paraissaient autant d'énigmes dont le sens restait caché. Plus tard, éclairés par les événements et par la lumière de l'Esprit-Saint, les trois apôtres prêcheront Jésus ressuscité aux Juifs et aux Gentils ; et pour attester sa divinité, Pierre leur racontera la merveilleuse transfiguration du Thabor. « Ce n'est point en nous attachant à d'ingénieuses fictions, dira-t-il, que nous avons prêché la puissance et l'avènement de Notre-Seigneur Jésus-Christ, mais après avoir été nous - mêmes les spectateurs de sa gloire, lorsque cette voix descendit sur lui d'une nuée lumineuse : « Celui-ci est mon Fils bien-aimé, dans lequel « je mets mes complaisances : écoutez-le. » Et cette voix, qui venait du ciel, nous l'avons entendue, lorsque nous étions avec lui sur la montagne. »

Pour le moment, leur foi chancelait à la moindre difficulté. En voyant disparaître Elie, ils se rappelèrent que, d'après l'enseignement des docteurs, Elie doit descendre sur la terre avant le Messie. Mais, puisque le Messie est venu, comment cela se peut-il comprendre ? Interrogé là-dessus, Jésus leur répondit : « Elie reviendra en effet sur cette terre » aux derniers jours du monde, « et y opérera une transformation générale ; mais, d'un autre côté, Elie est déjà venu, et ils ne l'ont pas connu, et ils lui ont fait subir toutes sortes de mauvais traitements. Ainsi traiteront-ils le Fils de l'homme ! » À ces paroles, les apôtres comprirent que, par cet Elie venu avant lui, le Sauveur désignait Jean-Baptiste, mais cette pensée les replongea dans la tristesse, car le Maître avait ajouté qu'il serait traité comme Jean-Baptiste.

Le lendemain, en descendant de la montagne, ils trouvèrent, au milieu d'une grande foule, les autres apôtres entourés de scribes qui discutaient avec eux. À l'aspect de Jésus, que personne n'attendait, le peuple recula comme saisi de frayeur, mais bientôt tous s'empressèrent autour du prophète vénéré. Il demanda sur quoi roulait la discussion, et comme les apôtres et les scribes restaient également muets, un homme du peuple prit la parole : « Maître, dit-il en se prosternant aux pieds du Sauveur, je vous ai amené mon fils unique, qui malheureusement est possédé par un démon muet : ayez pitié de lui, car il souffre cruellement. Il tombe dans l'eau, il tombe dans le feu ; sous l'influence du mauvais esprit, il se roule par terre, il écume, il grince des dents, il se dessèche. Je l'ai présenté à vos disciples, en les priant de le délivrer, mais ils ne l'ont pu. »

De cet insuccès des apôtres les scribes concluaient à l'impuissance du Maître : aussi tous attendaient avec anxiété la réponse qu'allait faire Jésus. Promenant son regard triste et indigné sur la foule, sur les scribes et sur les apôtres, il s'écria : « O génération incrédule et perverse, combien de temps vivrai-je encore avec vous et devrai-je vous supporter ! Amenez-moi cet enfant. » Au seul aspect du Sauveur, le mauvais esprit agita sa victime, qui tomba par terre et s'y roula en écumant de rage.

« Depuis combien de temps subit-il cette torture ? demanda Jésus.

- Depuis son enfance, répondit le père. Souvent le démon le jette dans l'eau ou dans le feu pour l'y faire périr. De grâce, Seigneur, si vous le pouvez, secourez-nous.

- Tout est possible à celui qui croit : pouvez-vous croire ?

- Oui, je crois, s'écria l'homme en sanglotant, mais augmentez ma foi »

Des multitudes des curieux accoururent de tous côtés. Soudain, d'un ton menaçant, Jésus apostropha l'esprit immonde : « Esprit sourd et muet, je te le commande, sors du corps de cet enfant, et garde-toi d'y rentrer. » Le démon poussa un grand cri, jeta l'enfant dans d'horribles convulsions, et sortit de son corps, qui prit aussitôt l'aspect d'un cadavre. « Il est mort ! » criait-on de toutes parts. Mais Jésus, l'ayant pris par la main, le releva doucement, et le conduisit sain et sauf à son père, pendant que le peuple, émerveillé, admirait la grandeur et la puissance de Dieu.

Les scribes, déconcertés, disparurent l'un après l'autre, sans attendre les réflexions du peuple à leur sujet. Quant aux apôtres, honteux de leur échec, ils suivirent leur Maître dans une maison où il se réfugia pour se dérober aux ovations de la foule. Seuls avec lui, ils lui demandèrent pourquoi, en cette circonstance, ils n'avaient pu chasser le démon. « À cause de votre incrédulité, répondit-il. Si vous aviez de la foi comme un grain de sénevé, vous diriez à cette montagne : Passe d'ici là-bas, et elle y passerait. Rien ne vous serait impossible. Ensuite, pour chasser ce genre de démon, il faut la prière et le jeûne » qui élèvent l'âme au-dessus de la chair et l'unissent au Tout-Puissant.

En quittant le Thabor, Jésus reprit, à travers la Galilée, la route de Capharnaüm. Bien qu'il évitât les foules, on l'accueillait partout avec des démonstrations de joie. Ce que voyant les apôtres, ils se prirent de nouveau à espérer un triomphe plus ou moins rapproché, mais il les mit en garde contre toute illusion : « Rappelez-vous bien, leur dit-il, les prédictions que je vous ai faites : le Fils de l'homme sera livré entre les mains des pécheurs : ils le mettront à mort, mais le troisième jour après sa mort il ressuscitera. » Encore une fois ils entendirent cette prophétie sans en saisir toute la signification. Un voile obscur leur cachait la poignante réalité, et ils n'osaient demander à leur Maître des éclaircissements qui les eussent découragés. Ils cheminaient ainsi, tristes et sombres, osant à peine échanger quelques mots entre eux.

Une fois seulement, la pensée, toujours renaissante, du royaume futur, dissipa un peu leur mélancolie. Le Maître, se disaient-ils, passerait sans doute quelques mauvais jours, puisqu'il nous l'affirme, mais il n'en établira pas moins ce royaume de Dieu tant de fois annoncé, et dans lequel eux, ses familiers, occuperaient sans nul doute des places distinguées. Cette certitude ranima leur courage et, tout en marchant, ils se mirent à discuter les titres de chacun à la préséance. Ils oubliaient que Jésus lisait dans leurs cœurs leurs rêves d'ambition : aussi se montrèrent-ils assez embarrassés, quand, à peine rentrés dans leur maison de Capharnaüm, il leur dit en fixant sur eux son œil pénétrant : « De quoi parliez-vous donc en chemin ? » Aucun ne se pressait de répondre, mais enfin ils s'approchèrent de lui tout confus, lui avouèrent le sujet de leur dispute, et le prièrent de la terminer en leur révélant lequel d'entre eux serait le premier dans son royaume.

En posant cette question d'un orgueil bien naïf, ils ne s'attendaient guère à la leçon qu'ils allaient recevoir. S'étant assis au milieu d'eux, Jésus leur dit : « Si quelqu'un veut être le premier dans mon royaume, qu'il soit le dernier et le serviteur de tous. » Et afin de graver dans leur cœur cette leçon d'humilité, il appela un petit enfant, le plaça au milieu d'eux, l'embrassa tendrement, et le leur montrant :

« Si vous ne vous convertissez, dit-il, et ne deveniez semblables à ce petit enfant, vous n'entrerez point dans le royaume des cieux. Celui qui se fera petit comme cet enfant, sera le plus grand dans le royaume des cieux. »

Et alors laissant parler la charité qui débordait de son cœur, il leur demanda de se consacrer tout entiers, non plus à des rêves de gloire humaine, mais au salut de ceux vers qui son Père l'avait envoyé. « Celui qui reçoit en mon nom, dit-il, un petit enfant comme celui-ci, me reçoit moi-même, et qui me reçoit, reçoit mon Père qui m'a envoyé. » Jean s'imagina que les apôtres avaient seuls le droit d'agir au nom de Jésus. « Maître, observat-il, un homme chassait les démons en votre nom : nous l'en avons empêché. - Vous avez eu tort, répondit le Sauveur, si quelqu'un fait des miracles en mon nom, il n'est pas contre moi ; quiconque n'est pas contre vous, est pour vous, et quiconque vous donne seulement un verre d'eau en mon nom, parce que vous êtes à moi, ne perdra pas sa récompense. »

Le Maître regarde comme fait à lui-même le bien qu'on fait au moindre des siens, mais aussi, « malheur à celui qui scandalise un des petits qui croient en lui ! Mieux vaudrait qu'on lui attachât une meule au cou, et qu'on le jetât au fond de la mer, car il sera précipité dans la géhenne du feu inextinguible, là où le ver ne meurt point, où la flamme ne s'éteint point. Donc que personne ne méprise un de ces petits, à qui Dieu donne comme gardien un de ces anges qui contemplent sa face dans les cieux ! »

Que la paix règne entre les enfants de Dieu. « Si votre frère a péché contre vous, reprenez-le secrètement. S'il vous écoute, vous aurez gagné l'âme de votre frère. Sinon, prenez avec vous un ou deux témoins qui constateront votre droit. S'il récuse leur jugement, dénoncez-le à l'Église. S'il n'obéit pas à l'Église, qu'il soit rejeté de son sein comme un païen et un publicain. Dieu ratifiera votre sentence, car, je vous le dis en vérité, tout ce que vous lierez sur la terre, sera lié dans le ciel. »

À propos du pardon des offenses, Jésus enseignait qu'il faut pardonner au pécheur repentant, quand bien même il nous offenserait sept fois par jour. Pierre prit ce nombre à la lettre : « Ainsi, dit-il, si l'on pèche contre moi, il faudra que je pardonne jusqu'à sept fois ? - Non pas seulement sept fois, répondit Jésus, mais soixante-dix fois sept fois. » Pierre comprit la leçon. Du reste, une parabole du divin Maître lui démontra combien justement Dieu exige de l'homme pécheur qu'il soit indulgent et miséricordieux envers ses semblables.

« Le roi du ciel, dit-il, agit comme un roi de la terre qui demanda compte à ses serviteurs de leur gestion. En commençant son enquête, il en trouva un qui lui devait dix mille talents. Ce débiteur étant absolument insolvable, le maître ordonna qu'on le vendît, lui, sa femme, ses enfants, et tout ce qu'il possédait, pour acquitter sa dette. Mais le malheureux se jeta aux pieds du créancier, implorant sa pitié : Prenez patience, disait-il, et je vous paierai tout ce que je vous dois. Touché de compassion, le maître lui donna la liberté, et lui remit même toute sa dette.

« Or il arriva qu'au sortir du palais, l'indigne serviteur rencontra un de ses compagnons qui lui devait cent deniers. Lui sautant à la gorge, il l'étranglait en criant : Paie-moi ce que tu me dois. - Patience, disait l'autre en se jetant à ses pieds, ayez pitié de moi, et j'acquitterai ma dette. Mais le mauvais serviteur refusa de lui accorder le moindre délai, et le fit jeter en prison. Révoltés d'une pareille cruauté, les gens de la maison racontèrent à leur maître ce qui s'était passé. Celui-ci fit appeler le coupable :

Méchant serviteur, dit-il, je t'ai remis ta dette parce que tu m'en as prié : ne devais-tu pas avoir pitié de ton compagnon, comme j'ai eu pitié de toi ? Et, dans son indignation, il livra aux exacteurs cet homme inexorable, jusqu'à ce qu'il eût payé toute sa dette.

« Ainsi vous traitera mon Père du ciel, ajouta le divin Maître, si vous pardonnez du fond du cœur à ceux qui vous ont offensés. »

Depuis six mois qu'il errait avec ses apôtres loin du théâtre ordinaire de ses prédications, Jésus n'avait cessé de les préparer par ses enseignements à la sublime mission qu'ils devaient remplir. Mais l'heure marquée pour le grand sacrifice approchait. Au lieu de fuir les ennemis qui voulaient l'immoler avant le temps, l'Agneau de Dieu allait de lui-même s'offrir à leurs coups.

V. DE CAPHARNAÜM À JÉRUSALEM

Le didrachme et le poisson. - Jésus et ses parents. - Voyage à Jérusalem, - Les « fils du tonnerre ». - Trois indécis. - Les soixante-douze disciples. - Question d'un docteur. - Le bon Samaritain. - Marthe et Marie. (Luc., IX, 51-62 ; X. - Joan . VII, 2-10.)

Jésus venait de rentrer à Capharnaüm avec les apôtres, quand des collecteurs chargés de percevoir l'impôt du didrachme rencontrèrent Simon Pierre. « Votre Maître, lui dirent-ils, va sans doute payer l'impôt. - Certainement, » répondit l'apôtre. Et il rejoignit ses compagnons à la maison. Il allait communiquer à Jésus la demande des collecteurs, quand celui-ci le prévint par cette question :

« Simon, réponds-moi : à qui donc les rois de la terre font-ils payer tribut, à leurs propres fils ou aux étrangers ?

- Évidemment aux étrangers.

- Les fils du roi sont donc exempts de toute taxe, » reprit Jésus.

Pierre se trompait en croyant que son Maître devait l'impôt qu'on lui réclamait. Le Fils de Dieu ne paie pas l'impôt à son Père, roi du ciel et de la terre. Cependant, comme les collecteurs ne voyaient en lui qu'un homme ordinaire, le Sauveur dit à l'apôtre : « Pour ne pas les scandaliser, va au lac et jette l'hameçon. Le premier poisson que tu prendras, ouvre-lui la bouche, et tu y trouveras un double didrachme, que tu donneras au fisc pour moi et pour toi. » En observant la loi, bien qu'il n'y fût pas obligé, le divin Maître donnait l'exemple et prévenait les accusations des pharisiens.

Le retour de Jésus à Capharnaüm ne fit pas grande sensation.

La foule admirait toujours le docteur et le thaumaturge, mais beaucoup ne le reconnaissaient plus pour le Messie depuis qu'il avait refusé la royauté et promis de donner sa chair à manger. De plus, les scribes et les pharisiens annonçaient que le Sanhédrin allait le poursuivre comme blasphémateur et faux prophète, et chacun craignait de se compromettre vis-à-vis des rabbins en s'attachant à leur ennemi. Cependant de nombreux disciples, attristés de l'incrédulité de leurs compatriotes, restaient secrètement fidèles à leur Maître.

Tel était, six mois avant la Passion, l'état de cette Galilée, autrefois si dévouée au Sauveur. Aussi résolut-il de la quitter pour consacrer à la Judée le peu de jours qu'il lui restait à passer sur cette terre. Tout en évitant, quelques temps encore, de tomber entre les mains des Juifs, il voulait aller à Jérusalem et dans les environs prêcher le royaume de Dieu, réconforter des disciples qui déjà croyaient en lui, et traverser ensuite le Jourdain pour évangéliser les habitants de la Pérée, qu'il n'avait pas encore visités.

La fête des Tabernacles, célébrée solennellement vers la mi-octobre, était proche. Déjà les caravanes sillonnaient le pays, en marche vers la ville sainte. Jésus voulait s'y rendre aussi, mais en secret, car il savait que les membres du grand Conseil le recherchaient pour procéder contre lui et le condamner à mort. Ignorant ces dispositions, quelques-uns de ses parents le pressaient de les accompagner au temple. Leur orgueil souffrait de le voir depuis le longs mois rester volontairement dans l'ombre, loin de cette capitale où, par sa doctrine et ses miracles, il aurait pu acquérir tant de gloire.

« Pourquoi demeurer en Galilée ? lui dirent-ils. Allez donc en Judée, afin que vos disciples de là-bas soient aussi témoins des prodiges que vous opérez. Quand on veut se faire connaître, on agit au grand jour. Si vos œuvres sont miraculeuses, faites-les donc à la face de tout le pays.

- L'heure du départ n'a pas sonné pour moi, leur répondit Jésus, tandis que pour vous toutes les heures sont également bonnes. Le monde n'a aucune raison de vous haïr, mais moi, il me hait, parce que je ne cesse de signaler ses actes mauvais. Allez donc à la fête : je n'irai point avec vous ; le moment du départ n'est pas venu pour moi. »

Ils partirent sans lui, mécontents et presque aussi incrédules que les autres Galiléens. Quelques jours après, ayant convoqué ses apôtres et ses fidèles disciples, Jésus se mit lui-même en route secrètement, et sans indiquer au public le but de son voyage. Au lieu de longer le Jourdain comme les autres pèlerins, il dirigea sa caravane vers la Samarie. Arrivé à la frontière, il envoya au premier bourg samaritain deux messagers pour préparer les logements ; mais les habitants, furieux de voir qu'ils se rendaient aux solennités de Jérusalem, refusèrent de les recevoir, ce qui indigna souverainement Jacques et Jean, les fils de Zébédée. Les « fils du tonnerre », comme Jésus les avait qualifiés, croyaient que ces schismatiques devaient expier l'injure suprême faite à leur Maître.

« Seigneur, s'écrièrent-ils, voulez-vous que nous fassions descendre le feu du ciel pour les détruire ?

– Vous ne savez quel esprit doit vous animer, répondit Jésus aux deux frères. Le Fils de l'homme ne vient point perdre les âmes, mais les sauver. »

Et il leur reprocha cet excès de zèle. La loi de crainte avait fait place à la loi de miséricorde et d'amour. Elie fit descendre le feu du ciel sur des coupables, mais les apôtres devaient se rappeler qu'ils étaient les disciples de Celui qui n'éteint pas la mèche qui fume encore. Les ayant ainsi calmés, il leur ordonna de se diriger vers une autre bourgade.

Arrivé à un certain endroit, il voulut envoyer en Judée et dans les pays au-delà du Jourdain des disciples éprouvés pour lui préparer les voies. Plusieurs se présentèrent qui ne furent point acceptés. L'un promettait de le suivre partout où il irait : Sachez, lui dit Jésus, que « les renards ont des tanières et les oiseaux des nids, mais le Fils de l'homme n'a pas où reposer sa tête ». Ce dénuement le fit réfléchir. Un second, avant de se mettre à sa disposition, désirait ensevelir son père. Il lui fut répondu : « Laissez les morts ensevelir leurs morts ;

pour vous, vous ne devez penser qu'à prêcher le royaume de Dieu. » Un troisième l'aurait suivi volontiers, mais il désirait auparavant faire ses adieux à sa famille. « Tout homme, observa le Sauveur, qui met la main à la charrue, et puis jette un regard en arrière, n'est pas apte au royaume de Dieu. » Et il congédia ces trois indécis.

Parmi ceux qui s'étaient donnés à lui, il en choisit soixante-douze qui devaient aller deux à deux dans tous les endroits où il se proposait de porter la bonne nouvelle. Après leur avoir conféré le pouvoir de prêcher et de guérir les malades, il leur donna ses dernières instructions. Comme les apôtres, ils ne devaient emporter avec eux ni bourse, ni besace, ni chaussure de rechange ; sur la route ne pas perdre le temps en saluts interminables ; ne point passer de maison en maison, mais demeurer dans la première qui s'ouvrirait pour les recevoir, mangeant et buvant ce qui leur serait servi. « Guérissez les malades que vous y trouverez, ajouta le bon Maître, et dites à tous : Le royaume de Dieu approche. Si dans une ville on ne vous reçoit pas, secouez contre elle la poussière de vos pieds, en disant : Nous vous laissons, mais, sachez-le, le royaume de Dieu approche. En vérité, je vous le dis, au jour du jugement, Sodome sera traitée moins rigoureusement que cette ville. »

Cette pensée des châtiments réservés aux villes impénitentes lui rappela les riantes bourgades du lac de Galilée qu'il avait si longtemps évangélisées, prodiguant en leur faveur les prodiges et les bienfaits, sans parvenir à vaincre leur incrédulité : « Malheur à toi, Corozaïm, s'écria-t-il, malheur à toi, Bethsaïde, car si Tyr et Sidon avaient vu les miracles opérés parmi vous, elles eussent fait pénitence sous la cendre et le cilice ; aussi Tyr et Sidon seront-elles traitées moins sévèrement que vous au jour du jugement. Et toi, Capharnaüm, que Dieu avait élevée jusqu'au ciel, tu descendras jusqu'aux enfers ! »

A ce moment, se tournant vers ses soixante-douze disciples, il les institua ses représentants auprès des peuples : « Qui vous écoute, m'écoute, leur dit-il, et qui vous méprise, me méprise. Or celui qui me méprise, méprise Celui qui m'a envoyé. » Puis il leur donna rendez-vous sur la montagne des Oliviers, et chacun d'eux partit pour la région qu'il devait parcourir. Les apôtres avec leur Maître continuèrent. par la vallée du Jourdain, leur route vers Jérusalem.

Ils avaient traversé Jéricho, quand un docteur de la Loi, reconnaissant le prophète, lui posa une question qu'il croyait de nature à l'embarrasser.

« Maître, que dois-je faire pour posséder la vie éternelle ?

- Que lisez-vous dans la Loi ? demanda Jésus à son tour.

Tu aimeras le Seigneur ton Dieu de tout ton cœur, de toute ton âme et de toutes tes forces, et ton prochain comme toi-même.

- Vous avez bien répondu, lui dit Jésus : faites cela, et vous vivrez. »

Le docteur resta tout confus. Cependant, afin de justifier sa question, il essaya de montrer que la solution offrait bien quelque difficulté. Il faut aimer son prochain comme soi-même, dit-il, mais l'important est de savoir « qui je dois appeler mon prochain », Et cette fois il pensait bien que Jésus serait pris au piège. Pour les docteurs juifs, le prochain, c'était le Juif et rien que le Juif. Aux étrangers, aux Samaritains, aux païens, ils ne devaient que la haine ou l'indifférence. Si Jésus condamnait cette doctrine, il condamnait la nation. Mais au lieu de répondre directement à l'insidieux questionneur, il le força de nouveau à confesser la vérité sur l'amour du prochain. Ils parcouraient alors l'affreux désert qui sépare Jérusalem de Jéricho, ces gorges d'Adommim bordées de cavernes et de précipices, repaires de bandits et de voleurs. Ce sinistre paysage inspira au Sauveur un apologue qui désarma complètement son interlocuteur.

« Un homme, dit-il, descendant de Jérusalem à Jéricho, tomba dans les mains des voleurs, qui le dépouillèrent et le laissèrent, criblé de blessures, à demi mort sur le chemin. Un prêtre, qui faisait la même route, le vit et passa outre. Un lévite, passant aussi par là, l'aperçut également, et continua son chemin. Mais enfin un Samaritain en voyage, arrivé près du blessé, fut touché de compassion. Il s'approcha de lui, pansa et banda ses plaies, y versa de l'huile et du vin ; puis, l'ayant placé sur son cheval, il le conduisit dans une hôtellerie où il prit soin de lui. Le lendemain, il donna deux derniers à l'hôtelier : Soignez bien ce pauvre blessé, lui dit-il, tout ce que vous dépenserez en plus, je vous le rendrai à mon retour. Lequel de ces trois voyageurs a reconnu son prochain dans l'homme tombé sous les coups des voleurs ?

- Évidemment, s'écria le docteur juif, c'est celui qui eut pitié de lui.

- Et bien ! reprit Jésus, allez et faites comme lui. »

Le Juif avait de nouveau confessé, en dépit des doctrines pharisaïques, que ni le prêtre, ni le lévite, ni les docteurs, ne comprenaient rien à l'amour du prochain. En traitant comme un frère un inconnu dans le malheur, le Samaritain, si méprisé des Juifs, leur enseignait à tous que tous les hommes sont des frères qu'il faut aimer comme soi-même. Ainsi Jésus rappelait aux pharisiens la grande loi de charité qu'il apportait du ciel et qu'il enseignait à la terre par ses exemples plus encore que par ses leçons. En racontant la parabole du bon Samaritain, il se dépeignait lui-même descendant parmi nous pour relever l'humanité blessée à mort par le démon, la panser, la guérir, et la remettre sur le chemin qui mène à son royaume.

La caravane arriva bientôt au petit bourg de Béthanie, près de Jérusalem. Là résidait la famille aimée de Jésus, Lazare et ses deux sœurs, Marthe et Marie : Lazare, son fervent disciple ; Marthe, son hôtesse empressée ; Marie, la pécheresse de Magdala, convertie et transformée. Tous les trois tressaillirent de joie en revoyant le Sauveur après sa longue absence, d'autant plus qu'on était au troisième jour de la fête, et qu'on n'espérait presque plus, vu les dispositions des autorités à son égard, qu'il se montrerait dans la cité sainte. Marthe, la maîtresse de la maison, se mit à préparer un festin digne de son hôte et de ses compagnons, tandis que Marie, invinciblement attirée aux pieds de Jésus, écoutait, silencieuse, les divines paroles qui sortaient de sa bouche. Depuis sa conversion, étrangère aux choses de la terre, elle ne pensait qu'au Dieu de miséricorde qui lui avait pardonné ses péchés, elle ne vivait que pour contempler son infinie bonté et lui témoigner son amour.

Cependant Marthe allait et venait, occupée des préparatifs du festin. Tout à coup, s'arrêtant devant le Sauveur, elle lui dit dans sa simplicité naïve :

« Seigneur, vous voyez que ma sœur me laisse toute seule aux soins du ménage : dites-lui donc de venir m'aider.

- Marthe, Marthe, répondit Jésus, vous vous inquiétez et vous agitez pour beaucoup de choses, et cependant une seule est nécessaire. Marie a choisi la meilleure part, qui ne lui sera point ôtée. »

Le divin Maître chérissait également les deux sœurs, car toutes deux agissaient, chacune à sa manière, pour lui plaire ; mais il voulait montrer par sa réponse à Marthe que, si le travail est nécessaire, la prière l'est encore plus. S'il faut penser aux besoins du corps, il faut avant tout songer au salut de l'âme, et commencer ici-bas cette vie contemplative, qui ne finira point comme les travaux corporels, puisque nous la continuerons dans le royaume de Dieu.

Le lendemain, après avoir béni et consolé ses amis de Béthanie, Jésus gravit le mont des Oliviers et s'achemina vers la cité sainte.

VI. LA FÊTE DES TABERNACLES

Jésus au temple. - Discours sur son origine et sa doctrine. - Le Sanhédrin ordonne d'arrêter le prophète. - Les gardes reculent devant lui. - Fureur des pharisiens. - Nicodème prend la défense de Jésus. - La femme adultère. - « Je suis la lumière. » -- D'où vient l'incrédulité des Juifs ? - Leur père, ce n'est ni Dieu, ni Abraham, mais Satan. - Jésus était avant Abraham. - On veut le lapider. (Joan., VII, VIII.)

La fête des Tabernacles ou des Tentes, une des trois grandes solennités de l'année, rappelait aux Juifs les bienfaits dont Dieu avait comblé leurs pères, lorsqu'ils campaient, après la sortie d'Égypte, sous les tentes du désert. Pendant les huit jours que durait la fête, les Israélites se logeaient à Jérusalem sous des tentes de verdure. De là ils se rendaient au temple, des branches de palmier à la main, pour chanter l'alléluia. Toute la semaine on immolait de nombreuses victimes, et l'on déposait de riches offrandes sur l'autel des holocaustes.

Ces grands souvenirs ne purent étouffer dans le cœur des pharisiens la haine qu'ils avaient vouée à Jésus. Résolus à profiter de la fête pour s'emparer de sa personne, dès le premier jour ils le cherchèrent dans tous les groupes, demandant aux pèlerins si personne ne l'avait aperçu. Du reste il n'était question que de lui dans cette innombrable foule. Les uns le regardaient comme un homme de Dieu, les autres comme un misérable agitateur. Ces derniers s'exprimaient bruyamment, tandis que les partisans du prophète n'en parlaient qu'avec beaucoup de discrétion pour ne pas s'exposer à la colère des autorités.

On croyait déjà que Jésus ne paraîtrait pas à Jérusalem, quand tout à coup, au milieu de la fête, on le vit monter au temple et prendre place pour enseigner publiquement. Aussitôt, amis et ennemis, prêtres et docteurs, pharisiens et sadducéens, entourèrent sa chaire, les uns pour admirer ses explications du texte sacré, les autres pour lui tendre des pièges. Comme toujours, il parla avec tant de science et de profondeur que tout l'auditoire se montrait ravi. Seulement, les docteurs juifs demandaient malicieusement où cet homme avait puisé sa science, car enfin, disaient-ils, il n'a fréquenté aucune école. Et puisqu'il n'a reçu les leçons d'aucun maître, ce sont ses propres idées qu'il nous prêche. Jésus leur montra qu'ils se trompaient volontairement à son sujet :

« Ma doctrine, dit-il, n'est pas ma doctrine, mais celle du Père qui m'a envoyé. Si votre volonté n'était en désaccord avec celle du Père, vous sentiriez aussitôt que ma doctrine vient de Dieu, et non de moi. Or celui qui parle de son propre fonds et pour sa propre gloire, peut vous tromper ; mais si quelqu'un vous parle au nom et pour la gloire de Celui qui l'envoie, ses paroles méritent croyance, car il n'a aucun intérêt à prêcher le mensonge. »

Après avoir ainsi vengé sa doctrine, il prit brusquement l'offensive. « Moïse vous a donné la Loi, dit-il ; cette Loi, vous la transgressez à tout propos, et maintenant vous ne vous constituez ses défenseurs que pour trouver un prétexte de me tuer. »

À ces mots, les conjurés baissèrent la tête, mais des étrangers, ignorant ce qui se tramait, réclamèrent contre une pareille supposition. « Vraiment, s'écrièrent-ils, un démon vous trouble l'esprit, car qui donc cherche à vous tuer ? » Sans prendre garde aux interrupteurs, Jésus continua de venger sa conduite en opposant les pharisiens à eux-mêmes. Ils ne cessaient de lui reprocher la guérison du paralytique, qu'il avait opérée, dix-huit mois auparavant, à la piscine probatique. « J'ai fait ce miracle le jour du sabbat, dit-il, et vous jetez de hauts cris. Or, vous ne vous faites aucun scrupule de circoncire un enfant le jour du sabbat. Mais si cela vous est permis le jour du sabbat, pourquoi vous indignez-vous de me voir guérir un homme en ce même jour ? Jugez donc les actions, non selon les apparences trompeuses, mais selon la justice et l'équité. »

Les pharisiens, confondus, gardaient le silence, ce qui faisait dire aux habitants de Jérusalem : « Ils voulaient le tuer, et maintenant ils le laissent enseigner en public sans aucune opposition. Les princes des prêtres auraient-ils reconnu qu'il est vraiment le Christ ? Et pourtant nous savons d'où vient cet homme, tandis que personne ne saura d'où vient le Christ. » De cette parole d'Isaïe : « Qui racontera sa génération éternelle ? » ils concluaient que personne ne connaîtrait la parenté du Messie. Mais Jésus, élevant la voix, rectifia leurs idées sur sa véritable origine. « Vous savez qui je suis, dit-il, et d'où je suis, mais Celui qui m'a donné ma mission, - car je ne suis pas venu de moi-même, - vous ne le connaissez point. Moi, je le connais, car je viens de lui, et c'est lui qui m'a envoyé. »

En l'entendant affirmer ainsi sa mission céleste, ses ennemis brûlaient de mettre la main sur lui ; mais l'attitude du peuple les en empêcha. La foule en effet se montrait toute disposée à croire au prophète : « Il opère tant de prodiges, disait-on, qu'il est impossible de le surpasser en puissance. » Ces propos, rapportés par les pharisiens aux membres du grand Conseil, firent une telle impression sur eux qu'ils envoyèrent immédiatement au temple des hommes armés, avec ordre d'arrêter Jésus avant la clôture des fêtes.

En remarquant ce déploiement de forces, Jésus annonça aux Juifs qu'ils n'auraient pas longtemps à le surveiller. « Je suis encore avec vous pour peu de jours, dit-il, et après cela, je retournerai vers Celui qui m'a envoyé. Vous me chercherez alors, mais vous ne me trouverez pas, parce que vous ne pouvez me suivre où je serai. » Les malheureux Juifs cherchent en effet, depuis dix-neuf siècles, ce Messie qu'ils n'ont pas voulu recevoir, et le ciel, où il est dans sa gloire, reste toujours inaccessible pour eux. Mais ils ne comprirent pas le sens de cette terrible prophétie. « Où pense-t-il donc aller, disaient-ils en ricanant, pour échapper à toutes nos recherches ? Aurait-il l'intention de porter sa doctrine aux Juifs dispersés au milieu des Gentils, peut être aux Gentils eux-mêmes ? » Et plus ils réfléchissaient, moins ils comprenaient ce qu'il avait voulu dire. Pauvres aveugles ! ils demandaient par dérision si Jésus allait les quitter pour prêcher aux Gentils, et ils ont pu voir de leurs yeux les nations prendre leur place dans ce royaume de Dieu dont ils se sont exclus.

Le huitième et dernier jour de la fête, après le sacrifice du matin, un prêtre alla, comme de coutume, à la fontaine de Siloé puiser dans un vase d'or trois mesures d'eau ; puis, remontant au temple, il les répandit au pied de l'autel des holocaustes, en mémoire de l'eau miraculeuse que Dieu fit jaillir du rocher. Le peuple chantait, selon l'usage : « Vous puiserez avec joie de l'eau aux sources du salut. » Quand cette cérémonie figurative eut pris fin, Jésus, la vraie source du salut, s'écria, debout dans le temple : « Si quelqu'un a soif, qu'il vienne à moi et qu'il boive, car, l'Écriture l'atteste, celui qui croit en moi, de son sein jailliront des sources d'eau vive. » Il voulait parler de l'Esprit Saint que recevraient tous ceux qui croiraient en lui, ce qui se réalisa pleinement quand, après la glorification du Fils de l'homme, l'Esprit de Dieu fut communiqué avec toutes ses grâces aux apôtres et aux disciples.

Après avoir entendu le développement de ce nouveau discours, la foule agitée, flottante, se mit à disputer : « C'est un prophète, disaient les uns, c'est vraiment le Christ attendu. - Le Christ ne peut sortir d'un pays comme la Galilée, répondaient les autres. N'est-il pas écrit que le Fils de David sortira de Bethléem, la cité de David ? » Pendant ce temps, les hommes d'armes envoyés par le Sanhédrin, épiaient toujours le moment favorable pour se saisir de Jésus ; mais finalement ils quittèrent la place sans avoir osé mettre la main sur lui. Et comme les princes des prêtres et les pharisiens leur demandaient, à leur retour du temple, pourquoi ils n'amenaient pas le coupable qu'ils avaient ordre d'arrêter : « C'est que, répondirent-ils, jamais homme n'a parlé comme cet homme. » On ne pouvait pas mieux dire pour mettre hors d'eux-mêmes tous les membres du Sanhédrin. « Comment, s'écrièrent-ils avec colère, vous aussi, vous vous mettez à la remorque de cette populace ! En trouvez-vous un seul parmi les princes des prêtres et les pharisiens qui ait foi en cet homme ? Quant à cette foule ignorante de la Loi, elle est maudite de Dieu. »

Dans leur fureur, ils ne parlaient de rien moins que de lancer contre Jésus une sentence d'excommunication. Mais un des membres du Conseil, ce même Nicodème qui, deux ans auparavant, était venu secrètement conférer avec Jésus, réclama contre cette révoltante iniquité. « Notre loi, dit-il, ne vous permet pas de condamner un homme sans l'avoir entendu et sans une information préalable sur le délit dont on l'accuse. » Cette observation, sans réplique possible, les blessa au vif. Ils eurent recours à l'injure pour se donner un semblant de raison. « Vous voilà donc aussi Galiléen ! ricanèrent-ils. Eh bien, étudiez les Écritures, et vous verrez que, de votre Galilée, il ne sort pas de prophète. » Et là-dessus ils se séparèrent sans avoir pris de résolution définitive, mais bien décidés à en finir au plus vite avec leur ennemi. Quant au Sauveur, il se retira sur la montagne des Oliviers, et y passa la nuit en prière.

Le lendemain, au point du jour, Jésus se rendit de nouveau au temple. Bientôt le peuple accourut et fit cercle autour de lui. S'étant assis, il commença, comme la veille, à expliquer les Écritures, mais les scribes et les pharisiens vinrent aussitôt troubler son enseignement. Cette fois, ils lui amenaient une femme surprise en flagrant délit d'adultère. Après l'avoir placée devant lui, au milieu du peuple, ils lui posèrent cette question : « Cette femme vient d'être surprise en adultère : Moïse nous commande de lapider ces sortes de coupables ; et vous, quel est là-dessus votre avis ? »

Le piège était habilement tendu. Si Jésus se prononçait contre la lapidation, on le traduisait devant le Sanhédrin pour avoir excité publiquement à la violation de la Loi mosaïque ; si, au contraire, il urgeait l'application du châtiment légal, on l'accuserait de cruauté, car, depuis le relâchement des mœurs, le délit d'immortalité ne paraissait plus mériter la peine capitale.

Au lieu de donner l'avis qu'on lui demandait, Jésus s'inclina en silence, et se mit à tracer du doigt certains caractères sur la poussière des dalles. Les accusateurs purent croire qu'il écrivait leurs noms, comme font les juges, avant de recevoir la déposition des témoins. Ennuyés, ils le pressèrent de se prononcer. Se relevant alors et les regardant en face, il s'écria de manière à être entendu de tout l'auditoire : « Que celui de vous qui est sans péché, lui jette la première pierre ! » Et se baissant de nouveau, il se remit à écrire. Cette fois, ils purent croire qu'il écrivait leurs péchés. Aussi disparurent-ils les uns après les autres, depuis les anciens jusqu'aux plus jeunes.

Aux applaudissements de l'auditoire, Jésus dit à la femme restée debout devant lui : « De tes accusateurs aucun ne t'a condamnée ? - Aucun, répondit-elle. - Je ne te condamnerai pas non plus, reprit- il, va, et ne pèche plus. » Encore une fois la divine miséricorde prenait en pitié l'humaine faiblesse. Comme à la Madeleine, le Sauveur pardonnait la faute commise, et recommandait à la pécheresse de ne plus retomber dans son péché. Quant aux pharisiens, ils ne pouvaient l'accuser d'avoir violé la loi de Moïse, puisque eux-mêmes, sommés par lui de jeter la première pierre à la femme coupable, s'étaient prudemment éclipsés.

Vers le soir, Jésus se retrouva au milieu de la foule. Quatre candélabres d'or, hauts de cinquante coudées, inondaient le temple de flots de lumière. Ils figuraient la nuée lumineuse qui servit de guide aux Hébreux errants dans le désert, et la même lumière symbolisait le Messie, lequel, d'après les prophètes, illuminerait les peuples assis dans les ténèbres. Jésus ne craignit pas d'affirmer que ces figures se trouvaient réalisées dans sa personne. « C'est moi, s'écria-t-il, qui suis la lumière du monde. Celui qui me suit ne marche point dans les ténèbres, mais il possédera la lumière qui le conduira sûrement à la vie éternelle. » Il eut à peine énoncé cette proposition, que les pharisiens lui coupèrent la parole.

« Nul n'est juge dans sa propre cause, s'écrièrent-ils : nous ne sommes pas obligés de nous en rapporter au jugement que vous portez sur vous-même.

- Bien que je sois mon propre témoin, répondit-il, vous ne pouvez suspecter mon témoignage, car je sais, moi, d'où je viens et où je vais, tandis que vous, ne voyant que l'extérieur, vous ne connaissez ni mon origine ni ma destinée. D'ailleurs, je ne suis pas seul à témoigner sur mon compte. À mon affirmation s'ajoute celle de mon Père, lequel vous atteste, en me conférant sa puissance, la mission qu'il m'a confiée. »

Les Juifs soupçonnaient avec raison qu'en parlant de son Père, il entendait parler de Dieu, mais ils voulurent le lui faire dire explicitement, afin de l'accuser de blasphème. « Ce Père, dont vous

vous réclamez, dirent-ils, où peut-on le trouver ? » Il se garda bien de donner dans le piège, mais il affirma une fois de plus le lien intime qui l'unissait à son Père : « Vous ne connaissez ni moi, ni mon Père, répondit-il. Si vous me connaissez, vous connaîtriez aussi mon Père. » Vérité manifeste, puisque le Fils est la parfaite image du Père, mais qui restait une énigme pour les Juifs incrédules. Jésus affirma ainsi la divinité de sa mission dans la salle du trésor, devant une foule immense, au milieu des prêtres et des docteurs, et personne n'osa mettre la main sur lui, parce que son heure n'était pas encore venue.

Toutefois, les Juifs se montreraient de plus en plus décidés à sacrifier toute vérité à leurs haineuses passions. À un certain moment, Jésus leur prédit le terrible châtiment qui les attendait. « Je m'en vais, leur dit-il, et quand j'aurai disparu, vous me chercherez en vain, et vous mourrez dans votre péché. Là où je vais, vous ne pourrez venir. » Au lieu de trembler devant cette menace d'impénitence et de damnation, ils ricanèrent de nouveau, demandant dans quelle retraite introuvable il allait se cacher, ou bien s'il allait se donner la mort. Dans ce cas, disaient-ils, on le jetterait dans la vallée de la Géhenne avec les autres suicidés, et ils n'avaient, en effet, nulle envie d'y aller avec lui.

Indifférent à ces sarcasmes, Jésus leur mit devant les yeux la cause de leur opposition : « Vous êtes de la terre, dit-il, et moi, je suis du ciel. Vous pactisez avec le monde pervers, et moi je ne suis pas de ce monde, et c'est pourquoi je vous dis que vous mourrez dans votre péché. Quiconque ne croit pas en moi, mourra dans son péché. - Et qui donc êtes-vous pour nous parler de la sorte ? demandèrent-ils avec colère. - Je vous ai dit dès le commencement qui je suis, reprit Jésus, et j'aurais bien des choses à ajouter pour montrer que votre manque de foi est sans excuse mais je me borne à vous répéter : Celui qui m'a envoyé, ne trompe point, et moi, je ne fais que répéter les paroles que j'ai entendues de lui. » Ils ne voulurent pas encore comprendre qu'il parlait de Dieu, mais il leur annonça que bientôt leurs yeux s'ouvriraient : « Quand vous aurez élevé le Fils de l'homme entre ciel et terre, dit-il, vous saurez qui je suis. Vous comprendrez alors que je suis un simple écho des enseignements de mon Père, que mon Père ne se sépare jamais de moi, et que toujours je fais ce qui plaît à mon Père. »

Les cœurs des pharisiens restaient fermés ; mais, en revanche, beaucoup d'esprits non prévenus ajoutaient foi aux paroles de Jésus. Voyant le travail qui se faisait dans leur âme, il les exhorta, s'ils voulaient être ses disciples, à rester fermes dans leur foi. « Par la foi, dit-il, vous arriverez à la connaissance de la vérité, et par la vérité à la vraie liberté. »

À ce mot de liberté, les pharisiens poussèrent des cris de fureur. « Nous sommes les fils d'Abraham, vociféraient-ils, nous n'avons jamais subi l'esclavage. Comment osez-vous dire : Vous recouvrerez la liberté ?

- En vérité, en vérité, je vous le dis, reprit Jésus, celui qui commet le péché est esclave du péché. Or, si l'esclave reste pour un temps dans la famille, c'est par tolérance, tandis que le fils y demeure de droit. Si donc le Fils vous délivre du péché, alors, mais alors seulement, vous serez vraiment libres. Vous êtes, je le sais, les enfants d'Abraham, mais vous n'imitez guère sa foi. Vous vous révoltez contre ma doctrine, et vous voulez me donner la mort. Je dis, moi, ce que m'apprend mon Père, et vous faites, vous, ce que vous apprend le vôtre.

- Notre père, s'écrièrent-ils, c'est Abraham.

- Si vous étiez les fils d'Abraham, reprit Jésus, vous agiriez comme lui. Mais vous voulez me tuer, moi qui ne fais que vous transmettre la volonté de mon Père : Abraham s'est conduit tout autrement. Non, non, vous faites les œuvres de votre père.

- De quel père voulez-vous parler ? demandèrent-ils : notre père, c'est Dieu.

- Si Dieu était vraiment votre Père, continua Jésus, vous m'aimeriez de tout votre cœur, car je suis sorti de Dieu pour venir à vous, non de ma propre volonté, mais parce qu'il m'a envoyé. Si vous ne me comprenez pas, c'est que votre esprit répugne à la vérité. Votre vrai père, c'est Satan, et ses désirs sont vos désirs. Homicide dès le commencement, c'est lui qui vous inspire ; révolté contre la vérité, menteur et père du mensonge, il vous communique son esprit, et c'est pourquoi vous ne me croyez pas, moi qui vous dis la vérité. Cependant, s'écria-t-il en les regardant en face, qui d'entre vous me convaincra d'un seul péché ? »

Ce défi, qu'un Dieu seul pouvait lancer à ses ennemis, ne fut pas relevé : « Vous vous taisez, conclut Jésus, mais si vous n'osez m'accusez de mensonge, pourquoi ne me croyez-vous pas ? Vous ne m'écoutez pas, moi qui viens de Dieu, parce que vous n'êtes pas des enfants de Dieu.

- Nous l'avons bien dit, s'écrièrent-ils, vous n'êtes qu'un Samaritain, un possédé du démon.

- Non, non, reprit Jésus d'une voix ferme, je ne suis nullement au pouvoir du démon, j'honore mon Père, et vous me déshonorez. Du reste, peu m'importent vos outrages, je ne cherche pas ma gloire ; un autre la cherchera et vous jugera. Quant à vous, dit-il à ceux qui croyaient en lui, pratiquez mes enseignements et la mort n'aura pas d'empire sur vous.

- Vous voyez bien, reprirent en chœur les énergumènes, qu'un démon parle par votre bouche. Abraham est mort, les prophètes sont morts, et vous venez nous dire que vos disciples ne mourront pas.

- Êtes-vous plus grand qu'Abraham ? plus grand que les prophètes ? Pour qui vous prenez-vous donc ?

- Si je me glorifiais moi-même, répondit Jésus, ma gloire serait vaine. C'est mon Père qui me glorifie, mon Père que vous proclamez votre Dieu, mais que vous ne connaissez point. Je le connais, moi ; et si je disais que je ne le connais pas, je serais comme vous, un menteur. Je le connais, et j'exécute ses volontés. Abraham, dont vous vous vantez d'être les fils, a désiré ardemment voir mon jour : il l'a vu, et s'en est réjoui.

- Comment, s'écrièrent les Juifs, vous n'avez pas cinquante ans, et vous avez vu Abraham ?

- En vérité, en vérité, je vous le dis, avant qu'Abraham fût, je suis. »

Seul, l'Éternel pouvait dire : avant Abraham, avant tous les siècles, avant tous les êtres, Je suis. Les Juifs le comprirent, et, criant au blasphème, ils s'élancèrent hors du temple pour ramasser des pierres et lapider l'homme qui venait de se proclamer Dieu. Mais Jésus se mêla aux flots du peuple, et disparut.

VII. L'AVEUGLE NÉ

Guérison d'un mendiant aveugle. - Enthousiasme du peuple. - Les pharisiens nient le miracle. - Interrogatoire du mendiant. - Interrogatoire des parents. - Le mendiant confond les pharisiens. - Ils l'insultent et l'excommunient. - Jésus et l'excommunié. - Le bon Pasteur. (Joan. IX ; X, 10-21.)

Dans le cours des tragiques altercations que les Juifs venaient de provoquer, Jésus avait plusieurs fois confessé sa divinité. Avant de quitter Jérusalem, il voulut de nouveau confirmer son témoignage par une preuve éclatante de son pouvoir. Assis près du temple, un aveugle de naissance, bien connu des habitants, implorait la charité des pèlerins. Jésus le remarqua en passant et en eut pitié. Persuadés qu'une affliction est toujours le châtiment d'une faute, ses apôtres lui demandèrent qui avait péché, de cet homme ou de ses parents, pour qu'il naquît aveugle. « Ni lui ni ses parents n'ont péché, répondit-il, mais il est né aveugle afin que la puissance divine se manifeste à son occasion. Il faut que j'accomplisse les œuvres de mon Père pendant que le jour luit encore pour moi. La nuit approche, et la nuit on ne travaille plus. Tant que je suis dans le monde, il faut que je sois la lumière du monde. »

Les disciples se demandaient quel prodige annonçaient ces paroles mystérieuses. S'étant approché de l'aveugle, Jésus cracha dans la poussière, fit de la boue avec sa salive et en enduisit les yeux du mendiant. « Allez maintenant. lui dit-il, vous laver à la piscine de Siloé, au pied du Moriah. » L'aveugle y descendit, se leva, et revint tout joyeux : il voyait.

Aussitôt, grand émoi dans les environs. Les voisins et tous ceux qui chaque jour le voyaient mendier, n'en pouvaient croire leurs yeux. « N'est-ce pas l'aveugle qui demande l'aumône à la porte du temple ?

disaient les uns. - C'est bien lui, répondait on. - Vous vous trompez, reprenaient les incrédules, c'est quelqu'un qui lui ressemble. - Non, non, criait l'aveugle à son tour, c'est bien moi. »

Il fut bientôt entouré d'une foule énorme, qui l'accablait de questions. « Comment tes yeux se sont-ils ouverts ? » lui demandait-on de toutes parts. - Cet homme qu'on appelle Jésus, répondait-il, m'a enduit les yeux avec de la boue, et m'a dit : Va-t'en à la piscine de Siloé, et lave-toi. J'y suis allé, je me suis lavé, et je vois. »

À ce nom de Jésus, un cri d'admiration allait éclater, mais il expira sur les lèvres des assistants. On connaissait les châtiments dont le Sanhédrin menaçait les partisans du prophète, et chacun garda un silence prudent. Ceux qui voulaient complaire aux pharisiens demandèrent à l'aveugle où se trouvait Jésus ; mais comme il ignorait le lieu de sa retraite, ils le conduisirent lui-même devant les docteurs. Le sabbat étant commencé quand Jésus fit de la boue et ouvrit les yeux du mendiant, il y avait violation de la Loi, et les juges devaient se prononcer sur ce nouveau délit.

Au tribunal, les pharisiens demandèrent à l'aveugle comment il avait recouvré la vue. « Il m'a mis de la boue sur les yeux, dit-il, je me suis lavé, et je vois. » Le fait était indéniable, mais ce miracle avait-il Dieu pour auteur ? Les uns opinaient nettement pour la négative, attendu que Dieu ne communique pas sa puissance à un violateur de sa Loi ; d'autres, moins passionnés, demandaient comment un ennemi de Dieu pourrait opérer de pareils prodiges. « Et toi, dirent-ils à l'aveugle, que penses-tu de Celui qui t'a ouvert les yeux ? - Moi, répondit-il naïvement, je crois que c'est un prophète. »

Ne voulant pas admettre cette opinion, ils remirent en question la réalité du fait. Après tout, on n'avait d'autre preuve que les dépositions de ce mendiant sans aveu, et de témoins peut-être trompés ou subornés. Ils se décidèrent donc à faire une enquête sur cette prétendue cécité, et citèrent les parents à comparaitre devant le tribunal. On leur posa les trois questions suivantes : « Est-ce bien là votre fils ? Est-il né aveugle, comme il l'affirme ? Si oui, comment se fait-il qu'il voie maintenant ? » Les parents répondirent sans hésitation : « Nous reconnaissons cet homme pour notre fils, nous attestons qu'il est aveugle de naissance. Comment se fait-il qu'il voie maintenant, et qui lui a ouvert les yeux ? nous n'en savons absolument rien. Du reste, il est majeur : interrogez-le, il vous racontera lui-même ce qui lui est arrivé. » Sachant qu'il y avait sentence d'excommunication contre tout homme qui reconnaîtrait Jésus pour le Christ, les parents craignaient de se compromettre ; aussi se contentèrent-ils d'exposer les faits, laissant à leur fils le soin de les expliquer. Force fut donc aux juges de rappeler le ci-devant aveugle et de lui faire subir un nouvel interrogatoire.

« Voyons, lui dirent-ils sévèrement, rends gloire à Dieu et parle avec sincérité. Nous savons que cet homme est un pécheur, et par conséquent ne saurait être un prophète.

- Si c'est un pécheur, répondit le mendiant, je l'ignore. Tout ce que je sais, c'est que j'étais aveugle, et que maintenant je vois.

- Mais enfin, insistèrent-ils d'un ton menaçant, que t'a t'il fait, et comment t'a-t-il ouvert les yeux ?

- J'ai déjà raconté tout cela, répartit ironiquement le mendiant, et vous m'avez parfaitement compris. Pourquoi voulez-vous que je recommence ? Seriez-vous tenté, vous aussi, de vous mettre au nombre de ses disciples ? »

À cette raillerie qu'ils prenaient pour une injure, ils éclatèrent en malédictions contre ce manant qui se permettait de les insulter, eux, les docteurs d'Israël. « Sois son disciple, toi-même, lui criaient-ils. Nous sommes, nous, les disciples de Moïse. Nous savons que Dieu a parlé à Moïse ; mais ton prophète, nous ne savons qui l'inspire. »

Le mendiant n'était plus le même homme ; les yeux de son âme voyaient la vérité comme les yeux de son corps voyaient la lumière. Devenu courageux jusqu'à l'héroïsme, il répondit aux pharisiens : « Ce que vous dites est bien étrange. Vous ne savez qui l'inspire, et cependant il m'a ouvert les yeux. Or chacun sait que Dieu n'exauce pas les pécheurs, mais il prête sa puissance à l'homme qui l'honore et fait sa volonté. Avez-vous jamais entendu dire qu'un homme ait ouvert les yeux à un aveugle-né ? Si ce Jésus ne venait point de Dieu, il n'opérerait point de pareils prodiges. »

D'autant plus violents qu'ils ne trouvaient rien à répliquer, les juges répondirent par un coup de force au raisonnement du mendiant. « Ah ! dirent-ils, vil pécheur, né tout entier dans le péché, tu oses nous donner des leçons ! » Et ils décrétèrent que ce partisan de Jésus de Nazareth avait encouru l'excommunication. Banni de la synagogue, rejeté parmi les étrangers et les impies, on ne devait entretenir avec lui aucune relation. En conséquence, les juges le firent jeter à la porte de la salle, comme un païen et un publicain.

Jésus ne pouvait laisser sans récompense l'homme intrépide qui venait d'affronter l'anathème pour confesser la vérité. Dès qu'il le sut banni de la synagogue, il se porta à sa rencontre. L'ayant trouvé, il lui dit simplement : « Crois-tu au Fils de Dieu ? - Seigneur, répondit le mendiant, dites-moi qui est le Fils de Dieu, et je croirai en lui. - Tu l'as vu, reprit le Sauveur, c'est celui-là même qui te parle. » A ces mots, l'excommunié se jeta la face contre terre, en s'écriant : « Oui, Seigneur, oui, je crois ! » Il adora le divin Maître, et dans l'excès de sa joie, le disciple du Fils de Dieu oublia qu'il était le banni du Sanhédrin.

Retournant alors au milieu du peuple, Jésus profita de l'admiration qu'avait excitée la guérison de l'aveugle pour condamner de nouveau ceux qui refusent d'ouvrir les yeux à la lumière. « Je suis venu au monde, dit-il, afin que ceux qui ne voient pas ouvrent les yeux, et que ceux qui voient deviennent aveugles. » De fait, les pauvres illettrés voyaient la vérité, tandis que les docteurs étaient frappés de cécité. Certains pharisiens, froissés de cette parole du Sauveur lui demandèrent s'il les prenait, eux aussi, pour des aveugles. « Non, répondit-il, si vous étiez aveugles vous ne pécheriez pas, mais parce que vous voyez la vérité vous êtes inexcusables de n'y pas croire. »

Avant de quitter Jérusalem, Jésus mit le peuple en garde contre ces faux docteurs qui détournaient les âmes de Celui qui venait donner sa vie pour les sauver. Une touchante allégorie lui servit à montrer la différence qui existait entre lui, le vrai pasteur d'Israël, et les pharisiens qui dévastaient le troupeau.

Afin d'empêcher les incursions des voleurs et des bêtes fauves, les Orientaux entourent d'un mur en pierre le bercail où les brebis passent la nuit. On n'y accède que par une porte étroite, que le gardien ouvre le matin aux divers conducteurs des brebis. « Je vous le dis en vérité, s'écria Jésus, celui qui n'entre point par la porte, mais pénètre dans le bercail en escaladant la muraille, n'est qu'un voleur et un larron. Le vrai berger entre par la porte. Introduit par le gardien dans la bergerie, les divers bergers appellent leurs brebis par leurs noms, se mettent à leur tête, et les brebis les suivent, parce qu'elles connaissent leur voix. Si un étranger les appelle, au lieu de le suivre, elles s'enfuient, effrayées, parce qu'elles ne connaissent pas sa voix. »

Les pharisiens se demandaient ce que signifiaient et le bercail, et les brebis, et les bergers. Jésus découvrit à qui voulut comprendre les réalités cachées sous ces symboles.

« Je suis, dit-il, la porte du bercail. Ceux qui s'y introduisent sans que je leur ouvre sont des voleurs et des larrons. Les brebis fidèles ne les suivront pas. Au contraire tous ceux qui passeront par cette porte, brebis ou pasteurs, seront à l'abri du danger, et trouveront, partout où ils iront, de gras pâturages. Le voleur ne pénètre dans le bercail que pour voler les brebis, les égorger, et détruire ainsi le troupeau. Moi, je suis venu pour donner aux brebis leur nourriture, une nourriture plus abondante que par le passé.

« Je suis le bon Pasteur : le bon pasteur donne sa vie pour ses brebis. Le mercenaire, n'étant ni le pasteur ni le maître du troupeau, aussitôt qu'il voit venir le loup, abandonne les brebis et s'enfuit. Il les laisse égorger et disperser sur les collines, parce que, n'étant que mercenaire, il s'inquiète peu de sauver le troupeau.

« Je suis le bon Pasteur : je connais mes brebis, et mes brebis me connaissent, comme mon Père et moi nous nous connaissons, et c'est pourquoi je donne volontiers ma vie pour mes brebis. J'ai encore d'autres brebis qui ne sont pas de cette bergerie. Il faut aussi que je les y amène : elles entendront ma voix, et il n'y aura plus qu'un seul troupeau et qu'un seul pasteur.

« Mon Père m'aime, parce que, pour sauver mes brebis, je laisse une vie que je reprendrai de nouveau. On ne me la ravira point, mais je la sacrifierai de moi-même, car j'ai tout ensemble le pouvoir de la déposer et celui de la reprendre. Telle est la volonté de mon Père. »

Beaucoup écoutaient, ravis, ces mystérieux et suaves enseignements ; mais les pharisiens, prêtres et docteurs, affectaient de ne rien comprendre à cette allégorie. On reconnaissait facilement, sous ce voile transparent, tous les détails de la vie du Maître : son entrée dans la bergerie juive, ses efforts pour attirer les brebis perdues de la maison d'Israël, ses luttes contre les faux pasteurs, la mort sanglante qu'ils lui préparaient, sa résurrection plusieurs fois prédite, et cet apostolat du royaume de Dieu qui devait unir dans une même société Juifs et Gentils. Mais les pharisiens pouvaient-ils voir en Jésus le bon Pasteur sans s'avouer eux-mêmes larrons et loups ravisseurs ?

Arrivés à la fin de cette grande journée, les auditeurs disputaient entre eux avec la plus grande animosité. Les uns acclamaient le prophète, les autres l'invectivaient avec rage. « C'est un démoniaque, disaient-ils, c'est un insensé : comment pouvezvous écouter ses ridicules discours ? - Allons donc ! répondaient les autres, est-ce là le langage d'un fou ou d'un démoniaque ? Est-ce que le démon peut rendre la vue à un aveugle-né ? »

De plus en plus s'accomplissait la prophétie du saint vieillard Siméon : « Celui-ci sera pour un grand nombre en Israël la ruine ou la résurrection. Il sera comme un signe de contradiction parmi les peuples ; à son occasion les pensées ensevelies au fond des cœurs éclateront au grand jour. »

VIII. Hypocrites et impénitents

Rencontre des soixante-douze disciples. - Le Pater. - Suprême appel du Sauveur. - » Malheur à vous, hypocrites ! »- L'avare et la mort. - Vigilance et pénitence. - Le figuier stérile. - La femme courbée. - Réprobation des Juifs. (Luc., X. 17-24 ; XI-XII-XIII, 1-30.)

Après la fête des Tabernacles, Jésus s'éloigna de l'ingrate Jérusalem. Sur la montagne des Oliviers, il rencontra les soixante-douze disciples qui venaient lui rendre compte de leur mission. Ils lui racontèrent les dispositions bienveillantes des populations visitées par eux, et comment, au seul nom de Jésus, ils avaient guéri les malades et chassé les démons. Cet empire sur les puissances infernales les remplissait de joie. Le Sauveur leur expliqua ce mystère. « J'ai vu, dit-il, au commencement, Satan tomber du ciel avec la rapidité de l'éclair. » Devenu maître du monde, il devait tomber de nouveau sous les coups du Rédempteur. « Je vous ai donné, ajouta-t-il, le pouvoir de fouler aux pieds des serpents et les scorpions, et de renverser tout ennemi qui voudrait vous nuire. Cependant réjouissez-vous moins de vos triomphes sur les esprits de l'abîme que de voir vos noms écrits dans les cieux. »

En ce moment, l'Esprit-Saint remplit son cœur d'allégresse. Il admirait la Providence qui dispensait aux humbles la bonne nouvelle et la refusait aux orgueilleux. « O mon Père, s'écria-t-il, ô Seigneur du ciel et de la terre, gloire soit à vous, qui avez caché ces choses aux sages et aux prudents, et les avez révélées aux petits. O mon Père, je vous rends grâces de ce qu'il vous a plu d'agir ainsi. » Puis, s'adressant à ses disciples, plus spécialement favorisés des lumières divines, il leur fit apprécier leur bonheur, car « nul ne connaît le Père, sinon le Fils, et celui à qui le Fils aura voulu le révéler. Heureux donc, dit-il, heureux les yeux qui voient ce que vous voyez. Beaucoup de rois et de prophètes ont désiré voir ce que vous voyez, et ne l'ont point vu, entendre ce que vous entendez, et ne l'ont point entendu. »

Alors il laissa parler la divine charité qui débordait de son cœur. Brûlant de communiquer ses grâces, non plus à quelques privilégiés, mais à tous les enfants d'Adam, il jeta ce cri d'ineffable tendresse : « Venez à moi, vous tous qui souffrez et portez de pesants fardeaux, et moi je vous soulagerai. Prenez mon joug sur vous, et sachez que je suis doux et humble de cœur. Vous trouverez en moi le repos de vos âmes, car mon joug est doux et mon fardeau léger. » Il disait encore sous l'impulsion du même amour : « Je suis venu allumer le feu sur la terre, et qu'est-ce que je veux, sinon que la terre en soit embrassée ? Pour cela je dois être baptisé d'un baptême de sang ; aussi mon âme désire-t-elle avec ardeur le recevoir au plus tôt. »

Avant de descendre de la montagne, il laissa un instant ses disciples pour s'entretenir avec son Père. Debout, les bras étendus, les yeux fixés vers le ciel, il semblait ravi dans un autre monde. Dès qu'il revint à lui, ses compagnons l'entourèrent et lui demandèrent de leur apprendre à prier. Un ancien disciple de Jean le supplia de leur donner une formule de prière, comme le faisait autrefois le saint précurseur. « Quand vous prierez, dit Jésus, voici les demandes que vous adresserez à Dieu : Notre Père[20] qui êtes aux cieux, que votre nom soit sanctifié, que votre règne arrive, que votre volonté soit faite sur la terre comme dans les cieux. Donnez-nous aujourd'hui notre pain de chaque jour, pardonnez-nous nos offenses comme nous pardonnons à ceux qui nous ont offensés, ne nous laissez pas succomber à la tentation, mais délivrez-nous du mal. Ainsi soit-il. »

Cette prière, qu'il avait déjà enseignée au peuple, il la recommanda plus particulièrement à ses ministres, parce que leur offre sur cette terre a pour fin spéciale de procurer la gloire de Dieu, d'étendre son règne, d'unir les volontés des enfants à celle du Père. Pour eux et pour

---

[20] C'est sur le versant occidental de la montagne des Oliviers, non loin du sommet. que, d'après la tradition, Jésus aurait appris à ses disciples *l'Oraison dominicale*. Les croisés bâtirent en cet endroit une église destinée à perpétuer ce souvenir. Sur les ruines de ce sanctuaire. Une Française, la princesse de la Tour d'Auvergne, en fit construire un nouveau, plus magnifique que l'ancien. Dans le cloître qui entoure l'édifice, trente-deux tableaux redisent le *Pater* en trente-deux langues différentes.

tous, ils doivent demander le pain de l'âme et du corps, obtenir le pardon des offenses, éloigner les tentations, délivrer du péché. Aussi l'oraison du Seigneur doit-elle être sans cesse dans leur cœur et sur leurs lèvres. « Ne cessez pas de prier, dit-il, et vous serez exaucés. Un ami se rend, de nuit, près de son ami pour lui réclamer un service. Prête-moi trois pains, lui dit-il : un voyageur qui m'est cher vient de m'arriver, et je n'ai rien à lui offrir. On lui répondra peut-être : il est trop tard, ma porte est barricadée, mes enfants sont au lit comme moi, je ne puis vous satisfaire ; mais s'il continue à frapper, l'ami se lèvera, je vous l'assure, sinon par bienveillance pour le solliciteur, du moins pour se délivrer de ses importunités. Frappez de même à la porte du Seigneur, et il vous ouvrira. »

Ayant alors congédié les disciples, Jésus, suivi des apôtres, se dirigea vers les villes et les villages que les soixante-douze messagers venaient de parcourir. Les trois mois d'automne séparaient la fête des Tabernacles de la fête de la Dédicace, qui se célébrait à Jérusalem à la fin de décembre. Il se proposait, dans cet intervalle, de faire un suprême appel aux populations de la Judée, de remonter jusqu'à la basse Galilée, puis de traverser le Jourdain pour annoncer la bonne nouvelle aux habitants de la Pérée. De là il reviendrait à Jérusalem à l'occasion de la fête pour tenter une fois encore d'y faire pénétrer la lumière.

Dans cette dernière course évangélique, la parole de Jésus. plus douce, mais aussi plus ferme que jamais, tantôt arrachait des larmes, tantôt inspirait la terreur. Il conjurait les peuples de travailler à leur salut, tonnait contre les vices, et démasquait sans pitié les docteurs de perdition, dont la haine le poursuivait sans cesse. A leur première attaque, il s'exprima de manière à leur faire voir que le temps était venu de déchirer tous les voiles.

Un jour qu'il venait d'évangéliser une foule nombreuse, un pharisien l'invita gracieusement à prendre chez lui le repas du matin. Le Sauveur accepta l'invitation. Avant d'occuper leur siège, les convives firent avec ostentation les ablutions que la secte imposait comme rites obligatoires. Jésus, au contraire, peu soucieux du scandale qu'il allait occasionner, entra dans la salle du festin sans se laver les mains, et prit à table la place qui lui était assignée. Aussitôt, grande agitation dans l'assistance. L'hôte fronçait le sourcil, indigné de ce que, dans sa propre maison, on affectait de violer une loi sacrée. On allait éclater en invectives, quand Jésus prit les devants et mit à nu l'hypocrisie de ces faux justes.

« Vous autres, pharisiens, s'écria-t-il avec une énergie toute divine, vous nettoyez les coupes et les plats, tandis que votre âme est remplie de rapines et d'iniquités. Insensés ! celui qui a fait le dehors, n'a- t-il pas fait aussi le dedans ? De votre superflu, faites l'aumône aux pauvres : ce sera pour vous la meilleure des ablutions. »

Alors, laissant libre cours à son indignation contre ces fourbes vicieux et rapaces qui affectaient l'austérité pour tromper le peuple, il leur reprocha dans les termes les plus véhéments l'hypocrisie de leur conduite : « Malheur à vous, pharisiens, qui faites les généreux en payant des dîmes non obligatoires, et foulez aux pieds les préceptes sacrés de la justice et de la charité. Malheur à vous, pharisiens, qui recherchez les premiers sièges dans les synagogues et les salutations sur la place publique. Malheur à vous, sépulcres dissimulés, dont le contact impur souille les passants, sans que ceux-ci puissent l'éviter. »

Les convives tremblaient et frémissaient en même temps. Un docteur de la loi essaya d'interrompre le cours de ces malédictions. « Maître, dit-il, en vous exprimant de la sorte, c'est nous, interprètes de la loi, que vous injuriez. » Il ne réussit qu'à attirer la foudre sur sa propre tête. « Malheur à vous aussi, docteurs de la loi, continua Jésus, vous imposez au peuple d'écrasants fardeaux, que vous ne touchez pas même du bout du doigt. Malheur à vous, qui bâtissez des tombeaux aux prophètes immolés par vos pères, tandis qu'au fond de vos cœurs vous nourrissez les mêmes desseins homicides. Ils ont été les meurtriers, et vous êtes, vous, les fossoyeurs. En vous se vérifient les paroles de la divine sagesse : Je leur enverrai des prophètes et des apôtres ; ils tueront les uns et persécuteront les autres, de sorte que cette race devra rendre compte de tout le sang des prophètes, versé à toutes les époques du monde, depuis le sang d'Abel jusqu'au sang de Zacharie, qui fut massacré entre le temple et l'autel. Oui, je vous l'affirme, il sera demandé compte à cette génération des flots de sang répandus. Malheur à vous, docteurs de la loi, qui avez en main la clef de la science ; vous ne vous en servez pas et vous ne permettez pas aux autres de s'en servir. »

Pendant que le Sauveur lançait contre eux ces terribles anathèmes, les convives, exaspérés, essayaient de lui couper la parole et l'accablaient d'interruptions et de questions insidieuses. Ils le pressaient de répondre, espérant toujours saisir quelques propos imprudents qui permissent de le traduire devant les juges. Peut-être se fussent-ils portés aux plus grands excès, si le peuple, apprenant ce qui se passait, n'eût entouré la maison des pharisiens. Les habitants arrivaient en rangs si pressés qu'ils s'écrasaient les uns les autres. Jésus laissa ses ennemis pour porter à ces petits et à ces humbles les paroles du salut.

Doux et tendre envers le pécheur repentant, il se montrait inexorable à l'égard de ces orgueilleux séducteurs qui, non contents de céder à leurs passions criminelles, poussaient le peuple dans la voie de l'iniquité. Il les démasquait afin de les empêcher de nuire. « Défiez-vous, dit-il à ses disciples et à la foule, défiez-vous de l'hypocrisie des pharisiens. Gardez-vous de les imiter, car toutes les iniquités seront un jour dévoilées. Ne craignez pas ce monde pervers, ne craignez pas ceux qui peuvent tuer le corps, mais ceux qui tuent le corps et jettent l'âme dans l'enfer. Quiconque me rendra témoignage devant les hommes, je le glorifierai devant les anges de Dieu, mais aussi quiconque me reniera devant les hommes, je le renierai devant les anges de Dieu. »

On écoutait avec un vif intérêt ces exhortations du Sauveur, quand un Juif, plus soucieux des affaires que de son salut, lui parla d'une question d'héritage : « Maître, dit-il, ne pourriez-vous pas déterminer mon frère aîné à me donner une part dans la succession de nos parents ? - Mon ami, lui répondit Jésus, je ne suis pas venu au monde pour juger vos différends et partager des héritages. » Et prenant texte de cette demande intéressée du Juif, il dit à la foule : « Gardez-vous de l'avarice : le nombre de vos jours ne dépendra pas de l'abondance de vos biens. Un riche possédait un champ très fertile. Il se demandait un jour où il mettrait toute sa récolte. J'abattrai mes greniers, disait-il, pour en construire de plus vastes, dans lesquels j'entasserai tous mes produits. Et maintenant, ô mon âme, pourrai-je m'écrier, tu as des provisions pour plusieurs années, repose-toi, bois, mange, et fais liesse. Or, Dieu lui répondit : Insensé ! cette nuit même on te redemandera ton âme. A qui maintenant les biens que tu as amassés ? Ainsi périra le trésor de l'avare, s'il n'a thésaurisé pour le ciel. »

À ces instructions contre les vices, Jésus en ajoutait d'autres sur la nécessité pour le pécheur de se convertir sans délai. « Ceignez vos reins, disait-il, et tenez vos lampes allumées, comme des serviteurs qui attendent leur maître, afin de lui ouvrir la porte aussitôt qu'il aura frappé. Heureux les serviteurs que le maître trouve prêts à le recevoir ! Il les fera mettre à table et prendra plaisir à les servir de ses propres mains. Et s'il arrive tard dans la soirée, à la seconde, à la troisième veille, heureux les serviteurs, s'il les trouve sur pied pour l'attendre ! » Il ajoutait une autre parabole pour les exhorter à la vigilance : « Si un père de famille, disait-il, savait à quelle heure on viendra le voler, il veillerait et empêcherait le voleur de pénétrer dans sa maison. Et vous aussi, soyez prêts, car le Fils de l'homme viendra au moment où vous y penserez le moins. »

À propos de serviteurs vigilants, Pierre demanda au Sauveur si ces recommandations s'adressaient aux apôtres ou à tout le peuple ? Jésus lui répondit par une nouvelle parabole : « Un maître cherche un intendant prudent et fidèle pour distribuer les vivres à ses serviteurs : qui choisira-t-il ? Évidemment, le plus dévoué à son service. Mais si cet heureux intendant, comptant sur une absence prolongée du maître, se mettait à maltraiter serviteur et servantes, à manger et à s'enivrer, le maître, arrivant à l'improviste, lui ôterait sa charge, et le reléguerait avec les serviteurs infidèles. Quant au châtiment, celui qui transgresse les ordres du maître parce qu'il a négligé de s'en instruire, sera puni ; mais celui qui les foule aux pieds en pleine connaissance de cause, sera puni bien plus sévèrement. En outre, on exigera beaucoup de celui qui a beaucoup reçu. Plus sublime sera la mission, plus terrible sera le compte qu'il en faudra rendre. » Pierre comprit que la parabole s'adressait à tous, mais plus spécialement à ceux que le Sauveur avait choisis comme les intendants de son royaume, et ses lieutenants près de ses serviteurs. À ceux-là Dieu demandera beaucoup, parce qu'il leur a beaucoup donné.

Plusieurs s'imaginaient n'avoir besoin ni de pénitence, ni de conversion. Un jour qu'il s'efforçait de les détromper, on vint lui annoncer que des Galiléens, révoltés contre les autorités romaines, étaient tombés au pouvoir de Pilate, au moment même où ils offraient un sacrifice. Massacrés sur place, leur sang s'était mêlé au sang des victimes immolées sur l'autel. D'après l'opinion, commune en ce temps, que la gravité du péché se mesure à la gravité de la peine, les Juifs regardaient ces Galiléens comme d'insignes malfaiteurs. Jésus rectifia leur jugement sur ce point. « Vous les croyez plus coupables que leurs compatriotes, dit-il, mais moi je vous déclare que, si vous ne faites pénitence, vous périrez tous également. De même, ces dix-huit hommes écrasés dernièrement sous les décombres de la tour de Siloé, vous les croyez plus coupables envers Dieu que les autres habitants de Jérusalem. Détrompez-vous encore, et soyez certains que, si vous ne faites pénitence, vous périrez tous également. » Trente ans plus tard, les Romains saccageaient la Judée et la Galilée, puis brulaient Jérusalem. Les Juifs impénitents tombaient sous le glaive des soldats ou sous les décombres de leurs maisons incendiées.

A ceux qui comptaient sur l'avenir pour faire de dignes fruits de pénitence, Jésus rappela que Dieu finit par se lasser d'attendre. « Un homme, dit-il, avait un figuier planté dans sa vigne. Il vint y chercher des fruits, et n'en trouva point. - Voilà trois ans, observa-t-il au vigneron, que cet arbre stérile occupe inutilement la terre : coupez-le. - Maître, répondit le vigneron, prenez patience encore une année, je vais rÉmuer la terre autour de ses racines et y mettre du fumier. Peut-être donnera-t-il du fruit ; sinon, vous le couperez. »

Ainsi Jésus travaillait à la conversion de cette Judée ingrate et infidèle. Les jours de sabbat, il prêchait dans les synagogues. Le peuple l'écoutait avec admiration, et certainement aurait profité d'un tel enseignement si ses maîtres n'eussent constamment opposé leurs erreurs à la vérité. Aux assemblées sabbatiques, si Jésus confirmait ses prédications par un prodige, tandis que le peuple applaudissait le thaumaturge, les pharisiens l'accusaient de prévarication contre les lois de Moïse. Dans une synagogue où il enseignait, Jésus aperçut une pauvre femme que le démon tourmentait depuis dix-huit ans. Il l'avait tellement affaiblie et courbée qu'elle ne pouvait plus lever les yeux vers le ciel. Ému de pitié, le Sauveur l'appela et lui dit : « Votre infirmité va cesser. » Il lui imposa les mains, et aussitôt l'infirme se redressa et se mit à louer Dieu.

Au lieu de glorifier Dieu avec elle, le chef de la synagogue la gourmanda devant tout le peuple, déclamant aussi contre ce prophète qui guérissait les gens un jour de sabbat : « Il y a six jours pour travailler, criait-il, venez ces jours-là demander votre guérison, mais non un jour de sabbat. » La foule se taisait, et la femme également, mais Jésus répondit à leur place : « Hypocrites, le jour du sabbat vous déliez de la crèche votre bœuf ou votre âne pour les mener boire à la fontaine ; et cette fille d'Abraham, enchaînée par Satan depuis dix-huit ans, vous trouvez mauvais qu'on rompe ses liens un jour de sabbat ? » L'à-propos de cette réponse accabla les adversaires et les fit rougir de honte, tandis que le peuple s'émerveillait des prodiges opérés sous ses yeux.

Le Sauveur achevait son excursion en Judée, quand un docteur lui posa cette question : « Maître, y en aura-t-il peu de sauvés ? » Il reçut la réponse que méritaient ces Juifs vicieux et incrédules :

« Efforcez-vous d'entrer par la porte étroite, lui dit Jésus. Beaucoup chercheront à entrer, et ne réussiront pas. Et quand le père de famille aura fermé la porte, vous heurterez et vous crierez : Seigneur, ouvrez- nous. - Je ne vous connais pas, répondra-t-il, je ne sais d'où vous venez. - Vous insisterez alors : Seigneur, nous avons bu et mangé devant vous, vous nous avez instruits sur les places publiques. - Je ne vous connais pas, répliquera-t-il, retirez-vous, artisans d'iniquités. - Vous pleurerez et vous grincerez des dents, quand vous verrez Isaac, Jacob et tous les prophètes dans le royaume de Dieu, tandis que vous serez jetés dehors. De l'orient et de l'occident, du midi et du septentrion, on prendra place dans ce royaume d'où vous serez exclus, et ainsi les premiers seront les derniers, et les derniers seront les premiers. »

C'était la réprobation des Juifs que, dans cette dernière course en Judée, Jésus laissait pour adieu aux pharisiens.

IX. MISÉRICORDE ET JUSTICE

Jésus en Galilée. - Menaces d'Hérode. - Hydropique guéri. - « Prenez la dernière place. » - Les invités au festin de noces. - Le vrai disciple. - La brebis et la drachme perdues. - L'enfant prodigue. - L'économe infidèle. - Le mauvais riche. - Les dix lépreux. (Luc., XIII, 31-35 ; XIV ; XV ; XVI ; XVII, 11-19.)

De la Judée Jésus passa bientôt dans la basse Galilée. À peine y était-il arrivé que les pharisiens, voyant que ses miracles attiraient le peuple autour de lui, tentèrent de l'éloigner du pays. Feignant de craindre pour lui la colère d'Hérode, ils vinrent lui dire : « Fuyez au plus vite, car le tétrarque en veut à votre vie. » La ruse ne réussit pas. « Allez dire à ce renard, répondit le Sauveur, que je suis occupé à chasser les démons et à guérir les malades. Je prendrai le temps de remplir ma mission avant de consommer mon sacrifice. Quand l'heure sera venue, je me dirigerai vers Jérusalem, car n'est-ce point à Jérusalem qu'un prophète doit mourir ? » Et il continua ses prédications sans s'inquiéter d'Hérode.

N'ayant pu l'écarter par la menace, ils s'efforcèrent de le prendre en défaut, afin de l'accuser et de le déshonorer. Un pharisien de grande influence l'invita à dîner un jour de sabbat où il traitait ses collègues. Ceux-ci devaient épier, pendant tout le repas, les paroles et les actes de Jésus. Tout à coup, un hydropique se glissa dans la salle du festin, et s'approcha de Jésus pour attirer son attention. Les convives se demandaient ce qu'allait faire le prophète, mais il les mit lui-même dans le plus grand embarras. « Est-il permis, leur demanda-t-il, de guérir un homme le jour du sabbat ? » Aucun n'osa répondre, avouant ainsi l'inanité de leurs doctrines. Jésus prit l'hydropique par la main, le guérit et le renvoya chez lui. Puis il résolut lui-même le cas de conscience qu'il avait posé : « Si votre bœuf ou votre âne, dit-il, tombait dans un puits le jour du sabbat, qui d'entre vous se ferait scrupule de l'en retirer sur-le-champ ? » Et de nouveau tous restèrent muets devant cet argument sans réplique.

Ce ne fut pas la seule leçon qu'ils reçurent pendant le repas.

Scribes et pharisiens, bouffis d'orgueil, se montraient très susceptibles sur les préséances. Jésus avait remarqué avec quelle ardeur ils se disputaient les premières places. « Lorsque vous serez invités à des noces, leur dit-il, ne prenez point les places d'honneur, de peur qu'à l'arrivée d'un personnage d'un rang plus élevé que vous, votre hôte ne vous demande de céder votre siège, car alors vous seriez obligé, à votre grande confusion, d'occuper la dernière place. Prenez plutôt le siège le plus infime, car alors votre hôte viendra vous dire : Mon ami, montez plus haut, et ce sera pour vous un grand honneur devant tous les convives. Quiconque s'élève sera abaissé, et quiconque s'abaisse sera élevé. »

Aux festins des pharisiens, on ne voyait que des grands et des riches. Ils méprisaient trop les petits et les pauvres pour manger avec eux. S'adressant à son hôte, Jésus lui donna un conseil qui dut médiocrement lui plaire : « Quand vous donnerez à dîner ou à souper, dit-il, n'invitez ni vos amis, ni vos frères, ni vos parents, ni vos opulents voisins, car ils vous inviteraient à leur tour pour vous rendre ce qu'ils ont reçu. Rassemblez au contraire à votre table les pauvres, les estropiés, les boiteux et les aveugles. Heureux serez-vous alors, car ceux-ci n'ayant pas de quoi vous rendre, Dieu lui-même vous récompensera de votre charité au jour de la résurrection des justes. »

Un convive essaya de faire une diversion à ces leçons vraiment choquantes pour des pharisiens. « Maître, dit-il, heureux celui qui participera au banquet du royaume de Dieu ! » Et certes, il estimait que pas un de ses collègues, tous justes et saints, ne manquerait au festin du grand roi. Mais Jésus répondit à son exclamation par une parabole peu rassurante pour tous ces égoïstes. « Un homme, dit-il, fit un grand festin, auquel il convia beaucoup de monde. A l'heure du souper, il envoya dire aux invités que tout était prêt, mais ils commencèrent à s'excuser. L'un avait acquis une ferme, et devait la visiter ; un autre cinq paires de bœufs qu'il devait essayer ; un troisième venait de se marier, et ne pouvait s'absenter. Indigné d'une pareille conduite, le père de famille dit à son serviteur : Parcours les rues et les places de la ville, et amène-moi les pauvres, les boiteux, les aveugles, les estropiés. Le serviteur obéit, et vint dire à son maître : Il y a encore des places libres. - Va par les chemins et le long des haies, reprit celui-ci, et remplis ma maison des passants que tu rencontreras, car, je te l'assure, aucun de ceux que j'avais invités ne goûtera de mon souper. »

La parabole était transparente. Aucun de ces pharisiens que Jésus conviait au royaume de Dieu n'y serait admis, puisqu'ils refusaient opiniâtrement une invitation tant de fois renouvelée. Dieu mettrait à leur place les pauvres et les infirmes, c'est-à-dire les publicains et les pécheurs. Les passants, c'est-à-dire les Gentils, rempliraient les vides. Encore une fois, Jésus annonçait à ces princes d'Israël la réprobation des Juifs et la vocation des Gentils.

Dans les villes et villages qu'il traversait, Jésus se voyait souvent entouré de grandes multitudes disposées à faire partie du royaume, mais non à tout sacrifier pour plaire à Dieu. À ces inconséquents il rappelait qu'il faut aimer Dieu plus que son père et sa mère, plus que ses frères et ses sœur, plus même que la vie. On ne peut être son disciple qu'en portant la croix à sa suite, et celui qui le prendrait pour maître sans faire provision de courage, ne resterait pas longtemps à son service. « Celui qui veut bâtir une tour pour défendre sa vigne, se demande avant tout s'il a les ressources nécessaires. S'il posait les fondations sans achever les constructions, on dirait en poussant des éclats de rire : Voilà un fou qui commence un édifice, et le laisse inachevé. De même, avant de déclarer la guerre au roi, son voisin, un prince se demande s'il peut, avec dix mille hommes, vaincre les vingt mille soldats de son adversaire. S'il se croît trop faible, il charge un ambassadeur de négocier la paix. Sachez donc qu'on ne peut rester mon disciple sans un complet détachement de tous les biens que l'on possède. » Faute de ce détachement, l'édifice de la sainteté reste inachevé, et trop souvent l'enfant de Dieu fait la paix avec le démon.

Autant Jésus se montrait sévère avec les pécheurs endurcis, autant il était plein de condescendance pour ceux qui pleuraient leurs péchés.

Les scribes et les pharisiens ne lui pardonnaient pas de traiter avec bonté des gens qu'ils jugeaient dignes de mépris. « Cet homme, disaient-ils, accueille les pécheurs et mange avec eux : ce ne peut être un homme de Dieu. » Maintes fois, le Sauveur leur avait expliqué qu'il était venu au monde pour sauver les pécheurs ; mais l'orgueil et le préjugé l'emportaient sur tous les raisonnements. Pour confondre ces Juifs sans pitié, Jésus eut recours à son procédé ordinaire : la parabole qui met l'adversaire, sans qu'il s'en aperçoive, en contradiction avec lui-même.

« Quel est celui d'entre vous, dit-il, qui, possédant cent brebis, s'il vient à en perdre une, ne laisse immédiatement les quatre-vingt-dix-neuf autres, pour courir après celle qu'il a perdue ? Il court jusqu'à ce qu'il la retrouve, et quand il l'a retrouvée il la met avec joie sur ses épaules et la reporte au bercail. Tout heureux alors, il convoque ses amis et ses voisins : Réjouissez-vous avec moi, leur dit-il, car j'ai retrouvé la brebis que j'avais perdue. De même, je vous l'assure, il y a plus de joie au ciel pour un pécheur qui fait pénitence, que pour quatre-vingt-dix-neuf justes qui n'ont pas besoin de pénitence.

« Quelle est la femme, continua Jésus, qui ayant perdu une drachme sur dix qu'elle possède, n'allume aussitôt sa lampe, et ne balaie soigneusement sa maison, cherchant dans tous les coins sa pièce de monnaie, jusqu'à ce qu'elle rait retrouvée ? Et quand elle la tient, son cœur déborde de joie, elle appelle ses amies et ses voisines : Félicitez-moi, dit-elle, j'ai retrouvé la drachme que j'avais perdue. De même, je vous le répète, il y a grande allégresse au ciel quand un pécheur fait pénitence. »

De l'ordre matériel s'élevant à l'ordre des esprits, le Sauveur raconta aux pharisiens le fait suivant, qu'un Dieu seul a pu concevoir, et qu'aucun homme, à moins d'avoir un cœur de pierre, ne lira jamais sans émotion.

« Un homme avait deux fils. Le plus jeune dit à son père : Mon père, donnez-moi la part de biens qui doit me revenir. Le père lui donna sa part, et le malheureux jeune homme, peu de jours après, partit pour un pays lointain, où il vécut dans la débauche avec ses compagnons et dépensa tout son avoir.

« Il se voyait absolument sans ressource, quand une grande famine désola cette contrée, de sorte qu'il n'avait pas de quoi manger. Ne sachant que faire pour vivre, il entra au service d'un habitant du pays, qui l'envoya à sa ferme garder les pourceaux. Et encore lui refusait-on un morceau de pain, si bien que, dans sa détresse, il jetait un œil d'envie sur les fèves grossières qu'on jetait aux pourceaux, et personne ne lui en donnait. .

« Alors rentrant en lui-même, il s'écria : Combien de mercenaires, dans la maison de mon père, ont du pain en abondance, et moi je meurs ici de faim ! Eh bien ! je me lèverai, je retournerai à mon père, et je lui dirai : Mon père, j'ai péché contre le ciel et contre vous, je ne suis plus digne d'être appelé votre fils, mettez-moi au nombre de vos serviteurs. Et à l'instant même, il reprit le chemin de la maison paternelle.

« Il était encore bien loin quand son père l'aperçut et le reconnut sous ses haillons. Ému de compassion, il courut vers son fils, se jeta à son cou, et le tint embrassé. Mon père, disait le jeune homme en sanglotant, j'ai péché contre le ciel et contre vous, je ne suis plus digne d'être appelé votre fils.

« Mais le père avait tout oublié. Vite, criait-il à ses serviteurs, apportez la plus belle robe et qu'on l'en revête ; mettez-lui l'anneau au doigt et des sandales aux pieds ; tuez le veau gras, et faisons fête, car mon fils était mort et le voilà ressuscité ! »

Cette fois, les pharisiens ne trouvèrent rien à objecter contre la miséricorde envers les pécheurs, car les assistants leur eussent répondu par leurs larmes. Cependant, pour faire mieux ressortir encore la dureté de ces égoïstes, Jésus les mit en scène en terminant cette histoire.

« Tous étaient donc assis dans la salle du festin, continua le Sauveur, et grande était la joie parmi les convives, quand le fils aîné revint des champs, ne sachant rien de ce qui s'était passé. Surpris d'entendre le bruit des instruments de musique et des danses joyeuses, il demanda aux serviteurs ce que signifiaient ces réjouissances. Votre frère est revenu, lui dit-on, et votre père a fait tuer le veau gras pour fêter son retour.

« À cette nouvelle, le jeune homme indigné ne voulut pas entrer dans la maison. Le père sortit pour le calmer et le conjurer de prendre part à la fête, mais il lui répondit avec colère : Voilà tant d'années que je vous sers sans transgresser le moindre de vos ordres, et jamais vous ne m'avez donné un chevreau pour que je le mange avec mes amis. Au contraire, votre fils vous revient après avoir dissipé tout son bien avec des courtisanes, et vous tuez le veau gras son arrivée. - Mon fils, répondit le bon vieillard, tu es toujours avec moi, et tout ce que j'ai est à toi. Aujourd'hui il faut faire fête et se réjouir, parce que ton frère était mort, et le voilà ressuscité ; il était perdu, et le voilà retrouvé. »

Jésus avait dépeint sa divine bonté dans ce père qui pardonne au prodigue, et le dur égoïsme des pharisiens dans ce frère qui ne pense qu'à lui-même et s'indigne de l'accueil fait au pauvre pécheur. Mais le Juif sans cœur n'en continue pas moins à détourner la tête en passant près de ceux qu'il appelle des pécheurs. Jusqu'à la fin des siècles, il se croira le droit de mépriser comme des êtres inférieurs les petits, les pauvres, les Gentils, et de les dépouiller, quand il trouve l'occasion, pour satisfaire son insatiable cupidité, son luxe insolent et ses vices effrénés. Le Sauveur avait plusieurs fois stigmatisé cette cupidité rapace de l'orgueilleux pharisien. Il y revient en cette circonstance pour montrer le compte terrible que rendront à Dieu ces indignes contempteurs des pauvres et des pécheurs.

« Un grand seigneur, dit-il, avait un intendant. lequel fut accusé de dilapider les biens confiés à sa garde. Il l'appela et lui dit : j'apprends des choses bien graves à votre sujet : rendez-moi compte de votre gestion, car désormais je vous retirerai l'intendance de ma maison. Le malheureux, atterré, se dit à lui- même : Que ferai-je, si mon maître m'enlève l'administration de ses domaines ? Labourer la terre ? je n'en suis pas capable. Mendier mon pain ? j'en mourrai de honte. Il faut m'arranger de manière à trouver, quand je serai sur la rue, des gens qui me reçoivent dans leurs maisons.

« Sans perdre de temps, il convoqua les débiteurs de son maître, et dit au premier : Combien devez-vous ? - Cent barils d'huile. - Tenez, voilà votre obligation, écrivez cinquante. - Et vous, dit l'intendant au second : combien devez-vous ? - Cent mesures de froment. - Écrivez quatre-vingts. Et le maître loua cet économe infidèle, non de son injustice, mais de sa prudence. Les enfants du siècle, ajouta Jésus, se montrent plus sages que les enfants de lumière. Avec votre argent d'iniquité, faites-vous des amis par vos aumônes, afin qu'au sortir de ce monde, on vous reçoive dans les tabernacles éternels. »

De cette parabole le Sauveur déduisit la règle suivie par la Providence dans la dispensation des biens spirituels. « Dieu, dit-il, tient compte de ce principe : Celui qui est fidèle dans les petites choses, le sera aussi dans les grandes. De même l'infidélité dans les petites choses conduit à l'infidélité dans les grandes. Si donc vous faites mauvais usage des petites choses, c'est-à-dire des biens matériels qui vous sont octroyés, Dieu vous confiera-t-il les biens véritables, c'est-à-dire les grâces et les dons spirituels ? Non, car il sait que vous abuserez de ses grâces comme vous abusez des biens extérieurs. Vous voudriez servir deux maîtres à la fois, Dieu et Mammon, mais vous ne pouvez vous attacher à l'un sans vous détacher de l'autre. »

Les Pharisiens regardaient Jésus d'un air railleur pendant qu'il flétrissait leur sordide avarice, mais d'un mot il leur fit baisser les yeux. « Vous avez beau, leur dit-il, vous déguiser en justes devant les hommes. Dieu voit le fond des cœurs, et ce qui semble perfection aux yeux des hommes, n'est souvent qu'une abomination aux yeux de Dieu. » En même temps, il raconta comment sont traités dans l'éternité ces favoris de la fortune, si pleins d'eux-mêmes ici-bas, et si durs pour les humbles et les pauvres.

« Il y avait, dit-il, un homme fort riche, vêtu de pourpre et de lin, qui tous les jours se livrait à la bonne chère. Devant sa porte gisait un mendiant couvert d'ulcères, nommé Lazare. Ce malheureux désirait se repaître des miettes qui tombaient de la table du riche, mais on les lui refusait. Seuls, les chiens compatissaient à ses douleurs et venaient lécher ses plaies.

« Or il arriva que le pauvre mendiant mourut et fut porté par les anges dans le sein d'Abraham. Le riche mourut aussi, et fut enseveli dans les enfers. De ce lieu de tourments, il leva les yeux et aperçut au loin Abraham, et Lazare dans son sein. Père Abraham, cria-t-il, envoie-moi par pitié le pauvre Lazare, afin qu'il trempe le bout du doigt dans l'eau pour rafraîchir ma langue, car je souffre horriblement dans ces flammes. - Mon fils, répondit Abraham, souviens-toi que tu as joui de tous les biens pendant ta vie, et que Lazare n'a connu que des maux : maintenant à lui les délices, à toi les tourments. Un gouffre infranchissable s'est creusé entre vous et nous ; de sorte que nul ne peut d'ici aller jusqu'à vous, ni de là où vous êtes venir jusqu'à nous. - Au moins, père Abraham, envoie Lazare dans la maison de mon père pour avertir mes frères des souffrances que j'endure, afin qu'ils ne tombent pas eux-mêmes dans ce lieu de tourments. - Ils ont Moïse et les prophètes : qu'ils les écoutent. Ils ne les écouteront pas, père Abraham, mais si un mort leur apparaît, ils feront pénitence. - S'ils n'écoutent ni Moïse ni les prophètes, un mort ressusciterait qu'ils ne croiraient pas davantage. »

On ne pouvait peindre plus fidèlement le crime des pharisiens, le châtiment qui les attendait, et leur incrédulité sans remède. Jésus avait ressuscité des morts sous leurs yeux ; ils n'en persistaient pas moins à le persécuter. Abraham sortirait de l'éternité pour les menacer des flammes vengeresses, qu'ils continueraient leur guerre déicide.

Jésus achevait alors ses courses en Galilée. Il entrait dans un village, quand des lépreux, l'ayant aperçu de loin, se mirent à crier : « Jésus, ayez pitié de nous. » Il leva les yeux sur eux et se contenta de dire : « Allez-vous montrer aux prêtres. » Ils obéirent, et sur la route, ils se trouvèrent guéris. L'un d'eux revint sur ses pas en glorifiant Dieu à haute voix. Il se prosterna la face contre terre devant son bienfaiteur et lui témoigna toute sa gratitude. Or ce lépreux reconnaissant était un Samaritain. « Les dix n'ont-ils pas été guéris ?

s'écria Jésus avec tristesse, où sont les neuf autres ? Il n'y a donc que cet étranger qui soit revenu rendre grâces à Dieu. » Et s'adressant au Samaritain : « Lève-toi, lui dit-il, ta foi t'a sauvé. »

Le schismatique de Samarie entrait dans le royaume, tandis que les neuf Juifs s'en excluaient par leur ingratitude. Il devenait de plus en plus manifeste que les étrangers précéderaient les fils de la famille dans le royaume des cieux. Après ce miracle, Jésus passa le Jourdain pour évangéliser la Pérée.

X. LES TROIS CONSEILS

Jésus en Pérée. - Justice de Dieu. - Le juge et la veuve. - Question du divorce. - Mariage et virginité. - Le maître et le serviteur. - Le pharisien et le publicain. - « Laissez venir à moi les petits enfants. » - Le jeune homme riche et la pauvreté volontaire. - Comment Dieu récompense ceux qui laissent tout pour lui. (Matth., XIX. - Marc., X, 17-31. - Luc., XVII, 20-37 ; XVIII.)

La province de Pérée, qui s'étendait, à l'orient du Jourdain, du lac de Galilée à la mer Morte, était en ce temps très florissante, Hérode y habitait souvent son palais de Machéronte, où il avait si longtemps détenu le saint précurseur. Les habitants se rappelaient avec amour le prophète du désert, ses prédications sur le royaume de Dieu et sur l'avènement prochain de Celui qui devait l'établir. Aussi accueillirent-ils avec une grande joie le thaumaturge dont la renommée publiait les prodiges, mais qu'ils voyaient pour la première fois. Ils lui amenèrent leurs malades, et il les guérit ; il leur parla dans les synagogues, et les enthousiasma tellement que, ravis de sa bonté plus encore que de sa puissance, les foules le suivaient partout où il portait ses pas. Beaucoup se déclarèrent ses disciples, et toute la contrée aurait reconnu en lui le Messie dont Jean-Baptiste signalait la venue, si les pharisiens, là comme ailleurs, n'eussent paralysé, par leurs intrigues, l'influence du Sauveur. Au royaume spirituel que prêchait Jésus, ces faux docteurs opposèrent l'empire d'Israël que, d'après les préjugés de la nation, le Messie devait étendre sur le monde entier. Cet espoir fanatique avait perdu la Galilée, aussi bien que la Judée. Les pharisiens s'efforcèrent de l'exploiter contre le Sauveur pour détourner de lui les populations de la Pérée. Un jour qu'il parlait du royaume de Dieu, un de ces semeurs de zizanie lui demanda « à quelle époque s'établirait ce royaume de Dieu ? » c'est-à-dire la prépondérance juive sur tout J'univers. Jésus lui répondit : « Le royaume de Dieu ne se manifestera pas d'une manière visible. On ne dira pas : Il est ici, ou il est là. Le royaume de Dieu est au dedans de vos cœurs. » Il opposa ainsi clairement au règne terrestre du Messie son règne spirituel sur les âmes, et recommanda instamment à ses disciples de n'en pas attendre un autre. « Le Fils de l'homme, dit-il, sera d'abord persécuté et rejeté par cette génération. Puis vous aurez à souffrir vous-mêmes, vous espèrerez alors me revoir, mais en vain. On vous dira : Il est ici, il est là ; mais ne vous laissez pas séduire par les imposteurs. » Le Fils de l'homme ne reviendra qu'au dernier jour. Il apparaîtra d'une manière subite, comme l'éclair qui en un instant illumine tout le ciel. Alors aura lieu la dernière catastrophe, plus terrible que le déluge, plus effroyable que l'incendie de Sodome. »

Et afin de les encourager au combat, il leur annonça que l'heure de la justice sonnerait pour eux. En attendant, ils devaient prier et ne point se lasser de prier, afin d'obtenir du ciel la grâce de souffrir patiemment, laissant à Dieu le soin de les venger. Dieu ne résiste pas à la prière persévérante de l'homme persécuté. « Il y avait dans une certaine ville, dit le Sauveur, un juge qui ne craignait ni Dieu ni les hommes. Une pauvre femme alla le trouver pour lui demander justice contre un puissant adversaire. Longtemps il refusa de faire droit à sa requête, mais comme elle ne cessait de l'obséder, il finit par se dire à lui-même : Je m'inquiète fort peu de ce que pensent Dieu et les hommes, c'est très vrai, mais cette femme m'importune tellement de ses plaintes, que je vais m'occuper de sa cause. Si je la repousse encore, après les plaintes viendront les coups. - Et si ce juge inique raisonna de la sorte, vous croyez que Dieu ne rendra pas justice à ses élus qui, nuit et jour, font monter vers lui leurs supplications ? Dieu prend son temps, mais il finit par venger l'innocence. Seulement, rares seront les hommes de foi quand le Fils de l'homme reviendra sur la terre. » La prière n'appellera plus la miséricorde, et celle-ci fera place à la justice de Dieu.

En ce temps-là, les maîtres en Israël disputaient avec acharnement sur la question du divorce. La Loi de Moïse l'autorisait en cas d'adultère : pouvait-on étendre cette autorisation à d'autres cas ? Les rigides soutenaient qu'il fallait s'en tenir strictement au texte de la Loi ; les relâchés prétendaient au contraire que le divorce devait être autorisé pour n'importe quelle raison. Afin de rendre le Sauveur odieux à l'un ou à l'autre parti, les pharisiens vinrent lui demander son avis sur ce litige : « Est-il permis, lui dirent-ils, de renvoyer sa femme pour n'importe quelle raison ? » S'il répondait affirmativement, la secte pharisaïque l'accuserait de favoriser la dissolution des mœurs et de conspirer contre la Loi de Moïse ; s'il répondait négativement, le parti nombreux des sadducéens et des hérodiens lui vouerait une haine mortelle. Hérode lui-même, le prince adultère qui avait emprisonné et décapité Jean-Baptiste parce que l'homme de Dieu lui reprochait son scandaleux divorce, se déciderait peut-être à poursuivre le prophète, et, qui sait ? à lui faire subir le sort du saint précurseur. Mais la sagesse divine déjoua de nouveau leurs pernicieux calculs, et leur donna une leçon à laquelle ils ne s'attendaient pas.

Au lieu de traiter la question d'après la Loi mosaïque, Jésus mit les pharisiens en face de la loi primitive, imposée par Dieu lui-même. « N'avez-vous donc pas lu, leur dit-il, qu'à l'origine du monde, Dieu créa un seul homme et une seule femme, et qu'ensuite il formula ce précepte : En vue de l'union de l'homme et de la femme, l'homme quittera son père et sa mère pour s'attacher à son épouse, et ils seront deux dans une même chair ? L'homme ne peut séparer ce que Dieu a uni. »

Les sectaires ne savaient que dire. Ils interrogent sur les raisons qui autorisent le divorce, et on leur répond que le mariage est indissoluble, et cela en alléguant les propres paroles de Dieu. Leur question paraissait donc ridicule et presque impie. Toutefois une objection se présentait à l'esprit : ils la formulèrent en ces termes : « Si le mariage est indissoluble, comment se fait-il que Moïse permet de donner à la femme adultère un acte de répudiation et de la renvoyer ? - C'est à cause des vices de votre cœur, répondit Jésus, que Moïse a toléré le divorce en certains cas, mais vous voyez vous-même que cette tolérance n'existait pas à l'origine. Il est permis à l'homme de se séparer de sa femme en cas d'adultère, mais non d'en épouser une autre. S'il en épouse une autre, il devient adultère, et quiconque épouse la femme séparée de son mari, devient également adultère. »

Par ces paroles Jésus rétablissait l'institution divine du mariage dans toute sa pureté. À la loi imparfaite de Moïse il substituait la loi nouvelle, la Loi sainte et immaculée des enfants de Dieu, sans que les pharisiens, sadducéens, hérodiens, pussent soulever une réclamation, car Jésus ne faisait que citer la première page de leur livre sacré. Ils se retirèrent donc, assez honteux de leur déconvenue. Cependant, la décision du Sauveur renversait tellement les idées reçues que les apôtres eux-mêmes s'en montrèrent vivement impressionnés : « Si l'homme, dirent-ils, ne peut en aucun cas répudier sa femme, mieux vaut ne pas se marier. - Il n'est pas donné à tout le monde, répondit Jésus, de vivre dans le célibat, mais à ceux que Dieu appelle à un état plus parfait. Ceux-là se vouent volontairement à la virginité en vue du royaume de Dieu. C'est à l'homme de mesurer ses forces et d'agir en conséquence. »

En ce jour, le Sauveur avait du même coup délivré la famille des turpitudes qui la souillaient dans le monde ancien, et créé cette légion de vierges chrétiennes qui devaient transformer l'humanité en vivant dans un corps mortel comme vivent les anges des cieux.

À cet éloge de la virginité, Jésus joignit bientôt celui d'une autre vertu qui, comme la première, n'avait pas même de nom dans la langue des hommes : l'humilité. L'amour-propre régnait en maître dans tous les cœurs ; Jésus s'anéantit devant son Père pour enseigner à tous que l'homme, néant et misérable pécheur, doit s'anéantir devant Dieu et ne vivre que pour Dieu. En ces derniers jours de sa vie, il saisissait toutes les occasions de revenir sur cet enseignement capital. Ses apôtres n'étaient que trop portés à se faire valoir. Investis d'un pouvoir divin, n'allaient-ils pas s'enorgueillir de leurs œuvres et s'imaginer qu'ils rendaient grand service à Dieu ? Pour les tenir dans la vérité, il leur dit un jour : « Un serviteur, occupé au labour ou au pâturage, revient des champs le soir. Au lieu de l'inviter à se mettre de suite à table, son maître lui commande au contraire de préparer son propre souper, de lui servir à manger et à boire, et seulement alors il lui permet de prendre sa réfection. Si ce serviteur obéit docilement, croyez-vous que le maître lui doive des remerciements, parce qu'il a fait ce qu'on lui a commandé ? Non, n'est-ce pas ? Eh bien ! de même, quand vous aurez accompli les œuvres de votre ministère selon les ordres que vous avez reçus, dites simplement : Nous sommes des serviteurs inutiles, nous n'avons fait que notre devoir. »

À chaque instant, il avait devant les yeux l'orgueil et l'arrogance personnifiés dans ces pharisiens qui se drapaient dans leur prétendue justice et méprisaient ceux qui n'affectaient pas comme eux une hypocrite austérité. Il les mit un jour en scène dans une parabole d'une vérité saisissante. « Deux hommes, dit-il, montaient au temple pour prier : l'un était pharisien et l'autre publicain. Debout devant l'autel, le pharisien prônait à Dieu ses hautes vertus ; Seigneur, je vous rends grâces de ce que je ne suis pas comme les autres hommes, voleurs, injustes, adultères, et surtout de ce que je ne ressemble nullement à ce publicain. Je jeûne deux fois par semaine, et je donne la dîme de tout ce que je possède. Le publicain, au contraire, se tenait loin du sanctuaire. N'osant lever les yeux vers le ciel, il se frappait la poitrine, en disant : Seigneur, ayez pitié d'un pauvre pécheur. En vérité, je vous le dis, ajouta le Sauveur, celui-ci s'en retourna justifier dans sa maison, et non pas l'autre, car celui qui s'élève sera abaissé, et celui qui s'abaisse sera élevé. »

Autant la morgue insolente l'indignait, autant il chérissait l'humble et naïve simplicité. Des femmes, tenant leurs enfants sur les bras, lui demandèrent de les bénir. Ennuyés de leurs importunités, les disciples les repoussaient assez durement, mais Jésus intervint avec bonté. « Laissez venir à moi ces petits enfants, dit-il, et ne les repoussez pas, car le royaume du ciel est à ceux qui leur ressemblent. Quiconque n'accepte pas le royaume de Dieu avec la candeur d'un enfant, n'y sera point admis. » Le royaume de Dieu est à l'intérieur : quand Dieu, vivant dans le cœur, y manifeste sa volonté, l'homme doit y acquiescer avec la foi et l'humilité d'un enfant. Et pour montrer combien Dieu aime cette âme de bonne volonté, Jésus embrassa les petits enfants, leur imposa les mains, et les bénit avec tendresse.

Et depuis ce temps, nombreux sont les fils et les filles d'Adam qui, épris de cette divine simplicité, travaillent à se dépouiller de tout orgueil, de tout amour-propre et de toute volonté propre, afin de redevenir enfants devant Dieu, et de conformer à chaque instant leur volonté à celle du Père qui est dans les cieux. À la suite de Jésus, ils font vœu d'obéir jusqu'à la mort, et la mort de la croix. Le monde les hait, parce que leur vie condamne la sienne, mais Jésus, doux et humble de cœur, les aime et les bénit, comme il aimait et bénissait les enfants d'Israël.

Après cette scène si simple et si touchante, le Sauveur s'acheminait vers une autre bourgade, quand un jeune prince de la synagogue courut après lui, et se prosternant à ses pieds, l'interrogea sur un point qui troublait sa conscience : « Mon bon Maître, lui dit-il, que dois-je faire pour mériter la vie éternelle ? - Pourquoi m'appelez-vous bon ? répondit Jésus, Dieu seul est bon. Si vous voulez posséder la vie éternelle, observez les commandements. - Quels commandements ? - Ceux que prescrit la Loi : Vous ne tuerez pas, vous ne commettrez pas d'adultère, vous ne déroberez pas, vous ne porterez pas de faux témoignage. Honorez votre père et votre mère ; aimez votre prochain comme vous-même. »

Le jeune homme réfléchissait. « Maitre, reprit-il, ces commandements, je les observe depuis mon enfance : me reste-t-il quelque chose à faire ? » Jésus arrêta son regard sur le jeune prince, regard plein de tendresse, car il avait devant lui une âme travaillée par le désir de s'élever à la perfection des vertus. Il lui découvrit le sentier qui mène à la vraie sainteté. « Si vous voulez être parfait, lui dit-il, allez, vendez tout ce que vous possédez, donnez tout aux pauvres, et vous aurez un trésor dans le ciel. Cela fait, revenez et suivez-moi. »

À ces mots, le front du Juif se rembrunit. La tristesse envahit son âme, et il se retira tout décontenancé. La perspective de mener une vie pauvre à la suite du Sauveur, l'effraya et tua en lui le désir de la perfection. En le voyant s'éloigner, Jésus s'attrista à la pensée du grand nombre de ceux que l'attachement aux richesses conduirait à la perdition. « Je vous le dis en vérité, déclara-t-il à ses apôtres, il est difficile à un riche d'entrer dans le royaume de Dieu. Un chameau passerait plus facilement par le trou d'une aiguille qu'un riche par la porte qui conduit aux cieux. - S'il en est ainsi, observèrent les apôtres, qui pourra se sauver ? - Cela est impossible aux hommes, reprit le divin Maître, mais tout est possible à Dieu. » Avec la grâce de Dieu, des milliers d'hommes, plus sages que le jeune prince de la synagogue, abandonnent les biens de la terre, et se vouent, selon le conseil de Jésus, à la pauvreté volontaire. D'autres, tout en possédant la richesse, n'y attachent point leur cœur, et savent en user, comme les économes de Dieu, au profit des déshérités de ce monde. Mais qu'ils sont rares, ceux qui n'en font point l'aliment de leurs honteuses et insatiables passions !

Puisque le détachement est si difficile, Pierre en conclut que les apôtres méritaient bien quelque récompense. « Seigneur, dit-il, nous avons tout quitté pour vous, que nous sera-t-il donné en retour ? - En vérité, je vous l'assure, déclara le bon Maître, au jour de la régénération, alors que le Fils de l'homme, assis sur le trône de sa gloire, viendra juger tous les hommes, vous tous qui m'avez suivi, vous serez assis sur douze trônes, et jugerez avec moi les douze tribus d'Israël. Et quiconque aura, pour moi pour l'Évangile, quitté sa maison, son père, sa mère, son époux ses fils, ses champs, et bravé la persécution des méchants recevra le centuple en cette vie, et la gloire éternelle dans l'autre.

« Et ainsi, conclut le Sauveur, beaucoup qui sont aujourd'hui les premiers seront les derniers, et les derniers seront les premiers. » La foule mondaine, les heureux du siècle, les hommes d'orgueil, d'avarice et de luxure, qui occupent ici-bas les places d'honneur, seront alors les disgraciés et les maudits, tandis que les méprisés du monde, les disciples du Dieu pauvre, obéissant et mortifié, jugeront ceux qui les ont foulés aux pieds, et régneront avec Jésus dans les cieux.

XI. LA FÊTE DE LA DÉDICACE

Petit nombre des disciples. - Orgueil du Juif. - Son mépris des Gentils. - La parabole des vignerons. Beaucoup d'appelés, peu d'élus. - La fête de la Dédicace. - Jésus au temple. - Violente discussion. - Jésus à Béthabara. (Matth., XX, 1-16. - Joan., X, 22-39.)

La fête de la Dédicace approchait. Jésus repassa le Jourdain et se dirigea vers Jérusalem avec les pèlerins qui montaient vers la ville sainte. Pendant cette dernière course de trois mois à travers les provinces d'Israël, il avait constaté combien petit était le nombre de ceux qui cherchaient vraiment le royaume de Dieu. Des pauvres, des publicains, des pécheurs, des infirmes guéris par lui, le suivaient avec amour, tandis que les lettrés, les docteurs, les pharisiens, les favoris de la fortune, non seulement le poursuivaient de leurs mépris, mais s'efforçaient par tous les moyens de lui arracher un peuple qui, sans leur détestable influence, aurait écouté la voix de la vérité. Des Samaritains, des soldats romains, des païens de la Phénicie et de la Décapole, s'étaient montrés plus croyants que les enfants d'Abraham. Aussi les Juifs entraient-ils en fureur quand Jésus leur annonçait que les Gentils les précéderaient dans le royaume des cieux.

Et c'était précisément cet orgueil de la nation privilégiée qui empêchait sa conversion. Le peuple de Dieu se croyait à jamais le seul peuple aimé de Jéhovah. Méprisant profondément les autres nations, il s'imaginait que Dieu les considérait avec le même mépris. Imbus de ce préjugé, les docteurs n'avaient rien compris aux Écritures qui annonçaient la conversion des Gentils, ni à la mission du Messie, roi spirituel de tous les peuples. D'après leurs idées, le Messie, fils de David, apparaîtrait comme un grand roi, non pour convertir Juifs et Gentils, mais pour écraser les Gentils sous le joug des Juifs. Et de là leur rage contre ce prétendu Messie qui prenait parti pour les faibles contre les forts, et pour les païens contre les fils d'Abraham.

En retournant à Jérusalem où il allait donner son sang pour le salut de tous les hommes sans exception, il expliqua aux foules qui l'entouraient la vocation des peuples, Juifs et Gentils, au royaume de Dieu. Le Père céleste y convoque tous ses enfants de la terre : à ceux-ci de répondre à son appel. Dans une parabole mémorable, il enseigna cette vérité de manière à mettre en relief les injustes prétentions de la nation juive.

« Un père de famille, dit-il, sortît de grand matin afin de louer des ouvriers pour travailler à sa vigne. Il convint avec eux qu'il leur donnerait un denier par jour. Étant sorti vers la troisième heure, il en vit d'autres, assis sur la place publique, attendant qu'on leur offrît de la besogne. Allez travailler à ma vigne, leur dit-il, et je vous donnerai un juste salaire. Vers le sixième et la neuvième heure, il enrôla de la même manière d'autres ouvriers. Enfin vers la onzième heure, rencontrant encore des désœuvrés, il leur dit : Pourquoi restez-vous là tout le jour sans rien faire ? - Parce que, répondirent-ils, personne ne nous a embauchés. - Allez aussi, reprit-il, travailler à ma vigne.

« Le soir venu, le maître de la vigne chargea son intendant d'appeler les ouvriers et de donner le salaire à chacun d'eux en commençant par les derniers. Ceux de la onzième heure s'approchèrent donc les premiers, et reçurent chacun un denier. Les autres vinrent à leur tour, s'imaginant qu'ils recevraient davantage, mais on leur donna également un denier. Trompés dans leur attente, ils se plaignirent au père de famille. Ceux-ci n'ont travaillé qu'une heure, disaient-ils, et vous les traitez comme nous, qui avons supporté le poids du jour et de la chaleur. - Mon ami. répondit le maître à l'un d'eux, je ne commets aucune injustice envers vous : ne sommes-nous pas convenus que je vous donnerai un denier par jour ? Prenez donc votre salaire, et allez-vous-en. Je veux donner à ce dernier engagé autant qu'à vous : ne suis- je pas libre de mes dons ? Et pourquoi regardez-vous d'un œil d'envie l'acte de bonté que je viens de faire ? »

Jésus conclut comme il l'avait fait après la défection du jeune prince de la synagogue : « Les derniers seront les premiers, et les premiers seront les derniers. » Et il ajouta : « Beaucoup sont appelés, mais peu sont élus. » Dieu, le Père de la grande famille, appelle tous les hommes à entrer dans son royaume, l'Église fondée par son divin Fils, pour y travailler à sa gloire et opérer leur salut. À tous ceux qui répondent à son appel il donne un denier à faire valoir, c'est-à-dire la grâce avec laquelle, si on y correspond fidèlement, on mérite la gloire. Cette grâce est un pur don de Dieu, dont il ne doit compte à personne. Les Juifs ont été appelés les premiers par les patriarches, les prophètes, et finalement par le Sauveur lui-même, mais la plupart ont fait la sourde oreille et refusé le denier qui leur était offert. De quoi se plaignent donc les enfants d'Israël ? Ceux qui ont consenti à travailler à la vigne chérie de Dieu, ont reçu le denier de la grâce et recevront la récompense de leur travail. S'il y a peu d'élus parmi eux, ils doivent s'en prendre, non au Sauveur qui les a appelés tous, mais au démon de l'orgueil dont ils ont obstinément suivi les inspirations. Si les Gentils, appelés les derniers, sont devenus les premiers dans le royaume de Dieu, c'est que les enfants d'Abraham, appelés les premiers, au lieu de travailler à la vigne, ont tout fait pour la détruire.

Les chefs du peuple montrèrent, à la fête de la Dédicace, qu'ils voulaient absolument mériter cette sentence de réprobation. Cette fête, qui se célébrait le 25 décembre, avait été instituée par Judas Machabée, après sa victoire sur le roi Antiochus. Le fidèle et vaillant héros purifia le temple de ses souillures, releva l'autel du vrai Dieu et en fit une consécration solennelle au milieu de tout le peuple. La fête dura huit jours, pendant lesquels l'édifice sacré resta brillamment illuminé. Des lampes allumées brulèrent nuit et jour aux façades de toutes les maisons, de sorte que la fête de la Dédicace porta aussi le nom de Fête des lumières. C'était l'anniversaire de cette fête que Jésus venait célébrer à Jérusalem.

Arrivé le jour même de la solennité, il se rendit au temple, déjà encombré de pèlerins. Sous le portique de Salomon, dans de magnifiques galeries exposées au soleil, se formaient, de préférence pendant l'hiver, les grands rassemblements. Jésus s'y promenait, entouré de ses disciples, quand les scribes et les docteurs pharisiens, qui épiaient sa venue, firent cercle autour de lui, comme autour d'une proie qu'ils étaient bien décidés cette fois à ne pas laisser échapper. Prenant aussitôt l'offensive, ils lui crièrent d'un ton menaçant :

« Jusques à quand tiendrez-vous nos esprits en suspens ? Si vous êtes le Christ, dites-le-nous ouvertement. »

Ils n'attendaient que cette déclaration explicite pour l'accuser de blasphème devant le Sanhédrin, et de sédition devant les Romains. Mais connaissant leur perfide dessein, Jésus se contenta de répondre :

« Pourquoi m'interrogez-vous ? Je vous ai souvent parlé, et vous ne me croyez pas. Les prodiges que j'ai opérés au nom de mon Père me rendent suffisamment témoignage, et cependant vous ne croyez pas, parce que vous n'êtes pas de mes brebis. Mes brebis écoutent ma voix : Je les connais, et elles me suivent avec docilité. Je leur donnerai la vie éternelle : elles ne périront pas, et nul ne les arrachera de ma main. Mon Père, qui me les a données, possède une puissance souveraine. Or, mon Père et moi, nous ne faisons qu'un. »

À ces mots, la tempête éclata. Les Juifs comprirent que Jésus se disait l'égal du Père qui est dans les cieux, et s'attribuait ainsi la nature divine. Ils ramassèrent en toute hâte des pierres pour le lapider. Toujours calme, Jésus regarda en face cette horde de forcenés, et, d'un mot, rappelant ses nombreuses et prodigieuses guérisons :

« J'ai opéré sous vos yeux, dit-il, beaucoup de bonnes œuvres : pour lequel de ces bienfaits voulez- vous me lapider ?

- Ce n'est pas à cause de vos bonnes œuvres que nous vous lapidons, s'écrièrent-ils, mais parce que vous blasphémez ; parce que, n'étant qu'un homme, vous vous faites Dieu.

- N'est-il pas écrit dans votre Loi : « Vous êtes des dieux et les fils du Très-Haut ? » Or « si le Seigneur lui-même appelle dieux les magistrats d'Israël, et vous ne pouvez récuser le témoignage de l'Écriture, comment osez-vous m'accuser de blasphème, moi que le Père a glorifié et envoyé dans le monde, parce que j'ai dit : Je suis le Fils de Dieu ? Du reste, si les œuvres que je fais ne sont pas œuvres du Père, ne me croyez pas ; mais, si ce sont évidemment des œuvres divines, lors même que vous douteriez de mes affirmations, vous devez croire à mes œuvres. Elles vous prouvent et vous forcent d'avouer que le Père est en moi, et moi dans le Père. »

Jamais Jésus n'avait affirmé plus clairement sa divinité, sans prononcer cependant le mot qu'attendaient les Juifs pour le traîner devant le Sanhédrin. Ne sachant comment lui répliquer, ils entrèrent en fureur et cherchèrent à l'entraîner hors du temple pour se livrer contre lui à leur rage insensée. Mais l'heure du sacrifice n'était pas venue. Une frayeur subite s'empara de ces meurtriers, et Jésus, mêlé à la foule, s'échappa de leurs mains.

Quelques mois lui restaient encore pour se manifester au peuple avant de mourir. Il laissa Jérusalem, où il lui était désormais impossible de résider, et se retira de nouveau au-delà du Jourdain près de l'endroit où Jean, au début de son ministère, donnait le baptême. Là, pendant la saison pluvieuse, des groupes nombreux de pèlerins vinrent le visiter. Ils s'en retournaient saisis d'admiration. « Jean n'a fait aucun miracle, disaient-ils, et celui-ci sème les prodiges sur ses pas. Tout ce que Jean a prédit du Messie se réalise sous nos yeux. » Et beaucoup crurent en lui.

De plus en plus se vérifiait la sentence du Sauveur : « Les premiers seront les derniers, et les derniers seront les premiers. » Pendant que les lettrés de Jérusalem s'excluaient eux-mêmes du royaume de Dieu, les paysans et les pâtres du Jourdain s'y ménageaient les places d'honneur.

LIVRE SIXIÈME
L'EXCOMMUNICATION ET L'HOSANNA

R. P. Augustin Berthe

I. RÉSURRECTION DE LAZARE

Maladie de Lazare. - Jésus à Béthanie. - Lazare au tombeau. - Rencontre avec Marthe et Marie. - Résurrection de Lazare. - Le peuple en émoi. - Réunion du Sanhédrin. - Le mont du Mauvais Conseil. - L'excommunication. (Joan., X, 40-42 ; XI.)

Il y avait trois ans que Jésus de Nazareth, le Messie de Dieu, le vrai roi d'Israël, pressait les Juifs d'entrer dans son royaume. La cité sainte, les villes, les bourgades, avaient tour à tour acclamé le docteur, le prophète, le thaumaturge. Et cependant les chefs du peuple le poursuivaient avec un acharnement sans exemple, incriminaient ses paroles et ses actes, ramassaient jusque dans le temple des pierres pour le lapider, et n'attendaient qu'une occasion pour le condamner à mort. Depuis la fête de la Dédicace, il s'était réfugié au-delà du Jourdain, attendant le jour marqué pour le grand sacrifice.

Toutefois, afin de rendre les Juifs absolument inexcusables, Jésus voulut leur prouver jusqu'à la fin que, s'il consentait à mourir de leurs mains, il le ferait, non en vertu de leurs décrets, mais pour obéir à son Père des cieux. Il irait à la mort, non comme un vaincu, mais comme un triomphateur ; non comme un simple mortel, mais comme le maître absolu de la vie et de la mort. Cette preuve de sa souveraineté, il la devait aux Juifs pour les faire reculer devant l'affreux déicide, et plus encore aux apôtres, aux disciples, aux élus du monde entier, pour les aider à reconnaître leur Dieu au milieu des opprobres de la Passion. Aussi, à ce moment même où les pharisiens croyaient l'avoir réduit à la nécessité de se cacher pour éviter le supplice, un prodige, le plus saisissant de tous les prodiges, accompli aux portes de Jérusalem, vint-il exciter plus que jamais l'admiration du peuple et jeter dans la stupeur tout le Sanhédrin.

Un mois après la retraite de Jésus à Béthabara, un messager, venu de Béthanie, lui remit de la part de Marthe et de Marie cette simple missive : « Seigneur, celui que vous aimez est malade. » Les deux sœurs espéraient qu'en apprenant la maladie de Lazare, le Maître se mettrait immédiatement en route pour visiter son ami et lui rendre la santé ; mais, au contraire, sans laisser paraître aucune émotion, Jésus répondit : « Le mal dont il souffre ne doit pas lui ôter la vie, mais procurer la gloire de Dieu en glorifiant son Fils. » Le messager retourna à Béthanie, et Jésus demeura deux jours encore dans sa solitude, sans s'inquiéter du malade. Marthe et Marie l'attendirent en vain, le mal empira d'heure en heure, et Lazare rendit le dernier soupir. Alors seulement, le Sauveur dit aux apôtres : « Retournons en Judée.

- Maître, répondirent-ils, récemment encore les Juifs voulaient vous lapider, et vous parlez de retourner en Judée ! »

De fait, ils tremblaient pour eux comme pour lui. Connaissant la haine des pharisiens contre les disciples du prophète, ils pouvaient craindre d'avoir à subir le sort de leur Maître. Jésus s'efforça de calmer leurs terreurs. « Ne craignez pas, leur dit-il, mon jour n'est qu'à son déclin. Quand la nuit est venue, on marche dans les ténèbres, et l'on court risque de heurter le pied contre des obstacles ; mais si le soleil luit encore, il n'y a aucun danger. » Comme ils ne répondaient rien, il ajouta pour motiver ce retour en Judée : « Notre ami Lazare dort, il faut que j'aille le tirer de son sommeil. »

Ils prirent ces paroles à la lettre, et s'écrièrent tout joyeux : « S'il dort, Seigneur, il guérira. » C'est un symptôme de bon augure : raison de plus pour ne pas s'exposer à la mort en retournant en Judée. Alors Jésus, laissant là les figures, leur dit clairement : « Lazare est mort, et je me réjouis de ce que je n'étais pas là pendant sa maladie. Je m'en réjouis à cause de vous, afin que vous croyiez en moi. Allons à Béthanie. »

La crainte de tomber dans les mains des Juifs les effrayait tellement qu'ils hésitaient encore à se mettre en chemin ; mais Thomas, l'un des douze, les entraîna par cette parole d'énergie : « Suivons-le, et, s'il le faut, mourons avec lui. »

A l'entrée du bourg, ils apprirent que Lazare était mort depuis quatre jours. Selon la coutume, le cadavre, lavé et parfumé, couvert de bandelettes, enveloppé dans son suaire, avait été déposé dans le sépulcre. Depuis ce temps, les cérémonies du deuil s'accomplissaient chaque jour près de la grotte funéraire. Les parents, les amis, des Juifs de distinction, accourus de Jérusalem, entouraient les deux sœurs éplorées : on n'entendait que gémissements et lamentations. Comme on était au quatrième jour, on venait de constater officiellement le décès, et de ramener le linceul sur le visage du défunt. Une pierre roulée près du sépulcre en défendait l'entrée.

Pendant que les deux sœurs, assises à terre au milieu de leurs hôtes, restaient absorbées dans une profonde tristesse, on vint annoncer à Marthe l'arrivée de Jésus. Oubliant tout à cette nouvelle, elle s'élança immédiatement à sa rencontre.

« Maître, s'écria-t-elle en l'abordant, si vous vous fussiez trouvé ici, notre frère ne serait pas mort, mais maintenant encore, j'en ai la certitude, tout ce que vous demanderez à Dieu, il vous l'accordera. »

- Votre frère ressuscitera, lui dit Jésus, feignant de ne pas comprendre sa pensée.

- Je le sais, reprit-elle, craignant de s'être trop avancée, il ressuscitera au dernier jour.

- Marthe, je suis la résurrection et la vie. Celui qui croit en moi, fût-il mort, vivra ; et quiconque croit et vit en moi, ne mourra jamais. Croyez-vous ainsi ?

- Oui, Seigneur, je crois que vous êtes le Christ, le Fils de Dieu venu en ce monde. »

Après cet entretien sublime, Marthe, pleine de foi et de confiance, laissa un instant le Sauveur pour aller retrouver sa sœur et lui annoncer la bonne nouvelle. Elle lui dit à l'oreille, pour ne pas effaroucher les Juifs : « Le Maître est arrivé, et il vous demande. » Marie se leva vivement et sortit de la maison pour se rendre près de Jésus. Les Juifs qui l'entouraient et cherchaient à la consoler, crurent qu'elle allait au sépulcre pour donner un libre cours à ses larmes, et sortirent avec elle. Arrivée près du Maître, Marie tomba à ses pieds, et ne put s'empêcher de lui dire comme sa sœur : « Que n'étiez-vous ici, Seigneur, notre frère ne serait pas mort ! » En disant ces mots, elle pleurait, et les Juifs pleuraient avec elle. En voyant les larmes couler de tous les yeux, une émotion profonde s'empara du Sauveur, un divin frémissement rÉmua son âme.

« Où avez-vous mis Lazare ? demanda-t-il.

- Seigneur, nous allons vous conduire au sépulcre. »

Jésus les suivit en versant aussi des larmes, ce qui fit dire à plusieurs : « Voyez comme il l'aimait ; » d'autres, au contraire, inspirés par leur malveillance accoutumée, semaient la défiance autour d'eux. « Il a ouvert les yeux d'un aveugle-né, disaient-ils : pourquoi n'a-t-il pas empêché Lazare de mourir ? »

Arrivé à la grotte taillée dans le rocher, devant le sépulcre, fermé par une lourde pierre, Jésus frémit de nouveau et s'écria : « Enlevez cette pierre. » Instinctivement, Marthe lui fit observer que Lazare étant mort depuis quatre jours, une odeur de putréfaction allait s'exhaler de la tombe ; mais, d'un mot, il lui rappela leur entretien : « Ne vous ai-je pas dit que, si vous croyiez, vous verriez la gloire de Dieu ? »

On roula donc la pierre, et le cadavre, enveloppé dans le suaire qui le couvrait de la tête aux pieds, apparut à tous les yeux. En ce moment solennel, il se fit un grand silence. Les assistants, immobiles, le regard fixé sur le prophète, se demandaient avec anxiété ce qui allait advenir. Jésus, les yeux levés vers le ciel, priait : « Mon Père, disait-il, je vous rends grâces de ce que vous m'avez exaucé. Vous m'écoutez toujours, je le sais, mais je parle ainsi pour ce peuple qui m'environne, afin qu'il croie que vous m'avez envoyé. » Alors, étendant la main vers le cadavre, il cria d'une voix forte : « Lazare, sors du tombeau ! » Le mort s'agita et sortit de la tombe, les pieds et les mains entourés de bandelettes, et le visage couvert du linceul. Muets d'épouvante, tous contemplaient ce cadavre enseveli, qui subitement s'était dressé sur ses pieds et faisait effort pour rompre ses liens : « Déliez-le, reprit Jésus, et laissez-le libre. » On enleva les bandelettes qui enchaînaient les mains et les pieds, le suaire qui couvrait le visage ; Lazare apparut plein de vie et se mit à marcher.

L'impression des assistants ne se peut rendre. Devant ce prophète qui prouvait sa mission en tirant les morts de la corruption du tombeau, tous restaient comme pétrifiés. La plupart des témoins déposèrent leurs préventions et crurent en Jésus. Quelques-uns, cependant, dominés par l'esprit de secte, s'en allèrent aussitôt dénoncer aux pharisiens l'événement étrange dont le récit allait nécessairement provoquer, à Jérusalem et dans tout le pays, un immense mouvement en faveur de leur ennemi.

Et en effet, la résurrection de Lazare détermina une indicible crise dans les esprits. Impossible de nier un fait arrivé aux portes de la capitale, et dont les témoins, amis et ennemis du thaumaturge, racontaient les circonstances dramatiques ; impossible également d'expliquer ce fait autrement que par l'intervention du Maître suprême de la vie et de la mort. Les pharisiens n'auraient osé attribuer au démon ce prodige des prodiges, alors surtout que Jésus l'avait accompli en priant son Père, et comme preuve de sa divine mission. Jésus était donc, comme il l'affirmait, l'envoyé de Dieu, le Messie libérateur, le Fils du Père qui est dans les cieux. Mais alors de quel nom qualifier les sectaires, les pharisiens, les docteurs, les scribes, qui tentaient de le lapider et chassaient de la synagogue ceux qui croyaient en lui ? La fête de Pâque approchait, et l'on se demandait si le peuple, accourant de toutes les provinces, n'allait pas, en dépit des personnages officiels, porter en triomphe le grand prophète et le proclamer roi d'Israël.

La situation parut si critique que le grand prêtre convoqua d'urgence les membres du Sanhédrin pour délibérer en toute hâte sur les mesures propres à écarter un pareil danger.

Le Sanhédrin, ou grand Conseil des Juifs, se composait de soixante-dix membres choisis dans les trois corps de la nation : princes des prêtres, docteurs renommés, anciens du peuple, distingués par leur prudence. Depuis la domination romaine, le Sanhédrin, asservi par les vainqueurs, ne se recrutait généralement que parmi les sectaires sans foi et les intrigants sans honneur. Le souverain pontificat lui-même se vendait au plus offrant. Un rusé vieillard, nommé Anne, avait réussi à conserver sur sa tête, pendant sept ans, la tiare des pontifes, puis à la placer successivement sur la tête de ses cinq fils, et finalement à en faire l'apanage de son gendre, Joseph Caïphe. Celui-ci la portait depuis plusieurs années comme un héritage de famille. Sadducéen, c'est-à-dire partisan de la secte qui ne croyait plus aux vieux dogmes, pas même à l'immortalité de l'âme, Caïphe ne pensait qu'à s'enrichir et à jouir de la vie présente. Le mauvais riche dépeint par Jésus, se vautrant dans les voluptés pendant que le pauvre mourait de faim à sa porte, c'était Caïphe, et tout le monde l'avait reconnu. Aussi le patriotisme du grand prêtre s'accommodait-il fort bien de la domination romaine. Remplissant à Jérusalem le rôle le plus resplendissant et le plus lucratif, le pontife se demandait ce que le Messie pourrait lui donner de plus.

Sauf quelques personnages secrètement attachés à Jésus, comme le légiste Nicodème, et un riche seigneur du collège des anciens, nommé Joseph d'Arimathie, les membres du Conseil ne valaient guère mieux que leur président. Pharisiens démasqués par Jésus, sadducéens révoltés contre sa morale sévère, scribes jaloux de sa popularité, tous avaient voué au prophète une haine implacable. La classe des grands prêtres, spécialement représentée par des sadducéens sans conscience, comme Caïphe, Anne, ses cinq fils, d'autres ex-pontifes ou membres de leur famille, n'attendaient qu'une occasion pour assouvir leur rage contre ce prétendu Messie, qui depuis trois ans troublait leur sommeil

De temps immémorial les séances du Sanhédrin se tenaient dans le temple de Jéhovah. Le visage tourné vers le sanctuaire, les juges s'efforçaient d'avoir toujours devant les yeux le Dieu juste qui devait inspirer leurs résolutions. Mais à cette époque où les passions seules dictaient les jugements, on tenait conseil loin du sanctuaire, sous les portiques du temple, dans la ville, et souvent dans le palais du grand prêtre, dont l'influence, devenue prépondérante, laissait à peine à ses assesseurs un semblant de liberté. À l'occasion du miracle de Béthanie, la délibération parut si importante et le secret si nécessaire, que Caïphe réunit ses collègues loin du temple et de la ville. Au-delà de la vallée de la Géhenne, en face du mont Sion, il possédait une maison de campagne,[21] où nul certainement ne viendrait les surprendre. C'est dans cet endroit solitaire que se tint l'indigne conciliabule, où le grand prêtre et ses complices décrétèrent le plus grand des crimes et la ruine de la nation juive.

Il s'agissait de la conduite à tenir en présence de cette résurrection de Lazare qui mettait en émoi tout le peuple. « Cet homme multiplie les prodiges, se dirent les sanhédristes : quel parti prendre à son égard ? » Des juges sérieux auraient répondu qu'il fallait examiner si les miracles étaient authentiques, auquel cas tous devaient reconnaître Jésus de Nazareth comme le Messie attendu depuis quatre mille ans. Mais l'assemblée n'avait pas pour but de contester la réalité de miracles opérés depuis trois ans devant la nation tout entière, elle se réunissait uniquement pour prononcer une sentence de mort contre le thaumaturge, dont on voulait à tout prix se débarrasser. Au lieu de la question religieuse, seule en cause, les juges mirent en avant une question politique. « Si nous le laissons aller, s'écrièrent-ils, tout le peuple croira qu'il est vraiment le Messie et le proclamera roi d'Israël. Ils avouaient donc que, sans l'opposition criminelle de ses chefs, Israël aurait reconnu le Messie, et que, si la nation juive a commis un déicide, le crime est avant tout imputable à ses docteurs et à ses pontifes. Mais pourquoi veulent-ils à toute force empêcher le peuple de proclamer Jésus fils de David et roi d'Israël ? « Parce que, dirent-ils, si les Romains entendent parler d'un Messie libérateur, d'un roi d'Israël, ils croiront à une nouvelle sédition, prendront les armes et détruiront le temple, la ville, la nation tout entière. » Ainsi parlèrent les sadducéens qui préféraient les lois et les mœurs romaines aux lois de Dieu et de n'importe quel Messie ; ainsi parlèrent les pharisiens qui, tout en attendant un Messie qui régnerait sur le monde, refusaient un roi pacifique qui se contentait de régner sur les âmes.

---

[21] L'Évangile se tait sur le lieu où le Sanhédrin se réunit en cette circonstance. La tradition seule en fait mention. La colline sur laquelle s'élevait la maison de campagne de Caïphe, s'appelle encore le *Mont du Mauvais Conseil*.

Les partisans de ces deux sectes ennemies s'unirent donc pour réclamer la mort de Jésus. Certains conseillers, entre autres Joseph d'Arimathie et Nicodème, secrètement disciples du Sauveur ; firent observer aux sectaires qu'on ne pouvait condamner un homme sans l'entendre, et que porter un décret de mort en cachette sans aucune forme de procès, constituerait de la part des juges une véritable monstruosité ; mais ces réflexions, si justes qu'elles fussent, ne servirent qu'à exciter la rage de ces furieux.

« Vous n'y entendez rien, s'écria Caïphe avec sa brutalité ordinaire, vous ne voyez donc pas qu'il s'agit du salut public : il faut que cet homme meure pour tout le peuple, et sauve ainsi la nation d'une ruine certaine. »

IL FAUT QUE CET HOMME MEURE POUR TOUT LE PEUPLE ! Parole prophétique, formule de la rédemption, que Dieu lui-même mit dans la bouche du grand prêtre. Tout scélérat qu'il était, Caïphe représentait alors la plus haute autorité religieuse, et c'est pourquoi Dieu lui fit proclamer solennellement que Jésus devait mourir pour tout le peuple : non seulement pour sa nation, mais pour toutes les nations de l'univers » dont il devait faire le royaume universel des enfants de Dieu.

Cette parole de Caïphe mit fin aux débats. L'assemblée lança contre Jésus la grande excommunication, qui entraînait la peine de mort contre le coupable et contre ceux qui lui donneraient asile. En exécution de cette sentence, le grand Conseil intima à quiconque saurait où se trouvait Jésus l'ordre formel de le dénoncer aux autorités, afin qu'on pût s'emparer de sa personne.[22] À partir de ce jour, la seule préoccupation des pharisiens fut de mettre à mort leur ennemi, sans déchaîner contre eux - mêmes une révolution populaire.

Quant à Jésus, il évita de se montrer en public. Laissant le voisinage de Jérusalem, il se retira avec ses apôtres dans la petite ville

---

[22] L'excommunication était publiée, au son des trompettes, par les prêtres qui présidaient aux assemblées des quatre cents synagogues de Jérusalem. Le Talmud rapporte que Jésus fut ainsi déclaré solennellement exclu de la synagogue et proclamé digne de mort, comme magicien et séducteur du peuple.

d'Ephrem. Là, près du désert, à deux pas du Jourdain, il attendit, dans le silence et la solitude, le jour où il se livrerait lui-même à ses persécuteurs.

II. Dernier voyage à Jérusalem

En route vers la cité sainte. - Espérances et inquiétudes. - Jésus annonce tous les détails de sa Passion. - Illusions des apôtres. - Demande des fils de Zébédée. - Leçon d'humilité. - À Jéricho, guérison de deux aveugles. - Conversion de Zachée. - Parabole des mines. (Matth., XX, 17-34. - Marc., X, 32-52. - Luc., XVIII. 31-43 ; XIV, 1-28.)

Jésus demeura un mois dans son refuge. Il priait son Père et se préparait au grand sacrifice qui devait couronner sa vie sur cette terre. C'est avec une joie ineffable qu'il voyait arriver ce jour tant désiré de la rédemption, jour de gloire pour son Père, de triomphe pour lui, de défaite pour Satan, de salut pour le genre humain. Il allait donc enfin recevoir ce baptême de sang, après lequel il soupirait depuis si longtemps !

Bien différentes étaient les pensées des apôtres. Partagés entre la crainte et l'espérance, ils se demandaient ce qu'allait devenir leur Maître, et ce qui les attendait eux-mêmes. D'un côté, les pontifes et les pharisiens ne cesseraient de poursuivre l'exécution de leur sentence. Des sbires, envoyés par eux, pouvaient à chaque instant s'emparer de l'excommunié et le traîner devant ses juges. D'un autre côté, depuis le miracle de Béthanie, le peuple se prononçait de plus en plus en faveur du prophète.

Malgré les ordres pressants du Sanhédrin, non seulement personne n'avait trahi le Sauveur en dénonçant le lieu de sa retraite, mais on ne craignait plus de l'appeler Fils de David et roi d'Israël. S'il avait ressuscité Lazare, disait-on, c'était pour montrer à tous sa puissance et préparer son avènement au trône. Et volontiers les apôtres se livraient, comme le peuple, à ces pressentiments, pour se distraire de leurs sombres inquiétudes.

Aussitôt que parut la lune d'avril, et que les émissaires du grand Conseil eurent fait connaître à tout le peuple que dans quatorze jours se célébrerait la Pâque, les caravanes commencèrent à se diriger vers Jérusalem. Grand nombre de pèlerins, en effet, hâtaient leur arrivée dans la cité sainte, afin de s'y purifier avant la fête. Les apôtres, dans l'angoisse, espéraient que, vu le mandat d'arrestation lancé contre lui, Jésus ne sortirait pas de sa retraite, quand, le dixième jour avant la solennité, il leur annonça qu'ils allaient se joindre aux caravanes. Stupéfaits d'une pareille décision, ils se mirent en route, non sans frayeur. Jésus les précédait d'un pas ferme et décidé, et ils le suivaient à quelque distance, tristes et silencieux. Cependant ils se rassurèrent peu à peu en se disant que l'avenir n'avait rien de caché pour le Maître, et que certainement il n'irait pas au-devant de l'ennemi s'il n'était sûr de la victoire.

Ils rêvaient déjà du royaume temporel, quand Jésus, se retournant vers eux, les prit à part et leur annonça, non plus seulement sa mort prochaine, mais les détails de sa Passion : « Voici, leur dit-il, que nous montons à Jérusalem, où vont s'accomplir toutes les prédictions des prophètes sur le Fils de l'homme. Il sera livré aux princes des prêtres, aux scribes et aux anciens du peuple, qui le condamneront à mort. Il sera ensuite livré par eux aux Gentils : ceux-ci l'accableront d'outrages, le flagelleront, lui cracheront au visage et le crucifieront. Il mourra sur la croix, et ressuscitera le troisième jour. »

De ces détails si explicites et si affligeants, aucun ne frappa leur esprit aveuglé. Ils crurent entendre des paroles mystérieuses dont ils ne pouvaient pénétrer le sens. Ils ne retinrent qu'une chose, c'est qu'après trois jours Jésus allait ressusciter, certainement avec l'intention de proclamer son règne et de confondre ses ennemis. Que signifiaient cette mort et cette résurrection ? Ils n'en savaient rien, mais à coup sûr Israël allait assister au triomphe du Messie.

Cette fausse persuasion les dominait à tel point que Jacques et Jean, les fils de Zébédée, ne purent s'empêcher d'annoncer à leur mère, qui faisait partie de la caravane, le règne prochain du Sauveur. C'était le moment, selon eux, de se ménager une place de faveur dans le nouveau royaume, et peut-être Salomé, qui avait tout quitté pour suivre Jésus et le servir, pouvait-elle quelque chose pour ses fils. Salomé comprit ce que Jacques et Jean désireraient d'elle. Saisissant un moment où Jésus se trouvait seul, elle s'approcha de lui avec ses deux fils, et se prosterna à ses pieds.

« Que voulez-vous de moi ? lui demanda-t-il,

– Seigneur, répondit-elle, voici mes deux fils, j'ose vous prier de les placer dans votre royaume, l'un à votre droite, l'autre à votre gauche.

– Vous ne savez ce que vous demandez, reprit Jésus en regardant les deux frères. Pouvez-vous boire le calice que je boirai et recevoir le baptême dont je vais être baptisé ?

– Nous le pouvons, répondirent-ils, sans savoir qu'il s'agissait du calice des douleurs.

– Vous le boirez en effet, répliqua le bon Maître, car il les voyait déjà tous deux affrontant le martyre pour sa gloire ; mais, ajouta-t-il, de s'asseoir à ma droite ou à ma gauche, mon Père l'accorde à ceux qu'il y a prédestinés. »

Au royaume des cieux les places sont données non à la faveur, mais au mérite. On y arrive en usant bien des grâces que Dieu donne précisément pour mériter la gloire. Mais en ce moment les fils de Zébédée s'occupaient moins du royaume des cieux que de leurs rêves d'avenir sur cette terre. Les autres apôtres n'étaient guère plus sages, car en apprenant la requête ambitieuse des deux frères ils leur reprochèrent amèrement d'avoir brigué les premières places au détriment de leurs collègues. Toujours bon et patient, Jésus les mit d'accord en leur prêchant l'humilité. « Les chefs du peuple, dit-il, dominent leurs sujets et leur font sentir qu'ils ont pouvoir sur eux : il n'en sera pas ainsi parmi vous. Celui qui voudra devenir le plus grand parmi vous, devra se faire le serviteur de tous, et celui-là sera le premier, qui se fera l'esclave de tous ; car le Fils de l'homme dont vous êtes les disciples, n'est pas venu pour être servi, mais pour servir, et donner sa vie pour la rédemption du monde. »

Tout en s'entretenant avec des apôtres, Jésus se vit bientôt environné d'une foule innombrable de pèlerins, heureux d'escorter le prophète. Aux abords de Jéricho, cette multitude enthousiaste poussait de telles clameurs, qu'un aveugle, nommé Bartimée, assis sur le bord du chemin avec un compagnon aveugle comme lui, demanda d'où venait tout ce bruit et pourquoi toutes ces ovations. On lui répondit que Jésus de Nazareth allait passer près d'eux. Aussitôt une lumière intérieure pénétra l'âme de ces deux mendiants, qui se mirent à crier : « Jésus, fils de David ayez pitié de nous » ! Plus Jésus approchait d'eux, plus leurs cris redoublaient, au point que les premiers du cortège crurent devoir leur imposer silence. Mais, au lieu de les écouter, d'une voix plus lamentable encore, ils redirent leur prière : « Jésus, fils de David, ayez pitié de nous » ! Jésus s'arrêta et se fit amener les deux aveugles. Quelques-uns de sa suite coururent à Bartimée en lui criant : « Confiance, lève-toi, le Maître t'appelle. » Bartimée jeta son manteau et s'élança vers Jésus, suivi de son compagnon.

« Que voulez-vous de moi » ? leur demanda Jésus.

- Seigneur, faites que je voie, répondit Bartimée. Faites que nos yeux s'ouvrent », s'écrièrent-ils tous deux.

Touché de compassion, Jésus leur toucha les yeux, en disant : « votre foi vous a sauvés : levez-vous et voyez » ! A l'instant, les yeux des deux aveugles s'ouvrirent, et ils s'unirent au cortège en glorifiant Dieu. Tout le peuple se mit à acclamer le prophète, à le saluer comme Fils de David, ainsi que l'avaient fait les deux aveugles, et à bénir Jéhovah d'avoir enfin envoyé à son peuple le Messie attendu depuis tant de siècles. C'est au milieu de cette foule enthousiaste que Jésus fit son entrée à Jéricho. "

La cité de Jéricho, la cité des palmiers et des roses, regorgeait en ce moment de pèlerins qui, venus des deux rives du fleuve sacré, faisaient halte dans ses murs avant de prendre la route de Jérusalem. Comme il fallait encore cheminer pendant sept heures à travers les montagnes pour arriver à la sainte cité, Jésus résolut, comme la masse des voyageurs, de passer la nuit à Jéricho. Il traversait donc la ville, entouré de ces milliers d'étrangers, avides de voir et de saluer le prophète, quand une circonstance singulière lui fournit l'occasion de sauver une âme et de donner une leçon à la multitude.

Un chef de publicains, nommé Zachée, très riche et très décrié, désirait vivement connaître ce thaumaturge de Nazareth dont tout le monde parlait avec admiration. Comme il ne pouvait percer les foules pour l'approcher, ni même jeter les yeux sur lui, parce qu'il était petit de taille, il courut en avant du cortège et monta sur un sycomore près duquel Jésus devait nécessairement passer. Caché dans le feuillage, Zachée vit arriver le divin Maître. Ses yeux ravis contemplaient ce beau visage où se peignait une bonté plus qu'humaine ; son cœur, entraîné vers ce personnage qui ne lui semblait pas de la terre, battait avec force, quand tout à coup Jésus leva les yeux sur lui et l'appela par son nom : « Zachée, disait le Sauveur, hâtez-vous de descendre ; il faut que je loge aujourd'hui dans votre maison. »

Transporté de joie, le publicain descendit de l'arbre, et conduisit Jésus dans sa demeure, au grand scandale des pharisiens et même des disciples, qui ne pouvaient comprendre cette prédilection du Maître pour un vil pécheur, un maudit collecteur d'impôts. Mais ils virent bientôt que le publicain valait mieux que beaucoup de pharisiens, vantés pour leur justice et leur piété. Transformé subitement par le repentir de ses fautes, et désireux de répondre par un acte de générosité à la divine condescendance de Jésus, il s'arrêta sur le seuil de sa maison, et lui dit devant toute la foule : « Seigneur, dès ce moment j'abandonne aux pauvres la moitié de mes biens, et si j'ai commis une injustice envers qui que ce soit, je lui rendrai Je quadruple. »

En partageant ainsi sa fortune avec les pauvres, Zachée s'élevait d'un coup à une perfection que n'atteindrait jamais l'hypocrite pharisien. Aussi Jésus voulut-il montrer à tous que, malgré leurs secrets murmures, il avait très bien choisi son hôte. « Zachée. dit-il, le salut est entré aujourd'hui dans votre maison. Celui-ci, ajouta-t-il en s'adressant au peuple, est un véritable enfant d'Abraham. Quant au Fils de l'homme, sachez-le, il est venu au monde pour chercher et sauver ce qui était perdu. »

Jésus passa la nuit chez Zachée. Le lendemain, une foule immense stationnait devant la porte du publicain. Tous désiraient escorter le Fils de David qui, sans nul doute, allait entrer en triomphateur dans la ville sainte et prendre en main, comme Messie libérateur, le sceptre des anciens rois. Avant de quitter Jéricho, il essaya encore une fois de leur enlever des illusions que la réalité des faits allait détruire dans quelques jours. Sous le voile d'une parabole, il leur annonça qu'il les quitterait bientôt pour aller prendre possession de son royaume, et comment chacun de ses sujets serait puni ou récompensé selon la conduite qu'il tiendrait pendant son absence.

« Un homme de noble race, dit-il, s'en alla dans une région lointaine, afin de recevoir de son suzerain la couronne royale et de revenir ensuite gouverner ses états. Avant de partir, il appela dix de ses serviteurs et leur remit à chacun une mine d'argent, en leur recommandant de la faire valoir jusqu'à son retour. Or ses concitoyens le haïssaient tellement qu'ils envoyèrent une ambassade au suzerain pour lui dire : Nous ne voulons pas que cet homme règne sur nous ; ce qui ne l'empêcha pas de recevoir l'investiture du royaume. Rentré chez lui, il fut venir ses serviteurs et leur demanda quel profit ils avaient tiré de l'argent mis entre leurs mains. Le premier répondit que sa mine en avait produit dix autres.

- Vous êtes un bon serviteur, dit-il, et parce que vous m'avez bien servi dans cette affaire peu importante, vous aurez le gouvernement de dix cités. La pièce d'argent du second en avait produit cinq autres : cinq villes lui furent confiées. Il en vint un autre qui remit au roi la monnaie déposée entre ses mains. Il la lui présenta soigneusement enveloppée dans un linge. Seigneur, dit-il, la voici comme vous me l'avez donnée. Je ne m'en suis point occupé, pour n'avoir point de compte à vous rendre, car je sais combien vous vous montrez exigeant, cherchant où il n'y a rien, moissonnant où vous n'avez pas semé.

- Mauvais serviteur, répondit le prince, tes propres paroles te condamnent. Puisque tu me savais exigeant à ce point, pourquoi n'as-tu pas fait valoir mon argent chez un banquier, afin de me le rendre avec les intérêts ? Enlevez-lui cette mine, dit-il à ses agents, et donnez-la à celui qui en a dix. - Seigneur, observèrent ces derniers, il en a déjà dix. - C'est vrai, reprit le maître, mais on donnera à celui qui a déjà, et il sera dans l'abondance, et au négligent qui n'a rien su acquérir on ôtera le peu qu'il possède. Quant à ces ennemis qui n'ont pas voulu m'avoir pour roi, qu'on les amène ici et qu'on les égorge sous mes yeux ! »

Il était facile de comprendre le sens de cette parabole. Au lieu de fonder à Jérusalem un royaume terrestre, Jésus allait partir de Jérusalem pour une région lointaine, le ciel, afin d'y recevoir de son Père l'investiture du royaume de Dieu. Les Juifs refuseraient de le reconnaître pour leur roi, mais il n'en serait pas moins le roi du ciel et de la terre. En attendant son retour au milieu d'eux, il laissait à ses disciples le don de la foi et des grâces abondantes, afin qu'ils pussent, par leurs bonnes œuvres, travailler à sa gloire. Quand il reviendrait sur son trône glorieux, chacun serait récompensé selon ses mérites ; mais malheur à celui qui aurait reçu la foi sans la faire fructifier par ses œuvres, et trois fois malheur à ceux qui auront dit de Jésus : Nous ne voulons pas qu'il règne sur nous !

Plus tard, à la lumière des événements, les apôtres et les disciples comprendront que la parabole des mines n'était qu'une histoire anticipée de la royauté spirituelle de Jésus, et ce souvenir des prédictions du Maître soutiendra leur foi et leur courage au milieu de leurs épreuves ; mais pour le moment ils y trouvèrent la confirmation de leurs espérances. Le Messie se décidait à prendre enfin possession de son royaume, et à montrer son pouvoir à ces orgueilleux pharisiens qui s'écriaient, comme dans la parabole : Nous ne voulons pas qu'il règne sur nous. C'est avec ces pensées qu'à la suite de Jésus les foules sortirent de Jéricho et s'engagèrent dans les défilés qui conduisaient à la ville sainte. Ils arrivèrent à Béthanie, au pied du mont des Oliviers, le vendredi, sixième jour avant la Pâque. Le soleil descendait à l'horizon, et le sabbat allait commencer. Jésus s'arrêta chez Lazare où il voulait passer la nuit avec ses apôtres, tandis que les pèlerins franchissaient les quelques stades qui les séparaient de Jérusalem, et annonçaient à tous que, malgré l'excommunication du Sanhédrin, le prophète de Nazareth monterait au temple à l'occasion des fêtes pascales.

III. L'HOSANNA

Jésus à Béthanie. - Le festin d'adieu. - L'onction de Marie Madeleine. - Critique de Judas. - Réponse du Sauveur. - Préparatifs du triomphe. - L'ânesse et l'ânon. - « Hosanna au fils de David. » - Jésus pleure sur Jérusalem. - Indignation des pharisiens. (Matth., XXVI, 6-13 ; XXI, 1-11. - Marc., XIV, 3 ; XI, 1-11. Luc., XIX. 29-44. -- Joan., XII, 1-19.)

Jésus fut reçu à Béthanie avec des transports de joie, non seulement par ses hôtes bien-aimés, mais par toute la population du bourg, heureuse de revoir le divin thaumaturge qui avait ressuscité Lazare. Le lendemain, jour de sabbat, fut pour tous un vrai jour de fête. Les ovations des pèlerins avaient ouvert les cœurs à l'espérance. On se demandait si l'on était à la veille d'un triomphe, et cependant, après la sentence d'excommunication, l'on ne pouvait s'empêcher de prévoir que les ennemis du Sauveur tenteraient de s'emparer de lui pendant son séjour dans la capitale.

Parmi les principaux habitants de Béthanie se trouvait un fervent admirateur de Jésus, qu'on appelait Simon le lépreux, parce que le bon Maître l'avait autrefois guéri de la lèpre. Il invita son bienfaiteur à prendre chez lui le repas du soir en compagnie de ses apôtres, de son ami Lazare et de beaucoup d'autres disciples.

Marthe se chargea selon sa coutume, de présider au service de la table.

Or, pendant le repas, Marie, la sœur de Marthe, la pécheresse de Magdala, se souvint qu'un an auparavant, dans une circonstance semblable, elle avait obtenu du Sauveur le pardon de ses fautes. Tout entière à son Dieu, elle comprit en même temps, qu'avant son départ pour Jérusalem, il convenait, en signe d'adieu, d'honorer le Maître par un acte mémorable d'amour et de vénération. Quand il eut pris place à la table du festin, Marie, tenant dans ses mains un vase d'albâtre rempli de parfums d'un grand prix, s'approcha de lui, brisa le vase, et répandit sur la tête de l'hôte divin son nard précieux ; puis, se jetant à ses pieds, elle les oignit également et les essuya de ses longs cheveux. Toute la maison resta comme embaumée d'une pure et suave odeur.

Les convives suivaient cette scène avec attention. Les Juifs brisaient un vase au milieu du festin pour rappeler, au milieu des joies de ce monde, la fragilité de la vie humaine. Marie venait de prophétiser, comme le Maître le faisait depuis quelques jours, que la séparation approchait. Tous se joignaient de cœur à Marie dans ce suprême hommage rendu au Sauveur, quand des paroles de mécontentement s'élevèrent d'un groupe de disciples. Morose et taciturne jusque-là, Judas, l'un des douze, exprimait tout haut son indignation à la vue d'une prodigalité qu'il taxait d'insensée. « À quoi bon, disait-il, cette dépense exagérée ? Ces parfums que vous jetez, on aurait pu les vendre trois cents deniers, et donner cette somme aux pauvres ! »

Plusieurs applaudirent à cette critique, ne devinant pas les secrètes intentions de l'apôtre infidèle. Judas s'inquiétait fort peu des pauvres, mais il tenait la bourse commune dont il s'appropriait le contenu sans trop de scrupule, et ces trois cents deniers lui faisaient envie. D'un autre côté, il n'aimait plus son Maître depuis qu'il entrevoyait pour lui des humiliations, et peut-être une catastrophe dans laquelle les disciples seraient nécessairement enveloppés. Pourquoi rendre de pareils honneurs, pensait-il, à cet homme qui parle toujours de son royaume, et se trouve toujours réduit à la mendicité ?

Jésus voyait clair dans cette âme tourmentée par le démon, aussi se chargea-t-il de lui répondre. « Laissez faire cette femme dit-il à Judas et aux autres censeurs, pourquoi lui reprochez-vous sa conduite à mon égard ? Elle vient d'accomplir une bonne action, car elle m'a rendu par avance les devoirs de la sépulture. Des pauvres, vous en aurez toujours à secourir, mais moi, vous ne m'aurez pas toujours. Vous blâmez cette femme, et moi, je vous dis que, dans le monde entier, partout où cet évangile sera prêché, son nom retentira avec honneur à cause de l'action qu'elle vient de faire. »,

Du reste, cette onction royale de Béthanie, blâmée par un traître et louée par un Dieu, n'était que le prélude du triomphe, royal aussi, que, le lendemain, tout un peuple allait décerner au Sauveur. Jésus avait refusé la couronne terrestre que le Galiléens, abusés, ne cessaient de lui offrir ; mais il voulait, avant de mourir, que ce même peuple reconnût sa véritable royauté, et conduisît triomphalement dans sa capitale le Fils de David, le Messie libérateur, le vrai roi d'Israël. En face des pharisiens qui l'accablaient d'injures depuis trois ans, du Sanhédrin qui l'avait excommunié, du grand prêtre qui s'apprêtait à prononcer contre lui l'arrêt de mort, Jésus allait apparaître en roi pacifique, mais aussi en roi tout-puissant ; comme un pasteur prêt à mourir pour ses brebis, mais aussi comme le juge de ceux qui tramaient sa perte. Et les millions d'hommes de toutes les nations, accourus à Jérusalem pour les fêtes de Pâque, assisteraient ainsi à l'exaltation du Messie par tout le peuple d'Israël, avant de voir ce même Messie attaché au gibet des criminels.

Avant l'arrivée de Jésus à Béthanie, les pèlerins qui déjà encombraient Jérusalem, s'informaient avec anxiété du prophète de Nazareth. La résurrection de Lazare occupait tous les esprits, et, par suite, chacun désirait revoir et entendre de nouveau l'homme assez puissant pour tirer vivant du sépulcre un mort enseveli depuis quatre jours. De tous côtés, on entendait poser cette question : Viendra-t-il à la fête ou reculera-t-il devant l'arrêt du Sanhédrin ? quand, tout à coup, les pèlerins, venus avec Jésus de Jéricho à Béthanie, répandirent la nouvelle que le prophète passait le jour du sabbat chez Lazare, et que le lendemain il monterait au temple.

Aussitôt il se manifesta dans tous les quartiers de la cité sainte une agitation extraordinaire. Des foules d'habitants et d'étrangers gravirent la montagne des Oliviers, impatients de voir le Maître, et son ami Lazare, sorti du tombeau. Lazare et les gens de Béthanie racontèrent toutes les particularités du grand miracle opéré par le prophète, de sorte que le nombre des partisans de Jésus, s'accroissant d'heure en heure, terrifiait les princes des prêtres. Inquiets et troublés, ces derniers pensèrent même à faire disparaître Lazare, ce témoin revenu de la tombe pour les couvrir de confusion.

Tel était l'état des esprits quand, le dimanche, Jésus quitta Béthanie pour faire son entrée à Jérusalem. Ses apôtres l'entouraient, espérant que le règne de leur Maître allait commencer. Une foule immense lui faisait cortège en poussant de joyeuses exclamations. Et non seulement ces manifestations ne semblaient pas lui déplaire, mais il manifesta bientôt sa volonté d'entrer dans la ville sainte comme un roi dans sa capitale. Arrivé au mont des Oliviers, près du hameau de Bethphagé, il fit arrêter la foule, et prenant à part deux de ses disciples : « Allez, dit-il, à ce village qui est devant vous. À l'entrée, vous trouverez liés une ânesse et un ânon que personne n'a encore monté : déliez-les, et amenez-les-moi. Si quelqu'un vous demande de quel droit vous agissez ainsi, répondez que c'est par ordre du Maître, et on vous laissera faire. » Les deux messagers trouvèrent en effet l'ânesse et l'ânon, attachés à une porte donnant sur le chemin, et les délièrent. On leur demanda ce qu'ils prétendaient faire, mais sur leur réponse qu'ainsi l'avait commandé Jésus, on les laissa partir sans aucune observation.

L'âne avait été la monture des rois, et c'est sur cette monture que le vrai roi de Juda devait franchir les portes de sa capitale, selon cette prophétie de Zacharie : « Réjouis-toi, fille de Sion ! Voici que ton roi vient à toi plein de douceur, monté sur une ânesse et sur son ânon. » Les disciples se dépouillèrent de leurs manteaux, en parèrent l'ânon, et y firent monter Jésus. Puis, toute la foule, poussant des cris d'allégresse, s'avança vers Jérusalem.

Ce fut vraiment une marche triomphale. Des multitudes accouraient de la cité au-devant du cortège, tenant des palmes à la main, et faisant retentir l'air de leurs acclamations, de sorte que Jésus se trouva pressé entre deux flots de peuple, ceux qui le suivaient depuis Béthanie, et ceux qui arrivaient à sa rencontre. À mesure qu'il avançait, les uns étendaient leurs vêtements le long du chemin ; d'autres jonchaient la route de feuillage ; tous, à l'envi célébraient les louanges du prophète, et le proclamaient roi d'Israël.

Quand la foule, parvenue au sommet de la montagne, découvrit les blanches murailles de la cité sainte, ses palais splendides, et son vaste temple entouré de remparts, elle jeta à tous les échos de la vallée ses cris de foi et d'amour : « Hosanna ! Hosanna au plus haut des cieux ! Gloire au Fils de David ! Béni soit celui qui nous vient au nom du Seigneur pour relever le royaume de David, notre père ! » On ne pouvait reconnaître plus formellement le Messie promis à Abraham et chanté par les prophètes. Aussi les pharisiens envieux, qui s'étaient glissés dans le cortège, reprochaient-ils à Jésus les cris séditieux de ses partisans. Cette ovation, faite à leur ennemi, ils la taxaient de provocation à la révolte contre César. « Maître, nous vous en conjurons, disaient-ils avec un dépit qu'ils ne pouvaient dissimuler, faites donc taire vos disciples ! C'est inutile, leur répondit le Sauveur, car, en ce moment, s'ils se taisaient, les pierres elles-mêmes crieraient ! »

À cette heure, choisie par Dieu pour glorifier son Fils au nom de la nation juive, il n'était au pouvoir de personne d'empêcher cette manifestation publique de sa royauté. Malheur à ceux qui, en ce jour solennel, refusèrent d'ouvrir les yeux à la lumière, et blasphémèrent contre Jésus, au lieu de chanter avec le peuple un hymne à sa gloire ! Du sommet des Oliviers, le Seigneur arrêta un instant son regard sur cette Jérusalem qui depuis si longtemps sait obstinément la grâce du salut, et ses yeux se remplirent armes. « O Jérusalem, s'écria-t-il, si tu voulais, oui, même en ce jour qui t'est encore donné, si tu voulais ouvrir les yeux, et reconnaître Celui qui seul peut te donner la paix ! Mais non : tu es frappée d'un aveuglement qui causera ta ruine. Voici venir le jour où tes ennemis t'environneront de tranchées, t'enfermeront, et te serreront de toutes parts. Ils te détruiront, et écraseront sur le sol les fils qu'ils trouveront dans ton sein, et de Jérusalem il ne restera pas pierre sur pierre, parce que tu n'as pas connu le temps où le Seigneur t'a visitée. »

Quelques instants après, Jésus entrait dans la ville, suivi de la foule immense de ses disciples. Toute la population accourut au-devant de lui dans une agitation profonde. Les étrangers demandaient à ceux qu'ils rencontraient : « Quel est donc cet homme, et pourquoi ces acclamations ? - C'est le prophète de Nazareth, répondait-on, c'est celui qui a ressuscité Lazare. » Et l'hosanna au Fils de David retentissait de groupe en groupe, à travers toute la cité. Quant aux pharisiens, plus exaspérés que jamais, ils se disaient les uns aux autres :

« Vous voyez que rien ne nous réussit : nous l'avons condamné, et voilà que tout le peuple court après lui. »

Les disciples conduisirent Jésus jusqu'au temple, mais il n'y resta qu'un instant, assez cependant pour voir que la maison de Dieu redevenait un marché public, comme par le passé. La nuit approchait ; il sortit en se promettant de mettre ordre le lendemain à cette profanation ; puis, ayant congédié la foule, il regagna le mont des Oliviers, où il passa la nuit à prier son Père.

IV. Juifs et Gentils

Le figuier stérile. - Vendeurs chassés du temple. - Acclamations du peuple. - Païens en quête de Jésus. - Une voix du ciel. - Leçon aux incrédules. - Agbar, roi d'Edesse. - (Matth., XXI, 12-22. - Marc., XI, 12-26. - Luc., XIX, 45-48. - Joan., XII, 20-36.)

Le lendemain, Jésus se rendit au temple avec ses apôtres. Sur la route, il leur révéla par un fait symbolique la destinée du peuple juif et de cette synagogue qui, repoussant avec obstination la grâce divine, ne produisait aucun fruit de salut. Pressé par la faim, il s'approcha d'un figuier au feuillage luxuriant, espérant y trouver quelques figues précoces, mais le figuier ne portait que des feuilles. Jésus le maudit : « Jamais plus, dit-il, on ne mangera de ton fruit. » Et à l'instant les feuilles commencèrent à se flétrir. On le trouva bientôt desséché jusque dans ses racines. Ainsi périra l'antique synagogue. Fière de ses lois, de ses cérémonies, de ses traditions pharisaïques, elle produit des feuilles en abondances pour attirer les regards de l'homme, aucun fruit de vertu pour réjouir le cœur de son Dieu. Comme le figuier stérile, Dieu va maudire la synagogue, et la synagogue mourra, et son peuple, privé de la sève divine, ne sera plus qu'une grande ruine.

Après cette malédiction prophétique. Jésus entra dans le temple, déjà envahi par les masses populaires. Arrivé au parvis des Gentils, il y retrouva les marchands qu'il en avait expulsés trois ans auparavant. Avec la complicité des princes des prêtres, le temple était redevenu le théâtre des mêmes abus et des mêmes profanations. Ce spectacle excita dans son cœur une vive indignation, et de nouveau il chassa de l'enceinte sacrée vendeurs et acheteurs, renversa les tables des changeurs et les sièges des marchands de colombes, et interdit à tous de transporter aucun objet profane à travers les parvis et les portiques du saint édifice. C'était bien le Roi-Messie, maître dans son royaume.

Ses yeux lançaient des flammes, sa voix puissante inspirait la terreur. « Ne savez-vous donc pas, criait-il aux coupables, ce que dit l'Écriture : « Ma maison est une maison de prière, ouverte à toutes les nations, et vous en faites une caverne de voleurs ? »

Le peuple applaudit à cette exécution, car tous respectaient le temple de Jéhovah ; mais les princes des prêtres et les scribes frémissaient intérieurement de voir l'homme qu'ils avaient excommunié exercer une autorité souveraine en leur présence, et les condamner eux-mêmes devant toute la nation. Ils se demandaient comment en finir avec ce rebelle qui bravait avec une audace sans exemple les décrets du Sanhédrin. Toutefois ils n'osèrent sévir contre le prophète, car le peuple paraissait plus que jamais décidé à le soutenir.

Le calme rétabli dans le temple, Jésus se mit à enseigner la foule. Sa doctrine parut si sublime, que tous les assistants, suspendus à ses lèvres, ne purent s'empêcher de manifester leur admiration : nouveau sujet de colère pour les pharisiens. Quelques moments après on amena au temple des infirmes, des boiteux, des aveugles, et il les guérit tous, ce qui provoqua des acclamations sans fin. L'enthousiasme de la veille se ranima dans toute cette foule et remua si vivement les cœurs, que les enfants entonnèrent le chant de triomphe : « Hosanna, hosanna au Fils de David ! » Alors ce fut de la rage de la part des pharisiens. Ils coururent à Jésus et lui dirent d'un ton furieux : « Faites-les donc taire : vous n'entendez pas ce qu'ils disent ? - Je les entends parfaitement, répondit Jésus, mais n'avez-vous pas lu ce passage des Écritures : « De la bouche des enfants et de ceux qui sont à la mamelle vous avez su tirer une louange parfaite ? » Sous l'impulsion divine, les enfants acclamaient le Messie, tandis que les docteurs, sous l'impulsion de Satan, le maudissaient et cherchaient à le mettre à mort.

Un incident extraordinaire vint, à ce moment-là même, rendre plus sensible cet inexplicable endurcissement des Juifs. Dans la foule réunie sous les portiques du temple se trouvaient des païens, de nation grecque, venus à Jérusalem pour adorer Jéhovah, le Dieu des Juifs. Témoins de l'expulsion des vendeurs et des prodiges inouïs qu'opérait le prophète, ils désiraient vivement s'entretenir avec lui. Mais, relégués dans le parvis des Gentils, ils ne pouvaient s'en approcher. Ils accostèrent donc Philippe, l'un des apôtres, et lui dirent : « Seigneur, nous voudrions voir Jésus. » Philippe ne savait s'il devait communiquer au Maître le désir de ces païens, mais ayant consulté André, son compatriote de Bethsaïde, ils allèrent ensemble lui présenter l'humble requête.

Jésus accueillit ces représentants de la Gentilité avec une joie d'autant plus vive que l'infidélité de sa nation tenait son cœur sous un véritable pressoir. « Voici l'heure, s'écria-t-il, de la glorification du Fils de l'homme. » L'heure de la mort sera en effet, pour le Rédempteur, l'heure de la gloire. « En vérité, en vérité, je vous le dis, si le grain de froment déposé dans la terre, ne meurt d'abord, il ne fructifie point ; mais s'il meurt, il produit des fruits en abondance. » De même le Fils de l'homme doit d'abord mourir sur la croix ; alors naîtront de son sang d'innombrables enfants de Dieu sur la surface du monde entier. Et Jésus ajouta que ses disciples devaient se sacrifier comme lui, s'ils voulaient participer à son œuvre, le rejoindre dans son royaume, et recevoir du Père la couronne de gloire.

Cependant il n'avait point parlé de sa mort prochaine sans ressentir une émotion profonde. Le spectacle de la Passion se dressa subitement devant ses yeux dans toute son horreur, et bouleversa tout son être : « Mon âme se trouble, dit-il d'une voix tremblante. O mon Père, vous demanderai-je de m'épargner cette heure ? .. Oh non ! Je ne suis venu au monde que pour arriver à cette heure suprême. Mon Père, glorifiez votre nom. »

En ce moment d'angoisse qui préludait à l'agonie du Sauveur, une voix tonnante descendit des profondeurs du ciel, et frappa de stupeur tous les assistants : « Je l'ai glorifié, disait la voix, et je le glorifierai encore. » Troublés et hors d'eux-mêmes, les uns croyaient avoir entendu un coup de tonnerre, les autres la voix d'un ange qui parlait à Jésus ; mais les apôtres reconnurent la voix du Père qui est dans les cieux. Comme au Jourdain, comme au Thabor, le Père glorifiait son Fils bien-aimé. Le Sauveur, du reste, fit connaître à tous le motif de cette manifestation céleste. « Ce n'est pas pour moi, dit-il, que cette voix du ciel s'est fait entendre, mais pour vous. Le Fils sait ce que pense le Père, mais le Père vous parle, afin que nous croyiez au Fils. Sachez donc qu'elle vous annonce la victoire du Fils de l'homme sur le monde. Le monde est condamné, le prince du monde va être expulsé de son empire, et moi, quand je serai élevé entre le ciel et la terre, j'attirerai à moi l'humanité entière. »

Par ces dernières paroles, Jésus signifiait le genre de mort qu'il allait subir. Certains auditeurs, toujours préoccupés du Messie de leurs rêves, se scandalisèrent de cette déclaration : « Nous savons par l'Écriture, lui dirent-ils, que le Messie régnera éternellement, et vous assurez que le Fils de l'homme doit être élevé de terre : qu'est -ce donc que ce Fils de l'homme ? » Au lieu d'entrer en discussion avec ces esprits frappés d'un aveuglement incurable, Jésus s'efforça de leur inspirer une crainte salutaire. « La lumière, leur dit-il, est encore pour quelques jours au milieu de vous. Si vous ne vous laissez guider par ses divines clartés, les ténèbres vous envelopperont, et qui marche dans les ténèbres, ne sait où diriger ses pas. Je vous le répète, pendant que la lumière luit encore, ouvrez les yeux, et devenez par la foi enfants de la lumière. »

Cela dit, Jésus sortit du temple et se retira, comme la veille, sur le mont des Oliviers. La mort approchait, mais l'avenir se dessinait : de même que les rois d'Orient l'avaient adoré dans son berceau, les païens d'Occident venaient le vénérer au moment où les Juifs creusaient son tombeau. Déjà commençait à se réaliser la prédiction du Sauveur : « Il en viendra d'Orient et d'Occident, et ils trouveront place dans le royaume, tandis que vous, fils indignes d'Abraham, vous serez jetés dehors. »[23]

---

[23] On s'est demandé d'où venaient ces gens qui désiraient « voir Jésus ». Eusèbe, évêque de Césarée, dans son *Histoire ecclésiastique* (an 315), et l'archevêque Moïse de Korène, dans son *Histoire d'Arménie* (370-450), racontent, d'après les archives publiques de la ville d'Édesse, que les gens en question étaient des messagers d'Abgar, roi d'Édesse, alors gravement malade. Ils devaient remettre à Jésus une lettre ainsi conçue : » Abgar, fils d'Artamès, prince d'Arménie, au Sauveur Jésus. J'ai entendu parler de vous, et des guérisons opérées par vos mains. On dit que vous rendez la vue aux aveugles ; que vous faites marcher les boiteux ; que vous purifiez de la lèpre, et même que vous ressuscitez les morts. En apprenant ces merveilles, j'ai compris que vous êtes Dieu descendu du ciel, ou fils de Dieu. C'est pourquoi je vous supplie de venir près de moi et de me guérir du mal dont je suis atteint. » Ceux qui devaient remettre cette

V. DERNIÈRES LUTTES

Les conjurés. - Les Sanhédristes interrogent Jésus sur sa mission. - Les deux fils, - Les vignerons infidèles. - Les invités aux noces royales. - « Rendez à César ce qui est à César. » - Sur la résurrection des morts. - Le plus grand des commandements. - Le fils de David. (Matth., XVI, 23-27 ; XXI, 23-46 ; XXII. - Marc., XI, 27-33 ; XII. - Luc., XX.)

Les événements de ces derniers jours mirent le Sanhédrin et tous ses complices, pharisiens, sadducéens, hérodiens, dans la situation la plus fausse et la plus violente. Ils ne pouvaient souffrir qu'un homme excommunié par eux se posât à Jérusalem comme le Messie, le roi d'Israël, l'autorité souveraine. D'un autre côté, ils n'osaient employer la force contre un prophète que tout un peuple venait de conduire en triomphe. Arrêter Jésus dans de pareilles circonstances, c'était provoquer une révolution. Cependant, comme il fallait prendre un parti, les chefs du complot résolurent de

---

lettre à Jésus le rencontrèrent à Jérusalem. Le Sauveur, à cette époque, et dans les circonstances où il se trouvait, refusa de se rendre à l'invitation du roi, mais il daigna lui répondre en ces termes : » Réponse à la lettre d'Abgar, écrite par Thomas, apôtre, sur l'ordre du Sauveur. « Celui-ci est bienheureux qui croit en moi, quoiqu'il ne me voie point. Car il a été écrit de moi : Ceux qui me voient ne croiront pas en moi, et ceux qui ne me verront pas, croiront et vivront, Vous m'avez écrit pour que j'aille à vous. Il me faut accomplir ici toutes les choses pour lesquelles j'ai été envoyé à Jérusalem. Quand je les aurai consommées, je monterai vers Celui qui m'a envoyé, et après que je serai monté à lui, je vous enverrai l'un de mes disciples, qui vous guérira de votre infirmité et vous donnera la vie, à vous et tous ceux qui sont avec vous. » L'Histoire *Ecclèsiastique* d'Eusèbe fait autorité : aussi saint Jérôme et toute la tradition avaient, pendant plus de mille ans, regardé ce récit et ces lettres, comme fidèlement traduits du texte syriaque des archives arméniennes. Il a plu au XVII siècle de contester la bonne foi d'Eusèbe, dont personne n'avait jamais douté. Mais voilà qu'en 1736, l'Anglais Whiston publie le texte syriaque de *l'Histoire d'Arménie*, par Moïse de Korène, contemporain d'Eusèbe, histoire également écrite d'après les archives d'Edesse, et l'on y retrouve le texte des deux lettres citées par Eusèbe, avec un récit détaillé de la vie d'Abgar. Les deux lettres proviennent donc réellement des archives d'Edesse et l'on peut croire que le récit consigné dans ces archives est conforme à la réalité des faits. Toutefois ces traditions, si bien appuyées qu'elles soient, n'ont jamais l'autorité des récits évangéliques. (Les éléments de cette note ont été puisés dans *l'Histoire générale de l'Église*, par l'abbé Darras, t. V, p. 160-167.)

surveiller l'enseignement du prétendu Messie, et de lui poser toutes sortes de questions captieuses, afin de le faire tomber dans quelque piège. Au moindre faux pas, on le traiterait de blasphémateur et de faux prophète devant tout le peuple. La foule, inconstante et facilement intimidée, se rangerait du côté de ses chefs, et l'on procéderait sans résistance à l'arrestation de l'excommunié.

Le mardi matin, Jésus se présenta au temple, comme de coutume. Déjà il commençait à évangéliser les multitudes qui se pressaient autour de lui, quand on vit arriver toute une suite de personnages officiels, princes des prêtres, scribes, anciens du peuple. C'était une députation des trois classes du Sanhédrin qui venaient officiellement interroger le prophète. Ils se posèrent devant lui comme des juges devant un malfaiteur : « De quel droit, lui dirent-ils, agissez-vous comme vous le faites dans ce temple, et qui vous a investi du pouvoir que vous prétendez exercer ? » Vingt fois Jésus avait répété et prouvé par des miracles qu'il tenait son autorité de son Père, et ils espéraient qu'il le répéterait encore, afin de le questionner sur son Père et de crier au blasphème. Ils furent trompés dans leurs calculs. « Vous me posez une question, observa Jésus, je vous en poserai une aussi. Si vous répondez à la mienne, je répondrai à la vôtre. Jean-Baptiste baptisait : ce droit qu'il s'arrogeait de conférer le baptême, venait-il de Dieu ou des hommes ? Répondez. » La foule attendait avec anxiété la réponse des députés, mais la réponse ne venait pas, car la question si simple de Jésus les tenait dans une terrible perplexité. « Si nous disons, pensaient-ils, que le baptême de Jean vient de Dieu, il nous demandera pourquoi nous ne croyons pas aux témoignages que Jean n'a cessé de rendre en faveur du prophète de Nazareth. Si, au contraire, nous disons que le baptême de Jean vient des hommes, nous serons lapidés par le peuple, car tous le regardent comme un vrai prophète. » Enfin, se voyant pris au piège, quelle que fût leur réponse, ils dirent : « Nous ne savons pas de qui Jean tenait son pouvoir. - Vous ne pouvez me dire, reprit Jésus, de qui Jean tenait son pouvoir : je ne vous dirai donc pas de qui je tiens le mien, car, de votre propre aveu, vous êtes incapables de discerner un pouvoir divin d'un pouvoir humain. » La foule applaudit, et les Sanhédrites, honteux de leur défaite, n'osèrent poursuivre leur interrogatoire.

Alors, profitant de leur réponse hypocrite et mensongère, Jésus dressa contre eux, sous une forme parabolique, l'acte d'accusation le plus formidable. « Maintenant, dit-il, veuillez résoudre le cas suivant : Un père avait deux fils. Il commanda au premier d'aller travailler à sa vigne. Je n'irai pas, dit celui-ci ; puis, touché de repentir, il y alla. Il commanda la même chose au second. J'y vais, répondit-il, et il n'y alla point. Lequel des deux s'est montré le plus obéissant envers son père ? - Évidemment le premier, s'écrièrent-ils, sans penser qu'ils se condamnaient eux-mêmes. - Vous avez raison, reprit Jésus, et c'est pourquoi, je vous le dis, les publicains et les prostituées vous précéderont dans le royaume de Dieu. Jean est venu vous montrer la voie de la vraie justice, et, vous prévalant de vos vaines observances, vous n'avez pas cru en lui, tandis que les publicains et les femmes de mauvaise vie se convertirent à sa parole. Vous avez été témoins de leur repentir, et vous n'avez voulu ni croire, ni faire pénitence. »

Mais ce n'était là que le début du réquisitoire contre ces grands criminels. « Écoutez, continua Jésus, une autre parabole. Un père de famille planta une vigne, l'entoura d'une haie, y creusa un pressoir, et bâtit une tour du haut de laquelle un gardien veillait sur la vigne chérie. Il la loua ensuite à des vignerons, et partit pour un lointain voyage. Au moment de la vendange, il envoya ses serviteurs aux colons pour réclamer sa part des fruits. Ceux-ci se jetèrent sur les serviteurs, blessèrent l'un, tuèrent l'autre, et chassèrent un troisième à coups de pierres. Le maître expédia d'autres envoyés, qui furent reçus de la même manière. Il avait un fils unique qu'il aimait beaucoup : il le chargea d'aller trouver de sa part les vignerons, espérant qu'ils respecteraient au moins le fils de leur seigneur. Mais, au contraire, ils se dirent entre eux : Celui-ci est l'héritier, tuons-le, et nous partagerons son héritage. Ils se saisirent de lui, le chassèrent de la vigne, et le mirent à mort. »

L'allusion était transparente. La vigne, c'était la nation juive, le peuple chéri de Jéhovah, à qui les prêtres et les docteurs de la synagogue devaient faire porter des fruits de salut. Dieu leur envoya ses prophètes pour réclamer ces fruits : chaque fois ils furent massacrés. Enfin le Père envoie son Fils unique. Ce Fils unique est là sous leurs yeux : c'est lui qui leur parle, et qui leur rappelle, sous le voile de l'allégorie, son titre de Fils unique de Dieu. Aussi, attendaient-ils, inquiets et troublés, la conclusion de la parabole. Jésus leur demanda d'un ton sévère : « Quand le maître de la vigne reviendra de son voyage, comment traitera-t-il les vignerons ? » Les docteurs se turent, mais des voix parties de la foule s'écrièrent : « Il fera conduire au supplice ces misérables, et louera sa vigne à d'autres, qui lui donneront des fruits. - Vous l'avez dit, reprit Jésus, il exterminera ces homicides, et louera sa vigne à des vignerons fidèles. »

Les Sanhédristes comprirent, à ce dernier trait, qu'il prophétisait de nouveau la substitution des Gentils au peuple juif. Cette pensée les indigna : « À Dieu ne plaise ! s'écrièrent-ils, cela n'arrivera pas. » Mais Jésus, les regardant en face : « Cela n'arrivera pas ! répliqua-t-il avec force, et que signifie donc cette parole des saints Livres : La pierre rejetée par ceux qui bâtissaient, est devenue, prodige admirable ! la pierre angulaire d'un nouvel édifice ? Et moi, je vous déclare que le royaume de Dieu vous sera ôté, et donné à un peuple qui produira des fruits. Quiconque tombera sur cette pierre, s'y brisera, et celui sur lequel elle tombera, sera écrasé ! »

En entendant ces menaces, les chefs d'Israël ne pouvaient plus se dissimuler que toute la parabole était dirigée contre eux. Aussi se demandèrent-ils si leur dignité ne leur imposait pas le devoir de faire arrêter sur-le-champ l'auteur de pareils outrages ; mais ils reculèrent encore une fois devant la crainte de voir le peuple prendre contre eux la défense du prophète. Sans tenir compte de leurs récriminations, Jésus continua, sous cette forme allégorique, de dénoncer le crime qu'ils méditaient contre le Messie et les malheurs qu'ils attiraient sur la nation. « Un roi, dit-il, voulant célébrer les noces de son fils, convia les seigneurs de sa cour à un grand festin, mais ils n'acceptèrent point son invitation. Cependant, quand les apprêts du festin furent terminés, il les pressa de nouveau d'y assister. Ils persistèrent dans leur refus.

L'un s'en alla à la campagne, l'autre à son négoce. Il s'en trouva même d'assez coupables pour tuer les serviteurs qu'il leur avait envoyés. C'en était trop : le roi entra en fureur et lança contre ces meurtriers une troupe de soldats qui les massacra sans pitié et brûla leur ville. Pour les remplacer au festin, il donna l'ordre à ses serviteurs d'inviter, sur les routes, tous ceux qu'ils rencontreraient, bons ou mauvais. La salle se remplit de convives, mais l'un d'eux avait osé s'y présenter sans la robe nuptiale. C'était faire injure au roi, qui le fit jeter dehors. »

Les Sanhédristes retrouvaient, dans cette parabole, les prédictions du prophète sur le sort qui les attendait. Le roi du ciel envoyait son propre Fils contracter alliance avec la nation juive. Les chefs de la nation, invités aux noces, refusent d'y assister, malgré les instances des envoyés du roi. Ils se moquent de Jean-Baptiste qui les pressait de se donner avec amour au Roi-Messie ; ils méditent de donner la mort au Messie lui-même. Dieu est à bout de patience : par ses ordres, l'armée romaine va fondre sur Jérusalem, massacrer les déicides, incendier leurs maisons et leurs palais. Les Gentils, convoqués par les apôtres, remplaceront ces indignes à la table du festin. Bons et mauvais s'y coudoieront jusqu'au jour du jugement, mais malheur alors à ceux qui ne porteront point la robe nuptiale, la robe blanche des enfants de Dieu ! Ils seront relégués loin de Dieu, pure lumière, dans « le cachot ténébreux où se font entendre les grincements de dents, où coulent les pleurs éternels. Et prenez garde, ajoute Jésus, s'il y a beaucoup d'appelés, il y a peu d'élus. »

Les divers traits de cette histoire, la révolte des Juifs contre le Messie, la ruine de la nation, la substitution des Gentils à la race choisie, finissaient, à force d'être répétés, par impressionner vivement la multitude, et les Sanhédristes pouvaient craindre que, d'un moment à l'autre, le peuple, terrifié par ces sinistres prédictions, ne leur demandât compte du décret infâme qu'ils avaient lancé contre le prophète. Aussi se hâtèrent-ils de quitter le temple, témoin de leur défaite, pour aller demander secours à leurs complices. Tous les sectaires, pharisiens, sadducéens, hérodiens, réunis depuis la veille, oubliaient un moment leurs querelles et leurs inimitiés pour faire face à l'ennemi commun. Les pharisiens, plus intéressés que les autres dans ce combat, avaient distribué les rôles, les questions et les arguments. En conduisant au temple cette troupe de docteurs rompus à la controverse, ils se croyaient sûrs de vaincre Jésus et de le faire passer pour faux prophète.

Quand ils se furent glissés furtivement dans l'immense auditoire qui entourait le Sauveur, on vit soudain arriver devant lui quelques jeunes gens, d'apparence simple et candide. C'étaient des disciples des pharisiens, mêlés à des sectaires hérodiens. Ces jeunes gens venaient proposer au Maître un cas de conscience, religieux et politique en même temps. Depuis la domination romaine, on disputait avec acharnement sur la question du tribut imposé par les nouveaux maîtres. Les pharisiens, ardents patriotes, soutenaient, en secret, bien entendu, qu'il n'était pas permis de payer l'impôt aux Romains. Dieu seul étant le roi des Juifs, c'est à lui seul qu'on devait l'impôt. Ils avaient même fomenté plusieurs révolutions pour soutenir cette cause, très chère à tout le peuple, en Galilée comme en Judée. Selon les préjugés de la nation, le rôle du Messie consisterait précisément à délivrer sa patrie de tout tribut et de toute servitude, Les hérodiens, au contraire, amis des Romains et d'Hérode, la créature de Rome, payaient l'impôt sans difficulté. Ils ne désiraient qu'une chose : c'est que l'empereur instituât le voluptueux Hérode gouverneur de la Judée, comme il l'était de la Galilée. Stylés par leurs maîtres, les jeunes pharisiens exposèrent à Jésus les perplexités de leur conscience à propos de cette controverse. Pour eux, indifférents aux questions de secte, ils ne voulaient que la justice, et c'est pourquoi ils s'adressaient à lui pour calmer leurs scrupules, « car nous savons, lui dirent-ils, que vous êtes un ami de la vérité. Vous enseignez avec franchise la voie par laquelle Dieu veut nous conduire, et cela sans acception de personne, sans crainte de déplaire aux puissants de ce monde. Soyez donc assez bon pour nous dire ce que vous pensez de la question du tribut : Est-il permis de payer l'impôt à César, ou faut-il le refuser ? »

Les candides jeunes gens avaient bien joué leur rôle, et, vraiment, Jésus pouvait-il mettre en doute la sincérité de ces âmes si pures et si confiantes dans la loyauté de son caractères ? Tout autre que lui s'y serait laissé prendre ; mais le fait est, qu'avec leur apparente simplicité ces jeunes fourbes lui avaient tendu le plus abominable des traquenards. Quelle que fût sa réponse à leur question, négative ou affirmative, il était également perdu. S'il se prononçait contre le paiement du tribut, les hérodiens, qui se trouvaient là comme témoins, courraient en toute hâte le dénoncer au gouverneur romain qui l'eût fait emprisonner, comme ennemi de l'empereur et fauteur de sédition.

Si, au contraire, il se prononçait en faveur du tribut, les pharisiens le dénonceraient au peuple, comme faux prophète et faux Messie, puisque le vrai Messie, le Messie libérateur, devait affranchir la race d'Abraham et de David de tout tribut et de toute servitude.

La foule voyait, aussi bien que les sectaires, la terrible position dans laquelle se trouvait le prophète. Les yeux fixés sur lui, l'on attendait sa réponse. Il regarda bien en face ces élèves des pharisiens, déjà dignes de leurs maîtres, et leur dit d'un ton sévère : « Hypocrites, pourquoi venez-vous me tendre un piège ? Montrez-moi la pièce de monnaie que le cens exige de vous. » Ils lui présentèrent un denier romain, portant l'effigie et le nom de Tibère César. « De qui est cette image et cette inscription ? » reprit-il. - De César. - Eh bien ! rendez donc à César ce qui est à César, et à Dieu ce qui est à Dieu. »

L'admirable réponse frappait en même temps les pharisiens et les hérodiens. Si vous vous servez de la monnaie de César, disait-il aux pharisiens, vous reconnaissez donc César pour votre souverain. S'il est votre souverain, vous lui devez l'impôt, sans lequel il ne pourrait remplir les devoirs de sa charge envers ses sujets. Rendez donc à César, sous forme d'impôt, le denier que vous tenez de César. Aux hérodiens il ajoutait : Au-dessus de César, il y a Dieu, sa loi, sa religion sainte, dont vous ne vous souciez guère. Respectez donc les droits de César, mais respectez avant tout les droits de Dieu.

La divine sagesse apparut si évidemment dans cette solution inattendue du grand problème politique, que tous les auditeurs restèrent émerveillés. Les pharisiens eux-mêmes comprirent qu'il y avait en Jésus une science supérieure à celle de leurs docteurs, et s'en allèrent confus et silencieux.

Pour réparer ce nouvel échec, le grand Conseil s'adressa aux sadducéens. Plus païens que les païens eux-mêmes, ces sectaires ne croyaient ni à l'immoralité de l'âme, ni à la résurrection des corps, ni par conséquent à la vie future. Ils rejetaient les Écritures, sauf les livres de Moïse, parce que dans ces livres, disaient-ils, il n'est point question de survivance après la mort. Naturellement leurs mœurs se ressentaient de leurs doctrines. N'ayant rien à attendre ni à craindre au-delà du tombeau, ils cherchaient à se repaître ici-bas des plus viles jouissances, et détestaient le prophète qui, à tout propos, exaltait les âmes pure et leur promettait le ciel en récompense de leurs vertus. Ils vinrent donc se mesurer avec lui et crurent l'embarrasser beaucoup par une objection ridicule contre le dogme de la résurrection.

« Maître, lui dirent-ils, d'après la loi de Moïse, si un homme marié meurt sans enfants, son frère doit épouser sa veuve, afin de susciter une descendance au défunt. Or il est arrivé que sept frères, morts l'un après l'autre sans laisser de postérité, ont ainsi épousé successivement la même femme, qui leur survécut à tous. Quand viendra cette résurrection que vous prêchez, auquel de ses sept époux appartiendra cette femme ? » De cette histoire, forgée à plaisir, ils conclurent que Moïse ne croyait pas à la vie future : autrement il n'eût pas fait une loi qui entraînait pour l'autre monde de telles conséquences.

Jésus prit en pitié ces sectaires ignorants et grossiers. Il les traita même moins durement que les pharisiens, parce que, s'ils vivaient et parlaient comme des brutes, ils ne cherchaient point à paraître des anges. Il leur répondit simplement : « Vous vous trompez sur la vie future, parce que vous ne connaissez ni les Écritures ni l' étendue de la puissance de Dieu. Ici-bas, les enfants du siècle contractent des alliances, parce qu'il faut réparer les vides causés par la mort ; mais au siècle futur, après la résurrection, il ne sera plus question d'époux ni d'épouses, parce que, comme on ne mourra plus, il n'y aura plus de vides à combler. L'homme spiritualisé deviendra semblable à l'ange. Dégagé de tout instinct grossier, véritable enfant de Dieu, le ressuscité vivra comme Dieu lui-même.

« Vous vous appuyez sur Moïse pour nier la résurrection et la vie future, mais vous n'avez donc jamais lu ses livres, et en particulier ce passage où Jéhovah dit à Moïse : Je suis le Dieu d'Abraham, d'Isaac et de Jacob ? Or Dieu n'est pas le Dieu des morts, le Dieu de la poussière, mais le Dieu des vivants, de ceux qui, au départ de ce monde, vivent en lui. Vous voyez que, par votre ignorance des Écritures, vous tombez dans d'énormes erreurs. »

Cette doctrine si pure, si élevée, ravit les auditeurs. En présence de Jésus et de son enseignement, les sadducéens parurent si grossiers et si stupides, que les scribes eux-mêmes applaudirent à leur humiliation. L'un d'eux ne put s'empêcher, malgré son hostilité pour le prophète, de s'écrier en face de l'auditoire : « Maître, vous avez magnifiquement répondu. »

Ces honteuses défaites de leurs complices exaspéraient les pharisiens. En désespoir de cause, ils envoyèrent un des leurs poser à Jésus une question vivement débattue parmi les Juifs, à savoir quelle est, des cinq ou six cents prescriptions de la Loi mosaïque, la plus grave et la plus importante. Les uns opinaient pour le sabbat, d'autres pour le sacrifice des victimes, tous pour des observances extérieures. Le docteur pharisien interrogea donc Jésus sur ce fameux litige ; « Maître, lui dit-il, quel est, selon vous, le premier et le plus grand des commandements de la Loi ? » Jésus répondit comme il l'avait déjà fait à un autre docteur : « Voici le plus grand de tous les commandements : Écoute, Israël : le Seigneur, ton Dieu, est le seul Dieu. Tu l'aimeras de tout ton cœur, de toute ton âme, de tout ton esprit et de toutes tes forces. Tel est le premier et le plus grand des commandements ; et voici le second, semblable au premier ; Tu aimeras le prochain comme toi-même. Il n'y a pas de commandements plus grands que ceux-là, car de cette double source découlent la Loi et les prophètes. »

Cette réponse fut un jet de lumière pour le pharisien. Tout entier aux observances légales, jamais il n'avait pensé que l'amour seul peut leur donner du prix aux yeux de Dieu, et que, d'un autre côté, l'amour de Dieu fera pratiquer toutes les œuvres de la Loi. Ébloui par la divine sagesse du prophète, il oublia qu'il était venu pour le tenter, et se mit à le combler d'éloges ; « Maître, dit-il, c'est la vérité même qui a parlé par votre bouche. Dieu est un, et il n'y a pas d'autre Dieu que lui ; il faut l'aimer de tout son cœur, de toute son âme et de toutes ses forces ; il faut aimer son prochain comme soi-même. L'amour l'emporte sur les holocaustes et les sacrifices. » Ce pharisien sincère avait triomphé des préjugés de sa secte ; un pas de plus, et il croyait en Jésus : aussi mérita-t-il ce jugement du Sauveur : « Vous n'êtes pas loin du royaume de Dieu. »

À partir de ce moment, les pharisiens et leurs complices cessèrent d'interroger un Maître qui les dépassait de toute sa hauteur. Humiliés et confondus, ils se réunirent en grand nombre sous les portiques du temple pour aviser à la situation. Au lieu de se demander s'ils ne devaient pas reconnaître pour le Messie ce prophète dont la science égalait la puissance, ils échangeaient contre lui des propos de haine et de vengeance, quand tout à coup Jésus parut devant eux. Il leur apportait une dernière grâce, c'est-à-dire une dernière lumière, avant de prononcer sur eux la suprême malédiction. Comme la question du Messie occupait tous les esprits, il leur posa cette question : « Le Messie que tout Israël attend, de qui est-il le fils ? » - De David, répondirent-ils, tout étonnés qu'on pût leur poser pareille question. - De David, reprit Jésus, fort bien ; mais si le Christ est fils de David, voudriez-vous me dire comment David, inspiré par l'Esprit-Saint, a pu l'appeler son Seigneur ? Et cependant, vous n'ignorez pas qu'au Livre des psaumes, on lit ce texte de David : « Jéhovah a dit à mon Seigneur : Asseyez-vous à ma droite, jusqu'à ce que je réduise vos ennemis à vous servir de marchepied. »

Les pharisiens ne pouvaient nier que, dans ce psaume, David chante la gloire du Christ-Messie et qu'il l'appelle son Seigneur, car telle était l'interprétation de toute la synagogue. Mais comment le Messie peut-il être en même temps fils et seigneur de David ? Là était un mystère, mystère concernant la personne du Messie, qu'aucun docteur ne pouvait expliquer. Aussi, bien que tout le peuple réclamât une réponse à cette question, grave entre toutes, les pharisiens durent avouer, par leur silence, qu'ils n'en pouvaient donner aucune. Des hommes de bonne foi eussent demandé à Jésus les lumières qui leur manquaient pour comprendre ce passage des Écritures, et Jésus leur eût donné la chef de l'énigme. David appelle le Christ son Seigneur, parce que, si le Christ est fils de David, il est en même temps Fils de Dieu. Est-ce que, dans ce même psaume, Jéhovah ne dit pas au Christ qu'il place à sa droite : « Je t'ai engendré avant la lumière, c'est-à-dire de toute éternité ! » Les Écritures affirment donc, aurait ajouté Jésus, que le Christ, fils de l'homme, est le vrai Fils de Dieu ; et vous, docteurs d'Israël, vous rejetez le Messie, le Fils de David, vous avez voulu le lapider, et maintenant vous voulez le crucifier, parce qu'il s'est dit Fils de Dieu.

Mais les pharisiens avaient peur de la lumière. Ils sentaient vaguement que, sous la question de Jésus, se cachait leur condamnation. Ils s'enfoncèrent dans leurs ténèbres, et Jésus les y laissa, parce que, s'il avait revendiqué clairement son titre de Fils de Dieu, ils l'eussent lapidé sur place. Or, l'heure du sacrifice ne devait sonner que dans trois jours. Quant aux pharisiens, l'heure de la réprobation a sonné pour eux : Jésus ne leur parlera plus jusqu'au jour où il viendra les juger.

VI. Malédictions

Les pharisiens, cause de la perdition d'Israël. - Les faux docteurs dans l'Église. - Sainte indignation de Jésus. - L'unique maître et docteur. - Les pharisiens démasqués et anathématisés. - L'obole de la veuve. - Jésus prédit la ruine de Jérusalem. (Matth, XXIII. - Marc. XII, 38-44. - Luc., XX, 45-47 ; XXI, 1-4.)

Après que Jésus les eut condamnés à un silence humiliant, les scribes et les pharisiens disparurent du temple ; mais la foule, qui depuis le matin applaudissait aux réponses du Sauveur, ne se lassait point de l'entendre. Évidemment le peuple d'Israël serait entré de grand cœur dans le royaume de Dieu, si ses chefs et ses docteurs n'eussent constamment fait miroiter à ses yeux un prétendu libérateur qui donnerait aux Juifs l'empire du monde.

Et depuis trois ans, Jésus voyait ces scribes et ces pharisiens fermer volontairement les yeux à la lumière. « En punition de leur incrédulité, dit Isaïe, Dieu laissait leur esprit s'aveugler et leur cœur s'endurcir, afin que ne voyant plus et n'entendant plus, il n'y eut pour eux ni guérison ni conversion. » Parmi les princes du peuple, un certain nombre crurent en Jésus, mais ils n'osèrent confesser leur foi, de peur que les pharisiens ne les fissent expulser des synagogues. Ceux-là aussi préférèrent la gloire qui vient des hommes à celle qui vient de Dieu.

Non seulement les pharisiens refusaient de croire, mais, depuis trois ans, Jésus les rencontrait sur tous les chemins, cherchant par tous les moyens possibles à détourner de lui le peuple qu'il venait sauver. S'il exposait les lois de la justice et de la charité, ils l'accusaient de mépriser les traditions, de violer le sabbat, de détruire la Loi de Moïse ; s'il prouvait sa mission par des prodiges qui enthousiasmaient tout le pays, ils attribuaient ses miracles au démon ; s'il appelait à lui les pauvres, les publicains, les pécheurs, ils lui reprochaient de fréquenter des hommes vils, flétris et déshonorés. Et toutes les fois qu'au milieu du temple il exposait sa doctrine, sa mission divine, son union intime avec son Père, ils s'empressaient de crier au blasphème et de ramasser des pierres pour le lapider.

Et ces grands criminels, Jésus les voyait couvrir du masque de la vertu les vices qui rongeaient leur cœur, affecter des airs de piété et d'austérité, pour s'emparer de la multitude. Et le peuple, ainsi trompé, subissait partout leur influence, car partout ils étaient ses maîtres : ils trônaient dans les synagogues, dans les chaires des docteurs, dans les assemblées du Sanhédrin.

Or Jésus se disait qu'il en serait ainsi dans tous les siècles. Une église de Satan s'établirait à côté de son Église. Partout où ses apôtres porteraient son nom et son Évangile, de faux docteurs travailleraient à ruiner l'œuvre des apôtres. Partout des pharisiens hypocrites, des sadducéens sans foi ni loi, des hérodiens apostats, bien qu'ennemis irréconciliables, oublieraient leurs divisions pour se liguer contre le Seigneur, contre son Christ et son Église.

À cette pensée, le cœur de Jésus se remplit d'une sainte indignation. Il vit des millions et des millions d'âmes, pour lesquelles il allait donner son sang, tomber au fond des enfers. Et c'étaient ces faux docteurs qui les trompaient, les pervertissaient, les entraînaient loin de Dieu dans un abîme éternel. Et Jésus se dit qu'avant de quitter ce temple où il parlait pour la dernière fois, il devait signaler les scribes et les pharisiens comme les auteurs de la perdition des âmes et des peuples. Souvent il les avait dénoncés et flétris, mais jamais il ne les marqua d'aussi honteux stigmates, jamais il ne lança contre eux d'aussi terribles anathèmes. S'adressant à ses disciples et aux foules qui l'entouraient, il leur recommanda d'écouter, mais de ne pas imiter les docteurs de la Loi.

« Les scribes et les pharisiens, dit-il, soit assis sur la chaire de Moïse » et restent, malgré leur indignité, les interprètes de la Loi et des Écritures. « Faites donc ce qu'ils vous disent, » observez fidèlement les préceptes de Moïse ; « mais ne faites pas ce qu'ils font, car ce qu'ils prêchent aux autres, ils ne le font pas eux-mêmes. Ils chargent les épaules des autres de fardeaux écrasants, qu'eux ne touchent pas même du bout du doigt. S'ils font quelque bonne œuvre, c'est pour s'attirer les louanges des hommes. » Afin de se donner un renom de sainteté, « ils se couvrent de parchemins » sur lesquels ils écrivent les préceptes de la Loi, et se plaisent « à élargir les franges de leurs manteaux » pour mieux se distinguer des Gentils, tandis qu'ils foulent aux pieds tous les préceptes, et sont, autant que les Gentils, esclaves de tous les vices. Pleins d'orgueil et de vanité ; ils aiment qu'on leur prodigue les salutations sur les places publiques, ils recherchent les premières places dans les festins, et les sièges d'honneur dans les synagogues ; ils sont heureux quand on les appelle Rabbis », Ils croient que ce titre de « Maître » ajoute à leur taille plusieurs coudées.

« Pour vous, mes disciples, » n'ambitionnez pas ces vains titres de maître et de docteur, car « vous n'avez qu'un Maître, et vous êtes tous frères, tous égaux devant lui. Ne dites pas à ceux qui vous suivent de vous donner le nom de père, car un seul mérite ce nom, le Père qui est dans les cieux. Ne vous faites point appeler docteur, car votre seul maître, votre seul docteur, c'est le Christ. Le plus grand parmi vous sera le serviteur de tous. Celui qui s'élève sera abaissé, et celui qui s'abaisse, sera élevé. »

Après avoir ainsi prémuni ses disciples contre les vices scandaleux des pharisiens, le Pasteur à la voix douce et tendre prit l'aspect et la voix du Juge éternel. Il dévoila les crimes que ces hypocrites, couverts du manteau de la justice, avaient commis dans le passé ; il dépeignit dans toute leur horreur ceux qu'ils s'apprêtaient à commettre, et lança contre eux des malédictions qui atteindront dans tous les siècles leurs perfides imitateurs.

Malheur à vous, s'écria-t-il, scribes et pharisiens, qui fermez devant les hommes la porte du royaume des cieux ! Non seulement vous n'y entrez pas, mais en repoussant Celui qui seul en a la clef, vous empêchez les autres d'y entrer.

« Malheur à vous, scribes et pharisiens hypocrites, qui mangez le bien des veuves, en leur promettant des prières sans fin ! Vous serez doublement condamnés » à cause de votre rapacité, doublée d'hypocrisie.

Malheur à vous, scribes et pharisiens hypocrites, qui courez la terre et les mers pour gagner un prosélyte, et qui faites de lui, quand vous l'avez dans les mains, un fils de l'enfer, plus vicieux et plus coupable que ses maîtres !

« Malheur à vous, guides aveugles » et docteurs insensés, « qui déliez de leurs serments ceux qui jurent par le temple, et non ceux qui jurent par l'or du temple, comme si l'or avait plus de valeur que le temple auquel il est consacré. Malheur à vous, qui déliez de leurs serments ceux qui jurent par l'autel, et non celui qui jure par les dons offerts sur l'autel, comme si l'offrande l'emportait en valeur sur l'autel qui sanctifie l'offrande. » Hypocrites, vous trompez les simples avec vos distinctions : « Celui qui jure par l'autel, jure aussi par les dons qui s'y trouvent déposés ; celui qui jure par le temple, jure aussi par Celui qui en a fait sa demeure ; celui qui jure par le ciel, jure également par le trône de Dieu et par le Dieu assis sur ce trône. »

« Malheur à vous, scribes et pharisiens hypocrites, qui payez exactement, et sans que la Loi vous y oblige, la dîme de la menthe, de l'aneth et du cumin, et qui foulez aux pieds les préceptes les plus importants de la Loi, tels que la justice, la miséricorde et la foi. Pratiquez d'abord les commandements, et vous vous occuperez ensuite, si cela vous plaît, d'œuvres surërogatoires. Mais non, guides aveugles, vous filtrez votre vin, de peur d'avaler un moucheron, et vous avalez un chameau !

« Malheur à vous, scribes et pharisiens hypocrites, qui nettoyez les dehors de la coupe et du plat, tandis qu'au dedans votre cœur est rempli de rapines et d'immondices. Pharisien insensé, purifie d'abord ton âme, tu laveras tes mains ensuite. Scribes et pharisiens, malheur à vous ! Vous ressemblez à des sépulcres blanchis, éblouissants à l'extérieur, et pleins, au dedans, d'ossements et de pourriture. » Comme ces tombeaux, vous paraissez purs aux yeux des hommes, mais, aux yeux de Dieu, « vous êtes des sentines d'hypocrisie et d'iniquité.

« Malheur à vous, scribes et pharisiens hypocrites, qui bâtissez des tombeaux aux prophètes, et décorez les monuments élevés en l'honneur des justes, en disant : « Si nous eussions vécu au temps de nos pères, nous n'aurions pas, comme eux, trempé nos mains dans le sang des prophètes. » Hypocrites, vous faites bien de les appeler vos pères, vous êtes les dignes fils de ceux qui ont tué les prophètes. Achevez de combler la mesure » de leurs crimes, en commettant le forfait que vous méditez. « Serpents maudits, race de vipères, comment échapperiez-vous au jugement et à l'éternelle vengeance ? Voilà que, moi aussi, je vais vous envoyer des prophètes, des sages et des docteurs. Vous tuerez et crucifierez les uns, vous flagellerez les autres dans vos synagogues, vous les poursuivrez de ville en ville, afin que sur vous retombe tout le sang innocent répandu sur la terre depuis le sang d'Abel le juste, jusqu'au sang de Zacharie, que vous avez tué entre le temple et l'autel. En vérité, je vous le dis, tout cela va retomber sur la génération actuelle. »

A la pensée des maux qui allaient fondre sur la nation déicide, Jésus éprouva une vive émotion. Son cœur se remplit d'amertume et de tristesse. « Jérusalem, Jérusalem, s'écria-t-il, toi qui tues les prophètes et lapides ceux qui te sont envoyés, combien de fois j'ai voulu rassembler tes enfants près de moi, comme la poule », au moment du danger, « abrite ses petits sous ses ailes et tu ne l'as pas voulu ! et bientôt, au lieu de ton temple et de tes palais, on ne trouvera ici que le désert ! Je m'en vais, et je vous le dis en vérité, vous ne me verrez plus », jusqu'au jour où, après de longs siècles, convertis et repentants, vous reconnaîtrez enfin le Messie Rédempteur, et direz avec amour : « Béni soit Celui qui vient au nom du Seigneur. »[24]

---

[24] C'est une croyance générale dans l'Église, dit saint Augustin, que les Juifs se convertiront un jour, (*Civ. Dei*, xx, 29.) Cette croyance se fonde principalement sur deux textes de l'Écriture, l'un de saint Paul, l'autre du prophète Malachie. « Mes frères, écrit saint Paul aux chrétiens de Rome, je ne veux pas vous laisser ignorer un grand mystère (un secret dessein de Dieu), c'est qu'une partie d'Israel est tombée dans l'aveuglement par sa faute, et doit y rester jusqu'à ce que la plénitude des nations soit entrée dans l'Église, et alors Israël y entrera lui-même et sera sauvé. » *Ad Rom.*, XI. 25-26, Le prophète Malachie annonce (IV, 5) qu'avant le jour du jugement, Dieu enverra aux Juifs le prophète Élie pour les convenir, Élie préparera. le monde au second avènement du Christ, comme Jean-Baptiste l'a préparé au premier, Quand les Juifs se convertiront-ils, et quelle sera la durée de l'époque préparatoire à l'avènement glorieux de Notre-Seigneur ? les hommes disputent là-dessus, mais Dieu seul le sait.

Telles furent les dernières paroles de Jésus au peuple d'Israël.

Laissant alors la foule qu'il évangélisait depuis le matin, il vint se reposer un instant sous les portiques, avant de quitter le temple. En face de l'endroit où il était assis, se trouvait un tronc où les pèlerins allaient déposer leurs offrandes. Jésus suivait des yeux très attentivement beaucoup de riches qui jetaient dans le tronc, non sans ostentation, des poignées d'argent et d'or, quand survint une pauvre veuve, dont la timidité contrastait singulièrement avec la fière attitude de ceux qui l'avaient précédée. Elle s'approcha du tronc et y déposa humblement deux pièces minuscules, lesquelles valaient ensemble un centime de notre monnaie. Ce que voyant, le Sauveur attira l'attention des apôtres sur cette femme. « De tous ceux qui ont déposé des offrandes, leur dit-il, c'est elle qui a donné le plus. » Et comme cette parole paraissait les étonner, il ajouta : « Les riches ont donné de leur abondance, mais cette femme a donné de son indigence ; elle a donné sa dernière obole, la miette nécessaire à sa subsistance. »

Après avoir maudit le cupide et orgueilleux pharisien, Jésus devait bénir l'humble et pauvre veuve. Sa prédication finit comme elle a commencé : « Bienheureux les pauvres, car le royaume du ciel est à eux ! »

VII. Ruine de Jérusalem et du monde

La fin du temple et du monde. - Signes éloignés. - Signes immédiats. - Jérusalem périra du vivant de la présente génération. - Nul ne sait quand viendra la fin du monde. - « Veillez et priez. » - Les dix vierges. - Le jugement dernier. (Matth., XXIV-XXV. - Marc. XIII. - Luc., XXI.)

En sortant du temple, les apôtres s'arrêtèrent un instant à contempler ce gigantesque édifice qu'Hérode avait passé quarante ans à reconstruire, véritable merveille, tant par la beauté de son architecture que par l'énormité de ses proportions. Devant des blocs de pierre qui mesuraient jusqu'à vingt coudées de long sur douze de large, et huit d'épaisseur, les apôtres manifestaient leur admiration. L'un d'eux dit à Jésus : « Maître, quelles pierres colossales, et quelles superbes construction ! - Vous vous extasiez devant ce monument sans rival, leur répondit Jésus, eh bien ! voici venir le jour où il n'en restera pas pierre sur pierre. »

Ayant dit ces mots, il s'achemina vers le mont des Oliviers. Les apôtres le suivaient, échangeant leurs impressions sur la sinistre prédiction qu'ils venaient d'entendre. Leur patriotisme s'affligeait, en pensant que ce temple de Jéhovah, centre de leur nation et de leur religion, serait bientôt détruit ; mais d'un autre côté, ils se disaient que cette catastrophe, châtiment de l'incrédulité judaïque, coïnciderait certainement avec le règne glorieux du Messie et la transformation qu'il devait opérer dans le monde. Si donc Jésus devait disparaître, comme il l'annonçait, ce serait pour un temps très court, et alors viendrait l'ère de la gloire et des récompenses pour ceux qui l'auraient suivi au milieu des privations et des dangers.

Ils arrivèrent au sommet de la montagne, fortement préoccupés de savoir s'il leur faudrait attendre longtemps cette ère nouvelle. Aussi Jésus s'étant assis sur la hauteur, en face du majestueux édifice dont il venait de prédire la ruine, ses disciples privilégiés, Pierre et Jean, Jacques et André, s'approchèrent de lui, et lui posèrent cette question : « Maître, quand est-ce donc que cette catastrophe arrivera, et quels seront les signes de votre avènement glorieux et de la consommation des siècles ? »

Évidemment, dans leur pensée, ces événements devaient avoir lieu simultanément, ou du moins se suivre à bref intervalle. Jésus leur indiqua d'abord une série de faits qui devaient précéder d'une manière plus ou moins éloignée la double ruine de Jérusalem et du monde ; puis les signes immédiats, et l'époque de la première catastrophe ; et enfin les calamités qui marqueront plus spécialement l'approche de la fin des temps et de son second avènement ; mais, pour ne pas les décourager, il les laissa dans l'incertitude sur la date de ce retour triomphal qu'ils croyaient imminent. Avec leurs faiblesses et leurs préjugés, que seraient-ils devenus si Jésus leur eût annoncé que son règne glorieux ne commencerait qu'après des milliers d'années ?

En révélant les signes qui devaient précéder la destruction de Jérusalem, il donna en même temps aux apôtres les enseignements nécessaires pour les diriger dans ces circonstances critiques. « Prenez garde de vous laisser séduire, leur dit-il. Plusieurs « faux Messies » se présenteront en mon nom, disant : Je suis le Christ, le temps du règne approche, et ils feront beaucoup de dupes. Ne les suivez point.

« Viendront bientôt de grands bouleversements dans le monde. Quand vous entendrez parler de combats et de séditions, de guerres et de bruits de guerre, ne vous troublez pas. Les peuples se lèveront contre les peuples, et les royaumes contre les royaumes. Tout cela doit arriver, mais ce n'est pas encore la fin.

« Il y aura aussi, en divers lieux, de grands bouleversements, des tremblements de terre, des pestes, des famines, des prodiges effrayants au ciel et sur la terre ; mais ce n'est là que le commencement des douleurs.

« Avant tout, faites attention à ceci : Vous aurez à subir de grandes tribulations, et, parfois, la mort. Vous serez odieux à toutes les nations, à cause de moi. On vous saisira, on vous traînera devant les synagogues et dans les prisons, on vous traduira devant les tribunaux. Vous serez battus de verges, vous comparaîtrez devant les rois et les magistrats, à cause de mon nom. Vous aurez ainsi l'occasion de me rendre témoignage devant eux. Ne vous préoccupez point alors de ce que vous répondrez, mais dites ce qui vous viendra sur l'heure. Je vous donnerai moi-même une éloquence et une sagesse auxquelles vos ennemis ne pourront résister.

« En ce temps-là, beaucoup faibliront devant le danger, se haïront et se livreront mutuellement. Le frère livrera son frère, le père son fils ; les enfants accuseront leurs parents et les mettront à mort. Il se lèvera beaucoup de faux prophètes, et beaucoup seront séduits par eux, et parce que l'iniquité surabondera, la charité d'un grand nombre se refroidira. Celui qui persévérera jusqu'à la fin sera sauvé. Conservez donc vos âmes dans le calme et la patience.

« Enfin l'Évangile du royaume sera prêché dans le monde entier, afin d'être un témoignage à l'égard de toutes les nations, et alors viendra la consommation. »

Les pronostics énumérés jusqu'ici par le Sauveur, s'appliquent également à la fin de Jérusalem et à la fin du monde. Mais Jésus, continuant ses révélations, dépeignit ensuite les épouvantables calamités qui précéderont immédiatement et accompagneront l'un et l'autre cataclysme.

« Quand vous verrez, dit-il, une armée faire le siège de Jérusalem, et l'abomination de la désolation, prédite par Daniel, souiller le lieu saint, que les habitants de la Judée fuient au plus vite vers les montagnes, et que les étrangers se gardent bien d'y pénétrer. À cette heure-là, si quelqu'un est sur son toit, » qu'il ne descende pas dans l'intérieur de sa maison pour en emporter quelque objet, « mais qu'il se sauve par l'escalier du dehors ; et si quelqu'un travaille dans son champ, qu'il ne retourne point chez lui pour chercher quelque vêtement. Car ces jours seront des jours de vengeance, pendant lesquels s'accomplira tout ce qu'on prédit les prophètes. Malheur aux femmes qui, sur le point d'enfanter, ou chargées d'enfants à la mamelle, seront, en ces jours-là, retardées dans leur marche. Priez Dieu que cette fuite n'arrive point en hiver » où l'on voyage péniblement, « ni pendant le sabbat » quand les voyages sont interdits.

« Il y aura, en effet, dans ces jours-là, une tribulation telle qu'il n'y en a point eu de semblable depuis le commencement du monde, et qu'il n'y en aura plus jamais, jusqu'à la fin. Grande sera la détresse sur cette terre, grande colère de Dieu sur ce peuple. Ils tomberont sous le tranchant du glaive, ils seront emmenés captifs au milieu des nations, et Jérusalem sera foulée aux pieds par les Gentils, jusqu'au jour où les nations elles-mêmes auront accompli leurs destinées. Et si le Seigneur n'avait abrégé ces jours, nul homme n'aurait échappé à l'ennemi, mais il les a abrégés en faveur de ses élus »

La ruine de Jérusalem, malgré les horreurs qui l'ont accompagnée, n'est cependant qu'une image de la ruine du monde, Jésus décrit en ces termes les signes effrayants qui annonceront aux hommes l'universelle destruction :

« En ce temps-là se lèveront de faux christs et de faux prophètes qui, par leurs prestiges et leurs prodiges, séduiraient, s'il était possible, les élus eux-mêmes. Si donc quelqu'un vous dit : Le Christ est ici, ou il est là ; il apparaît dans le désert, ou dans telle retraite cachée, n'ajoutez aucune foi à ces impostures. » Le Fils de l'homme apparaîtra subitement au monde entier.

« Comme l'éclair part de l'orient, et soudain apparaît à l'occident, ainsi en sera-t-il de l'avènement du Fils de J'homme. Et de même que les aigles fondent en un clin d'œil sur leur proie, de même les mortels se trouveront en un instant rassemblés en sa présence. Soyez donc en garde, et souvenez-vous que je vous ai prédit tous ces dangers.

« Aussitôt après les tribulations suscitées en ces jours par les faux prophètes, le monde tremblera sur ses bases. Le grondement de la mer et des flots en fureur répandra l'effroi sur toute la terre, les hommes sècheront d'épouvante, se demandant ce que va devenir l'univers. Puis le soleil s'obscurcira, la lune ne donnera plus sa lumière, les étoiles tomberont du ciel, et les puissances des cieux seront ébranlées.

« Alors apparaîtra dans le ciel le signe du Fils de l'homme ; alors pleureront toutes les tribus de la terre, et tous les hommes verront le Fils de l'homme descendre sur les nuées du ciel, avec une grande puissance et une grande majesté. Et il enverra ses anges qui, au son éclatant de la trompette, rassembleront ses élus des quatre points du monde, du sommet des cieux jusqu'à leurs dernières profondeurs.

« Quand donc ces signes commenceront à se manifester, levez la tête avec confiance, car votre rédemption est proche. Voyez le figuier : quand ses rameaux s'attendrissent, que ses feuilles commencent à naître et ses fruits à s'arrondir, vous savez que l'été est proche. De même à l'apparition de ces signes, sachez que le Christ est à la porte et que son règne arrive. »

Pressés de voir ce règne glorieux de leur Maître, les apôtres auraient voulu savoir non seulement les signes avant-coureurs des grands événements que Jésus venait de décrire, mais l'époque précise de leur réalisation. Sur ce point, Jésus ne contenta qu'en partie leur curiosité. Quant à la ruine de Jérusalem, il leur affirma qu'elle était imminente. « Je vous le dis en vérité, s'écria-t-il, cette génération ne passera pas que toutes ces prédictions ne soient accomplies. Le ciel et la terre passeront, mais mes paroles ne passeront point. » Ainsi, tous pouvaient assister à la catastrophe, et tous devaient s'y préparer. Au contraire, il les laissa dans l'incertitude sur l'époque de la fin du monde et de son second avènement.

« Sur le jour et l'heure de cette dernière catastrophe, dit-il, nul ne les connaît : les anges du ciel les ignorent, le Fils de l'homme ne doit pas les révéler : c'est le secret du Père qui est dans les cieux. » Les apôtres pourront croire que ce grand jour approche, et même que le règne glorieux de Jésus coïncidera avec la destruction de Jérusalem ; les hommes pourront, de siècle en siècle, pronostiquer l'arrivée plus ou moins prochaine du souverain Juge : nul n'en connaîtra ni le jour ni l'heure, nul ne pénétrera le secret de Dieu.

De cette ignorance où le Père laisse ici-bas ses enfants, Jésus conclut que ses apôtres et ses disciples doivent toujours se tenir prêts à paraître devant Dieu. « Aux temps du déluge, dit-il, les hommes mangeaient, buvaient et se mariaient, » sans aucun souci de l'avenir, « jusqu'au jour où Noé entra dans l'arche. Ils ne crurent au déluge qu'au moment où il les saisit et les emporta tous. Ainsi en sera-t-il de l'avènement du Fils de l'homme. Deux ouvriers travailleront dans un champ : l'un sera élu, l'autre réprouvé. De deux femmes qui moudront ensemble, l'une sera sauvée, l'autre damnée. Veillez donc, car vous ne savez à quelle heure viendra le Seigneur. Si le père de famille savait à quel moment le voleur doit venir, il veillerait, assurément, et ne laisserait point percer le mur de sa maison. Veillez, vous aussi, et tenez-vous prêts, car vous ignorez pareillement à quelle heure viendra le Fils de l'homme »,

Jésus adressait ses leçons aux hommes de tous les pays et de tous les siècles. Aussi, sachant que presque tous, oublieux de leur salut, arrivent inopinément au tribunal de Dieu, multiplia-t-il les comparaisons pour exhorter ses disciples à la vigilance. « Veillez et priez, disait-il. Quand un maître quitte sa maison pour faire un long voyage, il assigne à ses serviteurs leurs diverses fonctions, et prescrit au portier d'être sur pied pour le recevoir à son retour. De même, attendez le maître de la maison, car vous ne savez s'il viendra le soir, ou au milieu de la nuit, ou au chant du coq, ou seulement le matin ; attendez-le toujours, de peur qu'il n'arrive inopinément et ne vous trouve endormis. Et ce que je vous dis à vous, je le dis à tous : Veillez.

« Ne vous laissez point appesantir par l'excès du boire et du manger, ni préoccuper par les nécessités de la vie présente ; autrement, vous serez surpris par l'heure fatale où Dieu, d'un coup de filet, prendra tous les hommes éparpillés sur la surface de la terre. Veillez et priez en tout temps, afin que vous soyez trouvés dignes d'échapper aux calamités de l'heure dernière, et de paraître sans crainte devant le Fils de l'homme.

« Écoutez cette parabole : Dix vierges devaient aller, la lampe à la main, au-devant de l'époux, pour le conduire à l'épousée. Cinq d'entre elles étaient prudentes, et les cinq autres fort étourdies. Les vierges sages, réfléchissant que l'époux pouvait tarder, allumèrent leurs lampes et prirent avec elles un vase d'huile, en cas de besoin. Les vierges folles prirent leurs lampes, mais ne songèrent nullement à faire provision d'huile. Or, l'époux se faisant beaucoup attendre, toutes s'assoupirent et finirent par s'endormir tout à fait. Mais voilà qu'au milieu de la nuit, on entend pousser de grands cris : Voici l'époux, le voici qui arrive, courez vite au-devant de lui. Toutes les vierges s'éveillèrent et préparèrent leurs lampes, mais les vierges folles, voyant leurs lampes s'éteindre et manquant d'huile pour les rallumer, prièrent les autres de leur en donner. Celles-ci, craignant de n'en avoir pas trop pour elles, dirent à leurs compagnes d'aller en acheter aux marchands. Or, pendant qu'elles y allaient, l'époux arriva, les vierges sages l'accompagnèrent et entrèrent avec lui dans la salle des noces, puis la porte fut fermée. Les vierges folles arrivèrent aussi et frappèrent à la porte en disant : Seigneur, Seigneur, ouvrez-nous ! Mais l'époux leur répondit : En vérité, je vous le dis : je ne vous connais pas. »

Et Jésus conclut ainsi la parabole : « Veillez donc, car vous ne savez ni le jour ni l'heure » où le divin Époux viendra chercher son épouse, la sainte Église, pour la conduire dans les cieux. Les sages qui ne cesseront de marcher vers lui, tenant en main la lampe de la foi, toujours entretenue par l'huile de l'amour, seront admis au festin des noces éternelles. Aux insensés dont la foi s'est éteinte parce que l'amour et les bonnes œuvres ont cessé de l'alimenter, l'Époux céleste dira : « Je ne vous connais pas ; vous ne faisiez point partie du cortège qui est venu au-devant de moi, vous n'avez point droit au banquet nuptial. »

Ayant ainsi exhorté ses disciples à ne pas se laisser surprendre par la catastrophe finale et le retour subit du Fils de l'homme, Jésus reprit en ces termes son discours prophétique : « Quand le Fils de l'homme, entouré de ses anges, sera descendu du ciel, il siégera sur un trône de gloire et de majesté. Toutes les nations seront rassemblées devant lui. Il séparera les bons des méchants, comme le berger sépare les boucs des brebis, et il mettra les uns à sa droite, les autres à sa gauche. Alors, s'adressant à ceux qui sont à sa droite » qui l'ont aimé et qui, par amour pour lui, ont aimé leurs frères, « le Roi leur dira : " Venez, les bénis de mon Père, venez prendre possession du royaume préparé pour vous dès l'origine du monde. J'ai eu faim, et vous m'avez donné à manger ; j'ai eu soif, et vous m'avez donné à boire ; j'étais sans asile, et vous m'avez recueilli ; nu, et vous m'avez revêtu ; malade, et vous m'avez visité ; en prison, et vous êtes venus à moi.

« Alors, les justes lui diront : « Quand est-ce donc que nous vous avons vu ayant faim, et que nous vous avons rassasié ; ayant soif, et que nous vous avons donné à boire ; sans asile, et que nous vous avons recueilli ; nu, et que nous vous avons revêtu ; malade ou en prison, et que nous sommes allés à vous ? » Et le Roi leur répondra : « En vérité, je vous le dis, chaque fois que vous l'avez fait au plus petit d'entre mes frères, vous me l'avez fait à moi. »

« Alors, il dira aux réprouvés qui sont à sa gauche : « Retirez-vous de moi, maudits, allez au feu éternel, qui a été préparé pour Satan et pour ses anges, et que vous avez mérité par vos péchés contre Dieu et contre vos frères. Car j'ai eu faim, et vous ne m'avez pas donné à manger ; j'ai eu soif et vous ne m'avez pas donné à boire. J'étais sans asile, et vous ne m'avez pas recueilli ; nu, et vous ne m'avez point vêtu ; malade, en prison, et vous ne m'avez point visité. »

« Alors, eux aussi, lui diront : « Quand est-ce que nous vous avons vu ayant faim ou soif, nu, sans asile, malade, en prison sans que nous vous ayons assisté ? Et il leur répondra : « En vérité, je vous le dis, quand vous avez délaissé le plus petit d'entre les miens, moi aussi, vous m'avez délaissé. »

Et la sentence recevra immédiatement son exécution « Ceux-ci s'en iront à l'éternel supplice, et les justes à la vie éternelle. »

Par cette dernière révélation, Jésus enlève le voile qui cache aux hommes le terme où chacun doit nécessairement aboutir : le ciel éternel ou l'enfer éternel. Pendant ses trois années de prédication, il n'a cessé de montrer la voie qui mène au terme, la voie étroite qui conduit aux joies du paradis, et la voie large qui aboutit aux tourments de l'abîme. Que lui reste-t-il à faire, sinon à verser son sang rédempteur, moyen sublime inventé par son amour pour payer la rançon des enfants d'Adam, et s'ils veulent l'employer, pour les purifier, les sanctifier, et leur ouvrir les portes du royaume des cieux ? Cette œuvre de la rédemption, il lui tardait de l'accomplir ; aussi, à peine eut-il terminé son dernier discours qu'il dit à ses apôtres : « Vous savez que la Pâque a lieu dans deux jours, et que le Fils de l'homme sera livré pour être crucifié. »

VIII. LA DERNIÈRE CÈNE

Pacte du Sanhédrin avec Judas. - Deuil du mercredi. - Le cénacle. - La Pâque légale. - Lavement des pieds. - Institution de l'Eucharistie. - Prédiction de la trahison. - Judas sort du cénacle. (Matth., XXVI. - Marc., XIV, 10. - Luc., XXII. - Joan., XIII.)

Le mardi soir, au moment même où Jésus annonçait à ses apôtres que sa mort aurait lieu dans deux jours, les princes des prêtres, les scribes et les anciens du peuple tenaient conseil dans le palais du grand prêtre. La position du Sanhédrin vis-à-vis du prophète devenait de jour en jour plus inquiétante. Cet excommunié, disaient-ils, condamné à mort depuis deux mois, règne depuis trois jours dans le temple ; il y exerce une autorité souveraine ; il fanatise la population, il excite à se révolter contre les prêtres et les docteurs, qu'il bafoue et ridiculise dans ses discours. Ne vient-il pas dans cette même journée de lancer contre les scribes et les pharisiens les plus sanglants anathèmes ? Ou l'on exécuterait au plut tôt la sentence portée contre ce révolté, ou le grand Conseil tomberait dans le mépris public.

Ainsi devisaient entre eux ces Juifs criminels que Jésus venait de flageller et de réduire au silence devant tout le peuple. Tous s'accordaient sur la nécessité d'en finir au plus tôt, mais tous reconnaissaient également l'extrême difficulté de procéder en ce moment contre leur ennemi. Ses nombreux partisans ne le souffriraient pas. On ne pouvait, sans s'exposer à une émeute populaire, s'emparer de lui publiquement. Il fut donc convenu qu'on le surprendrait par ruse, la nuit, dans quelque lieu isolé, et qu'on le traînerait en prison, à l'insu de la population. Et comme une arrestation clandestine ne paraissait guère possible au milieu de ces armées de pèlerins campés dans Jérusalem et les environs, l'assemblée décida qu'on ajournerait l'exécution du projet jusqu'après les fêtes pascales, alors que les étrangers auraient en grande partie quitté la ville sainte.

Mais, de même que Jésus allait mourir volontairement, et non comme un condamné forcé à subir sa peine, il voulait mourir à son heure, et non à l'heure marquée par le Sanhédrin. Il avait annoncé à ses apôtres qu'il mourrait dans deux jours, pendant la fête, devant tout le peuple : aussi survint-il aussitôt une circonstance imprévue qui décida les conseillers à tenter de suite la capture de Jésus, qu'ils voulaient remettre à plus tard.

Au moment où ils allaient se séparer, on vint leur dire qu'un étranger désirait faire au grand Conseil une communication importante. Cet homme, c'était l'apôtre Judas. Satan venait de prendre définitivement possession de son âme. Depuis un an, Judas continuait à suivre son Maître, mais il ne croyait plus en lui. Ambitieux et cupide, il espérait trouver dans le royaume de Jésus un poste lucratif ; mais le jour où le Sauveur refusa la couronne, il cessa de voir en lui le Messie promis, et fut le premier à murmurer contre le pain eucharistique que Jésus promit alors aux Capharnaïtes, C'est à cette occasion que Jésus dit aux douze : « Il y a parmi vous un démon. » Judas se sentit deviné, et, bientôt à l'incrédulité se joignit dans son cœur le mépris et la haine du Sauveur. Alors la cupidité, passion féroce, devient son idole : il s'appropria sans scrupule l'argent dont la troupe apostolique lui avait confié la gestion ; il s'emporta contre Marie Madeleine et les hommages trop coûteux qu'elle rendait à Jésus, et finalement il résolut de quitter ce rêveur qui parlait de fonder un royaume, tout en annonçant qu'on allait le mettre en croix. Il était plus que temps de l'abandonner si l'on ne voulait périr avec lui. Et comme il errait dans Jérusalem, cherchant à savoir dans quelques dispositions se trouvaient les Juifs après les débats envenimés du temple, il apprit que le Sanhédrin discutait précisément sur le moyen à prendre pour s'emparer sans bruit du prophète de Nazareth. Aussitôt le démon lui suggéra qu'il y avait là de l'argent à gagner, et il demanda au Conseil de l'entendre.

Les conjurés accueillirent avec empressement le renégat qui venait leur offrir ses services. Avec le cynisme d'un démon, il se mit à leur niveau, parla de son Maître comme ils se parlaient eux-mêmes, et leur promit de conduire une bande de gardes et de soldats à l'endroit où Jésus se cachait la nuit ; mais le traître voulait savoir avant tout comment on récompenserait cet acte de haute trahison. « Que voulez-vous me donner ? demanda-t-il, et je vous le livrerai. » On lui offrit trente deniers, trente pièces d'argent équivalent à environ cent francs de notre monnaie. C'était une somme dérisoire, juste l'indemnité due à un maître dont on avait tué l'esclave ; mais les princes des prêtres ne crurent pas devoir plus au misérable traître qui vendait son Seigneur, et Judas ne réclama pas davantage. Ni les Juifs, en offrant ces trente deniers, ni Judas, en les acceptant sans discussion, ne se doutaient qu'ils accomplissaient cette prophétie : « Ils m'ont donné pour mon salaire trente pièces d'argent. » Après avoir reçu le prix de son crime, Judas s'engagea formellement à livrer la victime qu'il venait de vendre, et dès ce moment il ne pensa plus qu'à trouver l'occasion favorable d'exécuter son dessein. Cette occasion il la trouvera, mais quand Jésus la lui fournira lui-même, c'est-à-dire à l'heure marquée par les décrets éternels.

Le mercredi fut un jour de deuil et d'amertume. Le terrible mot de la veille : « Après-demain je serai livré et crucifié », avait serré tous les cœurs. Jusque-là, les apôtres s'étaient imaginé que les prédictions de Jésus sur sa Passion et sa mort contenaient un mystère dont les événements révéleraient le vrai sens ; mais, après les paroles si claires de leur Maître, comment se faire illusion ? Si Jésus les abandonnait, qu'allaient-ils devenir dans cette Jérusalem, où certainement on persécuterait les amis du prophète comme on le persécutait lui-même ? Témoin de leurs alarmes et de leur profonde douleur, Jésus les consolait affectueusement et les réconfortait, en les assurant que la séparation serait très courte et qu'ils le reverraient aussitôt après sa résurrection. À Béthanie, les larmes coulaient de tous les yeux. C'est là que le Sauveur fit ses adieux, non seulement à ses hôtes chéris, mais aux saintes femmes de la Galilée, qui se trouvaient réunies, avec la divine Mère, dans la maison de Lazare. La Vierge Marie pleurait au milieu de ses compagnes ; déjà la pointe du glaive, dont avait parlé le vieillard Siméon, pénétrait dans son cœur, mais elle écoutait avec une sainte résignation les paroles de réconfort que le divin Maître lui adressait. Elle unissait son sacrifice au sacrifice de son Fils, et priait avec lui pour ceux qu'il allait racheter au prix de son sang. Ainsi l'on arriva au moment de la séparation, au milieu des larmes et des consolations.

Le lendemain, jeudi, l'on devait célébrer le soir la Cène pascale, Jésus dit à Pierre et à Jean : « Allez et préparez-nous le festin de la Pâque. » En sa qualité d'économe, Judas aurait dû être chargé de ces préparatifs. Il conclut de cette marque de défiance que le Maître connaissait sa démarche et son marché de la veille. Les deux envoyés dirent à Jésus : « Où voulez-vous que nous préparions la Pâque ? » Il leur répondit mystérieusement : « En entrant dans la ville, vous rencontrerez un homme portant un vase plein d'eau ; suivez-le jusque dans la maison où il entrera, et dites au maître du logis : « Le Seigneur vous prévient que son temps est proche, et qu'il se propose de faire chez vous la Pâque avec ses disciples ; où pourrait-il manger avec eux l'Agneau pascal ? Et il vous montrera un grand cénacle, orné de tapis : vous ferez là tous les préparatifs nécessaires. » Judas écoutait avec attention les indications données par le Maître, espérant en profiter pour son dessein secret, mais Jésus laissa ignorer complètement le lieu où se passerait la Cène, afin que le traître ne pût venir l'y surprendre avant la fin du repas, et troubler les mystères qui devaient s'y opérer.

Pierre et Jean trouvèrent aux portes de la ville l'homme au vase d'eau. Ils le suivirent, entrèrent avec lui chez son maître qui leur montra le cénacle, où ils devaient préparer le repas du soir. C'était sur le mont Sion, dans la cité de David, près du palais où reposa longtemps l'arche d'alliance, là où le roi prophète chantait ses psaumes inspirés sur la venue du Messie et les horreurs de sa Passion.[25]

Le jour commençait chez les Juifs à six heures du soir. Aux premières étoiles annonçant le vendredi, premier jour des azymes, Jésus se rendit au cénacle avec ses apôtres. Il prit place au milieu de la

---

[25] Théâtre des grands événements du Jeudi-saint, le cénacle devint le premier lieu de réunion de l'Église naissante. Là Jésus ressuscité apparut aux apôtres, et l'Esprit- Saint descendit sur eux et sur les disciples. C'est aussi dans cette salle que Pierre, délivré de la prison par un ange, retrouva ses frères priant pour lui. D'après saint Épiphane, le cénacle aurait été épargné lors de la dévastation de Jérusalem par les Romains.

table, Pierre et Jean à ses côtés, et les autres rangés en demi-cercle autour du Maître. Les cœurs n'étaient point à la joie en ces tristes circonstances, mais tous avaient le pressentiment que de grandes choses allaient se passer pendant ce repas : l'amour dont Jésus leur avait donné tant de preuves débordait de son cœur et rayonnait plus sensiblement sur son noble visage. « J'ai désiré d'un grand désir, leur dit-il, de manger cette Pâque avec vous avant de mourir. Car, ajouta-t-il tristement, c'est la dernière fois que je fais la Pâque avec vous, jusqu'à ce que nous mangions la Pâque dans le royaume de Dieu. Prenant alors la coupe qu'on faisait circuler au commencement du repas, il rendit grâces, et la passant à ses apôtres, il dit encore : « Je ne boirai plus désormais du fruit de la vigne, jusqu'à ce que vienne le royaume de Dieu. » Les apôtres ne savaient pas bien de quel royaume il voulait parler, mais ils comprirent qu'ils assistaient au festin d'adieu, et leurs cœurs se troublèrent de plus en plus.

Alors commença le festin pascal, en commémoration du grand jour où Jéhovah tira Israël de la servitude d'Égypte. Les rites et les mets du festin rappelaient toutes les circonstances du dernier repas que firent les Hébreux, le jour de leur délivrance. Jésus servit d'abord à ses apôtres des laitues sauvages et d'autres herbes amères, en souvenir des amertumes dont les Égyptiens avaient rempli la vie de leurs pères ; des pains sans levain, parce qu'au jour de la Pâque, les Hébreux, fuyant leurs persécuteurs, n'eurent pas le temps de laisser fermenter la pâte ; enfin l'agneau pascal, dont le sang fit reculer l'ange exterminateur, Mais tout en observant les rites de la Pâque hébraïque, Jésus y voyait autant de figures de la Pâque nouvelle, de la rédemption qu'il apportait. La vraie captivité n'était point celle de l'Égypte, mais celle de l'enfer, et pour échapper aux coups de l'ange exterminateur, il fallait le sang du véritable Agneau pascal, figuré par les agneaux immolés dans le temple. C'était là le grand mystère que Jésus voulait révéler à ses apôtres avant de quitter ce monde.

Au moment de célébrer la Pâque de la nouvelle alliance, il voulut préparer leurs cœurs, trop remplis d'idées terrestres pour goûter les choses du ciel. Il profita d'une discussion qui s'était de nouveau élevée entre eux pendant le repas, pour leur donner une mémorable leçon. Il s'agissait toujours de savoir qui serait le premier et le plus grand dans le royaume. « Les rois des nations, leur dit Jésus, commandent en maîtres, mais, parmi vous, il en doit être autrement. Celui qui est le plus grand doit se faire le plus petit, et celui qui gouverne, le serviteur de tous. Quel est le plus grand, celui qui sert ou celui qui est assis à table ? Celui qui est à table, n'est-ce pas ? Eh bien, moi, votre Maître, je veux être celui qui sert. » Et joignant l'action aux paroles, il se leva de table, ôta son manteau, et se ceignit les reins d'un linge. Puis, ayant mis de l'eau dans un bassin, il fit ranger ses disciples autour de lui, et semblable à l'esclave qui chaque soir lavait les pieds de ses maîtres, il s'agenouilla pour leur laver les pieds et les essuyer avec le linge attaché à sa ceinture. Tous le regardaient, muets d'émotion. Il s'approcha de l'apôtre Pierre, qui se récria vivement :

« Vous, Seigneur, me laver les pieds, jamais !

- Pierre, lui dit Jésus, ce que tu ne conçois pas maintenant, tu le comprendras bientôt. Jamais, Seigneur, vous ne me laverez les pieds !

Alors, reprit Jésus, tu n'auras plus part à mon amitié. » Cette menace épouvanta l'apôtre qui lui répondit avec sa fougue ordinaire : « Lavez-moi non seulement les pieds, mais les mains et la tête.

Non, repartit Jésus, celui qui sort du bain, n'a besoin que de se laver les pieds pour être parfaitement pur. » Exempts de faute grave, vous n'avez qu'à vous purifier de la poussière des imperfections qui s'attache toujours aux pieds de l'homme.

Ayant dit ces mots, il ajouta d'un ton profondément triste : « Vous êtes purs, mais non pas tous ! » Allusion très significative à celui qui allait le trahir. Mais Judas fit semblant de ne pas comprendre, et souffrit que Jésus lui lavât les pieds comme aux autres. Cette besogne d'esclave terminée, le Sauveur reprit son manteau, se remit à table et dit à ses apôtres : « Savez-vous ce que je viens de faire ? Vous m'appelez votre Maître et votre Seigneur, et c'est à juste titre, car je le suis en effet. Si donc je vous ai lavé les pieds, moi, votre Maître et Seigneur, vous devez aussi vous laver les pieds les uns aux autres. Je vous ai donné l'exemple, afin que vous fassiez ce que j'ai fait moi-même. Le serviteur n'est pas au- dessus du maître, ni l'apôtre plus grand que celui qui l'a envoyé. Heureux serez-vous, maintenant que je vous ai enseigné ces choses, si vous savez les pratiquer ! Je ne dis pas cela de vous tous, mais je m'adresse à ceux que j'ai choisis, car il faut que cette parole de l'Écriture s'accomplisse : Celui qui mange mon pain, lèvera son pied contre moi. Et je vous fais cette prédiction, afin qu'après l'événement, vous croyiez que votre Maître est réellement le Christ. Pour vous, qui m'êtes restés fidèles dans toutes mes tribulations, faites ce que je viens de faire, et moi, je vous introduirai dans le royaume que mon Père me prépare, afin que vous buviez et mangiez à ma table dans mon royaume, et que vous siégiez sur des trônes pour juger les douze tribus d'Israël. »

Cette scène si touchante n'était cependant que le prélude d'une autre scène plus sublime et plus émouvante encore. Le lavement des pieds n'était que le symbole de la purification du cœur que Jésus opérait dans ses apôtres, pour les rendre dignes du don sublime qu'il voulait leur faire avant de les quitter. L'agneau pascal, figuré depuis des siècles par celui qu'ils venaient de manger c'était Jésus lui-même. Son sang allait couler le lendemain pour le salut du monde. Mais cela ne suffisait pas à l'Agneau de Dieu : il voulait rester toujours vivant au milieu des hommes, toujours s'immoler pour leurs péchés, toujours être mangé par eux pour les sustenter pendant le voyage vers la Terre promise. L'heure était venue de réaliser la promesse qu'il avait faite, un jour, de donner sa chair à manger et son sang à boire.

À la fin du repas, ayant instruit ses apôtres du prodige d'amour que son cœur allait opérer, Jésus prit un des pains azymes dans ses mains saintes et vénérables, il le bénit, le rompit et le présenta aux apôtres, en disant : « Prenez et mangez-en tous : ceci est mon corps, ce même corps qui va être livré pour vous. » Puis prenant sa coupe remplie de vin, il la bénit et la leur présenta en disant : « Prenez et buvez-en tous : ceci est le calice de mon sang, le sang de la nouvelle alliance, qui va être répandu pour la rémission de vos péchés. »

Et Jésus ajouta : « Faites ceci en mémoire de moi. » Afin que les apôtres et leurs successeurs, prêtres de la nouvelle alliance, perpétuassent le souvenir de son sacrifice, non par une Pâque commémorative, comme les prêtres de l'ancienne loi, mais par l'immolation nouvelle du divin Agneau, qui deviendra la nourriture des âmes et les gardera pour la vie éternelle.

Le repas touchait à sa fin. Les apôtres s'entretenaient affectueusement avec leur Maître, mais bientôt ils remarquèrent sur son visage un trouble profond. Jésus en effet ne pouvait penser à Judas, à ce cœur que rien ne devait attendrir, au sacrilège qu'il venait de commettre, au forfait plus noir encore qu'il méditait, sans ressentir un déchirement qui lui brisait l'âme. C'était un de ses membres, un de ses apôtres, qui se détachait de lui violemment, pour achever sur lui l'œuvre de Satan. Il voulut essayer encore une fois de l'amener au repentir, en lui mettant sous les yeux l'énormité de son crime et le châtiment qui l'attendait. S'adressant aux apôtres, il leur dit : « En vérité, je vous l'affirme, l'un d'entre vous, un de ceux qui sont assis à cette table et mangent avec moi, va me trahir et me livrer à mes ennemis. » À cette déclaration, les apôtres, attristés et consternés, se regardaient les uns les autres, se demandant si réellement il pouvait y avoir parmi eux un traître assez scélérat pour livrer son Maître. Et comme le soupçon pesait sur chacun d'eux, ils se mirent à crier tous ensemble : « Est-ce moi, Seigneur ? » Jésus reprit d'un ton grave et sévère : « C'est l'un de ceux, je vous le répète, qui font ici la Cène avec moi. » Et il ajouta cette parole foudroyante : « Le Fils de l'homme s'en va, selon qu'il est écrit de lui, mais malheur à celui par qui le Fils de l'homme sera livré ! Il vaudrait mieux pour lui qu'il n'eût pas vu le jour. »

Tous étaient atterrés, mais Judas restait calme. Il eut même l'audace de demander comme les autres : « Est-ce moi, Seigneur ? » Sa parole se perdit dans le bruit, mais Jésus lui répondit de manière à être entendu de lui seul : « Tu l'as dit, c'est toi. » Cette réponse qui aurait dû l'écraser, ne lui arracha ni un soupir, ni une larme, ni un mouvement de surprise ou d'horreur, de sorte que les apôtres n'eurent aucune raison de le soupçonner plus que les autres.

Voulant à tout prix sortir d'une incertitude qui lui brisait le cœur, Pierre fit signe à Jean d'interroger le Maître. Jean se pencha sur la poitrine de Jésus, et lui dit : « Qui est le traître ? - C'est celui, répondit le Sauveur, à qui je vais présenter un morceau de pain trempé. » Il trempa un morceau de pain dans un plat, et le présenta à Judas, qui reçut sans la moindre émotion ce nouveau signe d'amitié. À peine eut-il mangé cette bouchée, qu'il devint, non plus l'esclave, mais un véritable suppôt de Satan. Alors, le voyant perdu sans ressource, Jésus lui dit : « Ce que tu veux faire, fais-le bien vite. » Les apôtres ne comprirent pas le sens de ces paroles ; ils crurent qu'il donnait l'ordre à Judas d'acheter quelque objet pour la fête ou de distribuer des aumônes aux pauvres. Et le maudit, quittant le cénacle en toute hâte, s'en alla directement concerter avec ses complices les dernières mesures à prendre pour s'emparer de Jésus, cette nuit-là même.

Encore quelques heures, et le crime sera consommé.

IX. LE TESTAMENT D'AMOUR

Jésus annonce les grandes épreuves. - Tristesse des apôtres. - Discours d'adieu. - Motifs de foi, d'espérance, de consolation. - Union à Jésus : la vigne et les rameaux. - Aimer les âmes comme Jésus lui-même. - Affronter à son exemple les persécuteurs. - Prière du Rédempteur. (Joan., XIV-XV-XVI- XVII, 1-26.)

À peine Judas eut-il franchi les portes du cénacle, que Jésus, voyant venir la mort, éclata en un chant de joie. « Enfin, dit-il, voici l'heure du triomphe, l'heure qui, en glorifiant le Fils, va glorifier le Père ! » Puis, abaissant son regard sur ses disciples attristés : « Mes petits-enfants, ajouta-t-il avec tendresse, il ne me reste que quelques instants à passer avec vous. Vous ne pouvez me suivre où je vais, du moins pour le moment. Soyez fidèles à mon commandement : aimez-vous les uns les autres, comme je vous ai aimés moi-même. C'est à cette union fraternelle qu'on vous reconnaîtra pour mes vrais disciples. »

Ne pouvant se mettre dans l'esprit que leur Maître allait mourir, les apôtres se demandaient ce que signifiait ce discours. « Seigneur, lui dit Pierre, vous parlez de nous quitter : où allez-vous donc ? - Là où tu ne peux me suivre maintenant, répondit Jésus, mais où tu me suivras plus tard. - Et pourquoi pas aujourd'hui ? reprit l'apôtre qui commençait à comprendre, je suis prêt à donner ma vie pour vous.- Tu es prêt à donner ta vie pour moi ? Moi, je te prédis qu'avant le chant du coq, tu m'auras déjà renié trois fois. » Pierre protesta qu'il affronterait la prison et tous les supplices plutôt que de renier son Maître.

Jésus profita de cet incident pour les éclairer tous sur les dangers qu'ils allaient courir, et les mettre en garde contre leur faiblesse. « Simon, Simon, dit-il, le démon va vous secouer tous comme le crible secoue les grains de froment. Mais j'ai prié pour toi afin que ta foi ne défaille point. Quand tu seras pleinement converti, affermis tes lèvres. Tous, en effet, vous serez scandalisés cette nuit à mon sujet, car il est écrit : je frapperai le pasteur, et les brebis seront dispersées. Mais, après ma résurrection, je vous retrouverai en Galilée. » N'écoutant que son amour pour son Maître, Pierre se récria vivement : « Quand bien même tous faibliraient devant le danger, moi du moins je ne faiblirai pas. – Et moi, je te répète, reprit Jésus, qu'avant le second chant du coq, tu m'auras renié trois fois. – Jamais ! jamais ! me fallût-il mourir avec vous, je ne vous renierai pas ! » Les autres apôtres protestèrent, comme leur chef, de leur inébranlable fidélité. Jésus leur fit remarquer que pour rester fidèles en temps de guerre, il faut s'armer de courage. « Quand je vous envoyai naguère au milieu du monde sans bourse et sans chaussure, vous n'avez manqué de rien ? – De rien, répondirent-ils. – Eh bien, aujourd'hui, que chacun prenne son sac et sa bourse, et si quelqu'un n'a pas d'épée, qu'il vende jusqu'à ses vêtements pour en acheter une, car ce que l'Écriture a dit de moi va s'accomplir : Il a été mis au nombre des scélérats. » Croyant qu'il leur recommandait, non de s'armer de courage contre la tentation, mais d'un glaive contre l'ennemi, les apôtres lui dirent : « Seigneur, il y a ici deux épées. – Cela suffit », répliqua-t-il, car ce n'est pas avec l'épée que vous vaincrez. Pierre en prit une cependant, pour défendre son Maître, si on osait l'attaquer.

En ce moment, la tristesse des apôtres touchait presque au désespoir. Ils ne savaient ce qui se tramait contre Jésus et contre eux, mais évidemment ils étaient menacés de quelque affreux malheur. Jésus annonçait qu'un d'entre eux le trahirait, que Pierre le renierait, que tous l'abandonneraient, qu'il serait traité en criminel et même mis en croix. Il venait de dire qu'il lui faudrait les quitter pour se rendre là où personne ne pouvait le suivre ; mais comment expliquer ces énigmes, et, en tout cas qu'allaient-ils devenir, eux, privés de leur Maître, abandonnés sans défense au milieu d'ennemis acharnés ? En les voyant dans cette mortelle angoisse, silencieux, abattus, découragés, Jésus se sentit ému jusqu'au fond du cœur, et alors sortirent de ce cœur, pour les consoler et les fortifier, des accents qu'un Dieu seul pouvait trouver.

« Mes petits-enfants, leur dit-il, ne vous laissez donc pas troubler par la pensée de mon départ. Croyez en Dieu et croyez en moi. Je m'en vais dans la maison de mon Père, et dans cette maison, où les demeures sont nombreuses, je vais vous préparer une place. Alors je reviendrai vous prendre pour vous conduire là où je vais moi-même. Vous savez où je vais, et vous savez la route. - Non, Seigneur, répondit naïvement Thomas, nous ne savons ni l'endroit où vous allez ni le chemin qui y mène. - Thomas, je vais à mon Père, et la voie qui mène à lui, c'est moi. Je suis la voie » qu'il faut suivre, « la vérité » qu'il faut croire, « la vie » qu'il faut posséder, pour arriver à mon Père. Si vous me connaissiez, vous connaîtriez mon Père. Du reste, vous l'avez vu. - Seigneur, montrez-le-nous, s'écria Philippe qui, lui aussi, désirait, comme Thomas, voir avant de croire, montrez-nous le Père, et nous ne demanderons rien de plus. – Comment ? Répondit Jésus, il y a si longtemps que je suis avec vous, et vous ne me connaissez pas encore. Philippe, celui qui me voit, voit mon Père dont je suis la parfaite image. Com- ment pouvez-vous dire : Montrez-moi le Père ? Vous ne croyez donc pas que je suis dans le Père, et que le Père est en moi ? C'est lui qui parle par ma bouche, c'est lui qui fait les œuvres que j'opère. À cause de ces œuvres prodigieuses, croyez donc que le Père est en moi, et moi en lui. »

À ces considérations si propres à raffermir leur foi, les apôtres se reprenaient à espérer. Jésus ajouta que sa disparition ne les empêcherait nullement d'étendre le royaume de Dieu par toute la terre, comme il le leur avait promis. Il leur communiquerait une puissance telle, qu'ils opéraient des prodiges plus merveilleux que les miracles accomplis par lui. Tout ce qu'ils demanderaient au Père en son nom, il leur accorderait afin de glorifier par eux son Père bien-aimé.

Ils se désolent en pensant qu'ils ne jouiront plus de sa présence ni de ses entretiens intimes, mais, sous ce rapport encore, Jésus saura bien les dédommager. « Si vous m'aimez vraiment, dit-il, je prierai mon Père, et il vous enverra l'Esprit consolateur qui sera toujours avec vous, cet Esprit de vérité que le monde ne peut ni recevoir, ni connaître, ni goûter, mais qui se fera sentir à vous, parce qu'il résidera dans votre cœur. Et moi-même, je ne vous laisserai point orphelins, mais je viendrai en vous. Encore un peu de temps, et le monde ne me verra plus ; mais vous me verrez intérieurement, parce que nous vivrons de la même vie. Vous comprendrez alors que je suis en mon Père, et moi en vous, et vous en moi. Je me manifeste intimement à l'âme qui m'aime, et mon Père et moi nous établissons en elle notre demeure. - Pourquoi donc, demanda Philippe, ne vous manifestez-vous pas au monde de la même manière ? - Parce que, répondit Jésus, le monde ne m'aime pas, et ne tient aucun compte de mes commandements. »

Pour leur consolation, le Sauveur ajouta que l'Esprit-Saint compléterait et expliquerait l'enseignement qu'ils avaient reçu. En les quittant, il leur laissait la paix de Dieu, la paix que le monde ne peut donner. Son départ ne devait leur causer ni trouble ni frayeur, car il reviendrait, comme il l'avait promis. Par amour pour lui, ils devaient plutôt se réjouir, en le voyant retourner à son Père. « Si je vous prédis ainsi mon départ, c'est pour que votre foi ne chancelle pas quand vous le verrez se réaliser. Mais ne prolongeons pas cet entretien, car le prince du monde approche ; mon pas qu'il ait un droit sur moi, mais il faut prouver au monde que j'aime mon Père, et que je lui obéis toujours, quelle que soit sa volonté. Levez-vous et sortons d'ici. »

Il était dix heures. Entouré de ses apôtres. Jésus descendit les pentes du mont Sion et s'achemina, par la vallée du Cédron, vers le mont des Oliviers. Les apôtres, groupés autour de leur Maître, avançaient lentement, échangeant leurs pensées, et confiant au Sauveur les sentiments que ses prédictions et recommandations ; faisaient naître dans leur âme. Il leur répondit par une nouvelle effusion d'amour au sujet de la mission de salut qu'ils allaient remplir, mission qui resterait infructueuse s'ils ne lui restaient intimement unis.

« Je suis, dit-il, la vigne plantée par le céleste vigneron et vous en êtes les rameaux. Or le rameau ne porte de fruit que si il est entré dans le cep : vous resterez donc inféconds si vous n'êtes entés en moi. Sans moi vous ne pouvez rien produire ; sans la sève qui vient de moi, vous êtes le sarment stérile qui se dessèche et qu'on jette au feu. Au contraire, si vous demeurez en moi, tout ce que vous demanderez, vous l'obtiendrez, car c'est la gloire de mon Père de reconnaître, aux fruits abondants que vous produirez, de vrais disciples de son Fils. »

Si donc ils aiment leur Maître, ils doivent ne faire qu'un avec lui, et répandre dans tous les cœurs la vie qu'ils ont puisée dans son cœur. « Il faut, dit-il, que vous vous aimiez les uns les autres, comme je vous ai aimés moi-même. Je vous ai aimés du plus grand amour possible, qui est de donner sa vie pour ceux qu'on aime. Je vous ai aimés jusqu'à faire de vous, non des serviteurs, mais d'intimes amis ; car le serviteur ignore les secrets de son maître, et moi je vous communique tout ce que j'ai appris de mon Père. Je vous ai aimés jusqu'à vous choisir, avant que vous vous soyez donnés à moi, pour mes ambassadeurs auprès des peuples, avec la mission de produire dans les âmes des fruits de salut, abondants et durables. Je vous demande maintenant d'aimer vos frères comme je vous ai aimés, et d'affronter tous les périls, la mort même, pour les sauver.

« Vous ne propagerez pas le royaume de Dieu sans rencontrer des adversaires ; mais si le monde vous hait, vous vous souviendrez qu'il m'a haï le premier. Si vous étiez du monde, vous jouiriez de ses faveurs ; il vous poursuivra de sa haine, parce que je vous ai retirés du monde » pour vous former à mon image. Ils vous persécuteront comme ils m'ont persécuté ; ils mépriseront votre parole, comme ils m'ont méprisé moi-même.

« Votre consolation sera de penser qu'ils vous traiteront ainsi en haine de mon nom, parce qu'ils n'ont pas voulu connaître Celui qui m'a envoyé. Et leur péché est sans excuse, car j'ai opéré au milieu d'eux des prodiges que nul autre n'a opérés : ils en ont été témoins, et ils m'ont haï ainsi que mon Père ; car me haïr, c'est haïr mon Père. Ils ont ainsi vérifié la parole de l'Écriture : Ils m'ont haï gratuitement, sans motif, par pure malice. Mais leur haine n'empêchera pas les peuples de glorifier mon nom. Quand viendra l'Esprit-Saint que je vous enverrai, l'Esprit qui procède du Père, il me rendra témoignage ; et vous aussi, qui m'avez suivi dès le commencement, vous serez mes témoins au milieu du monde.

« Si je vous parle ouvertement, c'est pour vous mettre en garde contre la tentation. Quand ils vous chasseront des synagogues et vous tueront, croyant offrir à Dieu un sacrifice agréable, vous vous souviendrez que je vous ai prédit ces persécutions. Aussi longtemps que ma présence suffisait pour vous réconforter, je ne vous faisais qu'entrevoir les épreuves qui vous attendent ; mais, à cette heure de la séparation, il faut que je vous ouvre mon cœur. Au lieu de vous attrister de mon départ, vous devriez vous en réjouir, car il est avantageux pour votre mission que je m'en aille. L'Esprit-Saint ne viendra point en vous avant que je retourne à mon Père pour vous l'envoyer. Alors il viendra promulguer solennellement le crime que le monde a commis par son infidélité, la sainteté du Juste qu'ils ont osé condamner, et le jugement qui enlève l'empire au prince de ce monde. J'aurais encore beaucoup de choses à vous dire ; mais, au moment opportun, l'Esprit-Saint que vous allez recevoir, vous enseignera toute vérité et vous révélera les secrets de l'avenir. »

Jésus ajouta pour les consoler : « Encore un peu de temps, et vous ne me verrez plus ; et après un peu de temps, vous me reverrez. » Toujours dans l'illusion sur la mort prochaine et la résurrection de leur Maître, les apôtres l'interrogeaient du regard sur le sens de ces paroles mystérieuses. « En vérité. je vous le dis, reprit-il aussitôt, encore un peu de temps vous ne me verrez plus : vous pleurerez alors et vous gémirez, tandis que le monde se réjouira ; mais après un peu de temps vous me reverrez, et votre tristesse se changera en joie. Une femme sur le point d'enfanter se lamente, parce que l'heure des douleurs est venue ; mais une fois délivrée, elle ne se souvient plus de la souffrance, absorbée qu'elle est par la joie d'avoir mis un enfant au monde. De même, vous vivez maintenant dans l'angoisse, mais bientôt votre cœur se réjouira, et personne ne pourra vous ravir votre joie. Éclairés par l'Esprit-saint, vous n'aurez plus à m'interroger ; unis intimement à moi, tout ce que vous demanderez en mon nom, vous l'obtiendrez de mon Père, et vous serez au comble de vos vœux. Je vous ai enseigné en paraboles les mystères du royaume de Dieu, mais l'heure vient où je parlerai de mon Père ouvertement et sans figures. Vous verrez alors que vous pouvez tout lui demander, car il vous aime parce que vous m'avez aimé, et parce que vous avez cru que je suis sorti de Dieu. Oui, croyez-le fermement, je suis sorti du Père et suis venu en ce monde ; maintenant je laisse le monde, et je retourne à mon Père. »

Les apôtres crurent comprendre ce qu'ils ne pouvaient saisir encore que très imparfaitement. « Vous parlez déjà sans paraboles, lui dirent-ils, et nous voyons que vous savez toutes choses, car vous répondez à nos questions avant même que nous vous les posions. Aussi croyons-nous que vous êtes sorti de Dieu. - Vous croyez maintenant, s'écria Jésus qui voyait le fond de leur âme, mais voici l'heure où vous vous disperserez chacun de votre côté, et me laisserez seul, seul avec mon Père. » Il s'arrêta un instant ; puis, d'une voix émue, mais toujours ferme : « Tout ce que je viens de vous dire, reprit-il, je l'ai dit afin que vous trouviez en moi le repos de vos âmes. Le monde vous tiendra sous le pressoir, mais soyez tranquilles : j'ai vaincu le monde. »

À ce moment, l'œuvre de la rédemption apparut tout entière aux regards de Jésus. Il vit ses envoyés courant à la recherche des âmes jusqu'à la fin des siècles ; il vit ces âmes errantes dans les ténèbres s'ouvrir par millions aux clartés de l'Évangile, et glorifier Celui qui règne dans les cieux. Ses yeux tout rayonnants d'amour se levèrent alors vers son Père, et, les bras étendus, il lui adressa cette sublime prière :

« Mon père, voici l'heure si longtemps attendue : glorifiez votre Fils, afin que votre Fils vous glorifie. Vous m'avez établi chef du genre humain, pour communiquer à ceux que vous m'avez donnés la vie éternelle, cette vie éternelle qui consiste à vous connaître, vous seul vrai Dieu, et le Christ Jésus, que vous avez envoyé. Je vous ai glorifié sur la terre, j'ai accompli l'œuvre dont vous m'aviez chargé : à vous maintenant, mon Père, de me glorifier, dans votre sein, de cette gloire dont j'ai joui en vous de toute éternité.

« J'ai manifesté votre nom à ceux que vous m'avez donnés. Ils ont écouté vos paroles, que je leur ai transmises ; ils savent que je suis sorti de vous, ils croient que vous m'avez envoyé. Je ne prie pas en ce moment pour le monde qui ne vous connaît pas, je prie pour ceux que vous m'avez donnés, qui sont à vous comme ils sont à moi. Ils vont rester dans ce monde que je quitte pour aller à vous. Père, gardez-les dans votre amour, afin qu'ils soient un comme nous sommes un. Étant avec eux, je les ai gardés tous : aucun de ceux que vous m'avez donnés n'a péri, sauf le fils de perdition, prédit par l'Écriture. Maintenant, je vais à vous, et je prie pour eux avant de les quitter, afin qu'ils trouvent en eux la plénitude de ma joie.

« Je leur ai prêché votre parole, et le monde les a pris en haine, parce que, marchant sur les traces de leur Maître, ils ne sont plus de ce monde. Je ne vous demande pas de les retirer de ce monde, » qu'ils doivent remplir de votre nom, « mais de les préserver du mal, de les sanctifier dans la vérité de les consacrer à votre gloire comme je m'y suis moi-même consacré.

« Je vous prie pour eux, et aussi pour tous ceux qui, par leur parole, croiront en moi. Qu'ils soient un comme nous somme un, moi vivant en eux, et vous en moi ; qu'ils soient consommés dans l'unité, et qu'ainsi le monde connaisse que vous m'avez envoyé, et que vous aimez les miens comme vous m'aimez moi-même. O mon père, ces bien-aimés, je veux qu'ils arrivent près de moi, et qu'ils soient témoins de ma gloire, de cette gloire que je tiens de votre amour dès avant la constitution du monde. Père, j'invoque ici votre justice : le monde ne vous a pas connu, mais ceux-ci ont cru que vous m'avez envoyé, et ils ont appris par moi à vous connaître. Et cette connaissance de votre nom, j'en remplirai leur esprit, afin que vous les aimiez comme vous m'aimez moi-même. »

Jésus cessa de parler. Tout occupée de ces célestes entretiens, la petite troupe avait passé le Cédron et se trouvait au pied de la montagne où Jésus avait l'habitude de passer la nuit. Devant eux se trouvait un jardin, planté d'oliviers. Le Sauveur y entra, et les apôtres l'y suivirent. À voir le calme et la sérénité de leur Maître, aucun d'eux ne se doutait qu'à cette heure-là même allait commencer le drame le plus épouvantable que le monde ait jamais vu : la Passion du Fils de Dieu.

LIVRE SEPTIÈME
PASSION ET MORT DE JÉSUS

I. L'AGONIE ET L'ARRESTATION DE JÉSUS

Le Jardin de Gethsémani. - La grotte de l'Agonie. - Les trois Fiat. - La sueur de sang. - L'ange consolateur. - Le baiser de Judas. - L'arrestation. (Matth., XXVI. - Marc., XIV. - Luc., XXII. -Joan., XVIII, 1-11.)

L'enclos dans lequel Jésus venait de pénétrer s'appelait Gethsémani, nom qui signifie pressoir de l'huile. C'était en ce lieu qu'on écrasait, pour en exprimer le jus, les olives recueillies en abondance sur la montagne. C'était là aussi que Dieu attendait le nouvel Adam pour le broyer sous le pressoir de l'éternelle justice. En le voyant entrer dans le jardin de Gethsémani, le Père ne considéra plus en lui que le représentant de l'humanité déchue, dégradée par tous les vices et souillée de tous les crimes.

Et Jésus, le lépreux volontaire, consentit à n'être plus que l'homme des douleurs. Il laissa sa divinité s'éclipser, et l'humanité, avec ses infirmités, ses faiblesses et ses désolations, lutter seule contre la souffrance. Pour ne pas soumettre ses apôtres à une trop forte épreuve, il leur commanda de l'attendre à l'entrée du jardin : « Asseyez-vous ici, dit-il, pendant que je m'avancerai un peu plus loin pour prier. » Il prit avec lui Pierre, Jacques et Jean, ces trois témoins de sa glorieuse transfiguration sur le Thabor. Eux seuls, fortifiés par ce grand souvenir, étaient capables d'assister au spectacle de sa détresse sans oublier qu'il était le Fils de Dieu.

À peine fut-il seul avec eux qu'il tomba dans un profond abattement. La divinité suspendant son influence, l'homme se trouva aux prises avec l'effrayante vision du martyre qu'il allait endurer. Un profond dégoût, un immense effroi, joint à une tristesse que rien ne saurait rendre, s'empara de son âme, au point qu'il poussa ce cri d'angoisse : « Mon âme est triste jusqu'à la mort ! » Sans un miracle d'En-haut, l'humanité succombait sous le poids de la douleur. Les trois disciples, émus et atterrés, le regardaient avec attendrissement, sans oser prononcer une parole. Il leur dit d'une voix tremblante : « Restez ici, et veillez, » pendant que moi-même je vais prier.

Il s'éloigna, se traînant avec peine, à la distance d'un jet de pierre, jusqu'à la grotte qui s'appelle depuis lors la grotte de l'Agonie, mais la terrible vision le suivit dans cette sombre caverne. À peine y fut-il arrivé, qu'il vit passer devant ses yeux toutes sortes d'instruments de supplices, des cordes, des fouets, des clous, des épines, un gibet ; des bourreaux, la raillerie et le blasphème à la bouche ; un peuple en délire, l'accablant d'avanies sans nom. Un instant il recula d'horreur, mais enfin, tombant sur ses genoux, la face contre terre, il s'écria : « Mon Père, s'il est possible, que ce calice s'éloigne de moi ; cependant que votre volonté s'accomplisse, et non la mienne. »

Dieu voulait qu'il bût jusqu'à la lie le calice d'amertume : aucune voix du ciel ne répondit à sa plainte. Effrayé, tremblant, couvert de sueur, il se leva et se traîna vers les trois apôtres pour chercher près d'eux quelque consolation ; mais la tristesse les avait abattus et engourdis. Plongés dans une espèce de léthargie, c'est à peine s'ils reconnurent leur Maître. Il se plaignit de cet abandon, et s'adressant plus spécialement à Pierre qui tout à l'heure faisait de si belles promesses : « Tu dors, Simon, lui dit-il. Comment ! vous n'avez même pas pu veiller une heure avec moi. Ah ! veillez et priez, afin que vous ne succombiez pas au moment de l'épreuve. L'esprit est prompt à promettre, mais la chair est faible. »

Ayant ainsi stimulé les apôtres. il retourna une seconde fois à la grotte. La vision reparut plus effrayante encore. Lui, le saint des saints, se vit couvert d'une montagne de péchés. Toutes les abominations et tous les crimes, depuis la prévarication d'Adam jusqu'au dernier forfait commis par le dernier des hommes, se dressèrent devant lui et s'attachèrent à lui comme s'il en était coupable. Et une voix lui criait : Regarde toutes ces monstruosités ; à toi de les expier par des souffrances proportionnées au nombre et à l'énormité des attentats commis contre Dieu. Prosterné dans la poussière, le cœur brisé, mourant de douleur à l'aspect du péché, il trouva néanmoins assez de force pour redire avec une sublime résignation : « Mon Père, s'il faut que je boive ce calice, que votre sainte volonté soit faite ! » Ayant dit ces mots, il retourna de nouveau près de ses apôtres, espérant trouver près d'eux quelque réconfort pour son âme épuisée ; mais leurs yeux étaient appesantis, et tout leur être tellement anéanti par une accablante tristesse, qu'ils ne trouvèrent pas un mot à lui répondre.

Une troisième fois il rentra dans la grotte pour y souffrir une mortelle agonie. Couvert de tous les péchés des hommes, souffrant des tourments inouïs dans son corps et dans son âme, il vit des millions et des millions de pécheurs rachetés par lui, qui le poursuivaient de leurs mépris et de leurs haines féroces pendant toute la durée des siècles. Ils persécutaient son Église, foulaient aux pieds l'Hostie sainte, brisaient sa croix, blasphémaient sa divinité, égorgeaient ses enfants, et travaillaient de toutes leurs forces à plonger dans l'enfer les âmes pour lesquelles il donnait son sang ! À la vue de cette monstrueuse ingratitude, il tomba comme anéanti. Son corps était trempé de sueur, d'une sueur sanglante. Des gouttes de sang sortaient de tous les pores, ruisselaient le long de ses joues et tombaient dans la poussière. Cependant, il ne cessait point de prier, et, de sa voix mourante, il répétait à son Père qu'il était prêt à vider jusqu'au fond le calice des douleurs.

La mort allait suivre inévitablement cet inexprimable angoisse, quand un ange descendit du ciel pour le consoler et le fortifier. À l'instant même, il retrouva son calme et sa sérénité, et, se rapprochant de ses apôtres, il leur dit avec son indulgence ordinaire : « Maintenant, dormez et reposez-vous avec tranquillité, vous n'avez plus besoin de veiller avec moi. » Mais à peine avaient-ils fermé les yeux qu'il s'écria : Levez-vous et marchons : voici l'heure où le Fils de l'homme va être livré entre les mains des pécheurs. Celui qui doit me trahir est près d'ici, » Et à la lueur des torches qui éclairaient la vallée, ils purent voir une troupe de gens armés qui se dirigeaient vers le jardin de Gethsémani : c'était Judas à la tête des soldats qui devaient s'emparer de Jésus.

Le malheureux Judas n'avait point perdu son temps depuis la sortie du cénacle. Dans une entrevue avec les principaux membres du grand Conseil, il leur apprit que Jésus se dirigeait avec ses apôtres vers la montagne des Oliviers, qu'il passerait la nuit dans un endroit solitaire, parfaitement connu du traître, et que, par conséquent, il serait très facile de le saisir, pendant la nuit, sans exciter aucune rumeur dans le peuple. Les princes des prêtres adoptèrent ce plan avec joie, et formèrent une troupe de gens armés pour le mettre immédiatement à exécution. Elle se composait d'un détachement de soldats préposés à la garde du temple, des satellites ou serviteurs du grand prêtre ; et d'une bande de gens du peuple, muni de piques et de bâtons, de torches et de lanternes. Des membres du Sanhédrin accompagnaient cette nocturne expédition, pour prendre les mesures que nécessiteraient les circonstances.

Placé en tête de la colonne, Judas lui servait de guide. Comme les soldats ne connaissaient point Jésus, ils reçurent l'ordre de s'arrêter à la porte du jardin de Gethsémani, pendant que Judas s'avancerait seul vers son Maître et le désignerait à tous par un signe qui ne pouvait pas les tromper : « Celui que je baiserai, leur avait dit le traître, c'est celui-là. Saisissez-vous de lui, et emmenez-le avec toutes sortes de précaution, car il pourrait fort bien vous échapper. » Le signal donné, Judas devait se mêler aux apôtres, comme s'il n'était pour rien dans le crime qui allait s'accomplir. Il évitait ainsi l'odieux d'avoir trahi son Maître, et les princes des prêtres n'encouraient pas la honte d'avoir eu recours à un vil expédient pour satisfaire leur vengeance. Mais ils avaient tous compté sans la sagesse et la puissance de Dieu.

Il était minuit quand ils arrivèrent près du jardin. Tout était sombre et silencieux dans la vallée. La troupe elle-même évitait le tumulte, afin de ne pas donner l'éveil au peuple. Selon les conventions, Judas s'avança seul à la rencontre de Jésus qui, à ce moment-là, descendait avec ses apôtres vers la porte du jardin. Il s'approcha de son Maître sans aucune gêne, comme s'il venait rendre compte d'une mission : « Maître, dit-il, je vous salue. » Et, en même temps, il lui donna le baiser usité chez les Juifs entre amis et parents. Au lieu de repousser le criminel apôtre, Jésus se contenta de lui dire avec une angélique douceur : « Mon ami, que venez-vous faire ici ? Quoi ! Judas, vous trahissez le Fils de l'homme par un baiser ? »

Au lieu de tomber à genoux pour demander pardon de sa faute, Judas, croyant entendre les paroles d'indignation des apôtres, se déconcerta et se replia vers ses troupes. Les soldats s'imaginèrent qu'il avait une explication à leur fournir, et il s'ensuivit un moment d'hésitation qui donna lieu à une scène d'une majesté sans égale. Jésus n'attendit pas qu'on vînt mettre la main sur lui, mais s'avançant vers les soldats, il leur demanda d'une voix ferme :

« Qui cherchez-vous ?

- Jésus de Nazareth, répondirent-ils.

- C'est moi ! »dit Jésus.

À cette simple parole, soldats, valets, sanhédristes, saisis d'une frayeur soudaine et comme foudroyés par une main invisible, reculèrent d'un pas et tombèrent à la renverse. Quand ils se furent relevés, Jésus, toujours debout devant eux, répéta sa question :

« Qui cherchez-vous ?

- Jésus de Nazareth, redirent-ils tout tremblants.

- Je suis Jésus de Nazareth, reprit le Sauveur, je viens de vous le déclarer. Si c'est à moi que vous en voulez, laissez aller ceux-ci. »

Et d'un geste impératif, il désignait les apôtres qui l'entouraient, et qu'il voulait sauver, selon la parole prononcée par lui quelques heures auparavant : O Père, de tous ceux que vous m'avez donnés, je n'en ai pas perdu un seul. Mais réussirait-il ? Cela paraissait d'autant moins probable que les apôtres, l'ayant vu terrasser les soldats, s'imaginèrent qu'il allait se défendre et se préparaient à la résistance. Quand la troupe, excitée par les princes des prêtres, s'approcha de Jésus pour le faire prisonnier, les onze, frémissants de colère, l'entourèrent en criant : « Maitre, permettez-nous de nous servir du glaive ? » Pierre ne laissa pas même à Jésus le temps de répondre. Brandissant son épée, il l'abattit sur la tête d'un serviteur du grand prêtre, nommé Malchus, et lui coupa l'oreille droite.

Une lutte allait s'engager, mais Jésus intervint aussitôt.

« Arrêtez, » dit-il à Pierre et à ses compagnons. Alors, manifestant de nouveau sa divine puissance, il s'approcha de Malchus, lui toucha l'oreille, et la blessure fut à l'instant guérie. Puis, s'adressant à Pierre et à tous les assistants, il déclara qu'il n'avait nullement besoin d'être défendu contre ses ennemis, mais que, si ceux-ci mettaient maintenant la main sur lui, c'est qu'il se livrait volontairement à eux. « Pierre, dit-il, remet ton épée dans le fourreau. Ceux qui tirent l'épée, périront par l'épée. Et ne me faut-il pas boire le calice que mon Père me présente ? Crois-tu donc que si je voulais prier mon Père de me défendre, il ne m'enverrait pas à l'instant plus de douze légions d'anges ? Non, non, ce qui se fait maintenant a été prédit : il faut que les Écritures s'accomplissent. »

Ce fait de son oblation volontaire, il le fit remarquer aux membres du Sanhédrin qui accompagnaient les soldats. Se tournant vers les prêtres, les docteurs et les anciens du peuple : « Vous êtes venus à moi avec des épées et des bâtons, comme si vous aviez affaire à un voleur, » mais, sachez-le bien, les armes ne peuvent rien contre moi. « Tous les jours j'étais assis dans le temple, au milieu de vous, enseignant ma doctrine : pourquoi n'avez-vous pas pu m'arrêter ? » C'est que le moment fixé par mon Père n'était pas venu. « Maintenant c'est votre heure, c'est l'heure des puissances infernales, » dont vous êtes les instruments. « Encore une fois, il faut que les prédictions des Écritures s'accomplissent. »

Mais la haine aveuglait et endurcissait ces hommes. Plus Jésus faisait éclater sa divinité, plus leur rage allait croissant. Sur leur ordre, les soldats, s'étant emparés de Jésus, le garrottèrent comme un malfaiteur. Le divin Maître tendit les mains à ses bourreaux, ce qui déconcerta les apôtres et leur fit perdre courage. Voyant qu'il ne brisait point ses chaînes, que les soldats l'outrageaient impunément, que les prêtres et les scribes blasphémaient contre lui, que la populace commençait à vociférer des menaces et des imprécations contre eux, ils oublièrent toutes leurs protestations et s'enfuirent chacun de leur côté. Seul, un jeune disciple de Jésus, accouru précipitamment au bruit que faisaient les soldats, voulut suivre son Maître. Ceux-ci reçurent l'ordre de l'arrêter, et déjà ils le tenaient par son vêtement, mais il le leur laissa dans les mains et prit aussi la fuite.

Comme il l'avait annoncé, Jésus resta seul au milieu de ses ennemis.

II. Jésus devant Caïphe

De Gethsémani au palais du grand prêtre. - Le torrent du Cédron - Anne et son valet. - Jésus devant Caïphe. - Illégalité de la séance. - Les faux témoins. - Mutisme de Jésus. - » *Es-tu le Fils de Dieu ? - Ego sum* » *- L'arrêt de mort. (Matth., XXVI, 57-66. - Marc., XIV, 53-64. - Luc., XXII, 54. - Joan., XVIII, 19-24.)*

Maîtres enfin de Jésus, les pharisiens purent satisfaire l'ardente haine qu'ils lui avaient vouée depuis si longtemps. Pour humilier ce prophète, ce soi-disant Messie, ils voulurent qu'on le traitât en criminel vulgaire. Sur leur ordre, les soldats de la cohorte lui attachèrent les bras sur la poitrine ; puis, au moyen de cordes fixées à une chaîne qu'on lui passa autour du corps, les valets le firent marcher devant eux, comme s'il se fût agir d'un voleur et d'un assassin. De la villa de Gethsémani le cortège se mit en marche vers le mont Sion où se trouvait le palais des pontifes. C'est là que Jésus devait être jugé.

En traversant le pont jeté sur le Cédron, les bourreaux, à l'instigation des pharisiens, précipitèrent l'innocente victime dans le lit du torrent. N'ayant pour tout vêtement que sa robe et son manteau, Jésus tomba lourdement sur les pierres amassées au fond du ruisseau fangeux, ce qui occasionna un redoublement de sarcasmes et d'insultes. Quel spectacle divertissant pour ces chefs d'Israël, de voir abattu dans la fange, au fond d'un cloaque, ce thaumaturge qui tirait les morts du tombeau ! Ils ne savaient pas, ces docteurs et ces prêtres avilis, qu'en ce moment-là même se vérifiaient en Jésus ces paroles prophétiques : « Sur la route il boira de l'eau du torrent, et c'est pourquoi il lèvera la tête. »[26]

Après cette chute, le prisonnier, traîné par les soldats, s'avança péniblement, par la vallée, vers le palais du grand prêtre. Les habitants de Jérusalem ignoraient absolument le crime que leurs chefs venaient de commettre ; cependant une certaine agitation régnait déjà dans la ville endormie. Décidés à en finir cette nuit-là même, les chefs du Sanhédrin avait fait prévenir leurs collègues de se rendre au palais de Caïphe. Des émissaires couraient partout à la recherche de faux témoins, afin de couvrir leur infamie d'une apparence de légalité. Enfin, comme il fallait donner au jugement une certaine publicité, les pharisiens les plus opposés au prophète et à ses doctrines se dirigeaient vers le tribunal pour assister à l'interrogatoire et acclamer les juges. Du reste, la populace, toujours prête, sur un mot des meneurs, à s'ameuter contre l'innocent, s'agitait déjà dans l'ombre.

Le cortège arriva au palais des pontifes vers une heure du matin. Les soldats conduisirent Jésus dans une des salles où siégeait le magistrat chargé de formuler l'accusation. Ce juge instructeur, nommé Anne, n'était autre que le beau-père de Caïphe, lequel, en sa qualité de grand prêtre, devait prononcer le jugement. Après avoir occupé le souverain pontificat pendant de longues années, Anne l'avait fait passer successivement aux divers membres de sa famille, tout en restant de fait la première autorité du Sanhédrin. Caïphe n'agissait que d'après les inspirations et la direction du rusé vieillard.

Introduit devant l'ex-pontife, Jésus, chargé de chaînes, conserva un maintien ferme, un visage calme et serein. Anne avait préparé avec soin son interrogatoire. Il posa au prisonnier beaucoup de questions sur ses disciples et sur ses doctrines, espérant recueillir quelque indice de machinations ténébreuses contre la Loi mosaïque ; mais son espoir fut bien vite anéanti. De ses disciples, Jésus ne dit pas un mot : il

---

[26] Cette particularité de la Passion du Sauveur nous est connue par la tradition. On montre encore aujourd'hui, près du pont du Cédron, une pierre d'assez grande dimension sur laquelle Notre-Seigneur, en tombant, laissa l'empreinte de ses genoux, de ses pieds et de ses mains. - L'Église a accordé des indulgences aux pèlerins qui s'agenouillent sur cette pierre du Cédron, devenue par là l'une des stations de la *Voie de la Captivité*. On appelle ainsi la route que suivit Jésus depuis le jardin de Gethsémani jusqu'au palais de Pilate.

s'agissait de lui personnellement, et non de ceux qui l'avaient suivi. Quant à sa doctrine, il se contenta de répondre : « J'ai enseigné dans les synagogues et dans le temple, devant le peuple assemblé ; je n'ai rien dit en secret. Pourquoi m'interroger sur ma doctrine ? Interrogez ceux qui m'ont entendu : ils savent ce que j'ai enseigné, ils rendront témoignage à la vérité. »

Rien de plus sage que cette réponse ; ainsi le vieux pontife parut-il tout déconcerté. Un de ses valets vint à son secours : s'approchant de Jésus, il lui appliqua un vigoureux soufflet. « Est-ce ainsi, lui dit-il d'un ton furieux, est-ce ainsi qu'on parle au pontife ? » Sans laisser paraître aucune émotion, Jésus répondit à ce misérable ; « Si j'ai mal parlé, prouvez-le ; mais si j'ai bien parlé, pourquoi me frappez-vous ? »

L'indigne valet garda le silence aussi bien que son maître. Confus et consterné, ce dernier leva subitement la séance pour ne pas s'exposer à de nouvelles humiliations, et ordonna aux soldats de conduire le prisonnier au tribunal de Caïphe, où les membres du Sanhédrin se trouvaient réunis.

Cette assemblée, composée de pharisiens et de sadducéens, ennemis déclarés de Jésus, de pontifes, envieux de sa gloire, de scribes, qu'il avait vingt fois confondus devant tout le peuple, ne pensait nullement à rendre un arrêt de justice, mais à exécuter un projet de vengeance. Il suffit de rappeler que, trois fois déjà, dans des conciliabules secrets, ces mêmes juges avaient condamné Jésus, excommunié ses partisans, et finalement décrété sa mort. Dans une de ces réunions, Caïphe n'avait-il pas prétendu que le triomphe de Jésus entraînerait la destruction de la nation, et que par conséquent sa mort devenait une nécessité de salut public ? Jésus était donc condamné d'avance par le président du tribunal et par ses conseillers, qui tous s'étaient rangés à son avis.

Aussi ces hommes iniques se firent-ils un jeu, dans cette procédure, de violer toutes les lois. Il était interdit aux juges de siéger la veille ou le jour du sabbat, parce que l'exécution du criminel devant suivre immédiatement la sentence, les apprêts du supplice auraient nécessité la violation du repos sacré. La loi défendait également, sous peine de nullité, de juger une affaire capitale pendant la nuit, parce que les séances devaient être publiques ; aussi le tribunal ne siégeait-il qu'entre le sacrifice du matin et celui du soir. Mais le Sanhédrin se met résolument au-dessus de toutes les formalités légales. Il arrête Jésus pendant la fête de Pâque, la veille du sabbat, à minuit, et procède au jugement une heure après l'arrestation. La haine n'avait pas le temps d'attendre le lever du soleil. De plus, il faut que le peuple, à son réveil, apprenne que Jésus est condamné. L'enthousiasme des foules tombera, quand la haute cour de justice aura déclaré le faux prophète coupable de lèse-divinité et de lèse-nation.

Le Sauveur comparut donc, dans la salle du prétoire, devant tout le Sanhédrin. Pour motiver une sentence de condamnation, les juges avaient imaginé un complot contre la Loi mosaïque, et suborné de faux témoins, lesquels, à prix d'argent, devaient soutenir l'accusation ; mais ceux-ci, se contredisant les uns les autres, furent pris en flagrant délit de mensonge et d'imposture, ce qui les exposait à de graves châtiments. Les juges paraissaient fort embarrassés, quand deux misérables formulèrent une accusation de nature à impressionner vivement l'assemblée entière. « Nous lui avons entendu dire, s'écria l'un d'eux, je puis détruire le temple de Dieu et le rebâtir en trois jours. » La déposition du second fut un peu différente. Selon lui, Jésus se serait exprimé de la manière suivante « Je détruirai ce temple fait de main d'homme, et dans trois jours, j'en rebâtirai un autre qui ne sera pas fait de main d'homme. »

Cette accusation était aux yeux des Juifs d'une extrême gravité, car le temple personnifiait en quelque sorte la nation, la Loi, tout le mosaïsme ; mais comment transformer les paroles prononcées par Jésus en attentat contre le temple de Dieu ? Il n'avait pas dit : « Je puis détruire » ou « je détruirai ce temple en trois jours ; » mais, au contraire : » Détruisez ce temple, » c'est-à-dire, dans l'hypothèse de la destruction du temple, je le rebâtirai en trois jours. La menace contre le temple, qui constituait le délit, était donc une invention des témoins. Ensuite on donnait aux paroles de Jésus un sens matériel absolument étranger à sa pensée. Les expressions dont il s'était servi prouvaient clairement qu'il parlait du temple de son corps, de ce corps que les Juifs allaient détruire et que lui, en preuve de sa divine puissance, ressusciterait après trois jours.

Quand les accusateurs eurent cessé de parler, Caïphe lança au divin Maître un regard interrogateur, et le somma de répondre. Jésus garda le silence. Se levant alors avec colère, comme un homme qui se croit méprisé, Caïphe prit la parole : « Eh bien ! tu n'as donc rien à répondre à l'accusation que ceux-ci font peser sur toi ? » Jésus resta silencieux. On ne répond pas à de faux témoins, dont les témoignages ne concordent même pas, ni aux juges qui ont suborné ces calomniateurs. On ne répond pas à l'accusation d'avoir comploté contre le temple, quand on a, comme Jésus, chassé les vendeurs du temple pour empêcher la profanation de la maison de Dieu. En se taisant devant ces misérables, Jésus constatait leur indignité, et réalisait en même temps la prophétie de David : « Ceux qui cherchaient un prétexte pour m' ôter la vie, disaient contre moi des choses fausses et vaines ; mais j'étais à leur égard comme un sourd qui n'entend pas et comme un muet qui n'ouvre point la bouche. »

Ce mutisme ne laissait pas que d'inquiéter les conseillers. Ils se disaient que si Jésus, ce docteur qui les avait si souvent confondus par sa science et son éloquence, dédaignait de répondre à leurs accusations, c'est qu'il les jugeait indignes d'un corps respectable comme le Sanhédrin. Caïphe le comprenait aussi, et cette humiliation le faisait écumer de rage. Laissant de côté des griefs qui n'aboutissaient à rien, il marcha droit au but en posant des questions qui forceraient Jésus à s'accuser lui- même. « Je t'adjure, lui cria-t-il d'un ton menaçant, je t'adjure par le Dieu vivant, de nous dire si tu es le Christ, le Fils de Dieu ? »

Jésus n'était pas obligé d'obéir à cette sommation, car la Loi mosaïque interdisait de déférer le serment à un accusé, pour ne point le mettre dans l'alternative ou de se parjurer ou de s'incriminer lui-même. Mais Caïphe comptait que Jésus n'hésiterait pas à affirmer sa divinité dans cette circonstance solennelle. En tout cas, se disait-il, qu'il affirme ou qu'il nie, il est également perdu. S'il nie, nous le condamnerons comme imposteur et faux prophète, car il a maintes fois affirmé devant le peuple qu'il était le Christ et l'égal du Père qui est dans les cieux. S'il affirme, nous lui infligerons la peine édictée par la loi contre les blasphémateurs et usurpateurs des titres divins.

Caïphe ne se trompait pas. À cette interpellation du pontife sur sa personnalité divine et sur sa qualité de Messie, Jésus rompit le silence qu'il avait gardé depuis le commencement de la séance. Sachant bien que les juges n'attendaient qu'une affirmation de sa bouche pour décréter sa mort, il répondit au grand prêtre avec une souveraine dignité : « Tu viens de dire qui je suis. Oui, je suis le Christ, le Fils du Dieu vivant. Et maintenant écoutez tous : Un jour vous verrez le Fils de l'homme, assis à la droite de Dieu, descendre sur les nuées du ciel, pour juger tous les hommes. »

À peine avait-il formulé cette saisissante déclaration, que Caïphe, sans prendre un instant pour l'examiner, s'écria comme un furieux : « Il a blasphémé ! vous venez de l'entendre. Inutile d'interroger de nouveaux témoins. » Et il déchira ses vêtements avec indignation, pour protester, comme le voulait la loi, contre l'injure faite à Dieu. Le criminel contre Dieu, c'était lui, l'injuste et indigne pontife. De quel droit prononçait-il que Jésus avait blasphémé ? D'après la loi, il devait prendre l'avis de ses collègues, et non leur imposer brutalement son opinion. Ensuite, l'équité la plus vulgaire exigeait qu'on discutât sérieusement les affirmations de l'accusé, avant de les réprouver comme blasphématoires. Pourquoi Jésus ne serait-il pas le Messie et le Fils de Dieu, selon le texte de sa déclaration ? Les caractères du Messie, indiqués dans les Écritures, ne convenaient-ils pas merveilleusement à Jésus de Nazareth ? N'avait-il point paru à l'époque prédite par Daniel, au moment où le sceptre sortait de Juda, selon l'oracle de Jacob ; dans la ville de Bethléem, comme l'avait annoncé Michée ? Sa doctrine divine, sa vie plus divine encore, ses miracles opérés depuis trois ans devant tout le peuple, les malades guéris, les morts ressuscités, n'établissaient-ils pas sa divinité de la manière la plus évidente ? et alors pourquoi le condamner parce qu'il se proclamait Messie et Fils de Dieu ?

Mais Caïphe, livré aux plus ignobles passions, se montra moins soucieux d'éclairer sa conscience que de satisfaire sa haine. S'adressant à ses collègues, vraiment dignes de lui, il s'écria de nouveau : « Il a blasphémé ! Que vous en semble ? Quelle peine mérite-t-il ? - La mort ! » répondirent-ils en chœur.

Jésus écouta, calme et impassible, ce jugement monstrueux. Il regardait avec pitié les scélérats qui, froidement et sans examen, condamnaient à mort le Fils de Dieu, car il voyait déjà le jour où il descendrait du ciel pour casser l'exécrable arrêt, et traiter ses auteurs selon les règles de l'inexorable justice.

III. LE RENIEMENT DE PIERRE

Fuite des apôtres. - Pierre et Jean au palais des pontifes. - Le triple reniement. - Le chant du coq. - Regard de Jésus. - Larmes de Pierre. - La grotte du Repentir. (Matth., XXVI, 69-75. - Marc., XIV, 66-72. - Luc., XXII, 55-62. - Joan., XVIII, 15-27.)

Pendant que les soldats traînaient le Sauveur au palais des pontifes, que devenaient ses apôtres bien-aimés ? Comme il l'avait prédit, tous furent plus ou moins scandalisés en voyant qu'il se laissait prendre par ses ennemis. Après avoir protesté qu'ils n'abandonneraient jamais leur Maître, aucun n'eut le courage de l'accompagner à Jérusalem. Du jardin de Gethsémani, d'où ils s'étaient enfuis à la faveur des ténèbres, ils gagnèrent la sombre vallée de la Géhenne. Des cavernes, creusées dans le flanc des rochers, leur offrirent un abri jusqu'au lendemain.[27]

Cependant, le premier moment de terreur passé, deux d'entre eux, Pierre et Jean, se décidèrent à suivre de loin la troupe qui emmenait Jésus. Ils voulaient savoir ce que deviendrait leur Maître, sans toutefois s'exposer à être saisis et traités comme lui. Lorsqu'ils arrivèrent sur le mont Sion, Jésus allait comparaître devant les juges. Moins compromis que Pierre, et d'ailleurs connu au palais des pontifes, Jean s'y introduisit d'abord, pendant que son compagnon restait prudemment à la porte. Il jeta un coup d'œil sur les groupes qui stationnaient à l'intérieur, et, n'ayant cru remarquer aucun indice menaçant pour eux, il revint trouver Pierre et le fit entrer dans la cour.

Dans cette vaste enceinte quadrangulaire, formée par les différents corps de bâtiments du palais, veillaient un grand nombre de soldats et

---

[27] Une de ces grottes ou cavernes est encore appelée la *Retraite des Apôtres*, parce que, d'après la tradition, huit Apôtres se réfugièrent en ce lieu après l'arrestation du Sauveur.

de valets. Comme la nuit était froide, ils formaient cercle autour d'un brasier allumé au milieu de la cour, et s'entretenaient de leur expédition nocturne. Jean se dirigea vers la salle où se trouvaient rassemblés les membres du Sanhédrin, mais Pierre attendit, près du feu, l'issue du jugement.

L'apôtre ne voyait autour de lui que des ennemis de son Maître. Tout en se chauffant, il entendait les railleries de ces hommes grossiers sur le prophète de Nazareth ; il recueillait les bruits sinistres qui couraient déjà relativement à la sentence qui prononceraient les juges ; son âme était navrée, et sur son visage, malgré ses efforts, se peignaient l'inquiétude et la tristesse. La portière du palais, qui l'avait introduit, le voyant ainsi sombre et silencieux, ne put s'empêcher de dire à ceux qui l'entouraient : « Celui-ci, j'en suis sûre, est un des compagnons de l'homme qu'on vient de saisir. » Et comme tous les regards se portaient sur Pierre, elle lui dit en face : « Certainement tu étais avec le Galiléen. » À cette interpellation inattendue, Pierre se crut perdu. Il se vit déjà saisi, garrotté, traîné au tribunal comme son Maître. « Femme, s'écria-t-il dans sa terreur, vous ne savez ce que vous dites : je ne connais pas l'homme dont vous parlez. »

Cette dénégation formelle ferma la bouche à la portière : toutefois Pierre, se voyant suspecté, s'esquiva de son mieux et gagna précipitamment la porte du palais. Il était environ deux heures : le coq chanta pour la première fois, mais l'apôtre, hors de lui, ne se rappela point en ce moment la prédiction de Jésus. Il allait sortir, quand une autre servante dit aux personnes assemblées dans le vestibule : « Celui-ci était aussi avec Jésus de Nazareth. » Pierre nia de nouveau ; mais pour n'avoir pas l'air de fuir, il retourna sur ses pas et se rapprocha des soldats et des valets. Bientôt il fut entouré de curieux qui l'apostrophèrent de tous côtés avec une grande animation : « Vous étiez de ces gens-là, lui criait-on ; avouez que vous étiez de ses disciples. »

Cette fois l'apôtre, effrayé, ne se contenta plus de nier, mais il protesta de toutes ses forces qu'il ne connaissait pas Jésus et ne faisait nullement partie de ses disciples.

On le laissa tranquille pendant une heure ; toute l'attention se concentrait sur le jugement du prisonnier. De temps en temps, des émissaires sortaient du tribunal et racontaient les scènes sinistres auxquelles ils venaient d'assister. Pierre écoutait attentivement, posait des questions pour se renseigner, quand un de ses voisins, remarquant son accent particulier, revint à la charge et lui dit nettement : « Tu as beau le nier, tu es Galiléen et disciple de cet homme : ton langage te trahit. » Les Galiléens parlaient, en effet, une langue assez grossière, qu'ils gâtaient encore par une prononciation tout à fait défectueuse. À cette remarque, tous les yeux se tournèrent encore vers l'apôtre, et l'un des serviteurs du grand prêtre, parent de ce Malchus à qui Pierre avait coupé l'oreille, lui dit à son tour : « Oui, c'est la vérité : je t'ai vu au jardin de Gethsémani. »

À ce mot, Pierre se rappelant le coup d'épée qu'il avait donné, se vit déjà dans les mains des bourreaux. Sa tête s'exalta, et il commença à jurer, avec toutes sortes d'exécrations et d'anathèmes, qu'il ne connaissait pas l'homme dont on lui parlait, et qu'il ne lui appartenait à aucun titre.

Il était trois heures. À peine avait-il cessé de parler, que le second chant du coq se fit entendre. Aussitôt l'apôtre se rappela la parole du Maître : « Avant que le coq ait chanté deux fois, tu m'auras renié trois fois. » Bouleversé jusqu'au fond de l'âme, il comprit toute la gravité de sa faute. Lui, le pauvre pêcheur du lac de Génésareth, élevé à l'auguste dignité d'apôtre et d'ami de Jésus ; lui, la pierre fondamentale sur laquelle le Maître pensait bâtir son Église ; lui, le témoin et l'objet de tant de miracles, qui naguère proclamait hautement la divinité de Jésus, il venait de le renier lâchement, de jurer qu'il ne le connaissait pas, après lui avoir juré, quelques heures auparavant, d'aller en prison et de mourir avec lui, plutôt que de l'abandonner ! Et son Maître bien aimé savait sans doute ce crime, car rien n'échappait à sa divine clairvoyance.

Cette pensée acheva de l'abattre. Concentré en lui-même, il ne vit plus rien, il n'entendit plus rien de ce qui se passait ou se disait autour de lui. Du fond de son cœur déchiré par le remords s'élevait un cri de détresse : « Seigneur, ayez pitié de moi, pauvre pécheur ! » Comme autrefois sur les flots, Pierre se sentait descendu dans l'abîme et réclamait du secours.

Tout à coup d'affreuses vociférations, parties de la salle où l'on jugeait son Maître, le tirèrent de sa sombre rêverie. On entendit des cris tumultueux : « La mort ! la mort ! Il mérite la mort ! » Tous les yeux se tournèrent vers la porte du prétoire. Bientôt elle s'ouvrit avec fracas, et l'on vit un groupe de soldats descendre dans la cour. Jésus, toujours enchaîné, apparut au milieu d'eux, les yeux voilés par la tristesse, mais le visage aussi calme qu'au moment où il s'était livré à ses ennemis. Le jugement rendu, on le conduisait à la prison, où il devait passer le reste de la nuit.

À cette vue, Pierre se sentit chanceler. Ses yeux ne quittaient point son Maître et suivaient avec attention tous ses mouvements. Soudain, voilà que le sinistre cortège se dirige vers l'endroit où il se trouvait. Jésus se rapproche de lui, Jésus va passer près de lui. Pierre avait des larmes dans les yeux, son âme brisée demandait grâce. Jésus en eut pitié : au lieu de détourner la tête, il arrêta son regard sur l'apôtre infidèle, mais avec tant de bonté, tant d'amour, tant de doux reproches, que Pierre sentit son cœur se fondre dans sa poitrine. Il éclata en sanglots, et sortit précipitamment pour donner un libre cours à ses larmes. À quelques centaines de pas du palais de Caïphe, dans la sombre vallée de la Géhenne, se trouve une caverne solitaire ;[28] c'est là que Pierre se retira pour pleurer son péché et méditer une parole de Jésus que sa présomption l'avait empêché de comprendre, mais dont une douloureuse expérience lui montrait maintenant la divine sagesse : « Veillez et priez, afin que vous ne succombiez point à la tentation : l'esprit est prompt, mais la chair est faible. »

---

[28] En descendant le mont Sion, les pèlerins visitent encore aujourd'hui la *Grotte du Repentir de saint Pierre*. D'après une tradition, ce serait dans cette grotte que l'apôtre, *étant sorti*, du palais de Caïphe *pleura amèrement. (Luc.,* XXII- 62.) Jusqu'au XIIe siècle, cette grotte était renfermée dans une église qui portait le nom de Saint-Pierre en *Gallicante* (au chant du coq). Cette église n'existe plus.

IV. LE MAUDIT

Jésus en prison. - Second jugement du Sanhédrin. - « Es-tu le Messie ? » - Réponse de Jésus. - Arrêt de mort. - Désespoir de Judas. - Les trente deniers. - Suicide du traître. - Le champ d'Haceldama. (Matth., XXVI, 67-68 ; XXVII, 1-10. - Marc., XIV, 65 ; XV, 1. -Luc., XXII, 63-71. - Joan., XVIII, 28.)

Après avoir condamné Jésus à la peine de mort, les membres du grand Conseil se séparèrent ; mais ce jugement nocturne constituant une illégalité d'un caractère très grave, ils se donnèrent rendez-vous à cinq heures, afin de rendre leur arrêt dans toutes les formes. Ce n'est pas que leur conscience se récriât contre leur monstrueuse procédure, mais il fallait dissimuler les iniquités trop révoltantes pour mieux tromper le peuple, et surtout ne pas fournir au gouverneur romain l'occasion de casser leur sentence.

De trois heures à cinq heures, Jésus fut enfermé par les gardes dans un sombre réduit qui servait de prison aux condamnés. Une bande de soldats et de valets s'y enferma avec lui. Là, pendant deux mortelles heures, ces misérables se crurent tout permis contre un homme que Caïphe avait traité de blasphémateur en pleine séance du Sanhédrin, et qu'un valet avait impunément souffleté devant les juges. Ils lui prodiguèrent l'insulte et le mépris, lui donnèrent les noms les plus odieux, et ne rougirent pas de couvrir sa sainte face de leurs immondes crachats. Puis, exaspérés par son invincible patience, poussés par le démon qui les animait de sa rage, ils se jetèrent sur l'innocent agneau, comme une bande de forcenés, et l'accablèrent de coups de pied et de coups de poing, se le renvoyant l'un à l'autre comme une balle entre les mains des joueurs. Enfin, pour varier leurs plaisirs et tourner en dérision ses titres de Messie et de Fils de Dieu, ils inventèrent un nouveau genre de cruauté. Lui ayant bandé les yeux, ils le souffletaient tour à tour ; puis, le bandeau enlevé, ils lui criaient en ricanant : « Devine, ô Christ, qui t'a frappé ». Et alors ils vomissaient des blasphèmes à faire frémir les démons qui les inspiraient.

En acceptant ces outrages, Jésus accomplissait cette prophétie d'Isaïe : « Je ne détournerai point ma face de ceux qui veulent me frapper et me couvrir de crachats. » Ses yeux ensanglantés s'arrêtaient sur ses bourreaux sans exprimer aucun sentiment d'indignation, et de ses lèvres meurtries ne sortaient ni plaintes ni murmures. Il attendait, avec son calme divin, l'heure où s'ouvrirait cette caverne de bêtes féroces.

Vers les cinq heures, on vint avertir les gardes que les juges attendaient de nouveau leur victime. Jésus, les cheveux en désordre, la face couverte de sang et de crachats, les mains chargées de chaînes, fut reconduit au tribunal. Sauf Nicodème et Joseph d'Arimathie, qui avaient refusé de siéger dans ce procès, les membres du Sanhédrin, prêtres, docteurs, anciens du peuple, se trouvaient au complet. On voulait par cet apparat solennel couvrir les énormités du jugement nocturne, faire oublier les faux témoins et les fureurs du président. Et cependant, aveuglés par le désir d'en finir, ils passaient encore par-dessus la loi qui interdisait aux juges de siéger un jour de fête, la veille du sabbat, et avant le sacrifice du matin.

Du reste, il ne s'agit plus, dans cette séance, d'accusations mal définies, de paroles équivoques, de témoignages plus ou moins sûrs : le grand Conseil voulait condamner Jésus uniquement parce qu'il se disait le Messie promis à Israël. Jésus n'acceptait point les traditions pharisaïques ajoutées à la Loi de Moïse ; il n'avait point étudié dans les écoles des docteurs ; il n'était point de taille à fonder un royaume juif sur les ruines de l'empire romain : c'était donc un faux Messie, un imposteur qui méritait la mort. Quand il parut devant l'assemblée, le président ne lui demanda qu'une simple déclaration : « Si tu es le Christ, ose l'affirmer ici. »

Jésus lui répondit : « Pourquoi m'interrogez-vous ? Si je dis que je suis le Christ, vous ne me croirez pas ; si je vous questionne à mon tour pour vous faire toucher du doigt la vérité, vous ne me répondrez pas, et cependant vous ne me relâcherez pas. » C'était dire clairement aux membres du Conseil : Je ne vois pas en vous des juges qui cherchent la vérité, mais des bourreaux décidés à prononcer le verdict de mort. Ayant ainsi mis à nu leur criminelle déloyauté, Jésus les regarda en face, et ajouta d'un ton plein de majesté : « Lorsque vous lui aurez donné la mort, sachez que le Fils de l'homme ira s'asseoir à la droite du Dieu tout puissant. »

Toutes les têtes se relevèrent à ce mot. Une simple créature ne s'assied point à la droite du Dieu tout-puissant.

« Tu es donc le Fils de Dieu ? lui cria-t-on de toutes parts. - Vous dites bien, répondit Jésus, je suis le Fils de Dieu. »

Ils attendaient cette affirmation solennelle pour laisser éclater leurs fureurs. À peine l'eurent-ils entendue, qu'ils s'écrièrent tous ensemble : « Il vient de s'accuser lui-même, nous n'avons pas besoin d'autre témoignage : il mérite la mort. » Ils le condamnèrent au dernier supplice, comme coupable de lèse-nation pour avoir usurpé le titre de Messie, et de lèse-majesté divine pour avoir osé se dire le Fils de Dieu. Aussitôt ils se mirent en devoir de traîner le condamné au prétoire du gouverneur romain, afin que leur sentence pût être ratifié et exécutée ce jour-là même.

Pendant cette nuit lugubre. un homme sombre et silencieux errait autour du palais du pontife, cherchant à connaître les diverses péripéties de l'épouvantable drame qui se jouait dans le prétoire de Caïphe. Cet homme, c'était Judas, le traître qui vendu et livré son Maître pour trente pièces d'argent. Après l'arrestation de Jésus au jardin des Oliviers, la honte et les remords envahirent sa conscience et ne cessèrent plus de le tourmenter. Le démon lui dissimula, jusqu'à l'exécution, l'énormité de son crime ; mais, une fois la trahison commise, il lui mit sous les yeux toute la monstruosité de sa conduite. Pour avoir tué son frère, Caïn fut maudit de Dieu. Le sang d'Abel crie et criera éternellement vengeance contre le meurtrier. Mais l'innocent Abel n'était qu'un homme : Jésus était le Fils de Dieu. Judas ! Judas ! le sang du Fils de Dieu que les Juifs vont répandre, criera éternellement vengeance contre toi ! Ainsi parlait le démon, et l'âme de Judas se fermait insensiblement à l'amour et au repentir, pour donner accès, comme l'âme de Caïn, à toutes les terreurs et à toutes les fureurs d'un maudit de Dieu.

Le traître, mêlé à la foule, se trouvait à la porte du palais, quand cette porte s'ouvrit pour donner passage aux soldats qui conduisaient Jésus au prétoire du gouverneur romain. Il apprit ainsi que sa victime était perdue sans ressource. Alors le désespoir le plus affreux pénétra jusqu'au fond de son cœur. Des prêtres, sortant du Conseil, se dirigeaient vers le temple pour le sacrifie du matin. Il les suivit, tenant en main les pièces d'argent dont ils avaient payé sa trahison. A peine furent-ils arrivés dans le lieu saint, qu'il se présenta devant eux, et leur dit d'une voix que l'horreur faisait trembler : « J'ai péché en vous livrant le sang du Juste. » Et il leur tendit la bourse contenant les trente derniers qui lui brûlaient les doigts.

Peut-être, en proclamant lui-même l'innocence de son Maître et en restituant le prix du crime, espérait-il encore attendrir ces hommes, les décider à intervenir en faveur du condamné, et ainsi l'arracher à la mort ; mais il avait affaire à des cœurs plus durs que le sien et plus insensibles aux remords. Ils lui répondirent par des haussements d'épaules et d'indignes ricanements : « Si tu as livré le sang innocent, c'est ton affaire, ce n'est pas la nôtre. Toi seul en répondras. » Judas a du regret et des remords ; le Sanhédrin n'en a pas. C'est Judas qui le juge et le condamne. Il jeta aux pieds des prêtres les trente pièces d'argent et sortit du temple, comme un furieux, sans savoir où diriger ses pas.

Du Moriah, il descendit dans la vallée de Josaphat. Là, il erra au milieu des tombeaux, passa près du sépulcre d'Absalon, le fils maudit qui tourna ses armes contre son père, jeta les yeux sur ce mont des Oliviers au pied duquel Jésus venait de lui dire : « Mon ami, tu trahis le Fils de l'homme par un baiser ! » Une voix intérieure, la voix de Satan, lui criait toujours : Maudit. Maudit ! Il entra bientôt dans la vallée de la Géhenne, vraie image de l'enfer dont elle porte le nom. Alors Judas ralentit sa course et gravit le versant escarpé qui regarde le mont Sion : il était seul dans le champ d'un potier. Une dernière fois, l'apôtre réprouvé fixa son regard sur la ville déicide, et, dénouant sa ceinture, il se pendit à un arbre et mourut dans le désespoir.

On trouva au pied de l'arbre le cadavre du traître. Le lien s'était rompu ; le corps, précipité lourdement sur le sol, s'était ouvert ; les entrailles gisaient répandues sur la terre. On enterra ces restes ignominieux dans le champ du potier. Ne voulant pas déposer les trente pièces d'argent dans le trésor du temple, parce que c'était le prix du sang, les prêtres achetèrent avec cette somme le champ où s'était pendu Judas, y ensevelirent leur complice, et le consacrèrent à la sépulture des prosélytes étrangers. Ce champ s'appelle encore aujourd'hui Haceldama, c'est-à-dire le prix du sang. Ainsi s'accomplit la prophétie de Jérémie : « Ils ont reçu trente deniers d'argent, estimation de celui qu'ils ont mis à prix, et ils les ont donnés pour le champ d'un potier, comme l'a ordonné le Seigneur. »

Telle fut la mort du nouveau Caïn. Ainsi périssent ceux qui, à l'imitation de Judas, vendent Jésus et son Église pour quelques pièces d'argent. Leur esprit éteint ne croit plus à la miséricorde du Dieu qu'ils ont trahi, leur cœur endurci reste insensible à l'amour, leur âme désespérée tombe dans l'abîme, où retentit tout à coup cette parole de Jésus à Judas : « Malheur à celui par qui le scandale arrive ! Il vaudrait mieux pour lui qu'il ne fût pas né. »

V. Jésus devant Pilate

Le gouverneur romain. - Jésus au palais de l'Antonia. - Pilate veut examiner le procès. - Accusation de rébellion contre l'empereur. - Interrogatoire de Pilate. - Renvoi de la cause à Hérode. - Mutisme de l'accusé. - La robe blanche. - D'Hérode à Pilate. (Matth., XVII, 11-14. - Marc., XV, 2-5. - Luc., XXIII, 2-12. - Joan., XVIII, 29-38.)

Il fallait que le Fils de Dieu mourût, non en criminel supplicié par la justice de son pays, mais en innocent qui donne sa vie pour des coupables. Et pour que cette vérité s'impose à tous et dans tous les siècles, Dieu va forcer l'autorité compétente, l'autorité suprême, à lui remettre solennellement et en plein tribunal un brevet d'innocence, en même temps qu'elle prononcera contre lui un verdict de mort. Cela paraît impossible, mais rien n'est impossible à Dieu.

L'autorité suprême à Jérusalem n'appartenait plus au Sanhédrin, mais au gouverneur romain. Depuis vingt-trois ans, la Judée, réduite en province du grand empire, avait perdu jusqu'à l'ombre de souveraineté dont elle jouissait encore sous Hérode. Le gouverneur, administrant le pays au nom de l'empereur, se réservait le droit du glaive, c'est-à-dire toute sentence capitale. Le grand Conseil de la nation pouvait excommunier, emprisonner, flageller, mais non ôter la vie, droit exclusif du souverain. Et ces docteurs d'Israël lisaient, sans ouvrir les yeux, la prophétie de Jacob : « Le sceptre ne sortira point de Juda avant que vienne Celui qui doit être envoyé. » Le sceptre a passé des mains de Juda aux mains de l'empereur : le Messie est donc venu ; mais, au lieu de le reconnaître, ils vont mendier contre lui une sentence de mort à celui qui s'est emparé du sceptre de Juda.

Ponce-Pilate gouvernait la Judée depuis cinq années, mais ce peu de temps lui avait suffi pour se faire détester de tous les habitants. Orgueilleux et cupide, fier jusqu'à l'insolence de son titre de Romain, il méprisait les Juifs, leur religion, leurs institutions, et le leur montrait en toute circonstance. Ses exactions et ses violences l'avaient tellement rendu odieux que les princes du peuple multipliaient les démarches près de l'empereur pour obtenir son rappel. Il le savait, et sa haine des Juifs n'en était que plus profonde ; mais cependant la crainte d'une révocation l'obligeait à des ménagements.

Bien que résidant à Césarée, sur les bords de la mer, Pilate se rendait chaque année à Jérusalem à l'occasion des fêtes pascales. Il y habitait le magnifique palais de l'Antonia, l'inexpugnable forteresse que les Romains avaient élevée près du temple, pour dominer la ville et s'y protéger contre toute tentative d'insurrection. C'est devant Ponce-Pilate, l'orgueilleux représentant de la Rome impériale, que le procès commencé par le Sanhédrin devait se terminer. En conséquence, Jésus fut transféré du palais de Caïphe à celui du gouverneur, distant d'environ treize cents pas. Épuisé de fatigue après cette affreuse nuit, traîné par les gardes qui le tiraient par ses liens, escorté des princes des prêtres, des soldats, d'une populace en délire qui vociférait autour de lui, Jésus descendit des hauteurs de Sion dans la ville basse ; puis, remontant la vallée qui longe la partie occidentale du temple, il arriva au palais du gouverneur.

Il était environ sept heures. La foule stationnait dans la cour d'entrée, pour ne pas se souiller en franchissant le seuil d'une demeure païenne, ce qui les eût empêchés d'assister au festin pascal. Les chefs prièrent donc le gouverneur de vouloir bien se présenter sur la terrasse extérieure du palais pour faire droit à leur requête.

Pilate connaissait parfaitement la disposition des Juifs à l'égard de Jésus, car depuis trois ans la Judée entière, la Galilée et jusqu'aux nations étrangères s'occupaient du prophète de Nazareth. Son épouse même, Procula, initiée à la doctrine de Jésus, le regardait comme un envoyé de Dieu. Pilate se promit d'arracher cet innocent aux vengeances haineuses de ces pharisiens hypocrites qu'il détestait de tout son cœur. S'adressant donc aux chefs du Sanhédrin qui se trouvaient en face de lui, et désignant Jésus du geste, il leur posa cette question : « Quelles accusations portez-vous contre cet homme ? »

Cette demande, si naturelle dans la bouche d'un juge, indisposa les Juifs. Ils espéraient que Pilate leur livrerait Jésus sans aucune information, car ils lui répondirent brutalement ; « Si cet homme n'était point un malfaiteur, nous ne vous l'eussions point amené. » Évidemment, à leurs yeux, réviser un jugement du Sanhédrin, ne pas ratifier sans examen une sentence portée par lui, c'était lui faire injure. À cette arrogance, Pilate répliqua par une ironie qui dut les blesser profondément.

« S'il en est ainsi, s'écria-t-il, emmenez votre prisonnier, et jugez-le selon vos lois.

- Vous savez bien, répliquèrent-ils avec colère, que nous n'avons plus le droit de condamner à mort.[29] Or il s'agit ici d'un criminel qui mérite la peine capitale.

- Soit, reprit le gouverneur, mais je vous le demande une seconde fois, quelle accusation formulez- vous contre cet homme ? »

Il devenait manifeste que Pilate ne ratifierait pas purement et simplement la sentence du grand Conseil, mais qu'il prétendait examiner la cause avant de se prononcer. Force fut donc de dresser un acte d'accusation quelconque. Or les princes des prêtres savaient fort bien qu'une accusation de blasphème ferait sourire le païen Pilate, ce philosophe sceptique qui ne parlait de leur religion que pour la cribler d'insolentes railleries. Afin d'émouvoir le gouverneur, ils transformèrent Jésus en agitateur politique. « Vous demandez quel crime il a commis ? s'écrièrent-ils. Nous l'avons surpris tramant une révolution contre l'empereur. Il défend au peuple de payer le tribut à César, il prétend être le Messie, le roi qui doit libérer la nation juive du joug de l'étranger. » Satan lui-même n'aurait pu imaginer un mensonge plus éhonté. Jésus prêchait au peuple un royaume purement spirituel ; il refusait la couronne qu'on lui offrait ; trois jours avant de se livrer aux Juifs, il enseignait dans le temple

---

[29] Jésus fut condamné par un tribunal romain, observe saint Jean (XVIII. 32) afin que se vérifiât une de ses prophéties. Il avait annoncé à ses apôtres qu'il serait crucifié ; or les Romains crucifiaient les condamnés, tandis que les juifs réprouvaient ce genre de supplice. Justiciable du Sanhédrin, Jésus n'eût pas été *crucifié*, mais *lapidé*.

l'obligation pour les sujets de payer le tribut à César. Depuis trois ans, les pharisiens refusaient de le reconnaître pour le Messie, malgré les signes les plus authentiques de sa divine mission, uniquement parce qu'ils ne voyaient pas en lui le Messie de leurs rêves, le conspirateur politique, le roi conquérant, qui devait les affranchir de la tyrannie de Rome. Ils imputaient donc à Jésus le crime de rébellion qu'il n'avait pas voulu commettre, et qu'ils brûlaient de commettre eux-mêmes. C'était le comble de la perfidie, et Jésus connaissait bien les Juifs quand il leur disait : « Vous êtes les fils du menteur, de celui qui fut homicide dès les commencements. » Pilate ne prit point au sérieux les impudentes calomnies du Sanhédrin. Il savait, mieux que personne, quelle secte organisait les révolutions et s'élevait contre le paiement du tribut. Cependant, il voulut examiner ce qu'il y avait au fond de toutes ces accusations, et pourquoi les Juifs s'acharnaient à lui présenter cet homme, si modeste, si doux, si patient et si digne en même temps, comme un criminel souverainement dangereux. Laissant donc les Juifs vociférer à leur aise, il se retira dans la salle du prétoire et se fit amener l'accusé, conduit par les gardes. Jésus monta le grand escalier de marbre[30] qui conduisait à cette salle, et bientôt se trouva seul avec le gouverneur. Sans s'occuper des charges invraisemblables et ridicules qu'on faisait peser sur lui, Pilate lui demanda ce que signifiaient les titres de roi et de Messie que, d'après les Juifs, il s'attribuait.

« Es-tu vraiment roi ? lui dit-il.

- Me faites-vous cette question de vous-même, lui répondit Jésus, pour savoir qui je suis, ou simplement parce que mes accusateurs vous l'ont suggérée ?

- Est-ce que je suis Juif, moi ? répliqua Pilate avec dédain. Est-ce que je m'inquiète de vos querelles religieuses ? Les pontifes et le peuple t'ont traduit à mon tribunal comme usurpateur de la royauté, et je te demande pourquoi tu prends le titre de roi ?

---

[30] Cet escalier en marbre blanc, haut de vingt-huit marches, que Jésus arrosa de son sang après la flagellation, fut transféré à Rome par ordre de l'empereur Constantin. C'est la *Scala sancta*, qu'on révère près de Saint-Jean de Latran. Les fidèles ne le montent qu'à genoux.

- Mon royaume n'est pas de ce monde, repartit le Sauveur. S'il était de ce monde, mes sujets combattraient pour moi et me défendraient contre les Juifs. L'état dans lequel je suis vous dit assez que mon royaume n'est pas d'ici. »

Pilate ne comprit pas bien de quel royaume Jésus voulait parler, mais il en savait assez pour se convaincre que l'empire n'avait rien à craindre de son interlocuteur. Que pouvait contre César et ses légions le roi mystérieux d'un autre monde ? Cet homme parut à Pilate un rêveur inoffensif qui prenait des chimères pour des réalités. Il lui dit, comme pour flatter son rêve :

« Ainsi donc tu es roi ?

- Oui, répondit Jésus avec majesté, tu dis bien. Je suis roi. Je suis né pour régner, et j'ai passé dans le monde pour faire régner avec moi la vérité. Tout homme qui vit de la vérité, entend ma voix » et devient mon sujet.

- La vérité ! dit Pilate en souriant, qu'est-ce donc que la vérité ? » Le Romain avait entendu parler d'opinions philosophiques et religieuses plus ou moins accréditées, d'intérêts dont il fallait tenir compte bien plus que des opinions ; mais la vérité, qui donc la connaissait ? y avait-il même une vérité ? Évidemment, il avait devant lui un rêveur, un naïf, qui professait sans doute des doctrines opposées à celles des pharisiens ; mais que lui importaient à lui, Pilate, les controverses judaïques ? Il revint donc trouver les princes des prêtres et leur dit, en montrant Jésus : « Je ne trouve rien de répréhensible dans cet homme et par conséquent je ne puis le condamner. »

À peine avait-il prononcé ces mots qu'un tumulte épouvantable éclata dans l'assemblée. Les princes des prêtres et les anciens du peuple accumulaient contre Jésus les accusations les plus monstrueuses, auxquelles celui-ci ne répondait que par le silence. Pilate aurait dû sévir contre ces vils calomniateurs, mais il les vit dans un tel état d'exaltation qu'il eut peur de leur ressentiment. « Tu vois, dit-il à Jésus, combien d'accusations ils entassent contre toi : pourquoi ne réponds-tu pas ? » Toujours impassible, Jésus n'ouvrit pas la bouche pour se disculper, ce qui déconcerta complètement le gouverneur.

Voyant son embarras, les Juifs insistèrent sur le côté politique de la question. À les entendre, Jésus était un séditieux qui fomentait partout des troubles et des insurrections. « Il a révolutionné tout le pays, s'écrièrent-ils, depuis la Galilée, où il a commencé à prêcher, jusqu'à Jérusalem. » À ce mot de Galilée, Pilate interrompit les Juifs. Il venait de trouver une échappatoire pour se débarrasser d'une affaire qui commençait à l'inquiéter. « Est-ce que cet homme est Galiléen ? » demanda-t-il. Et comme on lui répondait affirmativement, il ajouta aussitôt : « S'il en est ainsi, il relève de la juridiction du roi Hérode actuellement à Jérusalem. Conduisez-lui votre prisonnier, et qu'il le juge. C'est son droit. » Ayant dit ces mots, il tourna le dos aux sanhédristes, aux pharisiens, à la populace désappointée, et rentra dans son palais, tout heureux d'avoir trouvé un si bel expédient pour se tirer d'affaire. Sans doute il avait sacrifié l'innocence et trahi la vérité ; mais n'était-ce point son intérêt, et qu'est-ce que la vérité ?

Vers huit heures du matin, un héraut de Pilate arrivait chez Hérode, lui annonçant que son maître, par déférence pour le tétrarque de Galilée, renvoyait à son tribunal un certain Jésus de Nazareth, prévenu de différents crimes. Sans doute il aurait pu juger ce Galiléen, arrêté sur le territoire juif, mais il préférait remettre cette cause entre les mains du souverain dont Jésus dépendait immédiatement, en raison de son origine et de son domicile.

Hérode fut d'autant plus flatté de cette marque de bienveillance qu'il s'y attendait moins, car, depuis quelques années, il était complètement brouillé avec le gouverneur de Judée. De plus, cette démarche inattendue lui procurait l'occasion, longtemps cherchée, de voir le prophète de Nazareth. Le roi dissolu, l'époux incestueux d'Hérodiade, le meurtrier de Jean-Baptiste, se réjouit de pouvoir conférer avec ce sage si vanté, ce puissant thaumaturge, que les peuples acclamaient depuis trois ans.

Le palais d'Hérode s'élevait à une centaine de pas de la tour Antonia. Jésus, toujours enchaîné, toujours escorté d'une populace furieuse, y fut conduit par les chefs du Sanhédrin. Assis sur son trône, le roi l'attendait au milieu de ses courtisans, qui se promettaient, ainsi que leur maître, un très intéressant spectacle. Pour des hommes licencieux tout devient spectacle, même la souffrance, même l'agonie et le martyre du juste. Mais ceux-ci furent singulièrement trompés dans leur attente.

Pendant toute cette séance, malgré les vociférations et les odieuses calomnies des Juifs, Jésus resta les yeux baissés, dans un mutisme absolu. Hérode, qui se piquait de science et de doctrine, l'interrogea longuement sur les questions controversées entre lui et les pharisiens, sur ses miracles, sur ses projets, sur son royaume. Debout devant lui, le Sauveur l'écouta sans témoigner la moindre émotion, sans prononcer un seul mot. Hérode et les siens se regardaient avec étonnement, décontenancés et dépités. Croyant le moment venu d'arracher au roi une sentence de condamnation, les princes des prêtres lui représentèrent que ce séditieux osait se dire le Christ et le Fils de Dieu. Ils espéraient que le tétrarque de Galilée, l'ami des Romains, sauverait la nation et la religion en immolant ce blasphémateur. Hérode invita Jésus à se disculper, mais il n'obtint pas un mot, pas un geste, pas un regard, comme si l'accusé eût été sourd et muet.

Jésus daigna parler à Judas, à Caïphe, à Pilate, au valet même qui ne rougit pas de le souffleter, mais il ne parla point à Hérode, parce qu'Hérode avait étouffé les deux grandes voix de Dieu : la voix de Jean-Baptiste et la voix de la conscience. Le Fils de Dieu ne parle plus à l'homme qui, par ses vices et ses crimes, descend au niveau de la brute.

Le tétrarque prit alors une détermination tout à fait conforme à ses instincts. Tout rouge encore du sang de Jean-Baptiste, il n'osait tromper ses mains dans le sang d'un nouveau martyr : il préféra se divertir aux dépens de Jésus. Après tout, se dit-il, ce silencieux obstiné n'est peut-être qu'un fou sans défense, dont nous pouvons nous amuser quelques instants. Après quoi, nous le renverrons à Pilate, qui le traitera comme il voudra.

L'idée de leur digne maître sourit aux hommes de plaisir qui l'entouraient. On apporta une robe blanche, dont on revêtit le Sauveur aux applaudissements de l'assistance. La robe blanche, vêtement distinctif des grands, des rois, des statues des dieux, était aussi la livrée des fous. Ce Jésus, qui se disait le Messie et le Fils de Dieu, n'était-ce pas aux yeux de ces sages, un fou qui méritait cent fois la robe d'ignominie ? Afin de lui marquer tout son mépris, Hérode le remit comme un jouet entre les mains de ses valets et de ses soldats ; quand il se fut suffisamment amusé de leurs jeux cyniques et de leurs moqueries sacrilèges, il renvoya Jésus à Pilate avec ceux qui l'avaient amené.

Ainsi feront les Hérodes de tous les siècles : ne pouvant, du lit de fange où ils sont couchés, s'élever jusqu'à l'intelligence des choses divines, ils les mépriseront. Sprevit ilium.

VI. Condamnation à mort

Craintes et tergiversations de Pilate. - Message de sa femme. - Barabbas et Jésus. - La flagellation. - Le couronnement d'épines. - « Ecce homo. » - Accusation de blasphème. - Pilate proclame l'innocence de Jésus et le condamne à mort. (Matth., XXVIII, 15-30. - Marc., XV, 6-19. - Luc., XXIII, 6-25. - Joan., XVIII, 39-40, XIX, 1-16.)

Vers neuf heures, les chefs du Sanhédrin, suivis d'une multitude de plus en plus tumultueuse, reparaissaient devant le palais de Pilate, demandant à grands cris la mort de Jésus. Un homme de conscience aurait proclamé hautement l'innocence de l'accusé, et au besoin dispersé par la force les sanhédristes et les énergumènes soudoyés par eux ; mais, toujours dominé par la crainte de se compromettre, Pilate recula devant le devoir. Il se mit à parlementer avec les meneurs, ce qui naturellement accrut leur audace.

Le début de sa harangue dénotait cependant un certain courage. « Il y a quelques heures, dit-il, vous m'avez présenté cet homme comme un factieux en révolte contre la domination romaine : Or, après l'avoir interrogé devant vous, je n'ai trouvé aucun fondement aux accusations dont vous le chargez. Je vous ai renvoyés à Hérode, et vous voyez que le tétrarque ne l'a pas non plus jugé digne de mort ... » Il allait continuer, mais les émeutiers, pressentant une sentence d'absolution, l'interrompirent par des cris féroces et des signes de diabolique fureur. Pilate en eut tellement effrayé qu'après avoir établi la parfaite innocence de Jésus, il conclut son allocution d'une façon singulière et tout à fait inattendue : « Cet homme n'ayant nullement mérité la peine capitale, dit-il, je vais le faire fustiger, puis je le relâcherai. »

Cette lâche concession amena des protestations violentes. Si Jésus est innocent, pourquoi le fustiger ? S'il est coupable, pourquoi le ménager ? De tous les coins de la place s'élevèrent des clameurs sauvages : « La mort ! la mort ! nous voulons qu'il meure ! »

À la vue de celte horde de forcenés, Pilate allait peut-être céder, quand un incident mystérieux vint lui rendre un peu d'énergie. Un messager, envoyé par sa femme, lui remit une lettre. Proclama lui disait :

« Ne trempez point dans cette affaire, et ne vous rendez pas responsable de la mort de ce Juste. Cette nuit, j'ai été horriblement tourmentée en songe à cause de lui. » Pilate ne croyait pas, mais, comme tous les païens, il était superstitieux : il vit dans ce songe un suprême avertissement du ciel, ce en quoi il ne se trompait pas, et résolut de faire une tentative désespérée pour sauver Jésus.

C'était une coutume très ancienne chez les Juifs de délivrer un prisonnier à l'occasion des fêtes pascales. La joie du malheureux rendu à la liberté leur rappelait la joie de leurs pères au sortir de la captivité d'Égypte. Devenus les maîtres de la Judée, les Romains ne crurent pas devoir abolir cet usage immémorial, et chaque année le gouverneur élargissait un prisonnier au choix des Juifs. Pilate résolut de profiter de cette circonstance pour arriver à son but.

Il y avait alors dans les prisons de Jérusalem un malfaiteur insigne, appelé Barabbas, dont le nom seul inspirait l'effroi. Chef d'une bande de brigands, depuis longtemps cachée dans les montagnes de Juda, on l'avait saisi dans une sédition, et condamné au supplice du crucifiement. Pilate s'avisa de donner au peuple le choix entre Jésus et Barabbas. Cinq jours auparavant, ce peuple portait Jésus en triomphe : va-t-il aujourd'hui, par un sentiment de haine exécrable, lui préférer Barabbas ? Pilate ne pouvait le croire. Élevant donc la voix de manière à être entendu de la foule, il rappela qu'en ce jour il avait l'habitude de délivrer un criminel ; puis, sans laisser le temps de prendre conseil, il posa cette question aux assistants : « Lequel des deux voulez-vous que je vous délivre : le brigand Barabbas ou Jésus, votre roi. »

À ce nom de Barabbas, il y eut dans l'immense multitude un moment de stupeur et d'hésitation ; mais les chefs du Sanhédrin, comprenant le danger, se répandirent dans les rangs, réchauffèrent les passions, et persuadèrent à cette masse affolée de réclamer Barabbas. Aussi quand, après quelques instants, Pilate renouvela sa question, un cri féroce, dominant tout le forum, retentit à ses oreilles :

« Barabbas ! Nous voulons Barabbas ! Donnez-nous Barabbas ! »

Indigné d'un pareil cynisme, Pilate se récrie :

« Que voulez-vous donc que je fasse de Jésus, le roi des Juifs ? » Le peuple, tout d'une voix ;

« Crucifiez-le ! crucifiez-le ! »

Malgré l'horrible clameur, Pilate insiste : « Quel mal a-t-il fait ? »

Mais la foule n'écoute pas : elle continue à vociférer : « Crucifiez-le ! crucifiez-le ! »

Pilate était battu de nouveau. Au lieu de rendre un arrêt au nom de la justice, il avait craint de contrarier les passions d'un peuple en délire, et maintenant ce peuple, acharné à sa proie, commande en maître. Il ne voit plus, il n'entend plus, c'est un tigre altéré de sang. Pilate revint à sa première idée. Puisque le peuple veut du sang, il lui en donnera, mais dans une certaine mesure. Il fera donc flageller Jésus pour donner aux Juifs une satisfaction quelconque, puis il le mettra en liberté. Il proposa de nouveau ce moyen terme, parce que, répéta-t-il, je ne vois aucun moyen d'appliquer la peine capitale ; et bien qu'on réclamât le crucifiement avec une rage toujours croissante, il ordonna aux bourreaux de procéder à la flagellation.

Les Romains infligeaient ce supplice avec une telle cruauté qu'assez souvent les patients expiraient sous les coups. De plus, en cette circonstance, comme il s'agissait d'exciter la compassion du peuple, les bourreaux reçurent l'ordre de ne pas ménager la victime. L'innocent agneau fut conduit sur la place publique, attenante au palais de Pilate. Quatre bourreaux le dépouillèrent jusqu'à la ceinture, lui attachèrent les mains à une colonne isolée sur ce forum ; puis, prenant en main le terrible fouet armé de boules de fer, ils se ruèrent sur Jésus et le frappèrent avec une rage vraiment infernale. Le sang ruisselait de toutes parts, les chairs volaient en lambeaux, tout le corps meurtri n'était qu'une plaie. Ainsi s'accomplissait la prophétie : « Il a été broyé à cause de nos iniquités. » Les bourreaux ne cessèrent de frapper que quand le fouet leur tomba des mains. Alors, ayant délié le Sauveur, ils le traînèrent, presque inanimé, dans la cour du prétoire, où la cohorte des soldats romains se trouvait rassemblée.

C'est dans cette cour que se passa une scène de dérision sacrilège, plus révoltante encore que la flagellation. Comme il fallait jeter un vêtement quelconque sur ce corps déchiré et ensanglanté, les soldats imaginèrent d'habiller en roi de théâtre ce Jésus qu'on accusait d'aspirer à la royauté. Ils le firent asseoir sur un débris de colonne comme sur un trône, lui jetèrent sur les épaules un haillon de couleur écarlate en guise de manteau royal, et pour sceptre lui mirent un roseau entre les mains. Il lui fallait une couronne : ils tressèrent une couronne d'épines et la lui mirent sur la tête. Fléchissant alors le genou l'un après l'autre, ils lui criaient en ricanant « Salut, roi des Juifs. » Et, se relevant, ils le souffletaient, lui crachaient au visage, enfonçaient la couronne à coups de roseau dans son chef ensanglanté. Comme à la colonne de la flagellation, Jésus souffrait ces tortures et ces humiliations sans exhaler aucune plainte.

Après cette parodie stupide et cruelle, les soldats reconduisirent Jésus à leur maître. Pilate, saisi de pitié, ne douta pas que ce spectre sanglant n'inspirât enfin au peuple un sentiment de commisération. Du haut d'une galerie extérieure, il s'adressa de nouveau à cette foule, qu'une longue attente avait exaspérée.

« Je vous ramène l'accusé, s'écria-t-il, et je vous déclare encore que je le crois innocent. Du reste, fût-il coupable, vous aller voir dans quel état il se trouve, et vous serez satisfaits. » Et Jésus, conduit par les soldats, parut à côté de Pilate, la face inondée de sang, la couronne d'épines sur la tête, le lambeau de pourpre sur les épaules. Étendant le bras vers lui, Pilate le montra au peuple.

« Voilà l'homme ! » cria-t-il avec force.

Le malheureux juge implorait la pitié des Juifs. Des voix, les voix des chefs, lui répondirent : « Crucifiez-le ! »

Et la foule répéta l'horrible cri : « Crucifiez-le ! crucifiez-le ! »

La vue du sang irritait ces monstres au lieu de les calmer. Le cœur du Romain se souleva devant une pareille infamie et jetant à ces hommes de haine un regard méprisant, il leur dit :

« Moi, que je le crucifie ! Prenez-le, et crucifiez-le vous-mêmes. Je vous répète que je ne trouve rien en lui qui puisse motiver une condamnation. »

Pilate écartait donc résolument l'accusation de sédition sur laquelle les Juifs avaient compté pour l'émouvoir. Se voyant déjoués, ils se rejetèrent sur le prétendu crime de blasphème que lui imputait le Sanhédrin. « Il est coupable, vociféraient-ils d'un ton menaçant, et d'après notre législation, il doit être puni de mort, car il a osé se proclamer lui-même Fils de Dieu. »

À ce nom de Fils de Dieu, Pilate resta tout interdit. Son regard s'arrêta sur Jésus, toujours calme et patient au milieu d'inexprimables douleurs et d'ignominies sans nom. Il se rappela cette parole qu'il avait dite : « Mon royaume n'est pas de ce monde », et il se demanda s'il n'avait pas devant les yeux un de ces génies bienfaisants que les dieux envoient aux humains pour leur révéler un secret. Les prodiges accomplis par Jésus, le songe récent de Procula ne pouvaient que le confirmer dans cette opinion. Pilate se prit à trembler, à la pensée que peut-être il avait fait fustiger un immortel. Laissant de nouveau les Juifs se débattre sur le forum, il rentra dans le prétoire et se fit amener Jésus pour éclaircir ce mystère.

« D'où viens-tu ? » lui dit-il.

Pilate connaissait l'origine humaine de Jésus ; quant à son éternelle génération, il était trop sceptique pour l'admettre. D'un autre côté, il savait que si le Christ se disait roi, son invisible royaume ne devait nullement inquiéter César. Cela suffisait aux besoins de la cause. Aussi Jésus garda-t-il le silence, ce qui acheva de déconcerter le gouverneur. Il se sentait subjugué par l'ascendant d'un être tout à fait supérieur aux autres hommes. Cependant, il ne put s'empêcher de se plaindre d'un silence qui lui parut offensant pour sa dignité. « Tu ne me réponds pas ? lui dit-il, Ignores-tu que j'ai tout pouvoir sur toi, et qu'il dépend de moi de te faire crucifier ou de te mettre en liberté ? »

À cette affirmation du droit de juger sans tenir compte de l'éternelle justice, Jésus opposa le droit de Dieu. « Tu n'as d'autre pouvoir sur moi, répondit-il, que celui qui t'a été donné d'En-haut. » En même temps, son œil divin plongeait jusqu'au fond de l'âme du gouverneur pour lui reprocher l'iniquité de sa conduite. Toutefois, tenant compte des efforts tentés pour l'arracher à la mort, il ajouta : « Ceux qui m'ont livré entre tes mains sont plus coupables que toi. »

Inquiet, bouleversé, Pilate se leva, bien décidé à faire son devoir, dût-il encourir le courroux des Juifs. Il revint leur annoncer sa résolution définitive, c'est-à-dire la mise en liberté de Jésus ; mais les princes des prêtres et les anciens du peuple l'attendaient à ce moment décisif pour lui porter le dernier coup. « Si vous le mettez en liberté, lui crièrent-ils avec des gestes furibonds, ne dites plus que vous êtes l'ami de César, car quiconque se dit roi conspire évidemment contre César. »

Pilate tomba encore comme écrasé sous ce coup de massue. À ce nom de César, il oublia Jésus, les droits de la justice, le sentiment de la dignité. César c'était l'affreux Tibère, entouré de ses délateurs ; c'était le monstre qui, sur un simple soupçon, envoyait à la mort ses amis et ses proches. Il se vit dénoncé, révoqué, perdu sans ressource. L'intérêt l'emporta sur la conscience, et il se décida enfin à sacrifier Jésus.

Restait à rendre la sentence selon les formalités requises par la loi. Dans le forum, en face du prétoire, se trouvait un siège élevé, formé de pierres de différentes couleurs, qu'on appelait en hébreu Gabbatha, ce qui veut dire éminence, et en grec Lithostrotos, ou monticule de pierres. C'était du haut de ce tribunal, devant tout le peuple, que le gouverneur romain devait rendre ses arrêts. Pilate ayant pris place sur cette espèce d'estrade d'où il dominait la multitude, Jésus, garrotté, entouré de gardes, fut amené devant lui. Tous les yeux se fixèrent sur le juge et la victime ; toutes les oreilles se tendirent pour entendre les termes de la sentence qui allait intervenir.

Une dernière fois, regardant la foule, Pilate sembla demander grâce. Montrant Jésus couvert de sang et de blessures, il dit d'une voix émue : « Voilà votre roi ! » Une force supérieure le poussait à proclamer la royauté de Jésus devant ce peuple révolté. On lui répondit par d'horribles clameurs : « Arrière, arrière ! qu'on le crucifie ! »

Le Romain tenta même de réveiller les sentiments patriotiques de ces Juifs autrefois si fiers de leur nationalité et de leurs princes. « Vous voulez donc, dit-il, que je fasse crucifier votre roi ? - Nous n'avons d'autre roi que César ! » répondirent-ils lâchement. Ainsi, ce peuple de Dieu, ces pontifes, ces scribes, ces magistrats, ces Juifs qui se réclament à chaque instant d'Abraham et de David, les voilà tous abdiquant leur nationalité, la royauté de Jéhovah, la royauté du Messie libérateur, toutes les gloires du passé, toutes les espérances de l'avenir ! Les voilà tous à genoux devant César, reprochant à Pilate de n'être pas assez dévoué à l'empereur ! Et pourquoi tout ce peuple se prosterne-t-il avec cette impudeur aux pieds des païens ? Par haine du Christ, Fils de Dieu, pour obtenir de Pilate qu'il le cloue à un gibet et verse les dernières gouttes de son sang ! La haine poussée jusqu'à cet excès n'est plus un sentiment humain : comme le traître Judas, les Juifs de la Passion, vrais suppôts de Satan, agissaient et parlaient comme l'aurait fait Satan, agissaient et parlaient comme l'aurait fait Satan lui-même.

En les voyant, pour assouvir leur rage, fouler aux pieds l'intérêt et la gloire de leur nation, Pilate comprit qu'il devait tout craindre de pareils forcenés s'il leur résistait plus longtemps. Bourrelé de remords, mais plus attaché à sa place qu'à son devoir, il voulut du moins, en donnant gain de cause à l'émeute, protester solennellement contre l'arrêt exigé de lui. S'étant fait apporter de l'eau, il se lava les mains devant l'assemblée, en disant :

« Peuple, je suis innocent du sang de ce juste : c'est vous qui en répondrez. » Un cri formidable, sortit de mille poitrines retentit dans la cité sainte :

« Que son sang retombe sur nous et sur nos enfants ! »

Ce cri monta jusqu'à Dieu et décida la ruine de Jérusalem, l'égorgement de tout un peuple, et la destruction de la nation déicide.

Un instant après, un héraut proclamait la sentence rédigée par Pilate. Elle portait que « Jésus de Nazareth, séducteur du peuple, contempteur de César, faux Messie, serait conduit à travers les rues de la ville au lieu ordinaire des exécutions, et que là, dépouillé de ses vêtements, il serait attaché à une croix, où il resterait suspendu jusqu'à la mort.

Ainsi se termina le plus inique de tous les procès. Les princes des prêtres se félicitèrent de leur triomphe ; la foule, ivre de sang, battit des mains ; Pilate, sombre et chagrin, rentra dans son palais pour y cacher sa honte. Seul, Jésus, le condamné à mort, goûtait, au milieu de ses douleurs, une joie que rien ne peut rendre : l'heure du sacrifice qui devait sauver le monde, cette heure après laquelle il soupirait depuis son apparition sur cette terre, venait enfin de sonner.

VII. LA VOIE DOULOUREUSE

Les préparatifs du supplice. - La montée du Calvaire. - Jésus rencontre sa Mère. - Simon de Cyrène. - Le voile de Véronique. - La porte judiciaire. - « Ne pleurez pas sur moi. » (Matth., XXVII. 31- 14. - Marc., XV, 20-23. - Luc., XXII, 26-32. =Joan., XIX, 16-17.)

Chez toutes les nations civilisées, on laisse s'écouler un laps de temps entre le jugement et l'exécution des condamnés. Les Romains accordaient jusqu'à dix jours de répit ; d'après les lois juives, on ne suppliciait qu'après le coucher du soleil. Mais il était dit qu'à l'égard de Jésus toutes les lois de l'humanité seraient violées, afin de faire comprendre à tous qu'une haine satanique poursuivait la sainte victime. Aussitôt après la condamnation, Pilate livra Jésus à la rage des princes des prêtres, lesquels décidèrent qu'il serait traîné au lieu de supplice, séance tenante. Différer le crucifiement jusqu'après les solennités pascales leur parut dangereux : qui sait si cette foule en délire, après avoir demandé la mort du Christ avec une espèce de frénésie, ne reprendrait pas, dans huit jours, l'hosanna en son honneur ? Du reste, au lieu de rappeler ces sauvages au respect des lois, Pilate était lui-même pressé d'en finir, et de faire disparaître au plus vite, dans le secret du tombeau, la victime de sa criminelle lâcheté.

Du tribunal, Jésus fut conduit dans la cour du prétoire pour les préparatifs du supplice. Quatre bourreaux lui arrachèrent le lambeau de pourpre, collé à son corps ensanglanté, et lui remirent ses vêtements ordinaires, en lui prodiguant toutes sortes d'injures. On lui laissa sur la tête la couronne d'épines, afin de provoquer, par cette allusion à sa royauté, les insultes et les dérisions de la populace. Afin de l'avilir plus encore, les princes des prêtres tirèrent des prisons deux voleurs condamnés au gibet, pour les exhiber en public et les crucifier à ses côtés. Les croix, que les condamnés devaient porter jusqu'au lieu de l'exécution, se composaient de deux poutres, dont la principale mesurait dix coudées, tandis que l'autre, plus courte de moitié, la traversait aux deux tiers de sa longueur. C'était un poids écrasant pour Jésus, épuisé de sang, de fatigue et de souffrances, surtout après l'horrible flagellation qu'il venait de subir. On lui jeta brutalement cette croix sur les épaules, cette croix, symbole d'infamie, sur laquelle expiraient les esclaves, les flétris, les voleurs, les assassins, les faussaires. Au lieu de se plaindre, Jésus reçut avec amour ce bois d'ignominie, qui devenait en ce jour le bois précieux entre tous, le bois rédempteur du monde, le trophée de la plus éclatante des victoires, le sceptre du Roi des rois. Les deux larrons, placés à côté du Christ, furent également chargés de leur gibet.

Ces préparatifs terminés, les trois condamnés, conduits par les bourreaux, arrivèrent sur la place où le cortège devait se former. Une foule immense les accueillit en poussant des cris de mort, et en montrant du doigt, avec d'affreux ricanements, le roi couronné d'épines, le Messie entre deux voleurs. La trompette donna le signal du départ, et l'armée des déicides se mit en marche. En tête, un crieur proclamait, sur tout le parcours, les noms et les crimes des condamnés. Venaient ensuite les soldats romains, chargés de maintenir l'ordre et d'assurer libre passage au cortège. Suivait un groupe d'hommes et d'enfants, portant des cordes, des échelles, des clous, des marteaux, et le titre qui devait dominer la croix du Christ. Derrière ceux-ci s'avançaient les deux voleurs, et enfin Jésus, les pieds nus, couvert de sang, courbé sous le poids de la croix, chancelant à chaque pas comme un homme prêt à faiblir. Inondé de sueur, dévoré de soif, la poitrine haletante, d'une main il soutenait la croix sur son épaule, et de l'autre il relevait avec effort le long manteau qui embarrassait sa marche. Sa chevelure souillée flottait en désordre sous les épines qui ensanglantaient son front ; ses joues et sa barbe, maculées de sang, le défiguraient jusqu'à le rendre méconnaissable. Les bourreaux le tenaient par des cordes attachées à sa ceinture, et prenaient plaisir à le rudoyer en la poussant violemment, ou en la frappant pour hâter ses pas. Comme l'innocent agneau qu'on mène à la boucherie, Jésus souffrait ces indignités sans laisser échapper un murmure, et sur sa figure meurtrie chacun pouvait lire la plus sublime expression de l'amour et de la résignation.

Autour de lui se pressaient ses ennemis acharnés, les princes des prêtres, les chefs du peuple, ces pharisiens tant de fois réduits au silence par le grand prophète, heureux aujourd'hui de déverser sur lui les flots de haine qui débordaient de leur cœur. Tour à tour ils s'approchaient de Jésus, l'accablaient d'invectives, se moquaient de ses prédictions et de ses miracles. Un détachement de soldats, commandés par un centurion à cheval, fermait la marche, et tenait en respect une multitude d'esclaves, d'ouvriers, d'hommes de la lie de peuple, qui depuis le matin, poussaient des cris de mort, et couraient maintenant au lieu de l'exécution, avides de voir couler le sang.

La route que Jésus devait suivre, rocailleuse et accidentée, mesurait environ douze cents pas. Du Moriah elle descendait dans la ville basse, puis remontait une pente assez forte pour aboutir à la porte occidentale de la ville. Le crucifiement devait avoir lieu sur le Golgotha, en dehors de l'enceinte. La voie du Golgotha s'appelle à juste titre la Voie douloureuse, car Jésus a pu dire : « Vous qui passez par ce chemin, voyez s'il est une douleur comparable à la mienne » ; mais on peut également l'appeler la voie triomphale, car elle a vu passer, armé de son glorieux étendard, un vainqueur plus grand que les Césars montant au Capitole. L'humanité n'oubliera jamais le chemin du Golgotha. De tous les points du globe les disciples de Jésus se réuniront à Jérusalem pour suivre pas à pas la route qu'a suivie le Maître, mêler de larmes d'amour aux gouttes de son sang adorable, et méditer sur les mémorables incidents qui ont marqué les étapes de cette voie désormais sacrée.

Du palais de Pilate, le sinistre cortège descendit la colline du temple, par une rue étroite, dans la direction de l'ouest, jusqu'à la rencontre, à deux cents pas de distance, d'une voie plus large, qui court vers le midi. Avant d'arriver au point de jonction de ces deux rues, Jésus, s'affaissant sous son fardeau, tomba lourdement sur le chemin. On s'arrêta un instant pour le relever ; ce qui donna occasion aux bourreaux de le maltraiter de nouveau, et aux pharisiens, de lancer des sarcasmes à ce singulier thaumaturge qui faisait marcher les paralytiques, et ne savait pas lui-même se tenir debout. Avec l'aide des soldats, Jésus reprit sa croix et continua sa route.

À peine avait-il fait cinquante pas dans cette grande rue d'Éphraïm, que le plus navrant des spectacles vint remuer les cœurs encore ouverts à la pitié. Une femme, la Mère de Jésus, entourée de quelques amies, l'attendait au passage. Marie voulait le voir une dernière fois et lui dire un suprême adieu. Elle avait passé la nuit et la matinée dans de mortelle angoisses. À chaque instant, Jean, le fidèle disciple, quittait la foule pour aller renseigner la pauvre Mère sur les scènes qui se succédaient d'heure en heure, le jugement du Sanhédrin, les interrogatoires de Pilate et d'Hérode, et enfin la condamnation à mort. Elle accourut aussitôt, en compagnie de Madeleine et des saintes femmes, sur la place du prétoire. Elle entendit les vociférations de la populace, elle vit Pilate au balcon présenter au peuple son Fils tout sanglant et couronné d'épines. Le cœur broyé, les yeux noyés de larmes, elle prit alors l'héroïque résolution d'accompagner Jésus au Golgotha et de souffrir avec lui l'horrible martyre. Quand de cortège s'ébranla, Marie suivit une rue parallèle et vint attendre son Fils à la rue d'Éphraïm.

La rencontre fut pour elle un moment d'agonie. Après avoir vu passer les soldats et les aides des bourreaux : portant les clous et les tenailles, elle aperçut, entre les des deux voleurs, Jésus portant sa croix. En contemplant ce visage livide, ces yeux injectés de sang, ces lèvres blêmes et desséchées, le premier mouvement de la pauvre Mère fut de se précipiter vers son Fils, les bras en avant ; mais les bourreaux la repoussèrent avec violence. Jésus s'arrêta un instant : ses yeux rencontrèrent ceux de Marie, un regard plein de tendresse lui fit comprendre qu'il savait ce qui se passait dans son cœur, et combien il compatissait à sa souffrance. Suffoquée par l'émotion, Marie se sentit défaillir, et tomba dans les bras de femmes qui l'accompagnaient. Ses yeux se fermèrent, mais elle entendit les insultes qui s'adressaient au Fils et à la Mère. Puis, le peuple, passant à flots pressés, mit fin, par ses clameurs, à cette scène déchirante.

Vingt pas plus loin, on laissa la rue d'Éphraïm, pour prendre celle qui aboutissait directement au Golgotha. À peine Jésus eut-il fait quelques pas sur cette nouvelle voie, fortement escarpée, qu'une pâleur mortelle se répandit sur ses traits, ses genoux fléchirent, et il lui fut impossible, malgré ses efforts, de traîner son gibet. Voyant qu'il allait succomber et les priver ainsi du plaisir de contempler son agonie sur la croix, les pharisiens prièrent le centurion romain de requérir un homme pour aider le condamné à porter son fardeau. Sur l'ordre de l'officier, les soldats arrêtèrent un jardinier qui revenait des champs, nommé Simon le Cyrénéen, et le contraignirent à porter la croix avec Jésus. Simon n'opposa point de résistance, non seulement parce qu'en refusant cette corvée, il s'exposait à mourir sous les coups, mais surtout parce que la vue de cet homme brisé, anéanti, dont le regard mourant semblait implorer son assistance, excita dans son cœur une sincère pitié. Il souleva par le milieu la poutre écrasante, de manière à la faire peser le moins possible sur l'épaule de Sauveur. Jésus n'oublia point cet acte de charité ; il fit du Cyrénéen un disciple fervent, et de ses deux fils, Alexandre et Rufus, des apôtres de la vraie foi.

On avait fait environ deux cents pas dans cette rue spacieuse, bordée de grandes et belles maisons. Les habitants regardaient avec indifférence ou mépris les criminels qu'on menait au supplice, quand, tout à coup, une femme d'un, aspect plein de dignité s'élance vivement d'une des maisons situées à gauche de la route. Sans s'inquiéter des soldats qui veulent lui barrer le passage, elle s'approche du divin Maître, contemple un instant son visage défiguré, couvert de boue, de crachats, de plaies saignantes, puis, prenant le voile qui couvrait son front, elle en essuie la face de la sainte victime. Jésus la remercia d'un regard et continua sa marche ; mais quel ne fut pas le ravissement de celte femme, lorsque, rentrée chez elle, elle aperçut, sur le voile dont elle s'était servie, l'empreinte de la sainte face du Sauveur, cette face triste et livide, véritable portrait de la douleur. En mémoire de ce fait, les disciples de Jésus ont immortalisé, sous le nom de Véronique, cette héroïne de la charité.

Il n'y avait plus qu'un centaine de pas pour arriver à la porte judiciaire, ainsi appelée parce que les condamnés à la peine capitale passaient sous cette porte pour se rendre au Golgotha. Sur ce chemin pierreux, la montée devenait difficile : malgré les efforts du Cyrénéen pour l'aider, Jésus tomba de nouveau sous le poids de la croix. Il se releva avec beaucoup de peine et s'approcha de la porte. Là, sur une colonne de pierre, nommée colonne d'infamie, était affiché le texte de la condamnation. Le Sauveur put lire, en passant, qu'il allait mourir pour avoir soulevé le peuple contre César et usurpé le titre de Messie. Les pharisiens ne manquèrent pas de lui montrer du doigt l'odieux écriteau, qui rappelait leurs accusations.

Après avoir franchi la porte, Jésus se trouva au pied du Golgotha. Malgré la défense de verser une larme sur le passage d'un condamné, un groupe de femmes courageuses ne put s'empêcher, en le voyant, de pousser des cris et des lamentations. Plusieurs avaient des enfants sur les bras, et ces enfants pleuraient avec leurs mères. Ému de pitié à la pensée des calamités qui allaient fondre sur l'ingrate Jérusalem, Jésus plaignit ces femmes désolées : « Filles de Jérusalem, dit-il, ne pleurez pas sur moi, mais pleurez sur vous et sur vos enfants. Voici venir des jours où l'on dira : Bienheureuses les femmes qui n'ont point enfanté, bienheureuses les mamelles qui n'ont point allaité. Alors on criera aux montagnes : Tombez sur nous ! et aux collines : Écrasez-nous ! Car si l'on traite ainsi le bois vert, que sera-ce du bois sec ? » Si l'on traite ainsi l'innocent, que sera-ce du coupable ?

Six jours auparavant, du haut de la montagne des Oliviers, Jésus versait des larmes sur Jérusalem et prédisait sa ruine. Aujourd'hui qu'elle a mis le comble à ses crimes, il annonce solennellement sa réprobation et l'épouvantable catastrophe qui mettra fin à ses destinées. Les chefs du peuple, en entendant cette prophétie, auraient dû trembler d'effroi ; mais, aveuglés et endurcis comme des démons, ils s'irritèrent des menaces que ce condamné proférait contre la cité sainte. Les bourreaux, excités par eux, le frappèrent à coups redoublés, de sorte que, traité comme une bête de somme, à bout de forces, il tomba une troisième fois sur les pierres du chemin, avant d'atteindre le sommet de la colline. On le releva presque inanimé ; et, à force de le pousser, de le traîner, de le tirer en tous sens, il arriva enfin au lieu du supplice.

En ce moment, la foule accourant de toutes parts, serrait ses rangs autour du monticule, pour savourer les dernières souffrances du condamné et applaudir à sa mort. La sixième heure du jour va sonner, le moment est solennel entre tous : la grande tragédie, à laquelle assistent les anges, les hommes et les démons, la tragédie de l'Homme-Dieu, touche à son dénouement.

VIII. LE CRUCIFIEMENT

Le crâne d'Adam. - Dépouillement et crucifiement. - Entre ciel et terre. - Partage des vêtements. - « Jésus de Nazareth, roi des Juifs. » Insultes et blasphèmes. - Les deux larrons. - Les ténèbres miraculeuses. - Marie au pied de la croix. - « Ecce mater tua. » - Les trois heures d'agonie. - Dernières paroles et mort de Jésus. (Matth., XXVII, 35-50. - Marc., XV, 24-37. - Luc., XXIII, 33-46. - Joan., XIX, 18-30)

Le plateau de rochers sur lequel devait avoir lieu le crucifiement, s'élève à deux cents pas de la porte judiciaire. On l'appelle en hébreu Golgotha, ce qui signifie calvaire, ou lieu du crâne. Ce nom lui fut donné, disent les traditions, pour perpétuer un grand souvenir.

Trois mille ans avant Jésus, un homme accablé sous le poids des ans et de la souffrance expirait sur ce mont solitaire : c'était Adam, le père de la race humaine. Exilé du paradis, il avait vécu neuf siècles dans la pénitence et les larmes. Il lui fallut manger son pain à la sueur de son front, souffrir les tortures de la maladie, éteindre à force d'austérités le feu des passions dont son âme était brûlée, pleurer sur des enfants coupables qui s'entr'égorgeaient dans des luttes fratricides, et entendre sans cesse résonner à son oreille la parole du Dieu vengeur : « Adam, tu mourras de mort, parce que tu as péché ! » Et cependant, jamais le désespoir ne vint troubler l'âme du pauvre exilé. Dans ses moments de détresse, il se rappelait qu'en le chassant du paradis, Dieu lui avait promis qu'un de ses descendants le sauverait, lui et sa race. Aussi, de siècle en siècle, ne cessait-il de répéter à ses fils d'espérer toujours dans un futur Rédempteur. Et quand il vit le spectre de la mort se dresser devant lui, il adora la justice de Dieu et s'endormit plein de calme, saluant une dernière fois le Libérateur qui devait affranchir ses enfants de la tyrannie de Satan et leur ouvrir, ainsi qu'à lui, les portes du ciel, fermées depuis son péché.

Les fils d'Adam ensevelirent son cadavre dans les flancs de la montagne, et creusèrent une cavité dans le rocher qui la dominait pour y placer sa tête vénérée. Ce rocher, ils l'appelèrent Golgotha, le lieu où repose le crâne du premier homme. Ce fut là précisément, sur ce rocher, que les bourreaux traînèrent Jésus, le nouvel Adam, afin de mêler le sang divin de l'expiation aux cendres du vieux pécheur, qui infecta dans leur source toutes les générations humaines.[31] Et comme un arbre, l'arbre de l'orgueil et de la volupté, avait perdu le monde, Jésus arrivait au Calvaire, portant sur ses épaules le bois de l'ignominie et du martyre. Aussi l'Agneau de Dieu, chargé d'expier les péchés de toute sa race, sera-t-il traité comme il voulait l'être, c'est-à-dire sans pitié.

Quand un condamné arrivait au Golgotha, il était d'usage de lui présenter un breuvage généreux pour étancher sa soif et ranimer ses forces. Des femmes charitables préparaient cette boisson, et les bourreaux la faisaient passer aux criminels avant l'exécution. On remit donc aux soldats une potion composée de vin et de myrrhe, mais le patient l'effleura du bout des lèvres, comme pour en goûter l'amertume, et refusa de la prendre, malgré la soif ardente qui le dévorait. L'innocente victime ne voulait aucun adoucissement à ses douleurs.

Vers la sixième heure commença la sanglante exécution. Les quatre bourreaux dépouillèrent Jésus de ses vêtements. Comme sa tunique collait à son corps déchiré, on la lui arracha si violemment que toutes

---

[31] La tradition relative au crâne d'Adam, bien antérieure à Jésus-Christ, se retrouve dans les écrits de presque tous les Pères, en particulier de Tertullien, d'Origène, de saint Cyprien, de saint Basile de saint Jean Chrysostome, de saint Ambroise, de saint Augustin. Saint Jérôme la rapporte dans une lettre à Marcella. Saint Épiphane affirme qu'elle nous a été transmise, non seulement par la voix des générations, mais par des monuments de l'antiquité, *librorum momunemtis,* Cornelius à Lapide l'appelle une tradition commune dans l'Église. Du reste, on la retrouve vivante à Jérusalem, dans la basilique du Saint-Sépulcre. Au-dessous de la chapelle de la *Plantation de la Croix,* se trouve la chapelle ou la *Tombe d'Adam.* Le sang du Christ, s'infiltrant par la crevasse du rocher, a pu se mêler à la poussière du premier homme. C'est pour rappeler cette touchante tradition que, sur les crucifix, on place une tête de mort aux pieds de Jésus : c'est le crâne d'Adam sous la croix, comme au Golgotha.

les plaies se rouvrirent, et le Sauveur apparut couvert d'une pourpre vraiment royale : la pourpre de son sang précieux. Les bourreaux l'étendirent sur la croix, pour l'y attacher. Il se fit alors un grand silence : les yeux fixés sur le patient, chacun voulait entendre ses cris, se repaître de ses douleurs. Un bras fut d'abord appliqué à la traverse de la croix. Pendant que les bourreaux tenaient le corps en respect, l'un d'eux posa sur la main un énorme clou, et, de son lourd marteau, frappant à coups redoublés, l'enfonça dans les chairs et dans le bois. Le sang jaillit avec abondance ; les nerfs se contractèrent ; Jésus, les yeux pleins de larmes, poussa un soupir. Un second clou traversa l'autre main. Les bras ainsi attachés, les bourreaux durent employer toutes leurs forces pour étendre sur le gibet le corps horriblement disloqué ; puis de nouveau les coups de marteau retentirent, et les deux pieds furent cloués à leur tour. Les coups de marteau arrachaient à Jésus des soupirs ; à Marie et aux saintes femmes, des sanglots ; aux Juifs, des exclamations féroces.

Le crucifiement achevé, les bourreaux dressèrent le gibet. Pendant que les uns soutenaient les bras de la croix, les autres en approchèrent le pied de la cavité creusée dans le roc, au sommet du Calvaire. La croix s'y enfonça, produisant une telle secousse, dans tous les membres du Crucifié, que ses os s'entrechoquèrent, les plaies des mains et des pieds s'élargirent, le sang ruissela de tout son corps. Sa tête se pencha ; ses lèvres, entr'ouvertes, laissèrent apercevoir sa langue desséchée ; ses yeux mourants se couvrirent d'un voile. Quand il apparut ainsi entre le ciel et la terre, une clameur sauvage s'éleva de toutes parts. C'était le peuple qui lançait des malédictions au Crucifié, selon qu'il est écrit : « Maudit soit le criminel suspendu à la croix ! Les deux voleurs, également crucifiés, furent placés à droite et à gauche du Sauveur, afin d'accomplir une autre prophétie : « Il a été assimilé aux plus vils scélérats. »

Pendant que la foule insultait les suppliciés, les quatre bourreaux, fatigués de leur besogne, s'assirent au pied de la croix du Sauveur pour se partager ses vêtements qui, d'après la loi, devenaient leur propriété. Ils divisèrent le tout en quatre parts, afin que chacun d'eux eût la sienne ; mais comme la tunique était sans couture, d'un seul tissu depuis le haut jusqu'au bas, ils résolurent dans leur intérêt de la laisser intacte, et de s'en rapporter au sort pour savoir à qui elle appartiendrait. Ils ignoraient qu'ils exécutaient de point en point les paroles qu'un prophète met dans la bouche du Messie : « Ils se sont partagé mes vêtements, et ils ont tiré ma robe au sort. » Les chefs du Sanhédrin, versés dans les Écritures, auraient dû se rappeler les divins oracles en les voyant se vérifier sous leurs yeux ; mais la joie de la haine assouvie étouffait en eux toute pensée et tout sentiment.

Un incident assez singulier vint cependant troubler cette joie criminelle. Ils virent tout à coup les soldats placer au haut de la croix une inscription dictée par Pilate lui-même. Or cette inscription : « Jésus de Nazareth, roi des Juifs, » contenait en quatre mots une injure sanglante à l'adresse des pharisiens. Pour se venger de ce peuple qui l'avait amené à condamner un innocent, le gouverneur faisait afficher publiquement que ce criminel, jugé par eux digne du supplice des esclaves, n'en était pas moins leur roi. Et afin que tous les étrangers qui remplissaient Jérusalem, pussent savourer l'amère ironie, l'inscription se lisait en trois langues : en hébreu, en grec et en latin. Outrés de colère à la vue de cet écriteau, les chefs du peuple dépêchèrent à Pilate un messager pour lui représenter l'outrage fait à la nation et lui demander de modifier ainsi l'inscription : Jésus de Nazareth, qui s'est dit roi des Juifs. Mais Pilate leur répondit brutalement : « Ce qui est écrit est écrit. »

En cette circonstance, Pilate prophétisa, comme autrefois Caïphe. Caïphe déclara « qu'un homme devait mourir pour tout le peuple », et Pilate proclama dans toutes les langues du monde que cet homme, ce Rédempteur, ce Messie, ce Roi qui doit dominer tous les peuples, Juifs, Grecs ou Romains, c'est le Crucifié du Golgotha.

Le mauvais vouloir de Pilate exaspéra les Juifs. Ne pouvant enlever l'écriteau qui donnait à Jésus le titre de roi, ils se mirent à railler et à blasphémer sa prétendue royauté. Les prêtres et les scribes donnaient l'exemple. « Il a sauvé les autres, disaient-ils en ricanant, qu'il se sauve donc lui-même ; qu'il descende de la croix, ce Messie, ce roi d'Israël, et nous croirons en lui. Il en appelait à Dieu, il se disait le Fils de Dieu : que Dieu le délivre maintenant ! »

Le peuple, encouragé par les blasphèmes de ses chefs, les répétait en y ajoutant de grossières insultes. Passant et repassant devant la croix, des groupes de furieux branlaient la tête et s'écriaient : « Toi qui détruis le temple et le rebâtis en trois jours, descends de la croix et sauve-toi, si tu peux. Si tu es le Fils de Dieu, descends de ton gibet. »

Les soldats eux-mêmes, qui, d'ordinaire, exécutent leur consigne en silence, finirent par prendre part à ce débordement d'injures. S'approchant du Crucifié, ils lui offraient du vinaigre pour se rafraîchir.

« Si tu es le roi des Juifs, sauve-toi donc ! »

Ce n'était pas en descendant de la croix que le Fils de Dieu devait affirmer sa royauté, mais en y mourant pour exercer son office de Rédempteur et de Sauveur. Aussi, en entendant ces provocations sacrilèges, n'éprouva-t-il qu'un plus vif sentiment d'amour. Ses yeux, inondés de larmes, s'arrêtèrent un instant sur ces Juifs en délire, et pour la première fois depuis l'arrivée au Calvaire, une parole sortit de ses lèvres : « Mon Père, disait-il, pardonnez-leur leur ! car ils ne savent ce qu'ils font ! » Non seulement il demandait grâce pour ces grands coupables, mais il excusait pour ainsi dire leurs crimes et leurs blasphèmes en les attribuant à l'ignorance. De fait, ils ignoraient sa divinité, ce qui rendait jusqu'à un certain point moins criminelle cette horde de déicides.

Excité par les dérisions et les insultes que toute cette foule vomissait contre Jésus, l'un des voleurs crucifiés près de lui tourna la tête de son côté, en blasphémant à son tour : « Ils ont raison, s'écria-t-il, si tu es vraiment le Christ, sauve-toi et sauve nous avec toi. » Mais son compagnon, calme et résigné, lui reprocha sa conduite. « Tu ne crains donc pas Dieu ? lui dit-il. Pourquoi lancer de pareilles imprécations contre un homme condamné comme toi ? Nous, d'ailleurs, nous sommes punis justement des crimes que nous avons commis ; mais à lui, on ne peut reprocher aucune faute. »

En prononçant ces paroles, le larron sentit comme une révolution s'opérer dans son âme. Ses yeux se dessillèrent sous l'action d'une lumière intérieure, il comprit que Jésus, le Fils de Dieu, mourait pour les péchés des hommes. Le repentir, mais un repentir plein d'amour, pénétra dans son cœur et fit monter des larmes à ses yeux. « Seigneur, dit-il à Jésus, souvenez-vous de moi quand vous entrerez dans votre royaume. » Et il entendit aussitôt cette réponse de l'infinie miséricorde : « Aujourd'hui même tu seras avec moi dans le paradis, » c'est-à-dire dans les limbes, où les justes attendaient Celui qui devait leur ouvrir les portes du ciel.

Pendant que les princes des prêtres, les docteurs, les soldats et la populace se moquaient de la royauté de Jésus et se rassasiaient de ses douleurs, un spectacle nouveau vint tout à coup jeter l'épouvante au milieu de ces déicides. À l'heure de midi, quand le soleil resplendit de tout son éclat, le ciel, jusque-là très pur, devint sombre et menaçant. Les nuages, de plus en plus épais, couvrirent le disque du soleil, et peu à peu les ténèbres se répandirent sur le Golgotha, sur la ville de Jérusalem et sur toute la terre. C'était la nuit mystérieuse prophétisée par Amos : « En ce jour-là, le soleil s'éteindra en plein midi, et les ténèbres envahiront le monde au sein de la plus vive lumière. »[32] Ainsi Dieu répondait aux insolents défis des Juifs : le soleil se cachait pour ne pas voir leur crime ; la nature entière se couvrait d'un voile funèbre pour pleurer la mort du Créateur.

À l'instant même, les blasphémateurs se turent, glacés d'effroi : un silence de mort régna sur le Calvaire. La foule, éperdue, s'enfuit en tremblant ; les chefs du peuple eux-mêmes, entrevoyant quelque vengeance divine, disparurent les uns après les autres. Il ne resta sur la montagne que les soldats romains préposés à la garde des suppliciés,

---

[32] Ces ténèbres prédites par Amos (VIII, 9) et attestées par les évangélistes, les historiens profanes en font mention. Thallus, affranchi de Tibère, dit qu'à cette époque « une horrible obscurité couvrit l'univers entier ». Phlégon, affranchi d'Adrien, écrivait cent ans plus tard « qu'il y eut à cette époque, une éclipse de soleil si complète que jamais personne ne fut témoin d'un événement semblable ». Or la lune, alors dans son plein, rendait une éclipse de soleil impossible. Après avoir dit que le soleil s'éteignit au milieu de sa course, Tertullien (*Apolog.*) ajoute : « Vous avez dans vos archives la relation de ce fait. » Un martyr, saint Lucien, parlait au juge de la divinité du Christ : « Pour témoin, dit-il, je vous cite le soleil même qui, voyant le crime des déicides, cacha en plein midi sa lumière dans le ciel. Cherchez dans vos annales, vous trouverez qu'au temps de Pilate, pendant que le Christ souffrait, le soleil disparut, et le jour fut interrompu par les ténèbres. » Ténèbres évidemment miraculeuses : à la vue de ce phénomène inexplicable, Denys l'Aréopagite s'écria : « Ou la divinité souffre, ou la machine du monde se désorganise. »

le centurion qui les commandait, quelques groupes isolés déplorant au fond du cœur le crime commis par la nation, et les saintes femmes qui entouraient la Vierge Marie. Jusqu'à ce moment les soldats les avaient tenues à l'écart, mais alors elles s'approchèrent de la croix. À la lueur sanglante du ciel à demi voilé, on apercevait le corps livide de Jésus et son visage contracté par la souffrance. Ses yeux restaient fixés au ciel ; ses lèvres entrouvertes murmuraient une prière.

Près de Marie, mère de Jésus, se trouvaient Jean, l'apôtre bien-aimé, Marie de Cléophas, et Salomé, la femme de Zebédée. Marie-Madeleine, abîmée dans sa douleur, s'était jetée au pied de la croix, et la tenait embrassée en versant d'abondantes larmes. Jésus abaissa son regard divin sur ces privilégiés de son cœur. Ses yeux rencontrèrent ceux de sa Mère qui ne le quittaient pas un instant. Il vit son martyre intérieur, et comment le glaive de la compassion, prophétisé par le vieillard du temple, transperçait son âme jusque dans son fond le plus intime. Il la jugea digne de coopérer à l'acte de la Rédemption, comme elle avait coopéré au mystère de son Incarnation ; et, non content de se donner lui-même, il poussa la bonté jusqu'à nous donner sa Mère.

Jean pleurait au pied de la croix. Il pleurait son bon Maître, et bien qu'il eût encore ses parents, sans Jésus, le Dieu de son cœur, il se croyait orphelin. Jésus ne put voir sans attendrissement les larmes de l'apôtre mêlées aux larmes de Marie. S'adressant à la divine Vierge, il lui dit : « Femme, voilà votre fils. » Ce fils, qu'elle enfantait dans les larmes, représentait l'humanité entière rachetée par le sang divin. Jésus la donnait à la nouvelle Ève, en la chargeant de transmettre la vie à tous ceux auxquels la première a donné la mort ; et dès lors Marie sentit son cœur s'élargir et s'emplir du plus miséricordieux amour pour tous les enfants des hommes.

Jésus alors, s'adressant à Jean, lui montra du regard la Vierge éplorée : « Mon fils, lui dit-il, voilà ta Mère ! » Et depuis ce jour, Jean l'aima et le servit comme sa propre mère. Depuis ce jour aussi, tous ceux que Jésus a illuminé de sa grâce ont compris que, pour être vraiment les membres de Jésus crucifié, il faut naître de cette Mère spirituelle que le Sauveur créa sur le Calvaire.

Après ce don suprême de son amour, Jésus sembla s'isoler de la terre. Il se fit autour de lui un silence effrayant qui dura près de trois heures. Les gardes épouvantés allaient et venaient au milieu des ténèbres sans mot dire. Immobile devant la croix, le centurion semblait vouloir pénétrer jusqu'au fond de l'âme de cet étrange supplicié. Jésus, les yeux au ciel, priait son Père, offrant pour tous ses invisibles souffrances, ses ignominies sans nom, le sang qui coulait de ses blessures, et la mort qui allait le frapper. Un moment son visage s'assombrit, une épouvantable angoisse lui étreignit le cœur : il se vit seul, chargé de crimes, maudit des hommes, mourant sur un gibet entre deux scélérats. Repoussée de la terre, son âme se tourna vers le ciel ; mais plus vivement encore qu'à Gethsémani, elle éprouva le sentiment affreux du délaissement le plus complet. La justice de Dieu passait sur la victime d'expiation, sans qu'un ange du ciel vînt la consoler au moment suprême. Vers la neuvième heure, de son cœur brisé, défaillant, s'échappa ce cri de détresse : « Eli, Eli, lamma Sabachtani ? » ce qui veut dire : « Mon Dieu, mon Dieu, pourquoi m'avez-vous abandonné ? » C'étaient les premiers mots d'un psaume où David raconte, par anticipation, les douleurs et l'agonie de l'Homme-Dieu.

Cependant les ténèbres commençaient à se dissiper. Quelques Juifs, restés sur le Calvaire, s'enhardirent jusqu'à ricaner de nouveau sur leur victime mourante : « Il appelle Élie, disaient-ils, nous allons voir si Élie viendra le délivrer. » Jésus éprouvait alors cette soif brûlante, le tourment le plus affreux des crucifiés. Ses entrailles étaient desséchées, sa langue collée à son palais. Au milieu du silence, sa voix se fit entendre de nouveau : « J'ai soif ! » dit-il, en poussant un profond soupir.

Il y avait au pied de la croix un vase plein de vinaigre. L'un des soldats y trempa une éponge, et l'ayant attachée à une tige d'hysope, l'approcha des lèvres de Jésus. Il en aspira quelques gouttes, afin d'accomplir la prophétie de David : « Pour étancher ma soif, ils m'ont abreuvé de vinaigre ».

Il avait bu jusqu'à la lie le calice des douleurs, accompli toutes les volontés de son Père, réalisé les prophéties, expié les péchés du genre humain : « Tout est consommé. » dit-il.

À cette parole solennelle, on vit le corps de Jésus devenir plus livide encore, sa tête couronnée d'épines retomber lourdement sur sa poitrine, ses lèvres se décolorer, les yeux s'éteindre. Il allait exhaler son dernier soupir quand soudain, relevant la tête, il poussa un cri d'une telle puissance que tous les assistants en restèrent glacés d'effroi. Ce n'était plus le gémissement plaintif de l'homme mourant, mais le cri triomphant d'un Dieu qui dit à la terre : Je meurs, parce que je le veux. Ses lèvres bénies s'ouvrirent alors une dernière fois : « Mon Père, dit-il, je remets mon âme entre vos mains. » Ayant dit ces mots, il inclina la tête et expira.

Jésus est mort : pontifes, docteurs, anciens du peuple, scribes et pharisiens, vous croyez son règne fini, tandis qu'au contraire son règne commence. Cette croix, sur laquelle vous l'avez attaché, devient dès aujourd'hui le trône du grand Roi. Autour de ce trône vont s'agenouiller tous les peuples de la terre, ainsi qu'il l'a prédit : « Quand je serai élevé entre ciel et terre, j'attirerai tout à moi. »

LIVRE HUITIÈME

LE TRIOMPHE

I. LA RÉSURRECTION

Tremblement de terre. - Cri du centurion. - Les limbes. - Le coup de lance. - Joseph d'Arimathie et Nicodème. - Descente de la croix. - Le tombeau. - Les gardes. - L'ange de la Résurrection. (Matth., XVIII, 51-66. - Marc., XV. 38-47. - Luc., XXIII, 45-66. - Joan., XIX, 31-42.)

Au moment même où Jésus rendit le dernier soupir, une révolution subite bouleversa toute la nature. Le dernier cri du Dieu mourant retentit jusqu'aux abîmes. La terre se prit à trembler, comme si la main du Créateur cessait de la tenir en équilibre ; les rochers se fendirent par suite de ces épouvantables commotions. Le roc même du Calvaire, sur lequel s'élevait la croix du Sauveur, se déchira violemment jusque dans ses profondeurs.[33] Dans la vallée de Josaphat, des tombeaux s'ouvrirent ; plusieurs morts ressuscitèrent et apparurent, enveloppés de leurs longs suaires, dans les rues de Jérusalem, jetant partout l'épouvante et la consternation. Dieu les forçait tous, vivants et morts, à proclamer la divinité de son Fils. Au temple, l'effroi était plus grand encore. Les prêtres qui achevaient l'immolation des victimes, s'arrêtèrent troublés jusqu'au fond de l'âme, pendant que le peuple, muet de frayeur, attendait la fin de l'étrange cataclysme. Soudain un bruit sinistre se fait entendre du côté du saint des saints ; tous les yeux se portent sur le voile d'hyacinthe, de pourpre et d'écarlate, qui ferme l'entrée du sanctuaire impénétrable où Jéhovah se manifeste une fois l'an au grand prêtre ; et voilà que le voile mystérieux se déchire violemment depuis le haut jusqu'au bas, brisant ainsi l'ancienne alliance pour faire place à la nouvelle. Prêtres, cessez d'immoler des victimes

---

[33] Contrairement aux effets naturels des tremblements de terre, le roc est partagé transversalement, et la rupture en croise les veines d'une façon étrange et surnaturelle. « Il est démontré pour moi, dit Addison *(De la Religion chrétienne*, t. II) que c'est l'effet d'un miracle que ni l'art ni la nature ne pouvaient produire. Je rends graces à Dieu de m'avoir conduit ici pour contempler ce monument de son merveilleux pouvoir, ce témoin lapidaire de la divinité de Jésus-Christ. »

figuratives : la seule victime agréable au Seigneur, vous l'avez immolée sur le Calvaire ! Peuple d'Israël, écoute la prophétie de Daniel : « Après soixante et dix semaines d'années, le Messie sera mis à mort ; le peuple qui doit le renier ne sera plus son peuple ; l'hostie et le sacrifice cesseront ; l'abomination de la désolation sera dans le temple, et la désolation durera jusqu'à la fin. » Prêtres et docteurs, les soixante-dix semaines sont écoulées ; près du voile déchiré du sanctuaire, avouez que vous avez crucifié le Messie, Fils de Dieu !

Au milieu de ces scènes de désolation, un silence lugubre régnait sur le Calvaire, silence entrecoupé de temps en temps par les cris déchirants que poussaient les deux larrons. Après la mort de Jésus, les saintes femmes s'étaient retirées un peu à l'écart, avec Marie et l'apôtre Jean. Seul le centurion, immobile au milieu de ses soldats, ne pouvait détacher les yeux du divin Crucifié. Le dernier cri proféré par Jésus retentissait encore à son oreille ; la vue des prodiges opérés à sa mort acheva d'ébranler son cœur. S'adressant à tous ceux qui se trouvaient sur le Calvaire, il s'écria : « C'était un juste, c'était vraiment le Fils de Dieu. » Et tous les témoins de ce drame sublime, impressionnés jusqu'au fond de l'âme, s'en retournèrent chez eux en se frappant la poitrine et en disant comme ce Romain : « Oui, c'était vraiment le Fils de Dieu ! »

Au fond des enfers, le même cri se fit entendre. Quand Jésus rendit le dernier soupir, Satan comprit son erreur. Il avait ameuté la synagogue contre le juste, et ce juste c'était le Fils de Dieu. Dans sa rage insensée, il avait voulu cette mort qui rendait la vie au genre humain, et travaillé sans le savoir à la rédemption de ces enfants d'Adam qu'il croyait à tout jamais ses esclaves. « C'était le Fils de Dieu, s'écriait-il dans son désespoir, et je l'ai servi dans ses desseins ! » A ce moment-là même, il put voir l'âme de Jésus, séparée de son corps, descendre dans les limbes mystérieux où les enfants de Dieu l'attendaient depuis de longs siècles. Là se trouvaient les patriarches et les prophètes : Adam, Noé, Abraham, Moïse, David, tous les justes qui avaient désiré la venue du Sauveur et mis en lui leur espoir.

À son entrée dans ce temple des saints, Jésus fut accueilli par le cri qui retentissait en ce moment au pied de la croix et dans les enfers : « C'est lui, c'est le Fils de Dieu, c'est le Rédempteur qui vient nous annoncer notre prochaine délivrance ! »

Pendant ce temps, des soldats, envoyés par Pilate, gravissaient silencieusement le mont du Calvaire. Les Romains abandonnaient aux oiseaux de proie les cadavres des suppliciés, mais la loi des Juifs défendait de les laisser suspendus à la potence après le coucher du soleil. Comme le Sabbat allait commencer, il devenait plus urgent encore d'observer les prescriptions légales. Les princes des prêtres avaient donc demandé à Pilate de faire donner le coup de grâce aux trois suppliciés et d'enlever ensuite leur dépouille. C'était pour cette dernière exécution que les soldats, armés d'énormes massues, montaient le Golgotha.

Ils s'approchèrent d'un des larrons et lui brisèrent les jambes et la poitrine. Le second larron eut le même sort. Arrivés à Jésus, ils s'aperçurent aussitôt, à la pâleur du visage, à l'inclinaison de la tête, à la rigidité des membres, qu'il avait cessé de vivre depuis plusieurs heures. Ils jugèrent donc inutile de lui rompre les jambes. Cependant, pour plus de sécurité, un soldat lui perça le côté d'un coup de lance. Le fer atteignit le cœur, et de la blessure il sortit de l'eau et du sang. Ainsi s'accomplit cette parole de l'Écriture : « Ils arrêteront leur regards sur celui qu'ils ont crucifié ; » et cette autre concernant l'Agneau pascal : « Vous ne briserez aucun de ses os. »

L'apôtre Jean, au milieu des saintes femmes, vit de ses yeux toutes les particularités de cette scène mystérieuse. Il vit le fer entrer dans le cœur de Jésus, il vit couler le sang et l'eau, les deux sources de vie sorties du divin cœur : l'eau baptismale qui régénère les âmes, et le sang eucharistique qui les vivifie. Et Jean rendit témoignage de ce qu'il avait vu, afin d'inspirer à tous la foi et l'amour.

Pour terminer leur office, les soldats allaient détacher les suppliciés et les enterrer, selon la coutume, avec les instruments de leur supplice, quand deux hommes se présentèrent, réclamant le corps de Jésus. L'un des deux, Joseph d'Arimathie, appartenait à la noblesse, et siégeait au grand Conseil. Ami de la justice, doux et bon par nature, il avait refusé de s'associer au noir complot tramé contre Jésus. Au fond, disciple du Sauveur, il attendait le royaume de Dieu ; mais la terreur qu'inspiraient les Juifs l'avait empêché de manifester sa foi. Les grandes émotions du Calvaire dissipèrent ces frayeurs et l'enhardirent au point qu'à la mort du Sauveur, il conçut le dessein de lui donner une honorable sépulture. Animé subitement d'un courage héroïque, il ne craignit point d'aller trouver Pilate et de lui demander le corps de Jésus. Le gouverneur romain avait beaucoup à se reprocher vis-à-vis du Crucifié et de ses amis ; il fit volontiers cette concession, sauf à constater le trépas qui lui parut bien hâtif. Il appela donc le centurion préposé à la garde des suppliciés, et sur son affirmation que Jésus avait cessé de vivre, il lui ordonna d'abandonner le corps à Joseph.

Joseph était accompagné de Nicodème, ce docteur de la Loi qui, depuis son entretien nocturne avec Jésus, n'avait cessé de le défendre contre les injustes accusations des chefs du peuple. Joseph apportait un suaire pour ensevelir le corps, et Nicodème, une composition de myrrhe et d'aloès, pour l'embaumer. Avec l'aide de Jean et de quelques autres disciples, ils détachèrent de la croix le corps de Jésus ; puis, chargés de ce précieux fardeau, ils le déposèrent sur un quartier de roche, à quelques pas de la croix. Là enfin, les saintes femmes purent contempler le visage inanimé du Maitre qu'elles avaient suivi avec tant de dévouement ; là, sa Mère put arroser de larmes ses plaies sacrées, et les couvrir de baisers. Mais il fallut bien vite mettre un terme à ces démonstrations de douleur et de tendresse, car le soleil était à son déclin, et le Sabbat allait commencer.

Joseph étendit sur la pierre le suaire qui devait servir à l'ensevelissement. On plaça le corps de Jésus sur ce linceul ; on le couvrit de parfums, selon la coutume des Juifs, puis on ramena le linceul funèbre sur les membres et la tête du Maître bien aimé.

Près de l'endroit où Jésus fut crucifié, dans un jardin appartenant à Joseph d'Arimathie, se trouvait un tombeau creusé dans le roc, qui n'avait encore servi à personne. Joseph fut très heureux de le consacrer à la sépulture du Sauveur.[34] Deux cellules taillées dans la pierre, communiquant l'une avec l'autre, composaient ce caveau funéraire. C'est dans une niche, pratiqué dans la seconde de ces deux cellules, qu'ils placèrent le corps du Sauveur, ce que remarquèrent avec soin Marie Madeleine et les saintes femmes, car elles avaient formé le dessein de revenir au sépulcre, le Sabbat terminé, pour procéder, avec moins de précipitation, à l'embaumement de Jésus.

Ayant ainsi rendu les derniers devoirs à leur bon Maître, les disciples sortirent du monument et roulèrent à l'entrée une énorme pierre pour en interdire l'accès ; puis, le cœur navré, les yeux pleins de larmes, écrasés sous le poids de leurs douleurs, ils rentrèrent dans la cité. Marie et les saintes femmes durent aussi se résigner à quitter le Calvaire. Elles allèrent se renfermer au cénacle pour y passer le jour du Sabbat.

Tout paraissait fini. Le prophète de Nazareth était mort sur une croix, comme un vil esclave. Les apôtres, terrifiés, avaient disparu ; quelques femmes, après l'avoir suivi jusqu'à la tombe, s'en retournaient à leur demeure en versant des larmes. Les princes des prêtres et les pharisiens triomphaient incontestablement, et cependant, chose étonnante ! ils semblaient craindre encore ce personnage prodigieux, qui tant de fois les avait épouvantés par sa puissance. Ces ténèbres répandues sur la ville pendant son agonie, ce tremblement de terre au moment de sa mort, ce voile du saint des saints déchiré miraculeusement, paraissaient à tous de sinistres présages. Ce qui les inquiétait surtout, c'est que le Crucifié avait annoncé qu'il ressusciterait trois jours après sa mort.

Ces craintes les jetèrent dans une telle épouvante que, sans tenir compte du repos sabbatique, ils allèrent immédiatement trouver Pilate. « Seigneur, lui dirent-ils, nous nous rappelons que, de son vivant, cet imposteur annonça qu'il ressusciterait le troisième jour après sa mort. Veuillez donc faire garder son tombeau jusqu'à la fin de ce troisième jour, de peur que ces disciples n'enlèvent son cadavre et

---

[34] Les cinq dernières stations du chemin de la croix : le dépouillement, le crucifiement, la plantation de la croix, la pierre de l'onction ou de l'ensevelissement, et le tombeau, se trouvent renfermées dans la basilique du Saint-Sépulcre,

n'affirment au peuple qu'il est ressuscité d'entre les morts. Cette seconde erreur serait encore plus dangereuse que la première. »

Pilate exécrait ces hommes, surtout depuis qu'il lui avaient arraché une sentence que sa conscience lui reprochait comme un crime. Il leur répondit avec mépris : « Vous avez votre garde : allez, et faites surveillez ce tombeau comme vous l'entendrez. » Les princes des prêtres et les chefs du peuple se rendirent donc au caveau où reposait le corps du Crucifié. Ils apposèrent leur sceau sur la pierre qui en défendait l'entrée, et placèrent des soldats autour du monument afin d'empêcher qui que ce fût d'en approcher. Cela fait, ils se retirèrent pleinement rassurés : il leur paraissait impossible qu'un mort si bien emprisonné et si bien gardé put leur échapper. Ils avaient oublié qu'après avoir, rien qu'en prononçant son nom, renversé leurs soldats au jardin de Gethsémani, Jésus pouvait, s'il le voulait, les terrasser de nouveau près de son sépulcre. Mais Dieu leur faisait prendre ces ridicules précautions afin que les juifs eux-mêmes fussent obligés de constater officiellement le triomphe du Crucifié !

En prédisant sa mort, et sa mort sur la croix, Jésus ajoutait qu'il ressusciterait le troisième jour. « Détruisez ce temple, disait-ils aux Juifs, en parlant du temple de son corps, et je le rebâtirai en trois jours. » Il annonça même aux pharisiens qui lui demandaient un signe dans le ciel pour prouver sa divinité, que le grand signe de sa mission divine serait sa résurrection. « De même que Jonas demeura trois jours et trois nuits dans le ventre de la baleine, ainsi le Fils de l'homme demeurera trois jours dans le sein de la terre. » C'est là le miracle par excellence, le miracle qui jettera le monde aux pieds du Fils de Dieu. Jésus l'a prédit, et il faut que sa parole s'accomplisse.

Donc le poste romain, composé de seize soldats, veillait soigneusement sur le Crucifié du Golgotha. Toutes les trois heures, quatre sentinelles relevaient celles qui venaient d'achever leur tour de garde. Le Fils de Dieu attendait dans la paix et le silence du tombeau le moment fixé par les décrets éternels. Vers l'aurore du troisième jour, son âme, revenue des limbes, se réunit à son corps, et sans qu'il se fit aucun mouvement sur la colline, le Christ glorifié sortit du tombeau. Les gardes ne s'aperçurent nullement qu'ils veillaient près d'un sépulcre vide. Mais voilà qu'un instant après la terre commence à trembler violemment, un ange descend du ciel à vue des soldats épouvantés, roule la pierre qui fermait l'entrée de la grotte et s'assied sur cette pierre comme un triomphateur sur son trône. Son visage rayonne comme l'éclair, son vêtement étincelle comme la neige, ses yeux lancent des flammes et fixent les gardes qui tombent la face contre terre, presque morts d'effroi. L'ange de la résurrection descendait du ciel pour annoncer à tous que Jésus, le grand Roi, le vainqueur de la mort et de l'enfer, venait de sortir du tombeau.

Après ce premier moment de stupeur, les gardes, éperdus, s'enfuirent vers la ville et allèrent raconter aux princes des prêtres les faits prodigieux dont ils venaient d'être témoins. Effrayés et déconcertés, ceux-ci se demandèrent aussitôt par quel moyen on pourrait cacher la vérité au peuple, et le mettre en garde par avance contre les manifestations qui sans doute allaient se produire. Ayant fait immédiatement convoquer les anciens, ils ne trouvèrent rien de mieux, pour se tirer d'affaire, que de cor- rompre les soldats à prix d'argent. Ils leur promirent à chacun une somme considérable, s'ils voulaient expliquer au peuple que, pendant leur sommeil, les disciples de Jésus avaient enlevé le corps de leur Maître. Et comme les soldats objectaient que, si Pilate entendait parler d'enlèvement de cadavre, ils auraient à lui rendre compte de leur conduite, le Conseilleur répondit qu'il se chargeait de les disculper auprès du gouverneur. Ainsi mis hors de cause, les soldats se jetèrent sur l'argent qui leur était offert, et répandirent parmi les Juifs la fable ridicule de l'enlèvement. Mais ils ne réussirent qu'à se déshonorer, eux et leurs complices, car il était trop facile de leur répondre : « Si vous dormiez, comme vous le dites, vous n'avez rien vu ni rien entendu de ce qui s'est passé pendant votre sommeil : comment donc osez-vous affirmer que les disciples ont enlevé le cadavre dont vous aviez la garde ? »[35] Les Juifs ne pouvaient mieux prouver que par ces ineptes mensonges la vérité de la résurrection, c'est-à-dire l'éclatant triomphe du Roi qu'ils ont méconnu et crucifié.

---

[35] Tout le monde connaît le dilemme que saint Augustin pose à ces malheureux gardes : « Si vous donniez, comment savez-vous qu'on a enlevé le corps ? Si vous ne dormiez pas, pourquoi l'avez-vous laissé enlever ? »

Le Sanhédrin a beau faire : le triomphe que Jésus remporte aujourd'hui sur une puissance qu'aucun homme n'a vaincu ni ne vaincra, fait pâlir tous les triomphes. À ce signe, l'univers reconnaîtra son Dieu et son Sauveur. Ce jour de la résurrection aura un nom particulier : il s'appellera le dimanche, le jour du Seigneur, le jour de l'éternel alléluia, « parce qu'en ce jour, la Mort et la Vie ont combattu dans un gigantesque duel, et de Maître de la Vie a terrassé la Mort. Le Seigneur est vraiment ressuscité ! Alléluia ». Ainsi chanteront les enfants du royaume que Jésus, sorti du tombeau, va maintenant établir dans le monde entier, et perpétuer jusqu'à la fin des siècles.

II. LES APPARITIONS

Désolation et découragement des apôtres. - Apparition de l'ange aux saintes femmes. - Pierre et Jean au sépulcre. - Apparition de Jésus à Marie Madeleine et aux saintes femmes. - Incrédulité des apôtres. - Les disciples d'Emmaüs. - Jésus apparaît au cénacle. - Thomas l'incrédule. - (Matth., XXVIII, 1-15. - Marc., XVI, 1-14. - Luc., XXIV, 1-35. -Joan., XX, 1-29.)

Depuis trois jours, c'est-à-dire depuis l'arrestation de leur Maitre, les apôtres s'étaient prudemment éclipsés. Sauf Jean qui ne quitta point la Vierge Marie pendant la Passion, aucun d'eux ne parut au Calvaire ni à la déposition de Jésus dans le tombeau. Pendant tout ce temps, ils se tinrent soigneusement cachés, tant ils craignaient qu'on ne les reconnût pour des complices du Crucifié. Le Sanhédrin avait bien tort de les supposer capables d'enlever le corps, car ils n'osaient pas même se hasarder dans les rues qui conduisaient au tombeau.

Le samedi, quand le calme se fut rétabli dans le cité, ils rentrèrent l'un après l'autre au cénacle, consternés et anéantis. Tout leur semblait fini. Le passé leur apparaissait comme un rêve, le royaume futur comme une chimère, Jésus comme un mystère impénétrable qui les confondait et les accablait. Leur cœur ne pouvait se détacher d'un Maître dont ils connaissaient le dévouement et l'ineffable tendresse, mais ils ne savaient plus que penser de ce thaumaturge devenu tout à coup impuissant contre les Juifs, jusqu'à se laisser garrotter, condamner, crucifier par eux comme un vil criminel ! Découragés et désespérés, ils pleuraient et gémissaient au milieu des saintes femmes, pendant que Jean leur racontait les scènes lamentables du prétoire et du Calvaire.

Ainsi se passa la journée du samedi, sans qu'aucun espoir vînt ranimer ces âmes abattues. Le troisième jour après la mort de Jésus commençait, et personne ne pensait à la résurrection. Le Sauveur reposait dans le tombeau : au lieu de s'attendre à l'en voir sortir, les femmes se préoccupaient de son embaumement, un peu précipité la veille. Le sabbat terminé, elles allèrent acheter des parfums pour l'ensevelir avec plus de soins et empêcher ainsi une corruption trop hâtive. Quant aux apôtres, ils ne s'attendaient pas plus à voir leur Maître sortir du sépulcre qu'ils ne s'étaient attendus à l'y voir entrer. Et tous se trouvaient dans cet état de marasme et d'oubli, sans espoir et sans foi, quand déjà l'ange de la résurrection avait mis en fuite les gardes épouvantés. Les événements prouvèrent jusqu'à quel point le scandale de la croix les avait rendus défiants et incrédules.

Dès l'aurore du dimanche, trois femmes, Marie Madeleine, Marie de Cléophas et Salomé, sortirent de Jérusalem et s'acheminèrent vers le Calvaire, chargées de leurs parfums, et très préoccupées de savoir comment elles écarteraient l'énorme pierre qui défendait l'accès de la grotte. Dans son ardeur impatiente, Madeleine prit les devants, mais quelle ne fut pas sa stupéfaction, en arrivant au sépulcre, de voir la pierre déplacée et l'entrée du caveau tout à fait libre. L'idée ne lui vint même pas que Jésus pouvait être ressuscité, mais, persuadée qu'on avait dérobé le corps, elle laissa ses compagnes et, sans perdre une minute, courut au cénacle pour faire part aux apôtres de sa découverte. « On a volé le corps du Maître, s'écria-t-elle, et nous ne savons où les voleurs l'ont emporté. »

Pendant ce temps, ses deux compagnes, arrivées au sépulcre, pénétrèrent dans la chambre où l'on avait déposé le corps de Jésus. A droite, près du tombeau, elles aperçurent un ange dont l'aspect majestueux et la robe éblouissante les affola de terreur. L'ange leur dit : « Ne craignez pas : je sais que vous cherchez Jésus, le Crucifié. Il n'est plus ici ; il est ressuscité, comme il l'avait prédit. Avancez et voyez l'endroit où on l'avait déposé. Allez donc, et dîtes à ses disciples qu'il vous précédera en Galilée : c'est là que vous le verrez, comme il vous l'a promis. » Les deux femmes, tremblantes et glacées de frayeur, sortirent du sépulcre et s'enfuirent sans oser dire à qui que ce fût le moindre mot sur cette apparition.

Cependant Pierre et Jean, émus du récit de Madeleine, accouraient avec elle au tombeau de Jésus.

Jean, plus jeune et plus agile, arriva le premier, se pencha pour regarder dans l'intérieur du monument, aperçut des linges posés à terre, mais il n'entra point. Quelques instants après, Pierre l'ayant rejoint, pénétra jusqu'au tombeau pour se rendre compte de ce qui s'était passé. Il remarqua les bandelettes abandonnées, et le suaire qui couvait la tête, plié séparément et placé à l'écart. Jean s'approcha du tombeau à son tour, fit les mêmes observations, et tous deux conclurent, comme Madeleine, qu'on avait enlevé le corps. Ni l'un ni l'autre ne s'imagina que Jésus fût ressuscité, car un voile épais, dit Jean lui-même, obscurcissait si bien leur esprit, que les prophéties de l'Écriture sur la mort et la résurrection du Messie étaient pour eux comme non avenues. Ils s'en retournèrent au cénacle, tout bouleversés, cherchant à s'expliquer cette mystérieuse disparition.

Marie Madeleine ne put se résigner à les suivre. Assise près du sépulcre, elle se mit à pleurer, se demandant avec anxiété où l'on aurait pu cacher le corps le son Maître. Les yeux inondés de larmes, elle se penchait de nouveau pour examiner plus attentivement l'intérieur du caveau, quand deux anges se présentèrent à sa vue, l'un à la tête, l'autre aux pieds du tombeau. « Femme, lui dirent-ils, pourquoi pleurez-vous ? - Parce que, répondit-elle, ils ont enlevé mon Seigneur, et je ne sais où ils l'ont emporté. » En prononçant ces mots, elle entendit un bruit de pas derrière elle, se retourna brusquement et se trouva en présence d'un inconnu, qui lui dit aussi : « Femme, pourquoi pleurez-vous, et qui cherchez-vous en ces lieux ? » C'était le divin Ressuscité, mais elle ne le reconnut pas. Elle le prit pour le jardinier, et, toujours absorbée par sa première pensée : « Seigneur, répondit elle, si c'est vous qui l'avez enlevé, dites-moi où vous l'avez déposé, afin que j'aille le prendre ... »

Comment ne pas ouvrir les yeux à cette Madeleine pénitente, que Jésus avait vu pleurer au pied de sa croix, et qu'il retrouvait, inconsolable, près de son tombeau ? Avec cet accent divin qui pénètre jusqu'au plus intime de l'âme, il prononça ce simple mot « Marie ! » Au son de cette voix qui l'avait si souvent fait tressaillir, elle le reconnut. « Mon bon Maître ! » s'écria-elle, transportée de joie, et déjà elle était à ses pieds, qu'elle tenait embrassés. Elle s'attachait à Celui qu'elle venait de retrouver, comme s'il allait lui échapper encore. « Laisse-moi, lui dit Jésus, bientôt en effet, je vous quitterai pour retourner à mon Père, mais le moment n'est pas encore venu. Va de ce pas trouver mes frères, et dis-leur que je ne tarderai pas à monter vers mon Père et leur Père, vers mon Dieu et leur Dieu. »

C'est ainsi que Jésus apparut d'abord à Marie Madeleine, pour récompenser par cette incomparable faveur l'incomparable amour de la sainte pénitente. Il apparut également au groupe des saintes femmes qui ne l'avaient point abandonné dans ses douleurs. Peu après le départ de Madeleine, Jeanne, l'épouse de Chusa, et d'autres femmes galiléennes se rendirent aussi au sépulcre, pensant y trouver le corps de leur Maître et lui rendre les derniers honneurs. Ne l'y trouvant plus, elles restaient près du tombeau dans une consternation profonde, lorsque deux anges, aux vêtements resplendissants de lumière, se présentèrent à leurs regards. Elles baissaient les yeux, toutes tremblantes, mais l'un des messagers célestes les rassura. « Ne cherchez point un vivant parmi les morts, leur dit-il. Jésus n'est plus ici, il est ressuscité selon sa promesse. Rappelez-vous donc ce qu'il vous disait en Galilée : Il faut que le Fils de l'homme soit livré aux pécheurs ; il sera crucifié, mais il ressuscitera le troisième jour. »

En effet, à la parole de l'ange, les saintes femmes se rappelèrent parfaitement que Jésus leur avait prédit sa mort et sa résurrection. L'ange ajouta : « Retournez bien vite à Jérusalem, et dites aux disciples et à Pierre que Jésus est ressuscité, et qu'il vous précédera en Galilée. » Elles s'en allaient en toute hâte annoncer cette grande nouvelle, mais soudain un homme les arrêta : « Femmes, dit-il, je vous salue. » C'était Jésus lui-même. Elles le reconnurent, se jetèrent à ses pieds et, les tenant embrassés, elles adorèrent avec amour leur Seigneur et leur Dieu. Le bon Maître les consola, et leur dit, avant de les quitter : « Maintenant, ne craignez plus ; allez dire à mes frères de se rendre en Galilée, c'est là qu'ils me verront. »

Tels sont les faits par lesquels Jésus, dès l'aube du dimanche, se manifesta aux saintes femmes, qu'il constitua ses messagères près des apôtres et les témoins de sa résurrection. Mais, afin que personne ne pût taxer de crédulité ceux qui devaient bientôt prêcher au monde Jésus ressuscité, Dieu permit que les apôtres, obstinés dans leur aveuglement, récusassent, sans vouloir rien écouter, les témoignages de ces saintes femmes. Revenue la première du sépulcre, Madeleine, le cœur débordant de joie, s'écria en entrant au cénacle : « J'ai vu le Seigneur », je l'ai vu de mes yeux, « et voilà ce qu'il m'a chargé de vous dire », Mais elle eut beau affirmer, et raconter avec les détails les plus circonstanciés l'apparition dont Jésus l'avait favorisée, les apôtres et les disciples présents au cénacle n'en voulurent rien croire. En vain ses compagnes qui venaient de jouir de la même faveur, vinrent elles affirmer à leur tour qu'elles avaient vu, entendu, adoré le Sauveur ressuscité, on les traita d'hallucinées et de visionnaires. Dieu seul pouvait tirer les apôtres de l'abîme de découragement et de désespoir dans lequel la Passion et la mort de leur Maître les avaient plongés.

L'après-midi de ce même jour, deux de ces disciples incrédules prirent le parti de retourner chez eux. Que pouvaient-ils attendre à Jérusalem, eux les partisans du Crucifié, sinon des insultes et des persécutions ? Ils habitaient Emmaüs, un petit bourg caché dans les montagnes, à soixante stades de la cité sainte. Ils y trouveraient, en même temps qu'un refuge, l'oubli de leurs amères déceptions. Chemin faisant, mornes et abattus, ils s'entretenaient tout naturellement des tristes événements survenus en ces derniers jours, et cherchaient en vain à se les expliquer, quand un inconnu, qui suivait la même direction, les aborda d'un air bienveillant. C'était Jésus, mais sous un extérieur qui ne leur permit pas de le reconnaître.

« Quel est donc, leur demanda-t-il, le sujet de votre entretien ?

Vous me paraissez accablés sous le poids d'un grand chagrin. » Cette question parut les surprendre, car l'un des deux voyageurs, nommé Cléophas, lui répondit :

« Êtes-vous donc si étranger dans Jérusalem, que vous seul ignoriez ce qui s'est passé pendant ces derniers jours ?

- Et qu'est-il donc arrivé ? reprit l'inconnu.

– Mais la fin tragique de Jésus de Nazareth, ce prophète puissant en œuvres et en paroles, devant Dieu et devant tout le peuple. Vous savez sans doute comment les princes des prêtres et nos anciens l'ont livré aux tribunaux qui l'ont condamné à mort et crucifié. Hélas ! faut-il le dire, nous avions espéré qu'il serait le Rédempteur d'Israël ! »

L'inconnu écoutait avec attention, et son regard interrogateur semblait demander aux disciples pourquoi ils cessaient d'espérer. Cléophas ajouta : « Voilà le troisième jour depuis que ces faits ont eu lieu », et que pourrions-nous espérer ? « Il est vrai que ce matin, dès l'aurore, des femmes nous ont raconté certaines choses étranges. Étant allées au tombeau de Jésus, elles n'ont point trouvé son corps. Elles ont même prétendu avoir vu des anges, lesquels leur auraient affirmé sa résurrection. Sur leurs dires, quelques-uns des nôtres se sont rendus au tombeau et ont constaté l'exactitude de leur récit. Le sépulcre était réellement vide, mais Jésus, ils ne l'ont pas rencontré. »

À peine Cléophas avait-il exposé ses idées et des doutes, que l'inconnu, fixant les deux disciples et s'animant par degrés, s'écria : « O hommes aveugles, que votre cœur est dur, que vous êtes lents à croire aux paroles des prophètes ! Est-ce qu'il ne fallait pas que le Christ souffrît pour entrer dans sa gloire ? » Et, commençant par Moïse, il leur déroula toutes les prophéties qui concernaient le Christ, et leur expliqua le sens des Écritures avec tant de charme et d'autorité qu'il ravit d'admiration les deux incrédules.

Cependant, on arrivait au bourg d'Emmaüs, et l'inconnu paraissait vouloir continuer son voyage ; mais les deux disciples le pressèrent vivement de passer la nuit chez eux. « Restez avec nous, lui dirent-ils, car il se fait tard ; le soleil est sur son déclin. » Jésus céda à leurs instances. Or, pendant le repas du soir, il prit du pain, le bénit, le rompit, et il le présentait à ses deux compagnons, quand tout à coup leurs yeux se dessillèrent, et ils reconnurent le bon Maître : mais déjà il avait disparu.

Restés seuls, Cléophas et son ami se livrèrent aux transports d'une sainte joie. « N'est-il pas vrai, se disaient-ils l'un à l'autre, que notre cœur brûlait d'un feu divin quand il nous parlait sur la route et nous expliquait les Écritures ? » Ils n'attendirent pas jusqu'au lendemain pour communiquer la grande nouvelle à leurs frères ; mais, reprenant aussitôt le chemin de la ville sainte, ils se rendirent au cénacle, où ils trouvèrent les apôtres avec un certain nombre de disciples. On continuait à s'entretenir des événements de la journée ; on racontait qu'outre les apparitions aux saintes femmes, Jésus s'était manifesté à l'apôtre Pierre. Les disciples d'Emmaüs rapportèrent en détail ce qui leur était arrivé dans la soirée, et comment ils avaient reconnu le Maître à la fraction du pain. Ces récits ébranlaient les incroyants, sans les convaincre.

À l'heure du repas, les apôtres se mirent à table, les portes de la salle soigneusement fermées, car ils craignaient que les Juifs ne les accusassent d'avoir volé le corps de Jésus. Or, pendant qu'ils discutaient chaleureusement entre eux les nouveaux témoignages à l'appui de la résurrection, voilà que tout à coup Jésus, en dépit des portes closes, apparaît au milieu de l'assemblée. « La paix soit avec vous, dit-il ; ne craignez pas, c'est bien moi que vous voyez. » Troublés et terrifiés, les apôtres, au premier moment, n'en croyaient ni leurs yeux ni leurs oreilles : ils le prirent pour un fantôme. Jésus fut obligé de les ramener au sentiment de la réalité. « Pourquoi, leur dit-il, vous troubler de la sorte et ouvrir votre esprit à toutes ces vaines pensées ? Voyez donc mes pieds et mes mains, touchez-les, et vous verrez que c'est bien votre Maître qui vous parle. Un esprit n'a ni chair ni os, comme vous voyez que j'en ai. » Et tout en parlant ainsi, il leur montrait ses mains et ses pieds, et la plaie de son côté. Et comme, malgré l'excès de leur joie, ils semblaient douter encore, il ajouta : « Avez-vous quelque chose à manger ? » Ils lui offrirent un morceau de poisson frit et un rayon de miel. Jésus mangea devant eux, et recueillant les restes de son repas, il les leur distribua.

Alors tous les doutes s'évanouirent, les apôtres tombèrent aux pieds de leur Maître et se livrèrent à des démonstrations d'allégresse et d'amour qu'il est impossible de décrire. Jésus en profita pour leur reprocher doucement l'incrédulité obstinée qui les avait empêchés de croire aux premiers témoins de sa résurrection. Puis, revenant sur tous les faits de la Passion, si mal compris par eux, il leur rappela ses divins enseignements : « Quand j'étais avec vous, ne vous ai-je pas dit bien des fois que tout ce qui est écrit de moi dans les livres de Moïse, des prophètes et des psaumes, devait s'accomplir, et que, par conséquent, il fallait que le Christ souffrît et ressuscitât le troisième jour après sa mort, afin qu'ensuite la pénitence et la rémission des péchés fussent prêchées en son nom à toutes les nations, à commencer par Jérusalem ? Vous êtes, vous, les témoins de ces grandes choses. »

Et non seulement ils devaient être les témoins du Christ, mais aussi ses fondés de pouvoir, chargés de dispenser aux âmes les grâces méritées par sa mort. Déjà, dans ce même cénacle, Il les avait constitués prêtres et dispensateurs de son sacrement d'amour ; aujourd'hui qu'il les retrouve après avoir offert son sang pour la rémission des péchés, il va en faire les ministres du sacrement de la pénitence et de la réconciliation. Tout en conversant avec eux, son attitude devint tout à coup grave et solennelle, et, d'un ton plein de majesté, il leur dit de nouveau : « La paix soit avec vous. Comme mon Père m'a envoyé, moi aussi je vous envoie. » Puis ils souffla sur eux, en disant : « Recevez le Saint-Esprit. Les péchés seront remis à ceux à qui vous les remettrez, et ils seront retenus à ceux à qui vous les retiendrez. » Ayant ainsi communiqué aux apôtres le pouvoir divin de laver les âmes dans son sang précieux, il disparut, les laissant tous dans une sainte joie.

Or, Thomas, l'un des douze, ne se trouvait point avec ses compagnons quand Jésus daigna ainsi se manifester à eux. Dès qu'il fut rentré, tous s'empressèrent de lui dire : « Nous avons vu le Seigneur. » Mais, plus incrédule que tous les autres, Thomas répondit que, sur un fait de cette nature, il n'accepterait d'autre témoignage que celui de ses sens : « Si je ne vois dans ses mains l'empreinte des clous, si je ne mets mon doigt dans ses plaies et ma main dans l'ouverture de son côté, je croirai point. » Telle fut la déclaration de l'apôtre, et il persista, malgré tous ses frères, dans son incrédulité.

Huit jours après, les disciples se trouvaient encore réunis au cénacle, et Thomas avec eux. Soudain, les portes étant fermées, Jésus apparut de nouveau au milieu de l'assemblée. « La paix soit avec vous, » dit-il. Puis allant droit à l'incrédule, il l'apostropha en ces termes : « Thomas, regarde mes mains, et place ici ton doigt ;

approche ta main, et mets-la dans la plaie de mon côté. Et maintenant ne sois plus incrédule, mais homme de foi. » Vaincu par l'évidence, Thomas s'écria : « Mon Seigneur et mon Dieu ! » Et il tomba aux pieds de Jésus, plein de joie et d'amour. « Thomas, reprit Jésus, tu as cru parce que tu as vu : heureux ceux qui croiront sans avoir vu ! »

Il n'est pas possible de pousser l'incrédulité plus loin que ce qu'on fait les apôtres. Sur ce fait capital de la résurrection, prédit plusieurs fois, et que par conséquent ils devaient attendre, ils ont refusé de croire au témoignage des anges, au témoignage de Madeleine, des saintes femmes, des deux disciples qui venaient de voir Jésus ressuscité et de converser avec lui, au témoignage même de leurs propres yeux. Ce n'est qu'après l'avoir touché et l'avoir vu manger qu'ils tombèrent à ses pieds. Et même alors, quand tous ces témoins oculaires, apôtres et disciples, racontent à Thomas qu'ils ont vu et entendu Jésus ressuscité, et qu'il venait de manger avec eux, celui-ci s'écrie qu'il ne le croira jamais, à moins qu'il ne mette lui-même le doigt dans les plaies de ses mains et dans l'ouverture de son côté. Et Jésus se prête à ces exigences, Thomas met sa main dans les plaies de Jésus en présence de tous ses frères, et tombe à genoux à son tour, en s'écriant : « Mon Seigneur et mon Dieu ! »

Évidemment Jésus a permis cette incrédulité aveugle et vraiment inexplicable, parce qu'il voulait faire de ses apôtres les témoins irrécusables de sa résurrection. Quand ils iront, à travers le monde, prêchant partout Jésus ressuscité, nul ne pourra taxer de crédulité ces hommes qui se sont montrés incrédules jusqu'à la déraison, ni accuser d'imposture ces apôtres qui, après avoir abandonné leur Maître au moment de sa Passion, se laissent ensuite égorger pour attester la vérité de sa résurrection.

III. Dernières instructions

Le Roi Jésus. - Les premières conquêtes. - La pêche miraculeuse. - Pierre et la triple protestation d'amour. - Le Pasteur universel. - Destinée de l'apôtre Jean. - Apparition à cinq cents disciples - « Enseignez toutes les nations. » (Matth., XXVIII, 16-20. - Marc.,XVI, 15-18. - Joan., XVI, 1-24.)

La vie des hommes et leur action sur le monde se terminent à la mort ; la vie de Jésus, au contraire, et son règne ici-bas commencent au moment où il meurt pour le salut du monde. Ce jour-là son Père l'investit de la royauté sur cette race d'Adam qu'il venait d'arracher à la mort et à l'enfer. Aussi la croix, instrument de sa victoire, deviendra-t-elle l'étendard de sa royauté, Vexilla regis, et par elle il vaincra tous les peuples, Juifs, Romains, barbares. Et voilà pourquoi il aspirait après le baptême de sang : « Quand je serai élevé entre ciel et terre, disait-il, j'attirerai tout à moi. »

Or, le jour de Pâques, en sortant du tombeau, il lui restait en tout pour fonder son royaume ... une âme, la seule qui n'eût point fait naufrage au moment de la Passion. C'était sa Mère, la Mère des douleurs. Marie vit mourir son Fils au pied de la croix, mais sa foi ne subit pas la moindre éclipse. Jamais elle n'oublia que son Jésus, son Fils et son Dieu, ressusciterait le troisième jour, comme il l'avait prédit. Aussi, en signalant les diverses apparitions de Jésus aux apôtres incrédules, l'Écriture se tait sur les apparitions de Jésus à Marie, pour ne pas laisser croire qu'il lui apparut, comme aux apôtres, pour raviver sa foi. Il apparut donc un jour, à sa mère, le samedi, veille de la résurrection, où Marie constituait, à elle seule, l'Église naissante. À côté du nouvel Adam, la nouvelle Ève, la Mère des croyants.

En huit jours, le Roi Jésus reconquit ses apôtres, les saintes femmes, un certain nombre de disciples qui, l'ayant vu de leurs yeux, s'attachèrent à lui de tout leur cœur et devinrent les zélés missionnaires de sa résurrection. Pendant cette première semaine, l'Église tenait tout entière dans le cénacle. Pour l'agrandir, il fallait quitter Jérusalem, où l'on n'osait se réunir que les portes fermées, pour ne pas exciter la fureur des Juifs. Aussitôt après les fêtes pascales, les apôtres reprirent le chemin de la Galilée, selon l'ordre de Jésus. C'est là, dans ce pays cher à son cœur, qu'il devait passer encore quarante jours sur cette terre pour consoler les siens, les fortifier, et leur donner ses dernières instructions sur le royaume de Dieu.

En attendant que le Maître daignât de nouveau se manifester, les apôtres reprirent leurs occupations ordinaires. Un soir, sept d'entre eux, Simon Pierre, Thomas, Nathanaël, les fils de Zébédée, et deux autres, se trouvaient sur les bords du lac. L'heure était propice, la mer favorable ; Pierre dit à ses compagnons : « Je m'en vais pêcher. - Nous y allons avec toi. » répondirent-ils. Ils montèrent dans une barque et jetèrent leurs filets ; mais, malgré leurs efforts, ils ne prirent rien de toute la nuit.

Le matin venu, ils aperçurent, debout sur la grève, un homme qui semblait s'intéresser à eux. C'était Jésus, mais ils ne le reconnurent pas. Il leur cria d'un ton familier : « Enfants, avez-vous pris du poisson ? - Non, répondirent-ils. - Jetez le filet à droite de la barque, reprit l'inconnu, et vous en trouverez. » Ils obéirent, tant paraissait grande l'assurance de cet homme, et, de fait, le filet se remplit d'une telle quantité de poissons qu'ils pouvaient à peine le traîner. En voyant cette pêche vraiment miraculeuse, le cœur de Jean devina le bon Maître. « C'est le Seigneur, » dit-il à Pierre. Celui-ci, prompt comme l'éclair, se revêtit de sa tunique et se jeta à la mer pour arriver bien vite auprès de Jésus. Les autres amenèrent la barque, à peine éloignée de deux cents coudées, traînant avec eux le filet rempli de poissons.

Descendus sur le rivage, ils virent des charbons allumés, et sur ce foyer un poisson, et à côté du pain. Jésus les invita à partager le repas qu'il avait préparé. « Apportez, leur dit-il, quelques-uns des poissons que vous venez de prendre. » Pierre courut à la barque, et quand on eut tiré le filet à terre, on y trouva cent cinquante-trois gros poissons. Malgré ce poids énorme, aucune maille du filet n'était rompue. Jésus leur dit alors : « Approchez maintenant et mangez. »

Ils se rangèrent autour de lui. Comme autrefois, le bon Maître prit le pain et le leur distribua, ainsi que le poisson. Mais ce n'était plus la douce familiarité des jours passé ; en présence du divin ressuscité, les apôtres, presque tremblants, gardaient le silence, et nul n'osait lui poser la moindre question. Ils attendirent qu'il daignât prendre la parole et leur dicter ses volontés.

Or, maintenant qu'il avait établi deux fois devant eux la vérité de sa résurrection, le but de cette troisième apparition était de leur rappeler la grande mission confiée à leur dévouement, et surtout de montrer à Pierre, le chef désigné de son Église, à quoi l'obligeait l'autorité souveraine. Le repas terminé, s'adressant à ce dernier, il lui posa cette question :

« Simon, fils de Jonas, m'aimes-tu plus que ceux-ci ? »

Pierre comprit la sanglante allusion. Il avait affirmé qu'il resterait fidèle, même si tous ses compagnons abandonnaient le Sauveur, et Jésus lui demandait compte de cette parole de jactance, si vite démentie par son triple reniement. Profondément humilié, il répondit simplement :

« Seigneur, vous savez que je vous aime. – Pais mes agnelets, » lui dit Jésus.

Puis, comme s'il craignait de n'avoir pas assez sondé le cœur de l'apôtre avant de lui confier cette fonction de pasteur, il lui demanda une seconde fois :

« Simon, fils de Jonas, m'aimes-tu ? »

On ne lui demandait plus s'il aimait plus que les autres, mais s'il aimait réellement. À la pensée que Jésus semblait douter de son amour, Pierre s'humilia plus profondément encore, et fit appel à Celui qui lit au fond des cœurs.

« Seigneur, dit-il, vous savez bien que je vous aime.

- Pais mes agneaux, » lui répondit Jésus :

Cependant, les regards du Sauveur restaient attachés sur l'apôtre. Une troisième fois, il l'interpella solennellement :

« Simon, fils de Jonas, m'aimes-tu de cœur ? »

Cette fois, la confusion fit place à la tristesse. Pierre sembla demander grâce.

« Seigneur, vous savez tout, vous savez donc combien je vous aime.

- Pais mes brebis ! » lui dit Jésus.

À ce dernier mot, Pierre comprit que Jésus avait voulu lui faire expier son triple reniement par une triple protestation d'amour. Et à mesure que ces protestations sortaient de son cœur, plus humbles et plus ardentes, le divin Pasteur plaçait sous la houlette les petits agneaux, les agneaux et les brebis, c'est-à-dire tout son troupeau. Pierre restait ce que Jésus l'avait fait à Césarée de Philippe, le fondement visible du nouveau royaume, le Pasteur universel, le Vicaire du Christ sur la terre. Aussi brûlait-il de redire, et cette fois du fond du cœur, qu'il était prêt à tous les dévouements et à tous les sacrifices pour la gloire de son Maître et le salut du troupeau qu'il daignait lui confier ; mais Jésus ne lui en laissa pas le temps. Allant au-devant de sa pensée, il s'écria :

« Pierre, je te le dis en vérité, quand tu étais jeune, tu te ceignais toi-même, et tu t'en allais où tu voulais. Un jour, quand tu seras vieux, tu étendras les bras, un autre te ceindra, et te conduira où tu ne désireras pas aller. » C'était l'annonce de son martyre. Pierre put voir par avance les chaînes qui devaient l'entourer, les bourreaux le traînant au supplice, ses bras étendus sur la croix. Jésus lui dit alors : « Suis-moi ! », et Pierre s'élança sur les pas de son Maître, décidé à tout souffrir pour lui.

L'apôtre Jean, le disciple privilégié de Jésus, le compagnon inséparable de Pierre, les suivait à quelque distance. Pierre voulut savoir si son ami participerait aux épreuves que Jésus venait de lui faire entrevoir. « Et celui-ci, dit-il en désignant celui qui les suivait que lui réservez-vous ? » Jésus lui fit cette mystérieuse réponse : « Si je veux qu'il demeure sur cette terre jusqu'à ce que je vienne, que t'importe ? Pour toi, suis-moi. » Là-dessus le bruit courut parmi les frères que Jean ne mourrait pas, et qu'il serait enlevé au ciel. Or, Jésus avait simplement dit qu'il ne mourrait pas avant de voir le Fils de l'homme manifester sa puissance par le châtiment de la cité déicide. Pierre mourrait de mort violente à la suite de Jésus, mais Jean demeurerait en ce monde jusqu'au jour où la mort, sur l'ordre du Maître, romprait le fil de son existence.

Telles furent les particularités qui signalèrent cette apparition de Jésus sur les bords du lac de Galilée. Bien des fois pendant ces quarante jours, il apparut ainsi, soit aux apôtres rassemblés, soit à l'un d'eux en particulier. Jacques le Mineur, son parent, jouit de cette insigne faveur. Ces manifestations apprirent aux anciens disciples que Jésus était vraiment ressuscité, comme il l'avait annoncé, et ainsi le nombre des croyants s'accrut de jour en jour. Avant de quitter ce monde, Jésus commanda aux apôtres de les réunir tous sur une montagne voisine, du haut de laquelle en présence de son Église naissance, il conférerait solennellement aux douze qu'il avait choisis la mission de propager et de gouverner le royaume de Dieu. Au jour fixé, les apôtres se rendirent à la montagne désignée, suivis de plus de cinq cents disciples, venus de la Galilée et de Jérusalem. Renfermée toute entière dans le cénacle il y a quelques jours, l'Église couvrait déjà tout le plateau de la montagne. Tout à coup, Jésus parut au milieu de l'assemblée, et tous tombèrent à genoux devant lui, et l'adorèrent comme leur Dieu et leur Sauveur. Quelques-uns cependant n'en pouvaient croire leurs yeux, se demandant s'ils n'avaient point devant eux un esprit ou un fantôme mais Jésus eut bientôt dissipé tous les doutes.

Avec l'autorité et la majesté d'un Dieu, il prit la parole au milieu de la multitude silencieuse et ravie. S'adressant aux apôtres et à tous ceux qui devaient travailler avec eux à la propagation de son royaume : « Toute puissance, dit-il, m'a été donnée au ciel et sur la terre. Allez donc à travers le monde, et prêchez l'Évangile à toute créature. Enseignez toutes les nations, baptisez-les au nom du Père et du Fils et du Saint-Esprit, et apprenez-leur à observer les commandements que je vous ai donnés. Celui qui croira et sera baptisé, sera sauvé ; celui qui refusera de croire, sera condamné ! »

Et en envoyant ses représentants porter à tous les peuples son Évangile, son baptême, ses commandements, il leur conféra, par le don des miracles, le signe authentique de leur divine mission. « Ceux qui croiront en moi, dit-il, auront le pouvoir de chasser les démons en mon nom, ils parleront des langues nouvelles ; ils ne craindront ni le venin du serpent ni les autres poisons, ils imposeront les mains aux malades et les malades seront guéris. »

Armés de ces pouvoirs prodigieux, les apôtres convertiront les hommes de bonne volonté, mais qui les défendra contre les méchants et les sectaires, contre les Juifs et les Romains, disposés à les traiter comme ils ont traité leur Maître ? « Ne craignez rien, s'écria Jésus en terminant son discours, voici que je suis avec vous, tous les jours, jusqu'à la consommation des siècles. » Et il disparut après cette solennelle promesse, laissant apôtres et disciples pleins de confiance dans le triomphe de leur Maître, car qui donc pourrait vaincre Celui qui a vaincu la mort ?

IV. L'Ascension

Dernière apparition. - Du cénacle au mont des Oliviers. - L'Ascension. - Le nouvel Adam à la porte du ciel. - Les saints et les anges : Attollite portas. - Jésus à la droite du Père ; roi, pontife et juge. - Jésus et les ennemis de l'Église. (Marc., XVI, 19-20. - Luc., XXIV, 44-53. -Act. I.)

Jésus avait terminé sa mission sur cette terre. Descendu du ciel pour prêcher le royaume de Dieu, racheter l'humanité déchue, et fonder la société nouvelle des enfants de Dieu, il ne lui restait qu'à transformer les continuateurs de son œuvre en d'autres lui-même, en les dotant du divin Esprit qui parlait par sa bouche et opérait par ses mains. Mais, comme il l'avait annoncé plusieurs fois, il ne devait leur envoyer l'Esprit-Saint qu'après son retour auprès de son Père et sa glorification dans les cieux.

Après un mois passé avec ses apôtres dans les célestes entretiens, Jésus leur ordonna de retourner à Jérusalem et de l'attendre au cénacle, où il viendrait les rejoindre. Ils se mirent en route, joyeusement, avec les caravanes qui déjà gagnaient la ville sainte pour se préparer aux fêtes de la Pentecôte. Marie, la Mère de Jésus, se trouvait avec eux, entourée des saintes femmes qui ne manquaient jamais de l'accompagner, et d'un certain nombre de disciples privilégiés. Ils craignaient bien encore les colères et les vexations des pharisiens déicides, mais le divin ressuscité serait avec eux et saurait les défendre contre leurs ennemis. S'il les convoquait à Jérusalem, c'était sans doute pour les rendre témoins d'un nouveau triomphe ; peut-être allait-il restaurer enfin le royaume d'Israël ? Malgré toutes les instructions de leur Maître sur le royaume de Dieu, le préjugé, national sur le règne temporel du Messie restait enraciné dans leur esprit.

Le quarantième jour après la résurrection, ils étaient réunis dans le cénacle, lorsque Jésus apparut au milieu d'eux, et familièrement se mit à table avec l'assemblée. Comme toujours, il parla du royaume de Dieu que les apôtres allaient établir dans le monde. Pendant les trois années passées avec eux, il leur avait révélé son Évangile, confié ses divins sacrements, désigné le chef souverain qui devait les diriger : à eux maintenant de prêcher à tous sa résurrection, comme preuve de sa divinité et de la religion sainte que le Père intimait par son Fils à tous les habitants de la terre.

La tâche serait rude, d'autant plus que les puissances de ce monde ne ménageraient pas les disciples plus qu'elles n'avaient ménagé le Maitre, mais Jésus n'abandonnerait pas ses envoyés. Il leur enverrait l'Esprit d'En-haut, qui les remplirait de sa lumière et les pénètrerait de sa force. Il leur commanda donc de ne pas quitter Jérusalem, mais d'y attendre cet Esprit qui les revêtirait de la divine armure. Alors commencerait leur mission, la prédication de la pénitence pour la rémission des péchés, et c'est à Jérusalem, là où ils allaient recevoir le baptême de feu, qu'ils devaient inaugurer leur ministère.

Encouragés par ces recommandations et ces promesses, les apôtres s'imaginèrent qu'avec la venue du Saint-Esprit le règne visible du Messie allait commencer. « Seigneur, demandèrent ils, est-ce maintenant que vous allez restaurer le royaume d'Israël ? » Jésus ne répondit pas à cette question, laissant à l'Esprit Saint le soin de spiritualiser ces âmes terrestres ; mais il leur répéta ce qu'il leur avait déjà dit sur son règne définitif. « Il ne vous appartient pas de connaître les temps et les moments que le Père a déterminés en vertu de son souverain pouvoir. » Et il ajouta relativement à leur mission : « L'Esprit-Saint va descendre dans vos âmes, et alors vous serez mes témoins à Jérusalem, puis dans toute la Judée, puis en Samarie, et jusqu'aux extrémités de la terre. »

Après le repas, le Seigneur Jésus les conduisit hors de la ville, du côté de Béthanie. Cent vingt personnes accompagnaient le divin triomphateur. Le cortège suivit la vallée de Josaphat. Jésus s'avançait majestueusement au milieu des siens. Les apôtres, les disciples, les saintes femmes groupées autour de la divine Mère, le suivaient dans une sainte allégresse, et cependant les yeux pleins de larmes, à la pensée que le bon Maître allait les quitter. Jésus traversa le torrent du

Cédron, où ses ennemis l'avaient abreuvé d'une eau fangeuse ; puis, laissant à gauche le jardin de Gethsémani, théâtre de sa mortelle agonie, il gravit la montagne des Oliviers. Arrivé au sommet, il jeta un dernier regard sur cette patrie terrestre où il avait passé trente-trois années, depuis sa naissance dans l'étable de Bethléem jusqu'à sa mort sur la croix du Golgotha. Venu au milieu des siens, les siens ne l'avaient point reçu ; mais l'heure approchait où la race humaine, vivifiée par son sang, allait l'adorer comme son Père et son Dieu. Par-delà la grande mer, son regard embrassait cet Occident où ses apôtres porteraient bientôt son nom béni et arboreraient jusqu'au sommet du Capitole romain, la croix du Calvaire. C'est vers ces plages lointaines qu'une frêle nacelle, conduite par les anges, emporterait ses amis de Béthanie, Lazare le ressuscité, la fidèle Marthe, et Marie la pénitente. C'est là que des millions de cœurs, pendant la durée des siècles, battront pour lui d'un amour qui surpasse tous les amours. Et avant de quitter la terre, il bénit tous ces peuples qui devaient composer son royaume.

Tous les yeux, fixés sur lui, contemplaient sa face rayonnante, sa physionomie toute céleste, son regard plein de bonté et de tendresse, qui errait sur l'auditoire comme pour adresser à chacun un dernier adieu. Puis il leva les mains pour donner à tous une bénédiction suprême, et pendant qu'il les bénissait, prosternés à ses pieds, voilà que tout à coup son corps glorifié, mis en mouvement par un acte de sa puissance divine, s'éleva au-dessus de la terre et prit majestueusement son essor vers les cieux. Muets de surprise et d'admiration, apôtres et disciples le suivirent longtemps du regard, jusqu'à ce qu'enfin un nuage l'enveloppa et le déroba à leurs yeux. Et comme ils ne cessaient de fixer l'endroit où ils l'avaient vu disparaître, deux anges vêtus de blanc se présentèrent à eux. « Hommes de Galilée, dirent-ils, pourquoi restez-vous ainsi les yeux attachés au firmament ? Ce Jésus qui vient de vous quitter pour s'élancer dans les cieux, en descendra un jour comme vous l'y avez vu monter. » Descendu du ciel sous la forme d'un esclave pour sauver les hommes, il en descendra une seconde fois, avec la majesté du Roi des rois, pour les juger.

Et Jésus continuait de monter vers le trône de son Père. Bientôt il se vit entouré de légions innombrables d'âmes qui, retenues dans les limbes depuis de longs siècles, attendaient que le nouvel Adam leur ouvrît les portes du ciel. À la tête de ces fidèles de l'ancienne alliance marchaient les deux exilés de l'Éden, qui n'avaient cessé d'espérer le salut par le Rédempteur promis à leur race ; les patriarches, Abraham, Isaac et Jacob ; Moïse et les prophètes. À leur suite, venaient les générations saintes ; à l'âme droite, au cœur confiant dans Celui qui devait venir.

David a dépeint dans son merveilleux langage l'arrivée du triomphateur au sommet des cieux. De même qu'à la porte de l'Éden veillaient deux archanges pour empêcher nos premiers parents d'y rentrer, les anges du ciel veillaient à la porte du paradis pour l'ouvrir au nouvel Adam. Tout à coup ils entendirent le chant triomphal de l'armée des saints qui entouraient Jésus : « Princes, disaient-ils, ouvrez vos portes ; portes éternelles, ouvrez-vous, et le Roi de gloire entrera. - Quel est ce roi de gloire ? demandèrent les anges. - C'est le Seigneur, reprirent les saints, c'est le Dieu fort et puissant, c'est le Dieu invincible dans les combats. Ouvrez-vous, portes éternelles, c'est lui, c'est le Dieu des vertus. »

Et les portes s'ouvrirent, et Jésus traversa les rangs des armées célestes qui, elles aussi, l'acclamèrent comme un chef attendu depuis longtemps. C'est par le Christ, en effet, que leurs adorations et leurs louanges devaient monter vers l'Éternel plus dignes de sa majesté sainte ; c'est par lui aussi que se combleraient les vides faits dans leurs rangs par la chute des mauvais anges. Jésus entra donc au ciel comme Roi des anges aussi bien que comme Roi des hommes.

David raconte aussi comment le Christ, son fils selon la chair, mais son Seigneur par la génération éternelle, fut accueilli par son Père, quand il se présenta devant son trône. « Jéhovah dit à mon Seigneur : Assieds-toi à ma droite. » Et le Père lui rappela qu'il avait droit à cet honneur, d'abord parce qu'il est son Fils, égal à lui-même : « Je t'ai engendré avant l'aurore ; » et ensuite comme fils de l'homme, vainqueur du monde et de l'enfer, roi de l'humanité rachetée :

« Assieds-toi à ma droite, et que tes ennemis te servent de marchepied. »

En vertu de sa royauté, le Christ fut investi d'un triple pouvoir, et d'abord d'établir son règne sur tous les peuples, malgré l'opposition de ses ennemis. « Tu tiendras en main le sceptre de la puissance, tu établiras ton empire sur Sion ; » et puis sur toute la terre : « Tu seras combattu par le prince du monde et ses suppôts, mais tu domineras en souverain sur tes ennemis. »

En vertu de sa royauté, le Christ fut ensuite investi du pontificat éternel : « Tu es prêtre pour l'éternité selon l'ordre de Melchisédech. » Le Père du ciel a rejeté les sacrifices et les victimes de la loi figurative. Il n'y a plus qu'un sacrificateur et qu'une victime qui lui plaisent : le sacrificateur c'est le Roi Jésus, et la victime c'est encore lui. Dans le ciel comme sur la terre, il reste l'Agneau immolé pour le salut du monde, toujours vivant pour s'offrir à son Père et intercéder pour ceux qu'il a rachetés.

Enfin le Père conféra au Fils la Judicature suprême. « Au jour de sa colère, il brisera les rois comme les peuples. Il jugera les nations, broiera ses adversaires, remplira le monde de ruines. Il a bu de l'eau du torrent au jour de ses humiliations et de ses douleurs, il est juste qu'il relève la tête et confonde ses ennemis. » Fils de Dieu, il s'est fait homme, il s'est fait esclave, il s'est rendu semblable au ver de terre qu'on écrase sous les pieds, et c'est pourquoi « Dieu l'a exalté et lui a donné un nom au-dessus de tout nom, afin qu'au nom de Jésus tout genou fléchisse au ciel, sur la terre et dans les enfers ».

Et c'est ce même Jésus, assis à la droite du Très-Haut, que les apôtres doivent glorifier ici-bas ; c'est son règne qu'ils vont établir sur toute la terre. Les Juifs, les Romains, les apostats, leur feront une guerre à outrance ; mais qui pourra les vaincre si Jésus est avec eux ? « Ils conspirent contre le Seigneur et contre son Christ, s'écrie David, mais Dieu se rit de leurs vains complots. Je t'ai donné en héritage toutes les nations de la terre, dit-il à son Fils, j'étendrai ton empire jusqu'aux extrémités du monde ; tes ennemis, je les briserai comme on brise un vase d'argile. O rois, comprenez ; instruisez-vous, peuples de la terre ! »

Et depuis l'Ascension jusqu'au dernier jugement, l'histoire des siècles ne sera que la mise en scène de cette prophétie. L'Église, royaume de Jésus, ne cessera de se dilater et d'envoyer des élus au ciel, pendant que les antéchrists iront l'un après l'autre rejoindre leur maître au fond des enfers.

V. LA PENTECÔTE

Les apôtres au cénacle. - Élection de Mathias. - Descente du Saint-Esprit. - Don des langues. - Discours de Pierre. - Trois mille conversions. - Guérison d'un boiteux. - Second discours de Pierre. - Cinq mille conversions, - Pierre et Jean en prison. - Un ange les délivre. - Discours de Gamaliel au Sanhédrin. (Act., I-V.)

Après l'Ascension du Sauveur, Pierre et ses compagnons rentrèrent au cénacle en méditant les dernières paroles de Jésus. Eux, pauvres illettrés, dépourvus de science, d'argent, de considération, prêcher l'Évangile à toute la terre, présenter à l'adoration des Juifs et des païens cette croix sur laquelle leur Maître venait d'expirer : n'était-ce pas tenter l'impossible, et ne valait-il pas mieux retourner à leurs filets ? La sagesse humaine leur conseillait évidemment de reprendre le chemin de la Galilée ; mais ils avaient confiance en Jésus et dans l'Esprit qui devait, selon sa promesse, leur enseigner toutes choses. Ils se renfermèrent donc au cénacle et se mirent à prier avec Marie, Mère de Jésus, les disciples et les saintes femmes, attendant la visite de l'Esprit-Saint.

Pierre commença par remplir un premier devoir. « Mes frères, dit-il, Judas, un des nôtres, a trahi son Maître et s'est pendu. Or il est écrit au Livre des psaumes : « Qu'un autre le remplace dans son épiscopat. » Choisissez donc, parmi ceux qui ont vécu avec nous, depuis le baptême de Jésus jusqu'à son Ascension dans les cieux, un disciple qui soit avec nous le témoin de sa résurrection. » Le sort, dirigé par la main de Dieu, désigna Mathias, qui fut immédiatement adjoint au collège apostolique.

Les douze tribus étant ainsi représentées par les douze apôtres, le grand jour de la Pentecôte arriva, pendant lequel les Israélites célébraient la promulgation de la Loi sur le mont Sinaï. Des multitudes de Juifs et de prosélytes, accourus de toutes les régions de la terre, encombraient la cité sainte. Jésus choisit ce jour pour révéler son Église aux nations et inaugurer la Loi nouvelle.

Vers les huit heures du matin, pendant que les cent vingt personnes réunies au cénacle priaient avec la Vierge Marie, voilà que tout à coup un grand bruit, comme le bruit d'un vent violent, remplit toute la salle où ils étaient assis ; puis, des langues de feu, semblables à des flammes ardentes, apparurent et bientôt se divisèrent pour aller se reposer sur chacun des membres de l'assemblée. Sous cet emblème du feu, l'Esprit-Saint venait leur communiquer tous les dons du ciel, l'intelligence pour interpréter les Écritures, la force pour affronter leurs ennemis, le don des langues pour enseigner tous les peuples. Transformés en un instant, par cette effusion miraculeuse de la grâce, les apôtres se mirent aussitôt à formuler en diverses langues les pensées que l'Esprit dictait à leur âme.

Bientôt, ils furent entourés d'une foule immense qui les écoutait dans une véritable stupeur. « Eh quoi ! disait-on, ces hommes ne sont-ils pas Galiléens ? Comment se fait-il que nous les entendions tous parler la langue de notre pays ? Parthes, Mèdes, Élamites, Juifs, Cappadociens, habitants de la Mésopotamie, de l'Asie, du Pont, de la Phrygie, de la Pamphilie, de l'Égypte, de la Cyrénaïque, Romains, Crétois, Arabes, nous les entendons tous célébrer dans notre langue les merveilles de Dieu ! » Personne ne pouvait expliquer ce mystère, lorsque certains Juifs malintentionnés s'écrièrent : « Il n'y a rien de merveilleux dans tout ceci, ce sont des gens pris de vin qui s'agitent et se démènent. » Pierre prit occasion de cette grossière et stupide insulte pour instruire la multitude.

« Hommes de Judée, s'écria-t-il, et vous tous, étrangers venus à Jérusalem, apprenez de ma bouche la vérité. Non ces hommes ne sont pas ivres, comme on feint de le croire : à neuf heures du matin on n'est pas pris de vin. Ce que vous voyez, le prophète Joël l'a prédit en ces termes : Au dernier âge du monde, dit le Seigneur, je répandrai mon Esprit sur toute chair. Vos fils et vos filles prophétiseront ; vos jeunes gens auront des visions, et vos vieillards des songes. Sur vos serviteurs et vos servantes des- cendra l'esprit de prophétie. Alors apparaîtront dans le ciel des prodiges, et sur la terre des signes effrayants. Celui-là se sauvera qui invoquera le nom du Seigneur.

« Hommes d'Israël, continua l'apôtre, je viens vous révéler ce nom sauveur. Jésus de Nazareth a paru au milieu de vous, et Dieu lui a rendu témoignage, vous le savez comme nous, par les miracles les plus significatifs. Néanmoins, ce Jésus, qui vous a été livré par un dessein tout particulier du Seigneur, après l'avoir torturé par les mains des méchants, vous l'avez tué. Or, Dieu l'a ressuscité, en brisant les liens de la mort, comme l'avait prédit David par ces paroles : Vous ne laisserez pas votre Saint dans la corruption du tombeau. Frères, qu'il me soit permis de vous faire remarquer que David est mort et que son sépulcre est au milieu de nous. Il ne parlait donc pas de lui, mais il savait par inspiration prophétique qu'un rejeton de sa race s'assoirait sur son trône. Déchirant les voiles de l'avenir, il parlait de la résurrection du Christ, dont le corps ne devait pas connaître la corruption. Ce Christ, mes frères, c'est Jésus que Dieu a ressuscité, nous sommes tous ici pour l'attester devant vous. Élevé au plus haut des cieux par la puissance de son Père, il en a reçu l'Esprit de vérité qu'il vient de répandre sur nous, et c'est cet Esprit qui vous parle par ma bouche. David n'est pas monté au ciel : c'est donc au Christ, non à lui-même que s'adressaient ces paroles :

Le Seigneur a dit à mon Seigneur : Asseyez-vous à ma droite, et je réduirai vos ennemis à vous servir de marchepied. Peuple d'Israël, sachez-le donc, ce Jésus que vous avez crucifié, c'est vraiment le Seigneur, c'est le Messie que Dieu vous a envoyé. »

L'immense auditoire était profondément troublé. On lisait sur les visages la douleur qui pénétrait les âmes. Des cris partirent de tous côtés : « Frères, que devons-nous, donc faire ? - Faites pénitence, répondit Pierre, et que chacun de vous reçoive le baptême. Vous obtiendrez le pardon de vos péchés et les dons du Saint-Esprit, selon qu'il vous a été promis, à vous, à vos enfants, aux étrangers, à tous ceux que Dieu daigne appeler à lui. » Pierre continua longtemps encore à développer les preuves qui certifiaient la mission de Jésus, en exhortant ses auditeurs à sortir de la foule des pervers. Trois mille hommes écoutèrent l'apôtre et reçurent le baptême. L'Église de

Jérusalem était fondée, et des milliers de voix allaient annoncer à toutes les nations le nom de Jésus.

Quelques jours après, vers trois heures du soir, Pierre et Jean montaient au temple pour prendre part à la prière publique. À la porte, dite Speciosa, mendiait un pauvre boiteux, infirme de naissance. Il tendit la main aux deux apôtres, comme il faisait à tous les passants. « Je n'ai ni or ni argent, lui dit Pierre, mais ce que j'ai, je te le donne. Au nom de Jésus de Nazareth, lève-toi et marche. » En même temps il le prit par la main et le souleva. Le boiteux sentit ses pieds s'affermir, se tint debout et, se mettant à marcher, il entra dans le temple avec les apôtres. Tout le peuple vit ce perclus marcher, sauter de joie, et louer Dieu.

Ce prodige impressionna vivement la multitude ; aussi, quand Pierre et Jean, accompagnés du boiteux, se dirigèrent vers le portique de Salomon, des milliers d'hommes se portèrent-ils à leur rencontre. Pierre profita de ce grand concours pour prêcher le nom de Jésus. « Hommes d'Israël, dit-il, vous nous regardez avec admiration, comme si nous avions guéri cet infirme par notre propre puissance : vous vous trompez tout à fait. Le Dieu d'Abraham, d'Isaac et de Jacob, le Dieu de nos pères a fait ce miracle pour glorifier Jésus, ce Jésus que vous avez livré à Pilate, et fait condamner, alors que celui-ci voulait le relâcher. Vous avez préféré au Saint de Dieu un odieux meurtrier ; vous avez mis à mort l'Auteur de la vie, mais Dieu l'a ressuscité ; nous en sommes témoins. C'est la foi en son nom qui a raffermi les pieds de l'homme que vous avez devant vous. »

L'auditoire, atterré, semblait demander grâce. « Mes frères, reprit l'apôtre, je sais que vous avez agi par ignorance, ainsi que vos princes. Il fallait que le Christ souffrît, et Dieu s'est servi de votre aveuglement pour réaliser ses desseins. Faites donc pénitence, et vos péchés seront effacés. » Il leur montra ensuite que Jésus était le grand Prophète annoncé par Moïse, Celui en qui devaient être bénies toutes les nations de la terre, « Israël tout d'abord, ajouta-t-il, car Dieu a envoyé son Fils pour vous bénir les premiers, et vous purifier de vos iniquités »,

Il parlait encore lorsqu'on vit arriver une troupe de prêtres, de magistrats et de sadducéens, furieux d'apprendre qu'on osait profaner le temple en prêchant le nom du Crucifié. Sur leur ordre, les gardes se saisirent des deux apôtres et les conduisirent en prison. Malgré cette brusque intervention du grand Conseil, cinq mille hommes, que la parole de Pierre avait touchés, se convertirent au Seigneur Jésus.

Le lendemain, les trois classes du Sanhédrin, scribes, anciens du peuple, princes des prêtres, se réunirent dans le prétoire, sous la présidence du grand prêtre Caïphe. Tous avaient hâte d'exhaler leur haine contre le nom du Christ. Les accusés, Pierre et Jean, furent introduits devant les juges. Un peuple nombreux ne cessait de leur témoigner son ardente sympathie. L'infirme guéri se trouvait au premier rang de l'assistance et attirait tous les regards. On procéda à l'interrogatoire.

« En quel nom, demanda Caïphe, et par quelle puissance avez-vous guéri cet homme ?

- Princes du peuple, répondit Pierre, puisqu'on nous traîne à votre tribunal pour avoir guéri cet homme, et puisque vous voulez savoir au nom de qui nous l'avons guéri, je dois vous faire connaître la vérité. Cet homme, sachez-le donc, nous l'avons guéri au nom de Jésus de Nazareth, de ce Jésus que vous avez crucifié, mais que Dieu a ressuscité d'entre les morts ; de ce Jésus que vous avez rejeté, mais qui est devenu la pierre angulaire de l'édifice. Nul autre ne vous procurera le salut, nul autre nom n'a été donné aux hommes par lequel nous puissions être sauvés. »

La fermeté de l'apôtre ébranla les juges. Ce langage d'un homme simple, illettré, d'un de ces pauvres Galiléens qu'ils avaient vus à la suite du Maître, les jeta dans une sorte de stupeur. D'un autre côté, l'infirme se trouvait là devant eux comme une preuve irréfragable de l'intervention divine. Pour dissimuler leur embarras, ils ordonnèrent aux gardes d'emmener les accusés et se mirent à délibérer sur le meilleur parti à prendre. Dans l'impossibilité de nier un miracle accompli devant tout le peuple, ils résolurent au moins d'en empêcher la divulgation, et d'interdire aux apôtres, sous les peines les plus graves, de prêcher le nom de Jésus. Les ayant donc fait comparaître de nouveau, ils leur signifièrent la défense absolue de parler et d'enseigner au nom de leur Maître, tant en public qu'en particulier. Mais Pierre et Jean n'étaient plus de ceux qu'on intimide avec des menaces. « Jugez vous-mêmes devant Dieu, répondirent-ils, s'il est juste de vous obéir plutôt qu'à Dieu. Nous ne pouvons taire ce que nous avons vu et entendu. »

À ces mots qui consacraient les droits imprescriptibles des ministres de Jésus, les juges éclatèrent en objurgations menaçantes, mais néanmoins ils renvoyèrent les apôtres sans les punir, tant ils avaient peur d'une révolte populaire. Pierre et Jean se hâtèrent de retourner vers leurs frères, inquiets de leur arrestation. Après avoir entendu les prohibitions et les menaces du Conseil, l'assemblée demanda au Seigneur la force dont chacun avait besoin. « Seigneur, s'écrièrent-ils, vous avez dit par la bouche de David : « Pourquoi les nations ont-elles frémi, pourquoi les princes et les peuples ont-ils conspiré contre le Seigneur et contre son Christ ? » Ils ont conspiré contre Jésus, et maintenant ils nous menacent de leurs colères. Donnez-nous la force d'enseigner votre parole sans aucune crainte, et multipliez les prodiges au nom de votre Fils Jésus. » À peine avaient-ils fait cette prière, que la maison se mit à trembler, l'Esprit-Saint les inonda de sa grâce, et toute crainte disparut de leur cœur.

Les apôtres continuèrent donc, et avec plus de force que jamais, à prêcher la résurrection du Sauveur. De son côté, Dieu multipliait par eux les signes et les miracles. Aussi la foule des auditeurs se pressait-elle chaque jour plus nombreuse sous les portiques de Salomon. La multitude des croyants augmentait dans des proportions considérables, et la foi dans la puissance des apôtres devenait si générale qu'on apportait sur des grabats, au milieu des places publiques, les malades et les infirmes de la cité et des villes voisines, afin que, lorsque Pierre passait, son ombre au moins couvrît quelques-uns d'entre eux et les délivrât de leurs infirmités.

Quand il fut bien avéré que les prédicateurs du nom de Jésus ne tiendraient aucun compte des menaces du Sanhédrin, le grand prêtre et ses complices donnèrent l'ordre d'arrêter ces rebelles et de les jeter en prison, bien décidés cette fois à leur infliger un châtiment sévère. Mais la nuit même de leur emprisonnement, un ange du ciel vint ouvrir aux apôtres la porte de leur cachot. Les ayant conduits dehors, il leur dit : « Allez au temple pour y prêcher les paroles de vie. » Ils obéirent, et, dès l'aube, ils entrèrent sous les portiques et se mirent à enseigner comme les autres jours.

Cependant les pontifes et les anciens, réunis en conseil, envoyèrent des gardes chercher les prisonniers, afin de procéder à leur jugement. À leur grande stupéfaction, les gardes trouvèrent les cachots vides et revinrent annoncer à leurs maîtres cette étrange nouvelle. « Nous avons trouvé les portes de la prison parfaitement closes, dirent-ils, et de plus bien gardées par les sentinelles, mais derrière ces portes, nous n'avons vu personne. » Les juges ne revenaient pas de leur surprise et se communiquaient leurs anxiétés, quand on vint leur annoncer que les prisonniers enseignaient le peuple dans le temple, ce qui accrut encore leur embarras. Enfin ils donnèrent l'ordre au capitaine des gardes de s'emparer des apôtres et de les amener au prétoire. Celui-ci s'acquitta de sa commission, mais avec toutes sortes de ménagements, pour ne pas être lapidé par le peuple. Le grand prêtre reprocha durement aux prétendus coupables d'avoir enfreint ses ordres.

« Je vous avais expressément défendu, leur dit-il d'enseigner au nom de cet homme, et, non contents de prêcher sa doctrine à toute la cité, vous nous chargez encore de sa mort et de son sang.

- Il faut obéir à Dieu plutôt qu'aux hommes, répondit Pierre. Le Dieu de nos pères a ressuscité ce Jésus que vous avez cloué au gibet, il l'a exalté, il en a fait le Prince et le Sauveur des peuples, afin d'exciter Israël au repentir et de lui accorder la rémission de ses péchés. Nous sommes témoins de ce que nous affirmons, nous et l'Esprit-Saint, que Dieu envoie à tous ceux qui lui obéissent. »

Frémissants de rage, les juges s'apprêtaient à prononcer un verdict de mort, quand un pharisien, vénéré de tous pour sa science et sa vertu, Gamaliel, se leva pour donner son avis. Ayant fait sortir les accusés, il s'adressa au Conseil en ces termes : « Chefs d'Israël, prenez garde à ce que vous allez faire. Il y a quelque temps, parut un certain Théodas, qui se disait chef du peuple. Quatre cents hommes s'attachèrent à lui, mais il fut tué. Ses adhérents se dispersèrent, et le chef et les soldats sont aujourd'hui parfaitement oubliés. Au temps du dénombrement, Judas de Galilée réunit aussi une bande de partisans ; il périt comme Théodas, et il n'est plus question ni de lui ni de son parti. Voici donc mon avis : Ne vous occupez plus de ces hommes et laissez-les faire. Si leur œuvre est humaine, elle périra ; si elle est divine, vous ne sauriez en empêcher le succès. En les combattant, vous combattriez contre Dieu. »

L'autorité de Gamaliel s'imposait tellement que tous ses collègues se rangèrent à son avis ; cependant, pour satisfaire leur désir de vengeance, ils condamnèrent les apôtres à la flagellation, puis leur enjoignirent de nouveau d'avoir à cesser leurs prédications. Mais les ouvriers du Christ, devenus ses martyrs, heureux d'avoir été dignes de souffrir l'outrage pour leur Maître, continuèrent à prêcher chaque jour, dans le temple et dans les maisons particulières, l'Évangile de Jésus Christ.

Le Crucifié triomphait : en quelques jours des milliers d'hommes s'étaient rangés sous son drapeau ; Jérusalem devenait le centre de son royaume, et qui sait où s'arrêteraient les nouveaux conquérants ? Les Juifs voyaient parfaitement que l'œuvre était divine ; mais, contrairement à l'avis de Gamaliel, ils résolurent, non seulement d'en empêcher les progrès, mais de l'anéantir complètement, en tuant les apôtres comme ils avaient tué le Maître. Ils vont apprendre à leurs dépens ce que devient un peuple qui combat contre Dieu.

VI. Triomphe de Jésus sur les Juifs

Persécution du Sanhédrin. - Diffusion de l Église. - Persécution d Hérode Agrippa. - Dispersion des apôtres. - Pierre et Paul traqués par les Juifs. - Signes avant-coureurs de la vengeance divine. - Siège de Jérusalem. - Famine et carnage. - Destruction de la ville et du temple. - (Act., passim.)

Malgré les défenses réitérées du Sanhédrin, les apôtres continuèrent à prêcher Jésus ressuscité, ce qui amena une guerre sans merci contre les douze Galiléens. La nation juive ne souffrirait pas qu'on propageât dans la Palestine et à travers le monde le règne d'un faux Messie, condamné au supplice de la croix. Dix millions de Juifs, de la Palestine ou de la Dispersion, tous solidaires de la mort de Jésus, - car tous, prêtres et rabbins, scribes et anciens du peuple, sadducéens et pharisiens, réunis à la fête de Pâque, avaient exigé le crucifiement du Sauveur, - se devaient à eux-mêmes de barrer le chemin aux apôtres, et de crucifier au besoin les disciples de Jésus à côté de leur Maître.

De là une persécution sanglante, qui dura trois années. Le diacre Étienne, puissant en œuvres et en paroles, ayant confondu tous leurs docteurs, fut accusé de blasphème et lapidé par le peuple. Mais, au lieu d'arrêter les progrès de l'Église, le sang de ce premier martyr fut une semence féconde de chrétiens. Pendant que les apôtres défendaient à Jérusalem le troupeau du Christ, un grand nombre de disciples se répandirent dans les provinces, et formèrent de nouvelles communautés en Judée, en Samarie, en Galilée, jusqu'à Césarée et jusqu'à Damas.

À la vue de ce résultat, la colère des persécuteurs ne connut plus de bornes. Un pharisien, nommé Saul, homme de grande intelligence et d'indomptable énergie, entreprit de dévaster l'Église de Dieu. Ne respirant que menaces et meurtres, il allait un jour à Damas pour enchaîner et transporter à Jérusalem les disciples du Crucifié. Mais voilà qu'aux abords de la ville il se voit tout à coup enveloppé d'une lumière céleste, et tombe comme foudroyé sur le chemin. Puis il entend une voix qui lui dit : « Saul, Saul, pourquoi me persécutes-tu ? - Qui êtes-vous, Seigneur ? demande-t-il. - Je suis Jésus, que tu persécutes, reprend la voix. - Seigneur, que voulez-vous que je fasse ? » Et Saul devient l'apôtre Paul, le convertisseur des nations. Jésus se moquait des Juifs : il prenait leurs meilleures recrues pour en faire ses plus braves soldats.

Après trois ans de persécution, l'Église respira un instant, grâce à la disparition des déicides les plus renommés. Le grand prêtre Caïphe, dépossédé du souverain pontificat, se tua de désespoir. Anne, son beau-père, se débarrassa également de ses remords et de son déshonneur par un lâche suicide. Pilate, destitué par l'empereur et exilé à Vienne, dans les Gaules, se donna aussi la mort. Ces trois principaux acteurs dans le drame du Calvaire périrent comme le traître dont le Seigneur a dit : « Il vaudrait mieux pour lui qu'il ne fût pas né. »

Pierre profita des jours de paix pour faire la visite de son troupeau. Au livre des Actes, on le voit prêchant et opérant des prodiges à Lydda, à Saron, à Joppé, à Césarée, où il baptise le centurion Cornélius et toute sa famille. Puis, résolu à porter l'Évangile aux nations, il laisse Jérusalem et se dirige vers Antioche, la métropole de l'Orient, où il fixe son siège pendant sept années. Cette ville de cinq cent mille âmes devint le centre d'une Église florissante, et ce fut à Antioche que les disciples du Christ prirent le nom de Chrétiens, pour se distinguer des Juifs et des sectaires hérétiques.

Le royaume de Jésus avait fait, en deux ans, d'immenses progrès. De la Palestine il avait gagné la Syrie, et de la Syrie, grâce aux prédications de Pierre, le Pont, la Bithynie, la Cappadoce, la Galatie, et autres provinces de l'Asie Mineure. Les Juifs voulurent à toute force arrêter le Christ et mettre un terme à ses envahissements. L'an 42, éclata une nouvelle persécution. Le neveu d'Hérode, Agrippa, devenu roi de Judée, se fit le bourreau des chrétiens. Plusieurs furent emprisonnés ; Jacques le Majeur, frère de Jean, eut la tête tranchée ;

Pierre, revenu d'Antioche pour tenir tête à l'orage, fut jeté dans un cachot. L'ayant fait arrêter, le premier jour des azymes, le roi fit annoncer que le prisonnier serait décapité devant tout le peuple aussitôt après la fête de Pâque. Mais un ange du ciel, envoyé par Jésus, réveilla Pierre dans sa prison, lui en ouvrit les portes, et le conduisit hors de Jérusalem. Le lendemain, Agrippa ne trouva que les chaînes de l'apôtre. Il s'enfuit à Césarée pour y cacher sa honte, mais Jésus l'y suivit. Frappé d'une maladie mortelle, le persécuteur expira quelques jours après, dévoré par les vers comme son aïeul.

Cette seconde persécution eut pour effet d'étendre le royaume de Dieu dans le monde entier. En cette même année 42, l'Église étant solidement établie à Jérusalem et dans la Palestine, à Antioche et dans les contrées environnantes, les apôtres résolurent de se disperser et de porter l'Évangile aux différentes nations de la terre. Pierre envoya Mathias en Colchide, Jude en Mésopotamie, Simon en Lybie, Matthieu en Éthiopie, Barthélemy en Arménie, Thomas dans l'Inde, Philippe en Phrygie, Jean à Éphèse. Paul, l'apôtre des nations, devait évangéliser l'Asie Mineure, la Macédoine et la Grèce. Quant à Pierre, il prit le chemin de Rome, la ville des Césars, dont Jésus voulait faire la cité des pontifes. Jacques le Mineur, surnommé le Juste, à cause de sa grande sainteté, gouverna, en qualité d'évêque de Jérusalem, les chrétientés de la Palestine. En partant à la conquête du monde, les apôtres emportaient avec eux le Credo, symbole de leur foi, l'Évangile, résumé de leur Maître, et la croix, emblème de la rédemption. Cela suffisait pour enseigner : Jésus, qui les accompagnait, se chargeait de vaincre.

Sur toutes les routes ils rencontrèrent des milliers de Juifs, bien décidés à les exterminer ; mais néanmoins ils établirent partout, presque toujours au prix de leur sang, des chrétientés florissantes. À Rome, Pierre se fixa dans le Transtévère, en plein quartier juif. Il y fit de nombreux disciples, bien que ses compatriotes, dont le nombre s'élevait à trente mille, employassent tous les moyens pour soulever le peuple contre lui. Il fut même obligé, pour ne pas attirer l'attention des Romains, de s'installer de l'autre côté du Tibre, dans le palais du sénateur Pudens, l'un des premiers convertis. C'est là qu'assis sur son siège de chêne, devenu la chaire de Pierre, il parlait de Jésus à l'assemblée des chrétiens, qui grossissait de jour en jour. C'est de là qu'il envoya Marc, son fidèle disciple, fonder le patriarchat d'Alexandrie, et d'autres évêques évangéliser les Gaules.

Les Juifs s'acharnèrent plus violemment encore contre l'apôtre Paul. En Asie Mineure, en Macédoine, en Grèce, où il opéra pendant de longues années des miracles de conversion, il rencontra la meute furieuse. On le traqua de ville en ville, on le dénonça aux autorités, on le chassa des synagogues. Plusieurs fois il fut flagellé, lapidé, laissé pour mort sur place. Et quand, après avoir conquis tout un monde au divin Maître, il revint à Jérusalem, ses compatriotes, qui l'appelaient traître et transfuge, se saisirent de lui, le flagellèrent de nouveau, le souffletèrent en pleine séance du Sanhédrin, et l'auraient infailliblement tué, si Paul, en sa qualité de citoyen romain, n'en eût appelé à César. Conduit à Rome pour se justifier des crimes que les Juifs lui imputaient, il y retrouva l'apôtre Pierre, et tous deux continuèrent le cours de leurs conquêtes, en attendant, le martyre.

À Jérusalem, les Juifs mirent le comble e leurs crimes en assassinant Jaques le Mineur, leur saint évêque. Irrité de voir les conversions se multiplier, le Sanhédrin le condamna à mort comme séducteur du peuple. Il fut lapidé par les scribes et les pharisiens dont il avait prédit la ruine prochaine. Et, de fait, les prophéties de Jésus contre la nation Juive allaient s'accomplir. Depuis trente années, les apôtres ne cessaient, d'appeler Israël à la pénitence. Partout ils s'adressaient aux Juifs avant d'évangéliser les Gentils. Paul désirait être anathème pour ses frères selon la chair, et ceux-ci, à part les exceptions, répondaient aux exhortations par des blasphèmes ou des violences. « Ils ont tué Jésus et ses prophètes, s'écriait l'apôtre ; ils n'ont cessé de nous persécuter ; ils offensent Dieu et se constituent les ennemis de l'humanité ; ils nous empêchent de parler aux nations, de peur que les nations ne soient sauvées ; ils comblent la mesure de leurs péchés. La colère de Dieu contre eux arrive à son terme. »

En effet, Jésus tenait le bras levé contre l'ingrate et cruelle Jérusalem. Les fidèles constataient, non sans effroi, l'apparition des signes qui, selon la prophétie du sauveur, devaient précéder le grand cataclysme. « Avant tout, avait-il dit aux apôtres, sachez que les juifs vous persécuteront, vous flagelleront, vous mettront à mort. De faux prophètes et de faux messies tenteront de vous séduire » ; et les judaïsants, les magiciens, les Simon, les Ménandre, les Ebion, les Cérinthe, ne cessaient de prêcher leurs erreurs. « L'Évangile sera prêché à toute la terre ; » et, chose incroyable, Paul pouvait écrire aux habitants de Colosses : « L'Évangile a été prêché à toutes les créatures qui sont sous le ciel. » Enfin, des calamités effroyables, des pestes, des famines, des tremblements de terre, des guerres et des bruits de guerre devaient annoncer au monde la prochaine vengeance de Dieu contre le peuple déicide. Or, depuis plusieurs années, en Palestine, en Italie, en Orient, la famine et la peste décimaient les populations ; des tremblements de terre ébranlaient l'Asie, l'Achaïe, la Macédoine ; les premières éruptions du Vésuve détruisaient en partie Herculanum et Pompéi, et causaient une telle panique en Campanie que les habitants devenaient fous d'épouvante. Le monde romain entrait en convulsion par suite des guerres civiles, suscitées par les prétendants à l'Empire.

Du reste, Dieu lui-même prodiguait les avertissements à la cité déicide. En septembre 62, moins de trente ans après la scène du Calvaire, un étranger vint à Jérusalem pour la fête des Tabernacles. Arrivé dans le temple, il se mit à crier au milieu du peuple affolé : « Voix de l'Orient et de l'Occident, voix contre la ville et contre le temple, voix contre tout le peuple ! » Il s'appelait Jésus. Pendant de longues années, il parcourut les rues de la cité en criant : « Malheur à Jérusalem ! » On le battit de verges : il ne pleura ni ne gémit ; mais, après chaque coup de fouet, il répéta : « Malheur à Jérusalem ! » On le relâcha comme un fou inoffensif ; il continua de circuler autour des remparts, criant d'une voix plus forte que jamais : « Malheur à la ville, malheur au temple, malheur au peuple ! »

Peu après, selon que le rapportent également les historiens Josèphe et Tacite, une comète ayant la forme d'une épée, resta suspendue au-dessus de la ville pendant une année entière. On vit dans le ciel rouler des chariots de guerre, des armées s'entrechoquer, des lignes de circonvallation se dessiner autour d'une cité assiégée. Des prêtres, entrant dans le temple pour y offrir le sacrifice, entendirent des voix nombreuses qui répétaient en s'éloignant : « Sortons d'ici, sortons d'ici ! »

Les Juifs, aveuglés, ne comprirent rien à ces signes célestes, et coururent au-devant de la catastrophe. En l'année 66, ils s'insurgèrent contre les Romains, battirent les cohortes campées à Jérusalem, et mirent le feu à la tour Antonia, qui servait de citadelle à la garnison. Enhardis par ce succès, les patriotes des provinces ne tardèrent pas à se soulever et à se déclarer libres. C'était attirer sur eux la foudre, et les chrétiens ne s'y trompèrent pas. En voyant la Judée aux prises avec l'Empire, des bandes fanatiques établies dans l'enceinte du temple, des orgies et des crimes souiller la cité de Dieu, ils se rappelèrent les avertissements du Maître : « Quand vous verrez l'abomination de la désolation dans le lieu saint, fuyez au plus vite. » Sans perdre de temps ils quittèrent ce pays maudit, Jérusalem et la Judée, s'enfuirent sur les montagnes au-delà du Jourdain, et trouvèrent un refuge dans la ville de Pella et les pays voisins. Ainsi Loth et sa famille s'enfuirent de Sodome, avant la pluie de feu qui allait l'incendier.

Il était temps, car au commencement de 67, Vespasien, suivi de ses légions vengeresses, s'empara des forteresses galiléennes, et passa les révoltés au fil de l'épée. En quelques mois, maître de tout le pays, il vint camper devant Jérusalem, où s'étaient concentrés les patriotes échappés des provinces, zélateurs, bandits, sicaires, décidés à verser leur dernière goutte de sang sur les parvis du temple. Grâce aux guerres civiles qui mirent en feu l'empire romain pendant deux années, Vespasien fut obligé de différer le siège de la ville ; mais, au lieu de profiter de ce délai, les bandits qui commandaient à l'intérieur se disputèrent à main armée le pouvoir suprême. Comme on pressait Vespasien de sortir de l'inaction : « Laisses-les, dit-il, se déchirer entre eux. Dieu est plus grand général que moi : il va nous les livrer sans combat. » En 70, Vespasien, proclamé empereur, se dirigea sur Rome, et laissa son fils Titus poursuivre les opérations contre Jérusalem.

Ces deux années de calme relatif avaient fait presque oublier le péril du dehors. À la Pâque, les pèlerins affluèrent dans la ville sainte, de sorte que douze cent mille Juifs s'y trouvaient renfermés, quand tout à coup Titus, pressé d'en finir, parut au sommet des Oliviers avec ses légions, ses machines de guerre, ses béliers, ses catapultes. Les assiégés se défendirent comme des lions, mais ne purent empêcher les Romains de pénétrer dans les enceintes de Bézétha et d'Acra, puis d'élever, en trois jours, un mur de circonvallation qui les enferma dans les quartiers élevés du temple et de Sion. La prédiction de Jésus se réalisait : « Viendront des jours où tes ennemis t'environneront de tranchées, t'enfermeront et te serreront de toutes parts. »

Alors commença ce que Jésus appelait la « grande détresse du pays, la grande colère de Dieu contre le peuple ». Aux horreurs de la guerre vinrent s'ajouter les horreurs de la famine. Malgré les immenses approvisionnements de la cité, les vivres finirent par manquer. Une mesure de froment se vendait à des prix fabuleux. Insensibles à la misère du peuple, les chefs visitaient toutes les maisons pour s'emparer des vivres et les distribuer à leurs soldats. Aussi ne préparait-on plus de repas. Quand, à prix d'or, on s'était procuré quelques grains de blé, on les dévorait dans quelque coin retiré. On disputait aux pauvres quelques raisins que ceux-ci allaient chercher, la nuit, au péril de leur vie. Souvent, saisis par les Romains, ces pauvres affamés étaient crucifiés comme espions, de sorte que, tout autour du camp, s'élevait comme une forêt de croix, rappelant aux déicides la croix du Fils de Dieu. Des hommes, ou plutôt des spectres, s'arrachaient, comme des furieux, le moindre semblant de nourriture. Une femme, nommée Marie, réfugiée à Jérusalem avec son petit enfant, se vit enlever par les soldats son argent, ses bijoux, et jusqu'aux brins d'herbe ou de paille qu'elle ramassait pour tromper sa faim. Outrée de colère et folle de désespoir, elle égorgea son enfant, le fit rôtir, en mangea une partie, et cacha l'autre. Attirés par l'odeur de la chair brûlée, les bandits la menacèrent de mort si elle ne livrait pas les restes de son repas.

« Les voilà, dit-elle, ce sont les restes de mon enfant. » Malgré leur faim et leur rage, ces monstres s'enfuirent épouvantés.

La mortalité fut effrayante pendant toute la durée du siège. L'historien Josèphe apprit d'un transfuge qu'on paya des deniers de la ville jusqu'à six cent mille funérailles. En deux mois et demi, par une seule porte, on emporta cent seize mille cadavres. À la fin, des hauteurs de Sion ou des portiques du temple, on jetait les cadavres sur les pentes de la vallée. En voyant ces montagnes de morts en putréfaction, Titus leva les mains au ciel, prenant Dieu à témoin qu'il n'était pas responsable de ces malheurs.

Cependant le sacrifice du matin et du soir cessa pour la première fois. On ne trouva plus un agneau pour l'immoler à Jéhovah. L'holocauste figuratif disparaissant, le temple n'avait plus de raison d'être. L'armée romaine réussit à pénétrer dans la vaste enceinte de l'édifice sacré, que les zélateurs, acculés de parvis en parvis, défendirent avec l'énergie du désespoir. Rendus furieux par une résistance qui leur coûtait des milliers d'hommes, les Romains avancèrent au milieu des cadavres, résolus à incendier le temple ; mais Titus s'y opposa : la destruction de ce monument incomparable lui paraissait un acte de sacrilège barbarie. Tout à coup, malgré les ordres de son chef, un légionnaire, hissé sur les épaules de ses camarades, lance un tison enflammé dans les appartements qui entouraient le sanctuaire. La flamme s'élance bientôt à travers le toit de cèdre, les Juifs poussent des cris affreux, Titus commande d'éteindre le feu ; mais les soldats n'obéissent plus. Ils amoncellent, à la porte principale, du soufre, du bitume, toutes les matières inflammables qu'ils peuvent trouver. Et pendant que le temple s'écroule, ils égorgent sans pitié les milliers de Juifs réfugiés dans les parvis.

Bientôt maître du mont Sion, où s'étaient réfugiés les derniers rebelles, Titus fit raser ce qui restait du temple et de la ville, sauf les trois tours d'Hérode, qui s'élevèrent isolées au milieu de ce désert, comme pour attester que là fut une ville qui s'appelait Jérusalem. « Il semblait, dit l'historien juif Josèphe, que ce sol n'eût jamais été habité. » La prophétie de Jésus était accomplie : « Tu ne seras plus qu'un désert, et de ton temple, il ne restera pas pierre sur pierre. »

Onze cent mille Juifs périrent pendant le siège. Cent mille prisonniers tombèrent entre les mains du vainqueur. La plupart furent vendus comme esclaves. Ils avaient vendu Jésus trente deniers : les Romains vendirent trente Juifs pour un denier. Titus choisit sept cents des plus jeunes et des plus vigoureux, parmi lesquels Jean et Simon, les deux chefs de la révolte, pour orner son cortège lors de son entrée triomphale à Rome. On les vit, dans ce cortège, porter sur un brancard les dépouilles de leur temple, la table des pains de proposition, le chandelier à sept branches, le livre de la Loi, que suivait la statue de la Victoire. Titus monta au Capitole, pendant que les bourreaux étranglaient Jean dans la prison Mamertine, et crucifiaient Simon après l'avoir flagellé.

L'empereur fit frapper une médaille commémorative de ce grand événement. Sur le revers, on voit une femme éplorée, en manteau de deuil, assise à l'ombre d'un palmier, la tête appuyée sur sa main : c'est la Judée captive, dit l'inscription, Judœa capta ; c'est la triste Jérusalem, désormais sans roi, sans prêtre, sans sacrifice, sans autel.

Tel fut l'épouvantable sort de la nation déicide. « Que son sang retombe sur nous et sur nos enfants ! » criaient les Juifs de la Passion ; Dieu les entendit, et vengea le sang de son Fils. Depuis la scène du Calvaire, ils cherchaient, dans leur implacable haine, à exterminer l'Église, et Jésus, chef de l'Église, venait de les exterminer. Titus ne s'y trompa point : comme les villes d'Orient lui offraient des couronnes d'or, il les refusa : « Ce n'est pas moi qui ai vaincu, s'écria-t-il, je n'ai fait que prêter mon bras à Dieu, irrité contre les Juifs. »

Et afin que le monde entier, jusqu'à la fin des siècles, sache qui a vaincu les Juifs, Jésus conserve la race maudite et la force à errer au milieu des peuples, portant dans ses mains le fatal écriteau sur lequel chacun peut lire le crime et le châtiment des déicides : « Après soixante-neuf semaines, le Christ sera mis à mort, et le peuple qui l'aura renié ne sera plus son peuple. Une nation avec son prince viendra détruire la ville et le sanctuaire, et ce sera la désolation, la désolation sans fin. L'abomination de la désolation sera dans le temple, les victimes manqueront, le sacrifice cessera, et la désolation durera jusqu'à la consommation des siècles. » Les Juifs liront et colporteront cette prophétie de Daniel, et, plus aveugles et plus endurcis que ceux du Calvaire, ils continueront à blasphémer contre le Christ qui les a vaincus, jusqu'au jour où, par un miracle de la grâce, ils deviendront les instruments les plus actifs de son triomphe.

VII. Triomphe de Jésus sur les Païens

Rome et Néron. - L'édit d'extermination, - Néron et Domitien. - Diffusion du christianisme. - Trajan, Adrien, Marc-Aurèle. - Les chrétien remplissent l'empire. - Persécuteurs du IIIe siècle. - Dioclétien. - Le Labarum. - L'empereur Constantin. - Triomphe de l'Église. - Julien l'Apostat. - Arius. - Les Barbares. - Ruine de Rome païenne. - Charlemagne. - Rome chrétienne.

Après avoir terrassé les juifs, Jésus rencontra, pour lui barrer le passage, le colosse romain. Rome régnait alors sur l'univers, et Satan régnait sur Rome. Sous le nom de Jupiter, de Mercure, d'Apollon, de Vénus, d'une infinité de dieux et de déesses, il se faisait adorer dans toute l'Europe. Il avait ses temples, ses autels, ses sacrifices, ses fêtes ; ses jeux solennels où parfois dix mille gladiateurs s'égorgeaient les uns les autres, aux applaudissements de cent mille spectateurs. Et pour défendre cette religion de sang et de boue, Rome montrait avec orgueil ses législateurs, ses philosophes, ses poètes, ses prêtres, ses magiciens, ses aruspices, ses invincibles légions, et à leur tête l'empereur, maître du monde, pontife et dieu. C'est cet empire que Jésus doit détruire, s'il veut régner sur l'univers.

Le démon ne pouvait voir Jésus pénétrer dans ce empire sans pousser des hurlements. Il fit comprendre aux idolâtres qu'il fallait tolérer tous les dieux, excepté le Dieu des chrétiens, lequel prétendait avoir, seul, droit à l'adoration des mortels. Ce Christ crucifié sous Ponce-Pilate, ennemi des dieux et des hommes, ne méritait que la haine ; ses sectateurs, véritables athées, ne fuyaient les temples que pour se réunir dans des antres mystérieux où ils se livraient à d'épouvantables orgies, à des pratiques exécrables, égorgeant même des enfants pour manger leur chair et boire leur sang. Ces infâmes accusations, et surtout cette monstrueuse interprétation de la communion eucharistique, se répandirent dans le peuple. Les chrétiens furent considérés comme le rebut du genre humain, et le démon en profita pour inaugurer contre eux une persécution qui devait durer trois siècles.

L'empereur Néron régnait alors sur le monde asservi. Après avoir trempé ses mains dans le sang de son père, de sa mère, de son épouse et de ses deux précepteurs, Sénèque et Burrhus, ce misérable assassin commettait chaque jour des crimes sans nom. Il lui prit fantaisie, pour se donner un spectacle grandiose, de mettre le feu aux quatre coins de Rome. Des émissaires à ses gages propagèrent l'incendie dans tous les quartiers. Et pendant que les flammes dévoraient la cité, pendant que tout le peuple poussait des cris de désespoir, Néron, vêtu en acteur de théâtre, contemplait du haut d'une tour cet océan de feu, et chantait des vers sur l'incendie de la ville de Troie.

Ce forfait sans exemple faillit le perdre, car on l'accusa d'avoir commandé l'incendie. Afin de calmer le lion populaire, il feignit de rechercher les coupables, consulta les devins, offrit des sacrifices aux dieux, et finalement fit savoir au peuple que les incendiaires n'étaient autres que les chrétiens. Ces ennemis des dieux et des hommes avaient brûlé la ville pour se venger du mépris des Romains ; mais Néron se chargeait de leur infliger le châtiment qu'ils méritaient.

Tous les chrétiens furent condamnés à mort, à Rome comme dans les provinces. « On arrêta, dit Tacite, les premiers qui se déclarèrent disciples du Christ. La procédure en fit connaître une multitude immense qui furent livrés au supplice, moins comme incendiaires que comme chargés de la haine du genre humain. Leur mort devint un divertissement public. On les revêtait de peaux de bêtes, puis on les faisait mettre en pièces par des chiens. On les crucifiait, on enduisait leurs corps de poix, de résine ou de cire, on les transformait en lampadaires pour éclairer la nuit. Néron donna des spectacles de ce genre, dans les jardins du Vatican. À la lueur de ces torches vivantes, il organisait des courses comme dans un cirque, tantôt conduisant les chars, tantôt présidant aux luttes. »

Dans tout l'Empire, les gouverneurs reçurent l'ordre de massacrer les chrétiens et de prohiber absolument la religion du Christ. Le magistrat lisait aux accusés le décret d'extermination : « Il n'est pas permis aux chrétiens d'exister. Non licet esse christianos. » Si le prévenu répondait : « Je suis chrétien, Christianus sum, » le magistrat le livrait aux bourreaux, c'est-à-dire aux supplices atroces qu'il plaisait aux bourreaux d'inventer. Pendant quatre ans, Néron répandit à flots le sang des martyrs, sang des plébéiens, sang des patriciens, sang des apôtres. L'an 67, Pierre. le Vicaire du Christ, fut crucifié comme son Maître ; Paul, l'apôtre des nations, eut la tête tranchée. Un an après, condamné par ses sujets révoltés à être battu de verges jusqu'au dernier soupir, Néron s'enfuit lâchement de Rome et saisit un poignard pour se percer le cœur. Comme il hésitait à frapper, un serviteur lui enfonça le fer dans la poitrine. Ainsi disparut le premier persécuteur de l'Église, le digne précurseur de l'Antéchrist.

La loi d'extermination subsista comme loi de l'Empire, mais les successeurs du monstre, Vespasien et Titus, ne l'appliquèrent que par exception. Les disciples de Jésus espéraient donc voir la fin de leurs maux, lorsqu'en l'année 81, la mort prématurée de Titus donna le pouvoir à son frère Domitien, l'émule de Néron. Le sang recommença à couler par toute la terre. Alors périrent les martyrs de Lutèce, Denys, Rustique et Éleuthère, avec des milliers des victimes. L'apôtre Jean, traîné d'Éphèse à Rome, fut jeté dans une chaudière d'huile bouillante, d'où il sortit sain et sauf. André, frère de Simon Pierre, comparut devant le proconsul d'Achaïe qui le somma de sacrifier aux dieux, sous peine d'être crucifié. André s'avança d'un pas ferme vers la croix. « Salut, s'écria-t-il, ô douce croix, que le corps de Jésus a revêtue de splendeur ! O bonne croix, si longtemps désirée, si ardemment aimée, Jésus par toi m'a racheté, que par toi Jésus reçoive son serviteur ! » Cette persécution dura quinze ans, jusqu'au jour où l'on se débarrassa de l'empereur, comme on se défait d'une hyène ou d'un tigre. Des officiers de son palais, se voyant menacés de mort, se jetèrent sur lui tous ensemble, et le criblèrent de coups de poignard. C'était l'an 96, à la fin du premier siècle.

Et l'Église ? L'Église, noyée dans son sang, apparut alors, ô miracle du Christ ! plus populeuse et plus forte qu'avant Néron et Domitien. Pour répondre à la loi d'extermination, Jésus avait créé une race inexterminable qui se multipliait sous les coups des bourreaux. La foi, l'amour, l'invincible constance des victimes, fit naître un nouvel enthousiasme, l'enthousiasme du martyre. Des enfants, des jeunes filles, des vieillards, des soldats, demandaient à grands cris le baptême afin d'offrir leur sang à Jésus-Christ. Au lieu des douze apôtres, des milliers de prêtres et d'évêques prêchaient l'Évangile par toute la terre, produisant dix fois plus de chrétiens que les proconsuls n'en pouvaient détruire, si bien qu'au commencement du second siècle, forcés de reconnaître la victoire du Christ, ils se demandaient avec anxiété comment appliquer la loi qui défendait aux chrétiens d'exister.

En effet, l'an 112, Pline le Jeune, nommé par Trajan gouverneur de Bithynie, voyant le christianisme enraciné dans l'Asie Mineure et les temples des dieux presque déserts, informa l'empereur de cet état de choses, et lui demanda s'il fallait appliquer à cette multitude de chrétiens de tout âge, de toute condition, de tout sexe, la loi d'extermination toujours existante. Craignant de dépeupler l'empire, et, d'un autre côté, voulant exercer un pouvoir absolu sur les disciples du Christ, Trajan répondit qu'il ne fallait pas rechercher les chrétiens, mais que s'ils étaient dénoncés et refusaient de sacrifier aux dieux, on devait leur appliquer la loi ». Ce rescrit impérial, en vigueur pendant tout le second siècle, fit plus de martyrs que des édits de Néron et de Domitien. Désormais à la merci des délateurs, les chrétiens se virent poursuivis par les prêtres, les philosophes, les Juifs, les païens fanatiques qui, à la moindre calamité, ne cessaient de dénoncer les sectateurs du Christ comme la cause de tous les maux. Bien plus, le pardon accordé aux renégats constituait une prime à l'apostasie, ce qui pouvait amener un grand nombre de défections ; mais Jésus veillait sur les siens. « Le monde vous tiendra sous le pressoir, avait-il dit, mais soyez tranquilles, j'ai vaincu le monde. »

Trajan, le troisième persécuteur des chrétiens (98-117), ne cessa d'ensanglanter Rome et l'empire. Sous lui, furent martyrisés, parmi des milliers d'inconnus, le pape saint Clément, l'évêque de Jérusalem saint Siméon, les saints Nérée et Achillée, et jusqu'à des membres de la famille impériale, comme Flavia Domitilla, qui fut brûlée vive avec ses deux suivantes. Il n'épargna pas même le patriarche de l'épiscopat, Ignace, le saint évêque d'Antioche. Chargé de chaînes, Ignace fut conduit à Rome pour être livré aux bêtes. Évêques et fidèles multipliaient les efforts pour l'arracher au supplice, mais il les suppliait de ne pas lui enlever la couronne. « Ni les flammes, ni la croix, ni les dents du lion, ne me font peur, disait-il, pourvu que j'arrive à Jésus-Christ. » Du milieu de l'amphithéâtre, entendant rugir les bêtes féroces qui allaient le dévorer : « Je suis le froment du Christ, s'écria-t-il, je veux être moulu par les dents des lions pour devenir un pain agréable à mon Seigneur Jésus. » Et, comme ce saint vieillard, des légions de héros bravaient tous les supplices, par amour pour Jésus-Christ.

À Trajan succéda l'empereur Hadrien (117-136), grand ami des dieux et grand bâtisseur de temples. Sous un tel maître les délateurs eurent beau jeu. Hadrien figure à bon droit au nombre des plus cruels persécuteurs. Une révolte des Juifs lui fournit l'occasion de ravager une seconde fois la Judée et de souiller tous les lieux sanctifiés par le divin Sauveur. Une statue de Vénus domina le Calvaire ; l'idole de Jupiter s'éleva sur le Saint-Sépulcre. Un jour qu'il consultait les dieux, ceux-ci répondirent que les oracles resteraient muets aussi longtemps que la chrétienne Symphorose et ses sept fils refuseraient de sacrifier aux divinités de l'empire. Aussitôt le tyran fit égorger ces nouveaux Machabées, et mourut ensuite en désespéré.

Le successeur d'Hadrien, Antonin (136-161), avait assez de raison pour ne pas croire aux dieux, et assez d'humanité pour ménager le sang de ses sujets : mais la loi restait toujours la loi, et les exécutions, provoquées par les délateurs, suivaient leur cours. Le sceptique Marc-Aurèle (161-180) ne croyait qu'aux magiciens et aux aruspices. Ce soi-disant philosophe ayant consulté les oracles au moment d'une invasion de barbares, il lui fut répondu qu'il devait, pour se rendre les dieux favorables, massacrer tous les impies. Immédiatement, il donna ordre aux proconsuls de mettre à mort les chrétiens qui refuseraient d'offrir l'encens aux idoles. Et les disciples du Christ tombèrent par hécatombes dans toutes les provinces. Alors périrent sainte Félicité et ses sept enfants ; saint Justin, l'apologiste ; saint Polycarpe, l'illustre évêque de Smyrne ; les martyrs de Lyon Pothin, Attale, Blandine, et des milliers d'autres.

Et le royaume du Christ s'étendait toujours. Pendant ce second siècle, quatre empereurs, armés de toutes les forces humaines, avaient employé chacun vingt années à noyer les chrétiens dans leur sang, et l'Église croissait dans des proportions incroyables en Europe, en Asie, en Afrique. En Asie Mineure, les disciples du Christ formaient la majorité, quelquefois presque la totalité de la population. L'Église avait ses conciles, ses propriétés, ses écoles, ses missionnaires qui portaient l'Évangile bien au-delà de l'empire romain. Tertullien pouvait, sans craindre un démenti, jeter aux persécuteurs cette incroyable affirmation : « Nous ne sommes que d'hier, et nous remplissons vos cités, vos maisons, vos places fortes, vos municipes, les conseils, les camps, les palais, le sénat, le forum : nous ne vous laissons que vos temples. Si nous nous séparions de vous, vous seriez effrayés de votre solitude ; sur votre empire planerait un silence de mort. »

Cette multiplication miraculeuse des chrétiens mit les empereurs du troisième siècle dans l'alternative de leur laisser la liberté ou de dépeupler l'empire. Les uns cessèrent de persécuter, mais six d'entre eux, Sévère, Maximin, Dèce. Valérien, Aurélien, Dioclétien, jurèrent de faire triompher les dieux, dût-on élever au pied de leurs autels des montagnes de cadavres.

En 202, Sévère fit tant de victimes et inventa de si horribles supplices que les chrétiens se crurent arrivés aux jours de l'Antéchrist. À Lyon, dix-neuf mille chrétiens périrent avec saint Irénée, leur évêque. En 235, le pâtre Maximin, devenu empereur, se jeta sur les disciples du Christ avec une rage, dit un historien, qu'aucune bête féroce n'égala jamais. Il s'attaqua spécialement aux chefs du troupeau. Pendant ses trois ans de règne, il fit périr deux papes et une multitude d'évêques. Dieu seul sait le nombre de martyrs qui ensanglantèrent alors Rome et les provinces. En 249, l'empereur Dèce obligea les chrétiens, sans distinction de rang, d'âge ou de sexe, à sacrifier dans les temples, sous peine d'être torturés jusqu'à la mort. On exposait devant le patient les chaises ardentes, les ongles d'acier ; on le menaçait des buchers, des bêtes fauves, et on lui donnait le choix entre l'apostasie ou ces trois différents genres de supplices. Dans la seconde moitié du troisième siècle, Valérien (253-262) continua les massacres. On compte parmi ses victimes deux papes, le diacre Laurent, l'illustre évêque Cyprien. En Afrique, on rangeait les chrétiens en longues files, et les soldats passaient, abattant les têtes. Aurélien (270-275) fils d'une prêtresse du soleil, se crut également obligé de noyer dans le sang ceux qui adoraient, non son dieu-soleil, mais Celui qui éclaire tout homme venant en ce monde.

Dix ans après, quand Dioclétien arriva à l'empire, on pouvait croire que ces boucheries, cinq fois répétées, ne laissaient sur la terre que de rares disciples du Christ, échappés comme par hasard au glaive des bourreaux. Or, à cette époque, le palais de l'empereur, la garde prétorienne, les légions, l'administration, la magistrature, le sénat, regorgeaient de chrétiens. L'impératrice Prisca et sa fille Valérie avaient reçu le baptême. Les historiens estiment à cent millions le nombre des fidèles disséminés dans tout l'empire, à l'avènement de Dioclétien.

L'empereur les toléra pendant les dix-huit premières années de son règne et probablement les eût tolérés toujours, si un vrai démon, Maximien, son associé, ne lui eût arraché l'infernal édit qui devait faire disparaître, non seulement les chrétiens, mais jusqu'au dernier vestige du christianisme. L'édit de 302 prescrivait à tous les proconsuls d'abattre les églises, de brûler tous les livres de religion, et de livrer au supplice tout chrétien qui refuserait d'apostasier.

L'exécution commença à Nicomédie, sous les yeux de l'empereur. Les prétoriens abattirent la cathédrale ; les officiers et serviteurs de Dioclétien furent égorgés dans son palais. Des juges, siégeant dans les temples, livrèrent aux bourreaux l'évêque, les prêtres, leurs parents et leurs serviteurs. On décapita les nobles, on noya et on brûla en masse les gens du peuple. Plutôt que de sacrifier aux dieux, les disciples de Jésus se jetaient d'eux-mêmes dans les flammes. On ne connaît d'autres apostats à Nicomédie que l'impératrice et sa fille. On égorgea ainsi, pendant dix ans, ceux qui ne réussissaient point à se cacher ou à fuir. Les deux tyrans n'épargnaient pas même leurs soldats en face de l'ennemi. La légion thébaine ayant refusé de participer à un sacrifice païen, Maximien la fit décimer, puis massacrer tout entière. Et déjà, dans leur fol orgueil, ils dressaient deux colonnes de marbre à

Dioclétien-Jupiter et à Maximien-Hercule « pour avoir détruit le nom chrétien, christiano nomine deleto, » quand Jésus releva ce défi satanique.

D'un coup de sa droite, il jeta par terre ce Jupiter et cet Hercule. Frappé au cerveau, Dioclétien abdiqua et se laissa mourir de faim. Maximien s'étrangla lui-même. Et comme son digne fils, Maxence, continuait à Rome la sanglante tyrannie des persécuteurs, Dieu l'abattit par un miracle. Un homme providentiel, Constantin, proclamé empereur par les légions de la Gaule, passa les Alpes pour combattre le tyran. Arrivé près du Tibre, il priait le vrai Dieu, qu'il ne connaissait pas encore, de lui donner la victoire : un prodige éclatant, dont il a lui-même raconté les détails répondit à sa prière. Le soleil s'inclinait à l'horizon, quand il aperçut, au-dessus de l'astre rayonnant, une croix lumineuse, et sur la croix cette inscription : « In hoc signo vinces, cette croix te donnera la victoire. » Ses soldats furent, comme lui, témoins de l'apparition. La nuit suivante, pendant qu'il méditait sur cet étrange événement, Jésus lui apparut avec le même signe, et lui ordonna de le graver sur les drapeaux des légions, comme un gage certain de la victoire. Constantin obéit : le Labarum domina les aigles romaines ; les soldats, confiants dans le Dieu qui les protégeait visiblement, culbutèrent au premier choc Maxence et son armée. Acculé au Tibre, le tyran s'y noya avec ses bataillons. Constantin entra dans Rome, et y fit entrer le Christ avec lui, aux acclamations du peuple et de l'armée.

Devenu chrétien, l'empereur proclama, dans un édit solennel, la liberté de l'Église, releva les temples abattus, rendit aux chrétiens les biens confisqués par les persécuteurs, et couvrit Rome de magnifiques basiliques en l'honneur du Christ Sauveur, de ses apôtres et de ses martyrs. De plus, afin de laisser la royauté suprême au Dieu de la croix, il lui abandonna la capitale du monde et se bâtit comme siège de l'empire une nouvelle cité qu'il appela, de son nom, Constantinople. La Rome des faux dieux devint ainsi la Rome du Christ ; le trône de Simon Pierre remplaça le trône des Césars ; l'étendard de la croix flotta au sommet du Capitole, et cent millions de chrétiens, nés dans le sang de onze millions de martyrs, répétèrent, à la gloire de Jésus, vainqueur du monde, la prédiction de Césarée : « Tu es Pierre, et sur cette pierre je bâtirai mon Église, et les portes de l'enfer ne prévaudront pas contre elle. »

L'enfer cependant ne se tint pas pour battu. Un neveu de Constantin, Julien, chrétien de nom, mais païen d'esprit et de cœur, parvint à l'empire et apostasia publiquement. Il exalta les dieux et enrichit leurs temples, tandis qu'il affectait un souverain mépris pour « le Galiléen, le fils du charpentier », Les chrétiens, traités en ilotes, se virent exclus de toutes les charges, bannis des écoles, dépouillés de leurs biens, et déjà commençaient les exécutions sanglantes, quand l'Apostat apprit à ses dépens qu'il est terrible de s'attaquer au Dieu vivant.

Après avoir beaucoup écrit contre la divinité de Jésus-Christ, Julien annonça un jour qu'il allait prouver sa thèse par un fait éclatant : la reconstruction du temple de Jérusalem. Le monde verrait ainsi clairement qu'en annonçant la ruine éternelle des Juifs et de leur temple, Jésus n'était qu'un faux prophète. Et aussitôt les familles juives se dirigent vers la sainte Sion, des milliers d'ouvriers préparent les blocs de pierre et de marbre, on démolit les fondations de l'ancien édifice pour poser les bases du nouveau. L'an 363, une foule immense se réunit sur le Moriah pour assister à la pose de la première pierre, et déjà les ouvriers mettaient la main à l'œuvre, quand tout à coup la terre tremble, des éclats de rocher volent en l'air et écrasent les assistants, les maisons voisines s'écroulent avec fracas, et les spectateurs s'enfuient de tous côtés au milieu des morts et des blessés. Le lendemain cependant, les ouvriers se remettent au travail, mais voilà que des globes de feu sortent des entrailles de la terre, réduisant en cendres les hommes et leurs instruments, pendant qu'un cyclone, passant sur la montagne, disperse comme des fétus de paille les énormes blocs amassés pour la construction. La nuit suivante, une grande croix de feu se dessine dans les airs pour montrer à tous que le Crucifié ne désarmera pas devant l'Apostat.

Après ce formidable échec, Julien s'en alla combattre les Perses, se promettant, après la victoire, d'exterminer les chrétiens. Mais Dieu suivait de l'œil son ennemi. Au plus fort de la mêlée, une flèche décochée par une main inconnue perça le cœur de l'Apostat. Lançant vers le ciel le sang qui sortait à flots de sa blessure, il s'écria dans sa rage insensée : « Tu as vaincu, Galiléen ! Vicisti. Galilœe. »

Furieux de cette nouvelle défaite, le démon suscita contre Jésus la persécution des Ariens. Arius, le plus perfide des hérésiarques, exaltait le Christ comme la première et la plus parfaite des créatures, mais il lui refusait la nature divine. Cette doctrine sapait le christianisme par sa base, mais il la présentait avec tant d'artifice et de subtilité qu'elle trouva de l'écho dans un grand nombre d'esprits. En vain trois cents évêques l'anathématisèrent-ils au concile de Nicée, déclarant le Fils « consubstantiel » au Père ; en vain toute une pléiade de génies, les Athanase, les Hilaire, les Ambroise, les Jérôme, les Augustin, les Chrysostome, les Basile, se levèrent-ils pour défendre la foi de l'Église, ils ne purent empêcher l'arianisme de séduire des empereurs, des évêques et des fidèles, au point qu' à la fin du quatrième siècle l'empire parut un instant plus arien que chrétien.

Comme autrefois la nation juive, le vieil empire s'obstine à lutter contre Jésus ; mais déjà se lèvent les vengeurs qui vont le briser comme un vase d'argile.

Au-delà des frontières romaines, dans les vastes plaines qui s'étendent du Rhin au Volga, et du Volga aux plateaux de l'Asie, vivaient les innombrables tribus connues sous le nom de Barbares. Ces hordes du désert, sauvages et féroces, erraient en nomades dans leurs immenses forêts, jetant un œil d'envie sur ces beaux pays de l'Occident, délices des Romains. Tout à coup, vers la fin du quatrième siècle, ces peuples s'ébranlèrent, comme si Dieu lui-même les mettait en mouvement. Des millions d'hommes se ruèrent, comme un torrent débordé, sur toutes les routes de l'Occident. Les Huns poussaient les Goths, les Goths poussaient les Germains, et tous ensemble inondèrent l'empire, qu'ils couvrirent pendant un siècle de sang et de ruines.

Dieu conduisait à Rome ces exécuteurs de ses vengeances. Après avoir ravagé l'Italie, Alaric, le roi des Goths, marchait vers la Ville éternelle. Un saint solitaire le supplia de l'épargner. « Je n'agis pas à mon gré, répondit le barbare, j'entends sans cesse à mes oreilles une voix qui me crie : Marche, marche, va saccager Rome. » L'an 410, il entre dans la cité des Césars et la livra aux flammes et au pillage. Temples des dieux, statues des empereurs, palais fastueux, disparurent dans l'incendie. Alaric n'épargna que les basiliques chrétiennes et les fidèles qui s'y étaient réfugiés. Ainsi s'accomplit la prophétie de l'Apocalypse : « Elle est tombée, la grande Babylone, ivre du sang des saints et des martyrs ! »

Et l'invasion continua pendant un siècle, ravageant tout l'empire. Le roi des Huns, Attila, jeta sur la Gaule sept cent mille barbares. L'ouragan de fer et de feu sema les ruines sur son passage. Après avoir détruit soixante-dix villes, Attila rencontra aux portes de Troyes l'évêque saint Loup. « Qui es-tu ? demanda l'évêque. - Je suis le fléau de Dieu ! répondit le barbare. - Fléau de Dieu, envoyé pour nous châtier, reprit l'évêque, songe à ne faire que ce que Dieu t'a permis. » Attila recula devant saint Loup. L'année suivante, il marchait sur Rome pour la saccager de nouveau, quand le pape saint Léon, revêtu de ses ornements pontificaux, se présenta devant lui et le força de rebrousser chemin. Comme les Huns demandaient au farouche monarque pourquoi il avait plié devant le pontife : « Ce n'est pas lui, répondit-il, qui m'a fait renoncer au pillage de Rome ; mais pendant qu'il me parlait, un personnage d'une majesté surhumaine se tenait debout à ses côtés. Des éclairs jaillissaient de ses yeux, il tenait à la main un glaive nu ; ses regards terribles et son geste menaçant m'ont forcé de céder aux prières du pontife. »

L'empire s'écroulait de toutes parts sous les coups des barbares. Impuissants à défendre leurs provinces, les empereurs avaient vu les envahisseurs s'établir dans les Gaules, en Espagne et jusqu'en Afrique. En 476, un autre chef de tribu, Odoacre, s'empara de Ravenne, déposa le dernier fantôme d'empereur, prit le titre de roi d'Italie, et coucha ainsi dans la tombe l'empire des Auguste et des Néron.

Sur les ruines du monde païen, Jésus va maintenant édifier son propre empire. De tous ces éléments en fusion, vaincus et vainqueurs, Romains et Barbares, naîtra la société chrétienne, la plus belle après celle du ciel. L'Église, restée seule debout au milieu des ruines, par ses papes, ses évêques, ses missionnaires, ses moines, domptera les Barbares et les convertira l'un après l'autre à la vraie foi.

La nation des Francs tomba la première aux pieds de Jésus.

Leur roi, Clovis, hésitait à reconnaître le Dieu qu'adorait son épouse Clotilde : un miracle l'y décida. Au combat de Tolbiac, ses troupes allaient être écrasées par les bataillons ennemis : « Dieu de Clotilde, s'écrie le roi, donne-moi la victoire, et je jure de me faire chrétien. » A l'instant, ses soldats reprennent l'offensive et culbutent leurs adversaires. Clovis tint parole. Le jour de Noël, l'an 496, il reçut le baptême avec trois mille de ses guerriers. La France devint ainsi la fille aînée de l'Église. Pendant les trois siècles qui suivirent, Jésus étendit successivement son règne sur l'Irlande, l'Angleterre, l'Espagne, l'Allemagne, l'Italie. L'an 800, Charlemagne, le barbare christianisé, tenait sous son sceptre une grande partie de l'Europe, qu'il gouvernait, disait-il, non comme souverain, mais comme simple délégué du roi Jésus, le seul Maître et Seigneur, regnante Jesu Christo Domino nostro.

Le jour de Noël de l'an 800, Charlemagne, entouré de sa cour et d'une multitude d'évêques, priait à Rome devant le tombeau de saint Pierre. Tout à coup le pape saint Léon III se présente devant le grand chef de la chrétienté, et lui met sur la tête la couronne impériale. Une longue acclamation retentit dans la basilique du Vatican : « Vive Charles Auguste, le pacifique empereur des Romains, couronné par Dieu lui-même ! » L'empire chrétien prenait la place de l'empire païen : Jésus, le Roi des rois et le Seigneur des seigneurs, régnait sur le monde vaincu par lui, regnante Jesu Christo Domino nostro.

VIII. Triomphe de Jésus sur l'Antéchrist

Royauté sociale de Jésus. - Apostasie des nations. - La Renaissance. - La Réforme. - La Révolution. - Déchristianisation du monde. - L'Antéchrist. - Les deux témoins. - Le Roi des rois. - Conversion des nations. - Dernier jugement.

La veille de son crucifiement, avant d'entrer au jardin des Oliviers, Jésus disait à ses apôtres : « Ayez confiance, j'ai vaincu le monde. » Et, après huit siècles écoulés, huit siècles d'atroces persécutions, en dépit de Satan et de ses suppôts, il avait réellement vaincu le monde : le monde juif, le monde romain, le monde barbare. Ego vici mundum.

Il régnait sur un immense empire qu'on appelait la chrétienté. Les rois se prosternaient devant ce monarque suprême ; leurs lois se basaient sur son Évangile ; les peuples vivaient de sa vie, s'efforçant de reproduire ses divines vertus. À partir de Constantin, pendant mille ans, l'Europe se couvrit d'églises et de monastères où retentissaient perpétuellement les louanges du Christ-Sauveur. Les Benoît, les Bruno, les Dominique, les François d'Assise multipliaient les ordres religieux, véritables pépinières de saints et de martyrs dévoués corps et âme à la gloire de Celui qu'ils aimaient mille fois plus qu'eux-mêmes. Et tous les sujets du Seigneur Jésus, rois, chevaliers, prêtres, religieux, simples fidèles, savants ou ignorants, pleins de foi et d'amour malgré leurs passions, redisaient la même prière et travaillaient au même but. « Que votre règne arrive ! Disaient-ils, que votre nom soit glorifié dans le monde entier, que votre volonté, ô divin Maître, s'accomplisse sur la terre comme au ciel ! »

Soldats de Jésus, défenseurs de son royaume, les chrétiens regardaient comme leurs ennemis personnels les ennemis du Sauveur, hérétiques, schismatiques, apostats. Quand Mahomet et ses musulmans se lancèrent contre les fidèles du Christ, menaçant d'exterminer l'Église de Dieu, ils rencontrèrent partout, en France, en Espagne, en Afrique, en Orient, les chevaliers de la croix qui, pendant de longs siècles, au cri de : Dieu le veut ! Versèrent leur sang pour Jésus-Christ, et finirent par écraser, à Lépante, les hordes mahométanes. En même temps, à la suite de Colomb, des légions de zélés missionnaires traversaient des océans inconnus pour ajouter au royaume du Christ les continents nouvellement découverts. Déjà l'on saluait l'aurore du grand jour où, conformément à la prédiction de Jésus, il n'y aura qu'un seul troupeau et un seul pasteur.

Mais les chrétiens oubliaient cette autre prophétie du Sauveur qu'avant son triomphe complet sur ses ennemis et son second avènement sur cette terre, les nations substituées aux Juifs déicides passeraient elles-mêmes par une crise plus terrible que la persécution des empereurs romains. Le Maître n'avait-il pas dit, l'avant-veille de sa mort : « Le monde passera par une tribulation telle qu'on n'en a jamais vu et qu'on n'en verra jamais de semblable. Dieu en abrégera la durée par amour pour ses élus, car en ce temps s'élèveront de faux christs et de faux prophètes, lesquels se signaleront par de tels prodiges qu'ils induiraient en erreur, si c'était possible, les élus eux-mêmes. »[36] Et commentant aux premiers chrétiens cette parole du Sauveur, Paul annonçait « qu'un mystère d'iniquité se formait dans l'Église de Dieu »,[37] c'est-à-dire des hérésies, des schismes, des sectes impies qui conspireraient contre l'Évangile et la croix de Jésus. Il voyait « surgir vers la fin des temps des novateurs, ennemis de la saine doctrine, qui tourneraient le dos à la vérité pour s'attacher à toutes sortes d'erreurs.[38] Et alors, s'écriait-il, éclatera l'apostasie des nations, alors apparaîtra l'homme de péché, le fils de perdition, le grand adversaire qui s'élèvera au-dessus de tout ce qui s'appelle Dieu, jusqu'à s'asseoir dans le temple pour se faire adorer comme le seul Dieu ».[39]

---

[36] *Matth.*, XXIV, 21.
[37] II ad Thessal., II , 7.
[38] II ad Timoth., IV,3-4
[39] II ad Thessal., II , 3-4.

Ce sera la revanche de Satan, son dernier combat contre son vainqueur, mais aussi sa suprême défaite. « D'un souffle de sa bouche, Jésus exterminera l'Antéchrist »,[40] et tous les suppôts de cet impie, témoins de sa chute, reconnaîtront enfin l'Homme-Dieu, et le proclameront Roi des rois et Seigneur des seigneurs.

Or, au moment fixé par Jésus pour la grande épreuve des nations, il fut donné au démon d'ouvrir le puits de l'abîme, et il en sortit une épaisse fumée qui aveugla les esprits, leur déroba les clartés de l'Évangile, et les replongea dans les ténèbres de l'ancien paganisme. Fascinés de nouveau par les beautés matérielles dont Satan se sert pour corrompre les âmes, les chrétiens perdirent de vue la beauté surnaturelle et les célestes vertus qui avaient changé la face du monde. Oublieux de sa gloire, la société créée par l'Esprit divin se pervertit jusqu'à regretter la civilisation grecque et romaine. On la vit relever, en face du Crucifié, les statues impures des dieux et des déesses de l'antiquité, célébrer solennellement les saturnales des païens, abandonner les mystères qui représentaient la Passion du Christ pour se repaître des lubricités scandaleuses, anathématisées par l'Évangile. On appela divins les poètes, les orateurs, les philosophes de Rome et d'Athènes : on étudia leurs livres avec plus de soin que ceux des prophètes et des apôtres. Les produits les plus merveilleux de l'art chrétien, même nos sublimes basiliques, furent traités de barbares. Il fut convenu que la lumière et la beauté avaient disparu du monde avec le paganisme, et que les dix siècles du Moyen Age, illuminés par de sublimes génies, comme les Augustin, les Jérôme, les Chrysostome, les Bernard et les Thomas d'Aquin, illustrés par des chefs comme Charlemagne et saint Louis, sanctifiés par les vertus héroïques des grands fondateurs d'ordres et de leurs innombrables disciples ; il fut convenu, dis-je, que ces dix siècles s'appelleraient dans l'histoire les siècles d'ignorance et de barbarie, la sombre période des ténèbres, la nuit du Moyen Age. Afin de caractériser ce mouvement de retour aux idées, aux mœurs, à la civilisation païennes, on lui donna le nom de Renaissance. De même, pour marquer le nouvel esprit qui allait présider désormais aux destinées du monde, l'histoire, à partir de ce moment, prit le nom d'histoire moderne. Elle aura pour principal

---

[40] II *ad Thessal.*, II , 7.

objet de raconter les péripéties de la grande apostasie des nations, c'est-à-dire les faits et gestes de l'Antéchrist et de ses précurseurs.

À la Renaissance païenne, première étape des nations chrétiennes dans la voie de l'apostasie, succéda, au seizième siècle, la Réforme protestante. Ayant étouffé l'Esprit de Jésus sous le dérèglement des mœurs et la perversion des idées, la société paganisée leva l'étendard de la révolte contre la sainte Église de Dieu. Sous prétexte de la réformer, un apostat entreprit de la détruire. À sa voix, les rois et les princes se liguèrent contre le Pontife de Rome, chef de cette Église, brisèrent violemment les liens sacrés de l'obéissance qu'ils devaient au Roi des rois, et détachèrent leurs peuples de la chrétienté. En moins d'un siècle, l'Allemagne, l'Angleterre, l'Écosse, la Suisse, la Hollande, les États scandinaves, passaient au schisme et à l'hérésie, persécutaient les catholiques fidèles avec la fureur des empereurs païens, et allumaient le feu des guerres civiles dans l'Europe entière.

Satan triomphait : la prétendue Réforme avait démembré l'Église ; mais, toujours aveugle, il ne voyait pas que les vrais enfants de Dieu s'épuraient et se fortifiaient par le martyre. Aux prises avec les apostats, les chrétiens combattaient jusqu'à la mort pour le triomphe de la foi ; le concile de Trente excommuniait les sectes séparées, opposait à leurs faux docteurs la vaillante Compagnie de Jésus, en même temps que, par des réformes salutaires, il ranimait le clergé et remettait les fidèles sur la voie de la sainteté. De saints et savants religieux s'en allaient au loin, en Amérique, aux Indes, au Japon, en Chine, porter la croix de Jésus-Christ. Et pour montrer aux peuples apostats qu'ils essayaient en vain de ressusciter le vieux paganisme, un pape, Sixte V, ne craignit pas, à la fin de ce seizième siècle, de relever le fameux obélisque du jardin de Néron, dont la base avait été baignée du sang des martyrs, de le surmonter d'une croix, et de faire lire à tous les peuples de la terre cette inscription triomphante : « Voici la croix du Seigneur : fuyez, puissances ennemies ; le lion de la tribu de Juda a vaincu ! Le Christ règne, le Christ commande, le Christ est vainqueur ! »

L'enfer s'émut, et tous ses suppôts, initiés dans les sociétés secrètes au grand mystère d'iniquité, lancèrent les peuples vers la troisième étape de l'apostasie. Il ne s'agit plus seulement de détruire l'esprit chrétien ni de renverser la papauté, mais d'attaquer directement Jésus-Christ en niant sa divinité et sa royauté, comme l'ont fait les Juifs. Un nouveau précurseur de l'Antéchrist parut dans le monde, entouré d'apostats qui prirent le nom de philosophes. Le chef de cette bande infernale osa se déclarer l'ennemi personnel du Christ. « Écrasez l'Infâme ! » cria-t-il aux sectaires. Et tous ensemble, pendant un demi-siècle, se mirent à battre en brèche la divinité du Sauveur Jésus, la révélation, toute la religion, ses dogmes, sa morale, ses sacrements, son culte. Jamais l'enfer, même sous Néron et Dioclétien, ne vomit autant de blasphèmes contre le Fils de Dieu, autant de calomnies et d'outrages contre les chrétiens. Au nom de la raison, de la liberté, du bonheur de l'humanité, ils organisèrent, sous le nom de Révolution, un état social nouveau, basé non plus sur la volonté de Dieu, mais sur la volonté du peuple, désormais seul souverain et seul législateur.

À la faveur de cette conspiration satanique contre la royauté du Christ, les conjurés se crurent assez forts pour exterminer le catholicisme. Au nom du peuple, dont ils s'intitulèrent les représentants, ils décrétèrent l'abolition de toutes les institutions religieuses, exilèrent ou massacrèrent prêtres et fidèles, abattirent les églises et les autels, supprimèrent tout ce qui rappelait l'ancien culte, la semaine, le dimanche, le calendrier catholique, et jusqu'à l'ère chrétienne. Le passé n'existait plus ; un monde nouveau commençait avec la Révolution.

Depuis un siècle, la Révolution poursuit, avec une infernale ténacité, la déchristianisation des sociétés et des individus. Déjà les nations, en tant que nations, ont cessé partout de reconnaître Jésus-Christ pour leur Roi, le pape pour leur chef, le Décalogue comme la loi suprême. En vertu des principes dits libéraux, les gouvernements font tous profession de ne tenir aucun compte, dans la confection des lois, de la volonté de Dieu. Ils ne reconnaissent d'autre divinité que le peuple souverain, d'autre loi que le bon plaisir des majorités, même lorsque celles-ci légifèrent contre l'Évangile, contre le Décalogue, contre le Christ et son Église. C'est la répudiation du Christ-Roi, dont Charlemagne se disait le lieutenant ; c'est l'apostasie des nations, discession, prédite par l'apôtre saint Paul, et avant lui par David.

« Les rois et les peuples conspirent contre le Seigneur et contre son Christ, s'écriait le Roi-prophète. Brisons nos fers, disent-ils, et rejetons loin de nous leur joug odieux. »

Cependant, malgré l'influence puissante des gouvernements athées et de leurs lois impies, il reste encore beaucoup des chrétiens fidèles. La foi d'un grand nombre, il est vrai, s'éteint graduellement, les cœurs se refroidissent, la vertu sombre dans un abîme de scandales ; mais Dieu conserve ses élus, ce qui fait rugir Satan. Pour arracher à Jésus jusqu'au dernier des baptisés, la Révolution emploie aujourd'hui le moyen le plus efficace. Le divin Sauveur a christianisé le monde par l'enseignement catholique ; la Révolution le déchristianise par l'enseignement satanique. Elle arrache violemment les enfants au Dieu de leur baptême, à l'Église leur mère, à leurs parents selon la chair, pour les livrer au démon, le seul maître qu'elle adore. Dans toutes les villes et tous les villages, elle aura désormais une école sans Dieu, d'où seront bannis le crucifix, le catéchisme, la prière. Et afin que tous les enfants sans exception arrivent à l'âge d'homme sans aucune connaissance du Sauveur qui les a baptisés dans son sang, elle ferme l'école chrétienne, rend obligatoire l'école sans Dieu, et force ainsi les jeunes générations à recevoir les leçons de ses professeurs d'athéisme.

Les prophéties de l'Écriture sur l'apostasie générale des nations sont donc accomplies. Comme les Juifs, les peuples s'écrient : « Nous ne voulons plus que Jésus règne sur nous. » C'est le pontife romain, le Voyant d'Israël, bien placé pour juger l'état du monde, qui le constate officiellement : « Nous en sommes venus, dit-il, même en Italie, à redouter la perte de la foi. L'action des sociétés secrètes tend à réaliser des desseins inspirés par une haine à mort contre l'Église : abolition de toute instruction religieuse, suppression des congrégations, exclusion de tout élément catholique ou sacerdotal des administrations publiques, des œuvres pies, des hôpitaux, des écoles, des académies, des cercles, des associations, des comités, des familles ; exclusion en tout, partout, toujours. Au contraire, l'influence maçonnique se fait sentir dans toutes les circonstances de la vie sociale, et devient en tout arbitre et maîtresse. C'est ainsi qu'on aplanira la voie à l'abolition de la papauté ! ... et cela ne se passe point seulement en Italie, mais c'est un système de gouvernement auquel les États se conforment d'une manière générale... »[41]

« La libre pensée, s'écrie à son tour un illustre prélat, ne cache plus le dessein arrêté, tout détruire ... Les fidèles ne doivent plus en douter. Si ces desseins se réalisent, leurs églises seront bientôt fermées, leur culte proscrit, les ministres de Dieu violemment chassés, et on verra revenir les jours où les chrétiens payaient de leur liberté et même de leur vie la fidélité à leurs devoirs ! »[42]

Or, comment finira cette conjuration satanique des nations contre Jésus-Christ et son Église ? Elle finira, comme celle des Juifs et des Romains, par l'écrasement des révoltés et le triomphe solennel du grand Roi qu'ils veulent détrôner. « Le monde vous tiendra sous le pressoir, a dit le Sauveur, mais soyez tranquilles, j'ai vaincu le monde.[43] Avant la fin des temps, surviendra la grande tribulation, tribulation telle que les peuples n'en ont pas vu de semblable depuis le commencement, mais j'en abrégerai la durée en faveur des élus. De faux christs et de faux prophètes surgiront alors, dont les prestiges et les prodiges induiraient en erreur, s'il était possible, les élus eux-mêmes. Souvenez-vous de cette prédiction, et gardez-vous de vous laisser tromper par ces imposteurs. »[44]

Mais qui donc sera le principal auteur de cette grande tribulation ? Un jour, dit saint Paul, jour connu de Dieu seul, quand l'apostasie des nations lui aura frayé les voies, « apparaîtra l'homme de péché, le fils de perdition, l'Antéchrist ou l'adversaire du Sauveur, lequel s'élèvera au-dessus de tout ce qui s'appelle Dieu et s'assoira même dans le temple pour se faire adorer comme Dieu. Véritable personnification de Satan, il trompera les hommes par toutes sortes de séductions, d'artifices et de prodiges diaboliques qui les entraîneront à leur perte. Ils n'ont pas voulu de la vérité qui sauve, c'est pourquoi Dieu les livrera à l'esprit d'erreur et de mensonge. Ce monstre d'iniquité, ajoute

---

[41] Léon XIII, Encyclique du 15 octobre 1890.
[42] Lettre du cardinal Lavigerie à son clergé, 1er septembre 1889.
[43] *Joan.*, XVI, 33.
[44] *Matth.*, XXIV, 21-24.

l'apôtre, paraîtra au temps marqué par Dieu, mais le Seigneur Jésus le tuera d'un souffle de sa bouche ».[45]

Saint Jean, dans son Apocalypse, dépeint d'une manière saisissante la lutte de l'Antéchrist contre l'Église et l'extermination des apostats. « Le dragon infernal, dit-il, entra en fureur et s'en alla guerroyer contre ceux qui gardent les commandements de Dieu et rendent témoignage à Jésus-Christ. Et je vis paraître une Bête terrible, forte comme le lion, cruelle comme le léopard. Le dragon lui communiqua sa puissance, et tous les peuples de la terre, après avoir adoré le dragon, se prosternèrent devant la Bête, en disant : Qui pourra combattre contre elle ?

« Et à l'Antéchrist, personnifié par ce monstre, il fut donné une bouche exhalant l'orgueil et le blasphème. Il exerça sa puissance pendant quarante-deux mois, vomissant d'horribles blasphèmes contre Dieu, contre son Église et contre ses fidèles. Il lui fut également donné de faire la guerre aux saints de Dieu, de les vaincre et de commander en maître aux peuples de toute langue et de toute nation. Tous l'adorèrent, tous ceux dont les noms ne sont pas écrits au livre de vie.

« Et je vis une autre Bête qui parlait le langage de Satan. Ce faux prophète opérait toutes sortes de prodiges en présence de l'Antéchrist et le faisait adorer. Il faisait même descendre le feu du ciel sur la terre, et séduisait les hommes jusqu'à leur persuader d'ériger des statues à la Bête, » c'est-à-dire à l'Antéchrist. « Il animait ces images, et elles rendaient des oracles, et tous ceux qui refusaient d'adorer ces images étaient livrés au glaive. Petits et grands, riches et pauvres, hommes libres ou esclaves devaient porter sur leur front le signe de la Bête, sous peine de ne pouvoir ni vendre ni acheter. »[46]

Telle sera la persécution de l'Antéchrist « qui s'élèvera au-dessus de tout ce qui s'appelle Dieu et se fera adorer comme Dieu ». Les Juifs déicides l'adoreront comme leur Messie, et tous les apostats seront heureux de continuer, sous un pareil chef, leur guerre satanique contre

---

[45] III *Thessal.*, II, 3-10.
[46] *Apocal.* XII,1-17.

Jésus-Christ. Cette fois, ils se croiront sûrs d'anéantir l'Église, mais, dans les combats contre Dieu, jamais on n'est plus près de la ruine que quand on chante victoire.

Après avoir révélé les abominations de l'Antéchrist, le Seigneur fit connaître à saint Jean le dénouement de l'horrible persécution. « Les Gentils, lui dit-il, fouleront aux pieds la cité sainte pendant quarante-deux mois, mais je donnerai mon esprit à mes deux témoins, lesquels prophétiseront, revêtus de cilices, mille deux cent soixante jours. » Ces deux témoins de Jésus, toute la tradition l'enseigne, ce sont Énoch et Élie, enlevés vivants de cette terre pour soutenir la cause de Jésus contre l'Antéchrist. Pendant les trois ans et demi que durera la guerre contre les chrétiens, les deux prophètes reparaîtront en ce monde, prêcheront la pénitence, consoleront et défendront les amis de Dieu. « Ce sont deux oliviers, » dit le Seigneur, qui répandent l'onction du divin Esprit ; « deux candélabres » chargés d'illuminer le monde au milieu de ses affreuses ténèbres. « Si quelqu'un veut leur nuire, un feu sortira de leur bouche, qui dévorera leurs ennemis ; si quelqu'un veut les offenser, il périra également par le feu. Ils auront la puissance de fermer le ciel, pour empêcher la pluie de tomber pendant le temps qu'ils prophétiseront, et de frapper la terre de toutes sortes de plaies, aussi souvent qu'ils le voudront. »

Et Dieu fit voir à saint Jean les deux prophètes opposant de vrais miracles aux prodiges de leurs adversaires, les appelant à la pénitence, déchaînant contre eux les plus épouvantables fléaux, pestes, famine, guerres sanglantes, les couvrant de plaies semblables aux plaies d'Égypte. Mais, au lieu de répondre à l'appel des deux témoins de Dieu, les apostats, excités par l'Antéchrist, s'endurciront de plus en plus, blasphémeront comme des démons, et convoqueront tous les rois de la terre à livrer le suprême combat au Dieu tout-puissant.[47]

Et le Seigneur permettra, pour sa gloire et la confusion des méchants, que ceux-ci triomphent un instant. De même que Jésus, au moment de sa Passion, parut dépouillé de sa force divine, ses deux témoins, leur mission remplie, sembleront abandonnés d'En-haut.

---

[47] *Apocal.* XVI, passim.

L'Antéchrist, vainqueur, s'en emparera et leur donnera la mort. Leurs cadavres resteront étendus sur la place publique pendant trois jours et demi, sans qu'il soit permis de les mettre au tombeau. De tous côtés les peuples accourront pour contempler ces prophètes si redoutés, maintenant sans force et sans vie. Et en apprenant leur mort, les apostats de tous pays pousseront des cris de joie, se féliciteront de leur triomphe et s'enverront des présents les uns aux autres, heureux d'être enfin délivrés des deux prophètes qui accablaient de tourments tous les habitants de la terre.

Mais voilà qu'aux chants d'allégresse succèdent tout à coup des cris d'épouvante. « Après trois jours et demi, continue l'apôtre, l'esprit de vie rentre dans les cadavres des deux prophètes. » Énoch et Élie se relèvent sur leurs pieds, en présence des apostats terrifiés. Une voix, la voix de Dieu, crie du haut du ciel : « Montez ici, » et les deux témoins, enveloppés dans une nuée, s'élancent vers les cieux, à la vue de leurs ennemis. En même temps, la terre tremble sur ses bases, les villes s'écroulent, ensevelissant sous leurs ruines des millions d'hommes, les bons rendent gloire à Dieu, les méchants périssent dans un dernier combat.[48]

Saint Jean assista, dans une vision, à la victoire du triomphateur. « Je vis le ciel ouvert, dit-il, et bientôt apparaître le Fidèle, le Véridique, celui qui juge et combat avec justice. Ses yeux lançaient des flammes, sa tête portait grand nombre de diadèmes, sa robe était teinte de son sang : il s'appelait le Verbe de Dieu. De sa bouche sortait un glaive, le glaive avec lequel il frappe les nations. Sur son vêtement on lisait ces mots : « Roi des rois et Seigneur des seigneurs ». Et je vis alors la Bête, l'Antéchrist, les rois de la terre, et leurs armées, rassemblés pour combattre le Verbe de Dieu. Et la Bête fut prise, et avec elle le faux prophète qui avait fait des prodiges en sa présence, prodiges de séduction qui décidèrent les apostats à recevoir le caractère de la Bête et à l'adorer. Tous deux furent précipités, vivants, dans l'étang de soufre et de feu ; leurs armées tombèrent sous le glaive du vainqueur »,[49] pendant que les armées angéliques entonnaient ce

---

[48] *Apocal.* XI, 7-13.
[49] *Apocal.* XIX, 11-21.

chant de triomphe : « Le royaume du monde est devenu le royaume de notre Seigneur et de son Christ ».[50]

C'était la proclamation solennelle de la royauté du Christ sur tous les peuples de la terre. Réveillés aux éclats du tonnerre, illuminés par l'Esprit-Saint, les peuples reconnaîtront la puissance souveraine du Fils unique de Dieu. En voyant Jésus anéantir d'un souffle de sa bouche cet Antéchrist, ce roi des nations qu'ils avaient pris pour leur Messie, les Juifs frémiront d'horreur au souvenir de leur déicide, se donneront corps et âme au Dieu qu'ils ont crucifié, et deviendront les plus ardents propagateurs de son royaume. « Leur réprobation, dit saint Paul, a été l'occasion de la conversion des Gentils : que ne produira pas leur rappel ? Ce sera comme une vie nouvelle, une résurrection d'entre les morts. » Les nations, trop longtemps victimes des suppôts de Satan, des hérétiques, des apostats, de tous les Antéchrists sortis des sociétés secrètes, maudiront ceux qui les ont trompés et jureront fidélité au Seigneur Jésus. Juifs et Gentils, unis dans la même foi et le même amour, porteront l'Évangile à tous les peuples qu'éclaire le soleil. Tous tomberont au pied de la croix, adoreront Celui qui a donné son sang pour le salut du monde, et il n'y aura plus, selon la prédiction du Maître, qu'un seul troupeau et un seul pasteur »,

Et Jésus régnera sur cette terre aussi longtemps qu'il n'aura pas complété le nombre de ses élus. Combien d'années ? Combien de siècles ? C'est un secret qu'il n'a révélé à personne. Tout ce que nous savons par ses dernières prédictions, c'est qu'un jour l'agonie du monde sonnera. « Des signes célestes annonceront le grand cataclysme. Et, voyant la terre trembler sur ses bases, en entendant les mugissements de la mer et des flots, les hommes sécheront d'épouvante.[51] Le soleil deviendra noir comme un cilice, la lune rouge comme le sang, les étoiles tomberont du ciel. Les rois de la terre, les princes, les tribuns, les riches, les puissants, aussi bien que les pauvres ou les esclaves, se cacheront dans les cavernes et dans les rochers des montagnes, et ils diront aux rochers et aux montagnes :

---

[50] *Apocal.* XI, 13.
[51] *Luc*. XXI, 25-26.

Tombez sur nous et dérobez-nous à la colère de l'Agneau, car le grand jour de la colère est arrivé ; et qui pourra subsister ? »[52]

Et au milieu de ces affreux bouleversements, au milieu des éclairs et des tonnerres, le feu dévorera la terre et tout ce qui est sur la terre. Au son de la trompette angélique, les morts sortiront du tombeau, l'enfer vomira les damnés, du ciel descendront les saints, et toutes les âmes de ceux qui ont vécu ici-bas, réunies à leur corps, se rassembleront pour assister au dernier jugement.

Alors aura lieu le second avènement, l'avènement glorieux du Sauveur. Jésus, entouré de ses anges, descendra sur les nuées du ciel, l'étendard de la croix à la main, pour juger tous les hommes et rendre à chacun selon ses œuvres, comme il l'a promis pendant sa vie mortelle. Il commandera aux anges de placer les bons à sa droite et les méchants à sa gauche.

Et quand le souverain Juge verra réunis à sa gauche ses millions et milliards d'ennemis, les Judas, les Caïphes, les Pilates, les Hérodes de tous les siècles, qui l'ont attaché à la croix ; les négateurs de sa divinité, les hérétiques, les apostats, les antéchrists, qui, pendant des milliers d'années, ont persécuté son Église et martyrisé ses enfants ; les impies, les débauchés, les voleurs, qui ont tourné en dérision sa doctrine et foulé aux pieds ses commandements ; quand il verra, dis-je, cloués à l'infâme pilori ces insulteurs de sa royauté, des éclairs jailliront de ses yeux, pénétrant jusqu'au fond des consciences, et manifesteront à tous les crimes révoltants de ces suppôts de l'enfer. Et quand le supplice de la honte aura comme anéanti ces hommes autrefois si hardis contre Dieu, Jésus prononcera contre eux la terrible sentence : « Vous n'avez pas voulu que je règne sur vous, eh bien ! éloignez-vous de moi, maudits, allez au feu éternel, allez rejoindre Satan, votre maître, dans cet enfer créé pour lui, et que vous avez mérité comme lui. »

Et ils descendront dans l'abîme des douleurs en poussant des cris de désespoir. « Insensés que nous sommes ! S'écrieront-ils, nous avons donc erré hors des sentiers de la vérité. La lumière de la justice

---

[52] *Apocal.* VI, 13-17.

n'a pas lui à nos yeux, le soleil de l'intelligence ne s'est pas levé sur nous ! » Ainsi se jugeront eux-mêmes, au fond des enfers, ces sages de la terre qui insultaient et outrageaient les saints de Dieu.

Jésus alors s'adressant à l'armée des fidèles, à ceux qui ont confessé son saint nom devant les hommes, pratiqué ses commandements, affronté la persécution par amour pour leur Roi et leur Dieu, prononcera l'arrêt de la divine justice : « Venez, les bénis de mon Père, prenez possession du royaume qui vous a été préparé dès le commencement du monde. » Et les élus et les anges, à la suite de Jésus, entreront dans le paradis de délices, où, assis sur des trônes autour du divin Roi, ils jouiront éternellement de sa gloire. « Et j'entendis, s'écrie l'apôtre bien-aimé, une grande voix sortant du trône de l'Éternel. Voici le tabernacle de Dieu avec les hommes, disait la voix. Il demeurera avec eux, ils seront son peuple, et il sera leur Dieu. Le Seigneur essuiera les larmes de leurs yeux, et il n'y aura désormais ni mort, ni travail, ni larmes, ni douleur. »[53]

Et dans les siècles des siècles Jésus-Christ, le souverain triomphateur, régnera dans le ciel avec ses anges et ses saints, et tiendra sous ses pieds, dans les flammes éternelles, les démons et les réprouvés.

---

[53] *Apocal.* XXI, 3-4.

CONCLUSION

À JÉSUS NOTRE ROI

Seigneur Jésus, en commençant le livre de votre Vie, l'apôtre bien-aimé écrit ces mots : « Au commencement était le Verbe, et le Verbe était en Dieu, et le Verbe était Dieu ... Et le Verbe s'est fait chair, et il a habité parmi nous. Nous avons vu sa gloire, qui était la gloire du Fils unique de Dieu ! »

Et nous aussi, après avoir suivi tous vos pas de Bethléem au Calvaire, entendu vos paroles, médité vos actions, nous nous écrions avec l'apôtre : « Oui, nous avons vu la gloire du Sauveur, nous avons vu le Fils unique de Dieu ! »

À Bethléem, les anges chantaient au-dessus de votre berceau : « Il est né, l'Enfant-Dieu ! Gloire au plus haut des cieux, paix sur la terre aux hommes de bonne volonté ! » Et du fond de l'Orient, les rois, conduits par l'étoile miraculeuse, accouraient vous offrir leurs présents.

À douze ans, vous confondiez les docteurs de Jérusalem par la sagesse de vos questions et la sublimité de vos réponses.

Sur les bords du Jourdain, à votre baptême, le Père du ciel vous proclamait son Fils bien-aimé, l'objet de ses complaisances.

À la prière de votre Mère, vous vous montriez à Cana le maître de la nature, en changeant l'eau en vin. Dieu.

Au temple de Jérusalem, un éclair de vos yeux mettait en fuite les profanateurs de la maison de Sur toutes les routes de la Galilée et de la Judée, les peuples, ravis d'admiration, vous proclamaient le docteur des docteurs, le thaumaturge incomparable, le saint par excellence. « Un grand prophète a surgi parmi nous, disaient-ils, Dieu a visité son peuple. »

Et en effet vous guérissiez les aveugles, les lépreux, les paralytiques, vous multipliiez les pains au désert, d'un mot vous apaisiez les tempêtes, vous ressuscitiez les morts.

À Césarée de Philippe, en dépit des démons et de ses suppôts conjurés contre vous, vous osiez dire à Pierre : « Je te ferai le chef de mon Église, et les portes de l'enfer ne prévaudront pas contre elle. »

Au Thabor, vous vous transfiguriez devant vos apôtres, et le Père du ciel vous proclamait de nouveau son Fils bien-aimé, l'objet de ses divines complaisances.

Et bientôt, à Béthanie, nous avons vu, au seul son de votre voix, Lazare sortir du tombeau, nous avons suivi les foules enthousiastes qui vous portaient en triomphe dans la cité sainte, en chantant :

« Hosanna au Fils de David ! » Nous vous avons vu pendant trois jours confondre, au temple, les scribes et les pharisiens, et prédire la ruine de la cité déicide.

Et quand, au cours de votre Passion, vous terrassiez d'un mot les soldats venus pour vous arrêter, quand vous disiez à Caïphe qu'un jour vous descendriez du ciel pour le juger, nous reconnaissions le Roi des rois. Puis, en vous voyant souffrir avec la douceur d'un agneau, pardonner sur la croix à vos bourreaux, pousser en expirant un cri qui fit trembler le ciel et la terre, nous disions avec le centurion romain : « Vraiment c'est le Fils de Dieu. »

Après trois jours, comme vous l'aviez annoncé, nous vous avons vu sortir du tombeau, apparaître aux saintes femmes, aux apôtres, aux disciples, et enfin, du mont des Oliviers, remonter triomphant dans les cieux. De là vous ne cessez d'étendre votre règne et d'écraser vos ennemis : vous avez détruit le royaume des Juifs, vous avez détruit l'empire des Romains, vous êtes devenu le Roi des rois et le Seigneur des seigneurs. Et bien que les suppôts de Satan, juifs, hérétiques, apostats, précurseurs de l'Antéchrist, ne cessent de conspirer contre votre Église, et d'annoncer sa mort prochaine, l'Église n'en chante pas moins, de siècle en siècle, le De profundis sur leurs tombes, et de siècle en siècle, jusqu'au dernier jour, elle n'en répétera pas moins la promesse de Césarée : « Tu es Pierre, et sur cette pierre je bâtirai mon Église, et les portes de l'enfer ne prévaudront pas contre elle. »

O Seigneur Jésus, voilà le cri de foi, d'espérance et d'amour qui s'échappe de notre âme en lisant le livre de votre Vie, ou plutôt le livre de vos gloires. L'apôtre bien-aimé termine son Évangile en disant : « Ces choses ont été écrites afin que vous croyiez que Jésus est le Christ, Fils de Dieu, et qu'en croyant vous ayez la vie en son nom. » Nous croyons, Ô divin Sauveur, que chacune de vos paroles est la parole d'un Dieu, que chacun de vos actes est l'acte d'un Dieu, et rien au monde n'ébranlera notre foi.

Dans ces jours troublés par les précurseurs de l'Antéchrist, nous voyons que le monde s'achemine de plus en plus vers l'apostasie totale. La foi diminue sur la terre, les chrétiens eux-mêmes sympathisent avec l'erreur, les apostats foulent aux pieds la vérité et la justice ; l'on voit venir l'heure où les tyrans persécuteurs pourront assouvir leur rage contre les enfants de Dieu, les condamner à l'exil ou au martyre. Mais ne lisons-nous pas, dans votre sainte Vie, que le disciple n'est pas au-dessus du Maître, et que, par conséquent, ceux qui ont tué le Maître n'hésiteront pas à tuer les disciples ? Et d'ailleurs les apôtres, nos pères dans la foi, et après eux des millions de chrétiens, n'ont-ils pas versé leur sang pour vous, ô Jésus, qui avez daigné répandre le vôtre jusqu'à la dernière goutte par amour pour nous ?

Comme eux, ô divin Roi, nous vous resterons fidèles jusqu'au dernier soupir. Nous sommes, hélas ! de pauvres pécheurs, bien faibles et bien misérables ; mais nous avons confiance en vous, qui êtes la force, et dans le secours de la Vierge bénie que, du haut de la croix, vous nous avez donnée pour Mère. Si donc nous devons passer par de grandes épreuves, nous nous rappellerons votre Vie, votre Passion, votre mort sur le Calvaire, et nous dirons avec l'apôtre Paul : « Qui pourra nous séparer de l'amour de Jésus, notre divin Roi ? Ni l'angoisse, ni la tribulation, ni le glaive, ni les puissances de la terre, ni les puissances infernales, ni la vie, ni la mort, non, rien au monde ne pourra briser le lien qui nous attache au Dieu Sauveur ! »[54]

---

[54] *Ad Roman.*, VIII, 38-39.

www.ingramcontent.com/pod-product-compliance
Lightning Source LLC
Chambersburg PA
CBHW060314230426
43663CB00009B/1699